글로벌 브랜드 커뮤니케이션

Global Marketing and Advertising

나남
nanam

김 유 경
한국외국어대 신문방송학과를 졸업하고, 미국 하와이 주립대(마노아)에서 매스 커뮤니케이션학 석사, 시러큐스 대학에서 광고학 박사를 취득하였으며, 한국외국어대 언론정보학부 교수로 재직중이다.
주로 광고, 홍보 및 기업 및 국가 브랜드 전략에 관하여 연구하였으며, 저서 및 역서로는 《브랜드 광고론》(공역, 2007), 《국가 브랜드, 국가 이미지》(역, 2004), 《글로벌 마케팅 커뮤니케이션》(공저, 2001), 《인터넷과 광고》(공저, 2000), 《글로벌 시대의 국제광고론》(공역, 1999), 《글로벌 시대의 광고와 사회》(공저, 1999) 등이 있다.
한국광고학회 부회장(차기학회장) 및 한국방송학회 이사, 광고홍보학회 편집위원 등을 역임하고 있으며, 기업 및 정부관련 자문교수로 활동하고 있다.

전 성 률
서울대학교 경영대학에서 경영학 학사와 석사학위를 취득하였고, 시러큐스 대학에서 마케팅 전공으로 경영학 박사학위를 취득하였으며, 서강대학교 경영학부 교수로 재직중이다.
주요 연구분야는 소비자행동에 바탕을 둔 브랜드전략으로, 저서 및 역서로는 《브랜드자산》(공저, 2004), 《전략적 브랜드관리》(공저, 2003), 《글로벌시대의 국제광고론》(공역, 1999) 등이 있다.
한국소비자학회, 한국마케팅학회, 소비문화학회의 상임이사와 편집위원을 역임하였으며, 정부 및 다수 기업의 마케팅 자문교수로서 활동하고 있다.

나남신서 1228

글로벌 브랜드 커뮤니케이션
Global Marketing and Advertising

2007년 9월 5일 초판 발행
2007년 9월 5일 초판 1쇄

저자_ Marieke de Mooij
역자_ 김유경 · 전성률
발행자_ 趙相浩
발행처_ (주) 나남
주소_ 413-756 경기도 파주시 교하읍
출판도시 518-4
전화_ (031) 955-4600 (代)
FAX_ (031) 955-4555
등록_ 제 1-71호(79. 5. 12)
홈페이지_ www.nanam.net
전자우편_ post@nanam.net

ISBN 978-89-300-8228-0
ISBN 978-89-300-8001-9(세트)
책값은 뒤표지에 있습니다.

나남신서 1228

글로벌 브랜드 커뮤니케이션

Global Marketing and Advertising

마리케 드 무이 지음 / 김유경 · 전성률 옮김

나남
nanam

This translation of *Global Marketing and Advertising: Understanding Cultural Paradoxes(2nd ed.)* is published by arrangement with **Sage Publications, Inc.**, USA and **NANAM Publishing House**, Seoul, Korea.

한국기업의 해외 브랜드력이 제고되기 위해서는 기업 내적인 마케팅 프로세스의 강화와 시너지를 도모하고, 해외고객의 특성에 맞도록 마케팅 전략을 현지화하고, 브랜드관리의 효율화를 위한 조직의 강화를 도모하여야 한다. 이를 효과적으로 설명하기 위해 드 무이는 문화와 소비자를 핵심 관계로 설정한다. 즉, 해외시장에서의 효율적 브랜드 관리는 소비자에서 출발한다. 소비자의 내면적 가치에서 출발한 문화적 차원은 다양한 형태로 소비자의 행동전반에 영향을 미치는가 하면, 그들이 접촉하는 총체적 커뮤니케이션 요소에 영향을 미치게 된다. 이 같은 현상은 국가를 넘어 문화적 영역의 다면적 구조 속에서 그 힘을 발휘하게 된다.

저자는 개정판에서 광고와 문화에 관한 기존 입장을 새롭게 구성하고 브랜드와 문화적 역할까지 강조한다. 특히, 해외시장에서의 브랜드 관리를 이슈로 하는 다양한 견해를 광고를 비롯한 기타 마케팅 수단을 적용하여 설명하고 있으며, 기업브랜드와 제품 브랜드의 마케팅활동과 전략적 과정을 커뮤니케이션 관점에서 해석한 점이 돋보인다. 또한 기업브랜드와 제품브랜드가 각각의 고유한 역할과 기능들을 현지시장의 특성에 맞춰 기업 전체의 브랜드력 제고 효과를 성취하는 것이 필요하다는 주장은 드 무이의 새로운 시각을 반영한 대목이다. 이를 문화권과 시장 조건별로 나누어 전략적 유연성을 발휘해야 한다는 논지를 통해, 글로벌브랜드 전략의 일환인 "Think Global, Act Local" 캠페인을 실행하여야 한다는 종래의 주장을 새롭게 부각시킨다.

즉, 브랜드 전략의 개념은 통합적으로 가져가되, 그 수행정책과 방침은 지역의 특성에 맞게 지역화하여야 한다는 뜻이다. 구체적으로, 기업 브랜드의 위상을 선진시장이나 성장시장에 관계없이 범용적으로 적용하되, 세부적인 실행차원에서는 현지시장별로 브랜드전략을 차별화하여 선진시장에 적합한 전략을 구사해야 한다. 또한, 글로벌 시장에서의 국가별 정보화 수준에 따른 매체 성장과 표현양식의 변화를 다룬 점은 비대중매체와 문화적 영향관계에 대한 한발 앞선 연구로 볼 수 있다.

저자는 여러 저서를 통해 문화와 광고의 관계를 설명해 왔으나 이를 브랜딩의 관점으로 재구성하려는 시도는 기업의 해외 마케팅 활동에 시사하는 바가 크다. 현재 국내 기업의 취약한 관례를 보면 해외시장에서의 시장별 편차를 극복하지 못하고 있다. 특히, 신흥 및 성장시장에서 구축한 브랜드 자산은 선진시장이나 전략시장 등지에서 제대로 평가받고 있지 못하다. 이것이 우리 브랜드와 마케팅 커뮤니케이션 활동이 글로벌 진영으로 진입하지 못하는 본질적 병인으로 꼽힌다. 지나친 현지화 전략을 의식한 채 장애요인에 대한 분석과 대응에 매달리는 한편, 비록 현재는 투자의 효율성과 잠재적인 중요성이 낮더라도 선진국 소비패턴의 범세계적 추세와 동질적 소비성향을 가진 글로벌 소비자(*global consumer*)의 확산에 대비하는 전략에도 소홀히 하지 않아야 한다는 비평을 염두에 두고 이 책을 연구할 필요가 있다. 글로벌 시장에서의 효율적인 브랜드 및 커뮤니케이션 관리에 대한 서적이 극히 부족한 작금의 현실을 감안할 때, 이 책은 기업의 실무자에게 해외 마케팅 및 브랜드 관리활동의 이론 및 실제 지침서의 역할을 충분히 할 것이다. 요컨대, 개정판은 과거의 쟁점과 의제를 통합 마케팅 커뮤니케이션의 관점과 최근 사례를 적용하여 역동성있게 설명하고 있다는 점에서 의의가 클 뿐 아니라 브랜드 관리의 문화적 영향을 언급하고 있다는 점에서 더욱 값진 노력의 결정판이라 할 수 있다.

끝으로, 이 개정판을 출간하도록 허락해주신 나남의 조상호 사장님과 편집관계자 여러분께 깊은 감사의 말씀을 드린다.

2007년 8월

김유경 · 전성률

실무와 학계 양쪽에서 기존에 흔히 볼 수 있는 순진한 가정은, 사람들은 그들의 수익을 극대화하려는 노력에서는 합리적이지만 지출행위에 있어서는 비합리적이라는 것이다. 생산자는 합리적이고 소비자는 비합리적이며, 또한 기업조직 내에서 관리자는 합리적이고 부하직원들은 비합리적이다.

그렇지만 생산자는 다른 생산자의 소비자이고, 관리자는 다른 관리자의 부하직원이라는 것을 고려해보면 이러한 추론들은 그리 적절치 못하다고 볼 수 있다. 결국 앞서 언급한 가정들은 우리가 실제로 직면하는 현실을 반영하기보다는 권력자들이 그들만의 방식으로 정의하는 합리성에 대한 인식의 과정을 반영할 뿐이다. 결국 교과서나 정책에서 정의된 합리성은 이처럼 생산자나 관리자의 관점에서 본 합리성을 의미한다.

보다 근본적으로, 합리적 선택이론을 주창하는 경제학자들이 여전히 발견해야 하는 이른바 '보편적인 합리성'과 같은 것은 없다. 무엇이 합리적이고 비합리적인가에 대한 판단은 한 사람의 가치체계에 따라 달라지는 것이며, 이러한 가치체계는 그 사람이 평생 동안 살면서 경험하는 문화의 한 부분이다. 이 세상 사람들이 무엇에 가치를 두는지는 사람마다 크게 다르다: 그것들은 빈곤과 수입극대화, 집단주의와 개인주의, 협조와 경쟁, 겸손과 교만, 저축과 소비, 순결함과 방종, 자아상실과 자아실현 등과 같이 다양한 차원들을 포함한다. 회사의 이익을 극대화하기 위한 인원감축은 어떤 나라에선 — 예를 들어 미국 — 합리적이지만, 다른 나라에선 — 예를 들어 종신

고용제가 회사의 가장 중요한 덕목인 일본 — 비합리적이다.

마케팅과 광고는 기본적으로 생산자보다 소비자가 그 대상이다. 생산자의 논리에 근거를 두고 소비자의 논리가 실종된 마케팅이나 광고 이론은 쓸모없다. 시장조사회사들은 이러한 두 가지 논리 사이에 다리를 놓으려 하고, 그들의 능력은 얼마나 효과적으로 생산자가 소비자의 용어로 생각하도록 하게 만드는가에 달려 있다. 이러한 작업은 심지어 한 나라 안에서도 쉽지 않은데, 만약 소비자가 타 문화권에 속해 있을 경우에는 더더욱 힘들어진다.

보다 광범위한 경영의 영역에서 지난 30년간 민족중심적 접근은 그것들이 무익하고 심지어 치명적일 수도 있다는 점들이 증명됨으로써 점차 지지를 잃었다. 동시에 국제경영 혹은 비교문화적 경영이 경영교육의 공인된 하위 주제가 되었다. 그 어떤 경영학 교과서나 핸드북도, 그 배경에 민족주의적 사상을 무의식적으로 보일지언정, 이러한 주제를 다루지 않을 수 없다.

민족중심적 접근이 일반경영의 영역보다 마케팅과 광고 이론의 영역에서 더 오래 지속되었다는 것은 역설적이다. 그것은 경영의 여러 분야 중 가장 문화종속적인 부분이 있다면 그것은 소비자 행동일 것이기 때문이다. 마리케 드 무이가 얘기하듯이, 글로벌한 제품은 있을지언정 글로벌한 소비자는 없다. 어떤 비즈니스의 성공은, 결국에는 그들의 제품이 경영자와는 다른 수많은 예기치 않은 방향으로 변동할 수 있는 소비자의 행동을 얼마나 잘 반영하고 있는가에 달려 있다.

마케팅부문이 문화적 차이를 반영함에 있어 조금 뒤처졌던 가장 큰 이유는 의심할 여지없이 현실적으로 그러한 작업이 매우 복잡하기 때문이다. 전세계 소비자들 사이에는 너무나도 다양하고 많은 차이들이 존재하고 있어, 경영자들은 결국 모든 소비자들은 다 같다고 말하는 사람들의 말에 끌릴 수밖에 없게 되었으며, 이러한 가정은 많은 마케팅 매니저들을, 비록 일어날 때는 재앙 속이더라도, 평화롭게 잠들 수 있도록 했다.

마리케 드 무이는 문화와 마케팅 분야의 선구자로 성장했다. 그녀는 광고업계에서의 철저한 경험, 세계 각지에서 얻은 수많은 교육과 컨설팅 경험, 그리고 다른 나라

소비자의 감정을 공감할 수 있도록 하는 능력을 모두 집약하였다. 이 책의 초판에서 그녀는 최신의 연구들과 각국에서의 광고경험을 토대로 한 그녀의 통찰력을 경영과 문화에 적용하였고, 개정판에서는 소비자 행동상의 다양한 차이와 시간의 경과에 따른 행동의 변화에 대하여 많은 시사점을 주었다.

과거에는 문화적 차이라는 주제를 하찮게 여기고 오직 사실에만 이끌리길 원하는 최고경영자들에게 문화적 차이의 중요성을 말하고자 하는 것이 때로 힘들었다. 그러나 이 책은 글로벌 마케팅과 광고에 끼치는 문화의 역할을, 상위 관리자의 고정관념을 깨고 그들의 관심을 끌기에 충분한 만큼의 사실로써 보여준다.

Geert Hofstede
Velp, the Netherlands

내가 이 책의 초판을 출시했을 때만 해도 광고와 마케팅에 끼치는 문화적 영향에 대한 관심은 적었다. 글로벌 마케터들은 국가들 사이의 차이점보다는 유사점들에 더 관심이 많았다. 지금은 바뀌었다. 많은 글로벌 기업들이 서로 다른 국가의 사람들은 같지도 않고, 같아지고 있지도 않다는 사실을 깨닫기 시작했다. 나는 범(汎) 유럽형 광고들이 그 효과가 높지 않아서 서서히 지역중심의 광고로 바뀌는 것을 보았다. 심지어 전형적 글로벌 광고기업인 코카콜라조차 제품개발과 마케팅 커뮤니케이션을 지역화했다.

나는 이러한 나의 작업이 그들의 의사결정에 도움을 주었다는 마케터들을 많이 만났다. 많은 대학들이 이 책을 채택하였고, 많은 학생들이 자발적으로 사의(謝意)를 표해왔다.

그러나 마케팅은 끊임없이 바뀐다. 그리고 그러한 진화와 변화를 반영하지 않는 책은 진지하게 받아들여질 수 없다. 그래서 단순히 최신의 논문과 연구결과만이 반영된 것이 아닌, 책의 구조까지도 보다 새로워진 개정판을 내게 되었다. 몇몇 비평가들의 충고를 받아들여 중복되는 장(9장과 11장)은 삭제했고, 새로운 주제가 삽입됐으며, 다른 장들은 확장되었다. 새로 포함된 주제들로는 미디어, 인터넷, 브랜드 포지셔닝이다. 소비자 행동은 초판보다 더욱 광범위하게 다뤄졌다. 부록 A에는 통계학적 분석을 혼자서 하고 싶은 학생들을 위해 홉스테드 점수(*Hofstede Score*)가 부여된 나라들의 표가 첨부됐다. 또한 메모를 통해 인터넷에서 찾을 수 있는 2차적 출처를 제시하였는데, 부록 B가 이런 자료들의 리스트를 제공한다.

이 책은 초판보다 실례(實例)가 두 배나 더 많다. 이 예들은 최근의 광고와 고전적 광고들이다. 특히, 수상작들인 TV 광고는 뛰어난 문화의 반영으로 생각할 수 있다.

나는 사용자와 비평가들의 제안을 가능한 전부 반영하려고 했다. 그럼에도 몇몇은 표면적인 것에서 그쳤고, 전혀 다루지 못한 것들도 있다. 예를 들어, 커뮤니케이션 상의 법적 측면은 다루지 않았다. 첫째, 법적인 측면에 대한 관심과 요청은, 아마도 그 나라의 높은 변호사 밀도가 이유일 것 같은, 미국에서밖에 없다. 둘째, 전세계의 법적 측면을 다루었다면, 나는 훨씬 길고 지루한 책을 썼을 것이다. 한편, 표면적으로밖에 다루지 못한 두 가지 내용은 글로벌 PR 과 글로벌 통합 마케팅 커뮤니케이션 (*Global IMC*) 이다. 그 두 가지 주제에 대한 기존 연구논문들이 극히 적기에 이들 주제와 관련된 몇 가지 문화적 측면을 언급함으로써 이 화제를 간단히 다루었다.

나는 세계의 많은 나라와 지역을 다루어보려고 했지만 모든 지역들에서 비슷한 양의 정보를 얻을 수 있는 것은 아니었기 때문에, 이 책에서 언급된 비교적 많은 예들이 유럽에 대한 것들이다. 그러나 이 책의 처음부터 끝까지 적용된 홉스테드 모델 (*Hofstede Model*)은 현상들을 보편화하는 것을 허용하기 때문에, 한 지역에서의 문화적 관계에 대한 이해를 바탕으로 다른 지역들에 대해서도 이해할 수 있게 한다.

나는 이 개정판을 위하여 공헌한 안 마스 박사(Dr. Arne Maas), 많은 익명의 비평가들, 세이지(Sage)에서 기여한 모두들, 그리고 초판을 만들 때 도와줬던 모두에게도 물론 사의를 표한다.

Maricke de Mooij
www.marickedemooij.com

내가 국제광고와 국제 마케팅에 관심을 갖기 시작한 것은 국제광고협회(International Advertising Association)의 교육 프로그램에 광고교육자로서 관여하게 된 1970년대 후반이다. 나는 국제광고를 성공적으로 수행하기 위해 필요한 이론이 크게 부족하다는 것을 알았다.

국제화가 진행됨에 따라 많은 다국적기업들은 마케팅과 광고를 표준화시켜 규모의 경제 효과를 봐야 한다고 생각했다. 1983년 〈하버드 비즈니스 리뷰〉(*Harvard Business Review*)에 "시장의 국제화"(*The Globalization of Markets*)라는 제목으로 발표된 테드 레빗(Ted Levitt)의 논문에는 전혀 아랑곳하지 않은 채, 광고와 마케팅에 미치는 국제화의 영향에 대하여 더 많은 학문적 토의, 연구가 진행되었다. 유럽에서는 1992년 이후 유럽 단일시장 형성에 대한 기대로 표준화된 제품, 광고, 마케팅 전략에 대하여 더욱 관심이 높아졌다. 표준화 주장의 요지는 소비자들의 욕구와 동기가 세계적으로 점점 유사해져서 결국 동질적인 하나의 세계시장을 형성할 것이라는 것이다.

유럽에서 생을 살아 왔고, 그 외 세계 여러 나라에서 가르쳐본 경험이 있는 나로서는 하나의 단일화된 접근법이 세계 어디서나 동등한 효과를 볼 수 있을 것이라는 주장을 받아들이기 힘들었다. 각 나라별로 차별화된 광고가 아닌, 이러한 단일화된 접근법은 오히려 소비자들을 소외시키고 매출을 감소시키는 결과를 낳을 것이다.

또한 세계 여러 나라의 마케팅과 광고 과목들은 대부분 미국에서 개발된 이론과 이념을 반영하고 있다. 하지만 그 대상이 되는 학생들은 미국과는 아주 다른 문화 속에서 살고 있다.

브랜드는 점점 더 기업이 보유한 자산의 중요한 한 부분으로 인식되고, 브랜드 전략은 이제 가장 중요한 기업경영의 요소가 되었다. 대기업의 최고경영층들은 광고가 제품에 추가적 가치를 부여하여 브랜드를 인식시키고 성장시키는 주요 수단임을 깨달았다. 그들은 "큰 것은 아름답다"라는 말에 빠져 커뮤니케이션의 표준화에 박차를 가했다. 다국적 광고회사들의 각 지역 담당자들과 지역 광고대행사들은 표준화된 접근법에 대해 반대의 생각을 갖고 있으나, 이런 주장들은 단순한 지역 이기주의적 발상으로 여겨져 쉽게 무시되어 왔다. 그러나 그들의 주장은 틀린 것이 아닐 수도 있다. 한 문화 속에서 나온 동기, 개념, 메시지가 다른 문화로 전이된다면 그 의미가 변하고 효과도 줄어들 것이다. 지역적 문화 차이를 고려하지 않는 표준화된 브랜드는 강력한 브랜드 구축에 효과적이지 않다.

문화적 차이는 모든 수준에서 마케팅과 광고에 영향을 준다. 소비자행동, 조사방법, 광고효과의 원천, 광고전략, 개념 그리고 집행, 이러한 것들 때문에 나라들간에 서로 다른 광고 스타일이 생기는 것이다. 왜 영국에서는 유머광고가 그렇게 많은가? 아시아 광고에서는 왜 그렇게 자연경관이 많이 등장하는가? 왜 미국에서는 콜라 전쟁이 효과적이었으나 많은 아시아 국가들과 네덜란드, 스칸디나비아, 스페인에서는 좋은 반응을 얻지 못하는가? 그것은 법의 문제가 아니라 문화의 문제인 것이다. 어떤 개념은 한 문화에서는 효과적이지만 다른 문화에서는 아닐 수 있다.

문화적 다양성의 구조를 제대로 이해하고 있는 사람은 흔치 않다. 많은 사람들이 그들의 주관적 감정에 의존하고 있다. 그들에게 부족한 것은 문화적 차이와 유사점에 대한 지식 기반이다. 이러한 기반을 바탕으로 해서 글로벌 전략과 제대로 된 지역적 적응이 가능해지며, 범세계적이 아닌 지역화된 마케팅 활동이 더 효과적인지 아닌지를 판단할 수 있는 것이다. 이 책은 그런 지식 기반을 제공한다. 마케팅과 광고에 적용할 수 있는 문화와 관련된 이해 및 분석틀을 제공해 준다.

이는 홉스테드(Geert Hofstede)가 개발한, 일과 관련된 가치를 이해하는 데 유용하게 쓰인 모델을 바탕으로 한 것이다. 이를 소비자 가치와 동기에 적용해 본 결과, 이 모델은 마케팅과 광고에 미치는 문화의 영향을 이해하는 데 매우 유용하게 사용될 수 있고, 그에 따라 성공적인 글로벌 마케팅 전략을 개발하는 데도 도움이 된다는 것을 발견했다. 중요한 사항은 한 문화 속에서 어떻게 두 개의 서로 상반된 개념이 매우 효과적인 광고의 요소로 사용될 수 있는지에 관한 것이다. 이는 소비자의 생활 속에서 그들이 실제로 바라는 것과 사회적으로 바람직하게 여겨지는 것 간의 대조를 말한다. 이러한 대조는 매우 의미있는 것으로 문화마다 다르게 나타난다. 저자는 이를 가치 패러독스(*value paradox*)라고 부른다.

이것이 바로 이 책이 말하고자 하는 것이다. 글로벌 브랜드의 특성이 설명될 것이고, 표준화와 지역화에 대한 토의, 그리고 어떻게 광고를 통해 브랜드의 가치를 높일 수 있는지가 거론될 것이다. 문화의 개념, 문화의 결과로 나타나는 광고상의 가치와 동기, 그리고 문화의 광고지각에 대한 영향이 이 내용에 포함된다. 전체적인 초점은 홉스테드 교수의 5-D 모델이다. 이 모델을 마케팅과 광고에 어떻게 효과적으로 적용하느냐가 이 책의 핵심 내용인 것이다.

이 책의 내용은 본인의 경험, 기존 연구, 관련 서적, 마케팅과 광고의 실무와 이론에 관계하고 있는 여러 문화권 사람들과의 대담, 방대한 양의 광고에 대한 심층분석, 그리고 고객과의 업무 등에 근거한다. 이 책은 하나의 진실만을 고집하지 않는다. 그보다는 생각의 토대를 제공하는 것이다. 왜냐하면 아직도 해결해야 할 수많은 가설과 가정들이 학자들과 연구자들의 앞에 있기 때문이다.

Marieke de Mooij

Badhoevedorp

나남신서 1228

글로벌 브랜드 커뮤니케이션
Global Marketing and Advertising

차 례

제 1 장

글로벌 마케팅 커뮤니케이션의 패러독스

워털루 전투 후 웰링턴 공작과 나폴레옹이 만난 자리에서 웰링턴은 다음과 같은 말로 나폴레옹을 비난했다. “당신은 권력을 위해서 싸우지만, 우리는 명예를 위해 싸운다.” 이 말에 나폴레옹은 이렇게 대답했다. “그렇지. 인간은 항상 자신이 갖고 있지 못한 것을 얻기 위해 싸우는 법이지.”

인간은 자신이 갖고 있지 못한 것을 위해 투쟁하는 경향이 있다. 또한 인간은 자신이 갖고 있지 못한 기술을 배울 필요가 있다. 역설적으로 보이지만, 어떤 곳에서는 저절로 습득한 기술을 다른 곳에서는 힘들여 배워야 하는 경우가 있다. 미국에서는 팀워크 훈련이 중요한 일이지만, 일본에서는 팀워크 훈련을 따로 할 필요가 없다. 미국인에게 개인주의적 행동은 저절로 습득된 것이지만, 일본인들은 따로 개인주의적 행동을 배워야 한다. 집단적 가치를 중시하는 일본인은 자립심을, 그리고 자신의 행동에 책임지는 것을 배운다. 리더십은 프랑스인에게는 저절로 습득되는 개념이다. 리더십을 가지고 있건 가지고 있지 못하건 간에. 하지만 프랑스어나 스페인어에는 리더십에 해당하는 적당한 단어가 없다. 리더십은 미국 초등교육에서 필수적인 부분이다. 초등학생은 날마다 돌아가면서 반장을 하며, 반장은 공개적으로 존경을 받는다. 미국 지도자들은 자본주의의 영웅이며, 성공과 실패에 상관없이 존경받는다. 일본 지도자들은 나서지 않는다.

혼돈(*chaos*)은 실리콘밸리 성공의 핵심요소로 일컬어진다. 그러나 혼돈관리(*chaos management*)가 모든 미국 기업에 중요한 경영스타일로 받아들여지는 것은 아니다. 혼돈은 통제하려는 욕망과 상충하기 때문이다. 독일인들에게는 규칙보다 약간의 혼돈으로부터 더 많은 것을 얻을 수 있다고 얘기하는 것이 역설적으로 들릴지 모른다. 이와 대조적으로 독일인의 삶은 대단히 조직적이다. 독일인은 혼돈 속에서는 번창할 수 없다고도 말할 수 있다. 서구사회의 관점에서 바라보면, 전통과 현대성은 모순되는 개념이다. 그럼에도 일본에서는 전통과 현대성이 공존한다. 일본인은 보수적이면서도 새로운 방식에 이끌린다. 서구에서는 낡은 것은 버리고 새것은 받아들여야 하는 것인 반면에, 대부분의 아시아 국가에서 전통은 더욱 연구되어 현대적인 삶의 방식으로 다시 태어난다.

가치 패러독스

가치 패러독스(*value paradox*)는 같은 문화 내에도, 그리고 다른 문화 사이에도 존재한다. 모든 문화는 그와 반대되는 가치를 가지고 있다. 평등은 미국인의 핵심가치이지만, 오히려 미국에서 빈부격차는 더욱 커지고 있다. 글로벌 시장의 관점에서 볼 때 더욱 혼동되는 것은 어떤 문화에서의 이러한 가치 패러독스가 다른 문화에서는 반대의 방향으로 존재하기도 한다는 것이다. 예를 들면, 개인의 자유는 미국사회에서 매우 강력한 문화요소이나 집단에의 소속감 역시 그렇다. 자유와 소속감이 모두 동시에 단일문화의 가치라는 사실은 역설적으로 보일지 모른다. 설명하자면, 사람들이 '자기 방식대로 하기', '혼자 내버려두기' 등을 원하는 개인주의 사회에서는 역으로 사람들이 어딘가에 소속하려고 노력하지 않는다면 외로움을 느끼게 될 것이기 때문이다. 이와 반대로 일본에서는 소속감이 문화의 필수적 부분이면서도 개인주의적으로 행동하기 위해 노력을 기울인다. 흥미로운 점은, 워싱턴시에 있는 American Society of Association Executives에 따르면, 1995년 현재 미국에는 약 10만 개 정도의 협회와 클럽이 있으며, 10명 중 7명은 적어도 하나 이상의 클럽에 가입해 있다는 것이다.[1)]

그러나 일본에는 이러한 현상이 일어나지 않는다.

저자는 이것을 '가치 패러독스'라고 명명한다. 패러독스란 모순되는 것처럼 보이지만 실제로는 존재하는 것을 말한다. 가치 패러독스는 자유/소속감, 전통/혁신, 질서/혼동과 같은 가치체계상의 상충된 가치에서 발견된다. 이는 우리 인생에서 바람직한 가치(*the desirable*)와 바라는 가치(*the desired*)의 상충을 반영한다. 가치 패러독스는 인간생활의 한 부분으로서, 예를 들어 인간은 죄를 지어서는 안 되지만 그럼에도 대부분의 사람들은 때때로 죄를 범한다. 우리는 살이 찌는 것을 원하지 않는다. 그러기 위해서 건강식품을 섭취해야 한다. 그럼에도 우리는 비만과 직결되는 초콜릿과 맥주를 먹고 마신다. 가치 패러독스는 인생에서 모순되는 것과 의미있는 것들을 반영한다. 가치 패러독스는 딜레마를 반영하며, 인간이 해야만 하는 것과 그들이 하고 싶은 것들 사이에서의 선택도 내포한다. 가치 패러독스는 사람들의 동기를 반영하고, 사람들의 느낌과 감정을 촉발하는 요소를 포함한다. 그러므로 가치 패러독스는 마케팅과 광고에서 자주 이용된다. 중요한 가치 패러독스는 문화에 따라 다양하기 때문에 가치를 부여하는 광고는 한 문화에서 다른 문화로 옮겨지면 그 효과가 줄어든다.

'소속감'이라는 가치는 미국광고에 특히 감성적이고 감정적인 형태로 자주 등장한다. '네 방식대로 살아라', '당신 개인만을 위한', '자기중심' 등과 같이 개인주의에 호소하는 것들이 전형적인 미국인의 귀향감정에 우선하여 발견되는 것은 아니다. 두 가치가 함께 나타난다. 일본에서의 소속감은 인생에 이미 내재된 부분이기 때문에, 소속감의 가치를 어필하는 광고는 많이 사용하지 않는다. 오히려 그 반대로 개인주의, 자립, 성공욕구 같은 것들이 광고에 더 효과가 있을 것이다. 광고는 때로 그 사회의 결핍된 측면을 드러낸다. 가족적 가치가 부족한 곳에서의 광고는 행복한 가족들을 보여준다. 북미의 광고에서는 행복한 가족이 흔한 소재이지만 일본광고에서는 별로 사용되지 않는다.

글로벌 문화의 가치 패러독스를 이해하지 못하는 사람은 세계가 유사한 가치를 가진 단일문화로 바뀌어가고 있다고 생각하는 우를 범하기 쉽다. 유사한 가치가 존재할 수도 있지만, 어떤 문화의 가치가 다른 문화에서는 정반대되는 가치가 될 수도 있다.

글로벌 시장에서의 커뮤니케이션을 어렵게 만드는 것이 바로 여러 패러독스의 복잡성이다. 모든 패러독스가 개인적 자유/소속감 패러독스처럼 분명한 것은 아니다. 동양과 서양의 패러독스는 아주 강하며 외면상으로 분명하지만, 같은 지역 내에도 다양한 패러독스들이 존재한다. 예를 들어 유럽 내에서도 독일의 자유/질서에서부터 네덜란드의 자유/협동, 프랑스의 자유/종속과 같이 다양한 가치 패러독스가 존재하는 것이다. 독일인과 스칸디나비아인은 개인적 자유를 소중히 여기지만 너무 많은 자유는 무질서를 야기한다. 네덜란드인은 개인적 자유를 가치 있게 생각하지만 때때로 협동이 더욱 절실하게 요구되기도 한다. 프랑스에서의 개인적 자유는 권력자에 대한 종속과 함께 한다. 정보에 대한 요구에 대해서 질문하면, 남유럽의 소비자들이 북유럽 소비자보다 더 많은 정보를 요구한다고 말하지만, 막상 그것을 사용하지는 않는다. 만일 남유럽 소비자에게 구매 전에 어떤 정보원천을 참고하였느냐고 질문하면 "없다"는 응답이 북유럽보다 더 많다. 이것이 문화에 의해서 설명된다(제 7장 참조).

사람들의 가치 패러독스는 그들이 자라난 국가의 문화의 한 부분이다. 자기 자신의 가치 패러독스는 곰곰이 생각해 봄으로써 깨달을 수 있다. 하지만 다른 문화에서의 가치 패러독스를 파악해 낸다는 것은 매우 어려운 일이다. 가치 패러독스의 개념은 이 책에서 없어서는 안 될 개념이다. 광고소구점에서의 패러독스의 예는 제 8장에서 다루어질 것이다.

세계화 - 현지화 패러독스

"사고는 범세계적으로, 행동은 현지에 맞게"(*Think global, act local*) 라는 말은 역설적이다. 사고와 행동은 동등하게 문화의 영향을 받는다. 범세계적으로 사고하는 사람 역시 그들 문화의 산물이다. 한 문화에 속한 사람의 범세계적 사고는 다른 문화에 속한 사람들에게는 문화제국주의로 비칠 수 있다. 사람들이 사고하고 지각하는 방식은 자신의 문화체계를 따른다. 사람들이 판단하는 유사성이란 그들 자신의 문화체계에 바탕을 두고 판단한 유사성인 것이다. 이러한 유사성은 종종 의사유사성(*pseudo-similarity*)이다. 그것들은 실제로 존재하는 것이 아닌, 단지 자신이 보기 원하는 것들에 근거하기 때문이다. 일본의 개인주의 현상을 일본 서구화의 징조로서 지각하는 것이 그러한 잘못된 지각의 예라 할 수 있다. 전세계의 젊은이들이 코카콜라를 마시고 청바지를 입는 것을 보면 그들이 다 똑같아지는 것처럼 생각될 수도 있지만, 소비자에게는 세계화보다 지역이 더 의미있는 것이라는 수많은 증거가 있다. 예를 들어, 그 지역 음악에 대한 선호가 점점 높아지고 있다. 2002년 미국에서 팔린 음악의 93%가 지역 아티스트의 것이었다. 일본은 74%, 유럽은 50% 이상이 그러하다.[2)]

기술 패러독스

세계적으로 기술의 발달이 이루어지고 있지만, 기술의 발달이 우리를 세계화하고 비슷한 제품에 대한 비슷한 욕구를 갖게 할 것이라는 주장은 옳지 않다. 기술혁신을 받아들이고 기술적으로 진보된 제품을 사용하는 측면에서는 큰 차이가 있다. 선진국인 일본은 가구당 PC 보유 숫자 면에서 미국과 대등할 것이라 기대할 수 있지만, 실제로는 그렇지 않았다. 2001년 현재 인구 100명당 미국이 63명, 캐나다 46명, 영국이 37명, 네덜란드 43명, 프랑스 34명, 이탈리아 19명 그리고 스페인이 17명이 PC를 소유하는 데 비해, 일본은 단지 35명만이 PC를 소유하고 있다.[3)] 2003년 현재 덴마크인의 35%가 매일 인터넷에 접속하는 반면, 영국인은 17%, 그리스인은 4%만이 매일 인터넷에 접속한다.[4)] 이러한 차이는 문화적 가치에 의해서 가장 잘 설명되는데, 특히 이 책 전체에 걸쳐서 인용될 홉스테드(Hofstede)의 국가문화이론에 의해서 잘 설명된다. 기술진보적 제품의 보유와 사용에 관한 통계분석은 기술의 수렴현상이 가치관이나 관습에서의 수렴현상과는 다르다는 것을 확인시켜 준다. 1960년대 초에 "지구촌"이라는 개념을 주창한 캐나다의 언론철학자 마셜 맥루한(Marshall McLuhan)[5)]에 의하면 새로운 매체기술은 인간의 연장선 역할을 수행할 것이며, 현존하는 인간활동을 증진시킬 것이라고 하였다. 그는 새로운 매체가 유사한 것은 더욱 유사하게, 상이한 것은 더욱 상이하게 만들 것이라고 하였다. 실제로, 기술이 발달되면서 차이는 더 커졌고, 기술의 발달과 부의 증진으로 사람들의 행동이 더 유사해졌다기보다는 더 상이하게 되었다. 사람들이 새로운 기술을 받아들이는 것은 그들에게 익숙한 일을 좀더 향상되고 효율적인 방법으로 하기 위해서이다. 이 문제는 제 2장에서 자세히 다룰 것이다.

매체 패러독스

인공위성의 급속한 증가로 지구촌이 형성됨으로써 어느 누구든지 지역에 관계없이 자신이 원하는 텔레비전 채널을 수신할 수 있을 것으로 예상되었다. 이것은 단지 이론에 불과하다. 현실적으로 시청자들이 텔레비전 채널을 선택할 수 있는 자유는 없다. 점차적으로 현지 케이블 회사들에 의해 시청자들이 보게 될 프로그램이 결정되며 이는 대개 현지 프로그램들이다. 또한 국가간에 서로 다른 기술과 코딩 시스템을 사용하기 때문에 위성을 통해 수신한 정보라도 사용하지 못하는 경우가 많다. 따라서 위성수신기도 해결책이 될 수는 없다. 어떻게 보면 새로운 기술이 개발된 지금보다 기술적으로 덜 발전되고 비상업화된 과거의 유럽국가에서 공중파를 통제하였던 시절이 오히려 타국가에서 제작된 텔레비전 프로그램을 수신하기가 훨씬 더 수월하였는지도 모른다.

마케팅 이론의 패러독스

소비, 구매 그리고 의사소통과 관련된 대부분의 소비자행동론과 마케팅 개념들은 미국에서 비롯되었으며, 이러한 개념들은 많은 타문화권의 학자들에 의해 그 나라에서 적용된다. 이러한 이론들이 타문화권에 의미있게 적용되었다는 증거는 없다. 결과적으로, 마케팅과 광고를 배우는 수많은 학생들은 자기 자신의 환경에 항상 적합하다고는 할 수 없는 미국인의 가치와 사고체계를 반영하는 마케팅 학문을 배우고 있다고도 볼 수 있다. 그래서 수많은 역설적 개념들이 생기게 된 것이다.

현지 시장은 사람, 글로벌 시장은 제품

시장이란 사람에 의해 형성되는 것이지 제품에 의해 만들어지는 것은 아니다. 글로벌 제품은 있을 수 있어도 글로벌 인간은 없다. 글로벌 브랜드는 있을 수 있지만 그 브랜드를 구매하게끔 하는 글로벌 동기는 없다. 소니 워크맨은 유사한 동기를 가진 사람들이 사용하는, 즉 글로벌 욕구를 가진 글로벌 소비자를 위해 개발된 글로벌 제품의 전형적인 예로서 종종 인용되지만 그것은 사실이 아니다. 소니를 사용하는 데에는 분명히 다른 두 가지 동기가 있다. 서구에서는 타인의 방해를 받지 않고 음악을 즐기려는 것이 소니를 구매한 동기지만, 마사루 이부카와 소니사의 또 다른 공동창업자인 아키오 모리타가 워크맨을 개발하게 된 동기는 이러한 이유 때문이 아니었다. 그는 단지 타인을 방해하지 않고 음악을 듣고자 했던 것이었다.[6)]

올바른 방식으로 소구해야만 젊은이들에게 소구할 수 있을 것이라는 사실을 인지한 광고담당자들은 청소년문화와 같은 하위문화를 이해하기 위해 애쓴다. 이렇게 볼 때 서로 상이한 가치체계를 가지고 서로 다른 민족문화를 배경으로 하는 성인 남녀에게 소구하는 데 많은 광고담당자들이 하나의 표준화된 메시지면 충분하다는 생각을 한다는 것은 역설적 행동이다.

표준화의 결정은 시장이나 민족문화보다는 기업문화와 더 관련이 있다. 많은 글로벌 광고담당자들은 시장지향적이라기보다는 제품지향적이다. 그들은 보편적이고 글로벌하다고 가정된 소비자들에게 표준화된 제품을 판매하기 위해 대단한 글로벌 아이디어를 찾는다. 이것은 표준화를 주장하는 근거로 규모의 경제에 따른 비용절감이 가장 자주 언급된다는 사실로 증명될 수 있다. 실제로는 진정으로 국경을 초월할 수 있는 표준화된 아이디어의 개발비는 상당히 높다.

대단한 아이디어 또는 글로벌 플랫폼이라는 합의를 도출해내기 위해서는 여러 국가에 퍼져 있는 생산관리자, 마케팅관리자, 지역관리자, 광고담당자, 회계담당자와 임원들 그리고 광고대행사의 크리에이티브 담당자들이 모두 모여 상의해야 할 것이다. 그러고 나면 결국에는 수많은 적응이 필요하다는 것을 알게 될 것이다. 텔레비전의 해설 소리 또는 부제들을 만들어야만 하고, 제품사진이 교체되고, 원문들을 번역하고, 현지에 적응하도록 고쳐 써야 한다. 글로벌용으로 개발된 슬로건은 현지어로 옮겨져야 한다. 결국 일부 번역들은 문화의 영향을 받아 미묘한 의미차이를 포함하게 된다. 그 한 예로, 필립스의 "Let's make things better"(더 나은 세상을 만들자)와 같은 말은 스페인어로 "Juntos hacemos tu vida mejor"(당신의 삶을 더 좋게 함께 만들어가요), 이탈리아어로 "Miglioramo il tuo mondo"(귀하의 세상을 진보시킵니다), 프랑스어로 "Faisons toujours mieux"(항상 더 좋게 만들자)라고 번역되었다.

다른 국가에 있는 사람들은 서로 상이한 언어를 구사할 뿐만 아니라 그들의 언어에는 또한 상이한 세계관을 내포하고 있다. 번역은 상이한 세계관을, 사고방식을 그리고 지적 스타일을 표현할 수 없다. 국제광고전문가인 사이먼 안홀트(Simon Anholt)[7]는 "광고 문구를 번역하는 것은 빙산의 일각을 색칠하고서 전체 색이 다 바뀌었을 거라고 기대하는 것과 같다"고 하였다. 광고는 언어 이상이다. 광고는 문화의 산물이다.

보편성과 특수성

광고와 마케팅 교재는 일반적으로 심리학, 사회학 그리고 경제학과 같은 사회과학 분야에서 도출된 학문이다. 특정 문화에서 개발된 이론이 보편적인 것으로 받아들여져, 타문화의 특수성에 맞게 차별화되지 않고 있는 것이다. 미국에서 수행된 연구에 기반을 둔 많은 이론들이 전세계적으로 소개되고 있다. 또한 타문화권의 철학자들에 의해 개발된 이론들이 미국인에 의해 채택되었다. 예를 들면 프로이트의 철학은 전세계적으로 많은 교재에 실려 있다. 하지만 오스트리아-헝가리 태생의 철학자에 의한 이 철학이 앵글로색슨계에 적용된다면 잘 맞지 않을 것이라는 것을 고려하지 않고 있다. 그러한 개념과 이론이 소비자행동론 교재에 소개될 때 역시 문화의 기원을 고려하는 경우는 별로 없다. 프로이트의 이론을 바탕으로 한 동기세분화 이론이, 한정된 몇몇 문화에서만 유효할 것이라는 지적에도 불구하고, 많은 국제광고 담당자에게 제시되고 활용되었다.[8]

어떤 제품은 범세계적이고 문화를 초월하는(*culture-free*) 제품으로 인식되지만, 그것이 사용되는 방식은 문화초월적인 것이 아니다. 그 제품을 사용하는 동기는 매우 다양하다. 어떤 글로벌 브랜드들은 세계 도처에 널려 있어 범세계적인 욕구를 충족시켜주는 제품으로 인식되기도 한다. 그러나 사실상 진정한 글로벌 브랜드란 거의 없다. 그 제품들 대부분은 제조업체 본국의 문화를 반영하고 있음을 알 수 있다. 코카콜라와 맥도날드는 미국문화를 반영하고, 구찌는 이탈리아의 문화를 계속해서 반영해왔다.

독특한(*unique*) 개인에 초점 맞추기

구매행동, 의사결정 그리고 커뮤니케이션 행동 등에 관한 이론들은, 독특한 개성을 지닌 것으로 정의되는 서구사회의 개인들을 대상으로 한다. 개인의 구매행동에 대한 집단의 영향력이 사회학적 관점에서 고려될 때, 서구사회에서는 암묵적으로 개인을 독특한 존재로 본다. 동양에서의 집단역동성(*group dynamics*)이 무시되는 것이다.

서양 소비자행동 이론들의 토대인 자아와 개성이라는 개념은 앵글로색슨 심리학 연구에서 나온 것이고, 사람들이 자신의 자아개념과 일치하거나 자신의 이상적인 자아 이미지를 고양시켜 줄 제품을 구매할 것이라는 가정을 내포하고 있다. 문화는 자아를 형성하고 이상적인 자아 이미지를 지각하는 데 중요한 역할을 한다. 여성의 이상적 외형을 예로 들면, 서구사회의 광고는 이상적인 여성의 몸매를 날씬함으로 정의하여 선전함으로써 비난을 받아왔다. 바비인형의 몸매는 백인 청소년의 이상이 되었다. 그러나, 심지어 같은 미국사회 내에서도, 이러한 외형이 모두에게 이상적 자아 이미지로 받아들여질 것인지는 의문이다. 백인 10대들과는 반대로 흑인 10대들은 날씬하기보다는 건강하고 풍만한 스타일이 더 자아 이미지에 가깝다.[9)]

현대 브랜드 이론은 미국과 영국에서 발전되었고 서구 심리학의 개념들을 이용하였다. 브랜드 정체성(*brand identity*)과 브랜드 개성(*brand personality*) 같은 비유는 심지어 정체성(*identity*)이나 개성(*personality*)이라는 단어가 존재하지 않는 나라에까지 사용된다. 하지만 아시아 국가에서 브랜드 개성을 질문한다면 적절한 응답을 얻지 못할 수도 있다.

'소비자 추세'의 패러독스

마케팅과 광고의 전문가들은 변화의 흐름을 파악하는 것이 주된 역할이다. 마케팅에서 활용하기 위해 제시되는 소비자 추세들은 대부분 가치 패러독스를 바탕으로 하고 있다. 예를 들어, 1990년대에 사회적 삶에서 벗어나 가정으로 돌아가자는 '코쿠닝'(*cocooning*) 추세는 너무나 경쟁적이고 개인주의적인 삶에 대한 반응으로 나타난 것이다. 인간 모두는 세상에 홀로 나가 성공해야 하지만, 실제로 인간은 가정이라는 울타리 내에서 보호받기를 원한다. 또한, 음식과 관련된 추세인 헤도니즘(*hedonism*)은 결코 범세계적 추세가 아니다. 그것은 음식과 관련해서 개인이 해야만 하는(*should*) 것과 실제로 행하고 있는(*actually does*) 것들 간의 상충과 관계가 있다. 대부분의 사람들은 마구 먹고 싶겠지만, 날씬하고 건강한 몸매를 갖기 위해서 가벼운 음식을 섭취한다. 음식, 건강과 관련해서 미국처럼 극단적인 경우가 발견되는 국가도 없을 것이다. 건강유해식품과 저칼로리 식품이, 아주 마른 사람과 아주 뚱뚱한 사람이 나란히 존재한다. 그러나 프랑스와 스페인에서 음식은 사회적 그리고 가정적 삶의 한 요소로 존재한다.

'추세' 또는 일시적 사회 움직임은 바람직한 것에 지나친 초점을 두는 것에 대한 반응을 반영하는 것이다. 경영관리에서의 경향 혹은 일시적 유행은 실제 문화를, 그리고 그 문화에서의 바람직한 것과 바라는 것 사이의 간격을 반영하는 경향이 있다. 혼돈관리(*chaos management*)는 바라는 바를 의미할지는 몰라도, 이는 통제라는 바람직한 것과는 상충된다.

글로벌 광고의 패러독스

인류학자인 매크레켄(McCracken)은 광고는 제품과 소비자 문화를 어떤 광고의 틀 안에서 접목시킴으로써 의미를 전달하는 수단으로서의 기능을 한다고 지적하였다.[10] 광고 크리에이티브 담당자는 광고에서 어떤 식으로 문화체계를 표현해야 할지를 결정하고, 그리고 기업의 의사결정자는 그러한 관점이 그들의 문화적 틀을 반영하는지를 결정한다. 이는 과연 광고가 표현하는 것이 소비자의 문화인가 혹은 기업의 문화인가 하는 문제를 생각하게 한다. 예를 들어, 일반적으로 독일광고에는 영국광고에 비해 유머기법을 적게 사용한다. 이것은 독일 소비자들이 유머감각이 부족하다는 것을 반영하는 것인가? 그렇지 않다. 그것은 독일 경영자들의 위험회피 태도를 반영하는 것이다.

효과적인 광고란 메시지의 가치를 수신자의 가치에 접목시키는 것이다. 광고에서 반영되어야 하는 것은 소비자의 문화이다. 〈뉴스위크〉, 〈비즈니스위크〉 그리고 CNN과 같은 글로벌 매체에 나오는 광고를 분석해 보면 실제로 국제광고 담당자들이 자국의 가치체계를 가지고 전세계 독자나 시청자에게 소구하고 있다는 것을 보여준다. 따라서 이러한 국경을 초월하는 매체의 글로벌 광고에 대한 잠재적 가능성이 완전히 활용되고 있지 않다고 볼 수 있다.

오랫동안 미국의 글로벌 광고전략은 감정적 혹은 "감성"(*feeling*)에 소구하는 광고가 "이성"(*thinking*)에 소구하는 광고보다 낫다고 여겨졌는데, 왜냐하면 인간의 가치의 보편성에 대한 가정 때문이었다. 따라서 표준화된 국제적 광고는 행복이나 사랑 같은 가치에 소구하는 것이 많았다. 그런데 국제적 광고에 대한 분석결과를 보면 글로벌 광고에서 가치를 이용하는 관습은 주로 미국의 관습이다. 유럽 회사들은 혁신적인 제품의 특징에 초점을 맞추되 각 문화의 특성에 맞는 방식으로 전달한다. 이에 대해서는 제 7장과 제 10장에서 좀더 다룰 것이다.

광고담당자가 특정 소비자들에게 소구할 수 있는 것보다 모든 소비자들에게 소구할 수 있는 보편적인 것을 더 선호한다는 것은 역설적이다. 커뮤니케이션 과잉시대에서 사람들은 더욱더 선택적 지각에 의존한다. 더불어 그들과 다른 문화적 가치를 반영하는 광고들이 점증한다는 사실만으로도 광고의 효과가 점점 감소하는 이유를 이해할 수 있을 것이다. 한편으로 보면 일반적으로 메시지를 전달할 시간이 거의 없기 때문에 광고는 재빨리 이해되어야 하며 그리고 즉각적 인식이 필요하다는 것을 광고담당자는 잘 알고 있다. 그러면서도 글로벌 광고 담당자는 자신의 문화 속에서 통용되던 메시지를 상이한 문화에까지 전이시킬 수 있다고 생각한다. 만약 그들이 다른 나라를 스스로 여행하려 한다면 아마 그들은 여행사와 자세한 여행 가이드 책자의 도움이 있어야 할 것이다. 하지만 글로벌 광고 담당자는 그들의 메시지가 어떠한 가이드 없이도 전이될 수 있다고 생각한다.

효과적인 광고는 문화의 공유를 필요로 한다

일반적 가정은, 만약 수신자가 광고를 성공적으로 해독한다면, 그리고 어떤 대상에 대한 의미있는 메시지 전이가 이루어졌다면 그 광고는 효과적일 것이라는 것이다. 광고기획자는 수신자가 자신과 문화적 관습을 공유하고 있을 것이라고 가정한 상태에서, 그들은 이렇게 반응할 것이라는 자신의 예측에 따라 광고요소들을 선택한다. 메시지의 수신자가 그러한 반응을 명확하게 나타낼 수 있기 위해서는 자극을 평가할 때 송신자와 동일한 문화적 관습을 지니고 있어야 한다. 따라서 전세계적으로 통용될 수 있는 단일한 아이디어, 타문화에도 적용될 수 있는 글로벌 자극이 개발된다면, 그 반응 역시 유사하게 나타날 것이다. 이것은 수신자와 송신자가 하나의 동일한 문화를 공유했을 때에만 가능한 일이다. 만일 공유된 문화가 없다면 그 반응은 기대했던 것과는 다르게 나타날 것이다. 이것은 효과적인 광고를 이끌어내지 못한다.

비용절감의 이유로 기업은 제품과 광고를 표준화하기를 원한다. 그러나 제품은 유사할지 모르지만 그 제품을 사용하고 구매하는 동기는 대부분의 경우 다양하게 나타난다. 리바이스 청바지는 전세계에서 똑같을지 몰라도, 누군가에게는 작업복인 반면 다른 사람에게는 미국적 생활방식을 의미하고 또 다른 사람에게는 위신을 높여주는 제품이 된다. 만약 표준화 제품의 구매동기가 나라마다 지역마다 상이하다면 표준화된 광고 캠페인이 어떻게 모든 나라에 동일한 효과를 거둘 수 있는가? 광고 표준화에 대한 논의들은 모두 소비자에 대한 자극의 표준화와 관련된 것뿐이고, 이러한 표준화된 자극에 대한 소비자들의 반응은 어떠할지를 고려하지 않고 있다. 많은 사람들이 광고제작의 비용효율성을 논하면서도 표준화된 광고의 효과성에 대해서는 언급하지 않는다. 표준화된 광고 캠페인에서 얻은 비용절감은 효과적이지 못한 광고 메시지를 내보내느라 낭비한 매체비용과 쉽게 상쇄되고도 남을 것이다. 이렇게 된 이유 중의 하나는 아마도 광고가 어떻게 소비자에게 작용하는가에 대한 근본적 연구가 이루어지지 않았기 때문일 것이다. 광고와 문화의 관계에 대해서는 제 7장에서 논의할 것이다.

광고의 작용

광고가 어떻게 작용하는가에 대한 논쟁이 여러 국가의 연구자 사이에서 끊임없이 이루어졌다. 계속해서 신모형들이 개발되었다. 그러나 광고의 작용이 문화와 관련이 있을 것이라는 가정은 좀처럼 포함되지 않았다. 미국은 다른 나라에 비해 오랜 리서치 역사를 가지고 있기 때문에, 그 방법과 스타일이 비교문화적인 광고연구에 종종 이용된다. 그 결과 대부분의 연구는 미국적 특징을 띤다. 가설들은 미국적 가정을 토대로 하며, 조사방법은 미국적 관습과 광고에 대한 철학을 토대로 한다. 이것은 자민족중심주의적 접근이다. 미국의 광고개념은 상이한 문화에서 광고가 어떻게 집행되어야 하는지를 설명해주지 못한다.

다양한 사고패턴은 광고담당자가 광고의 작용에 대해서 다르게 생각하게끔 한다. 예를 들어 광고를 주로 설득적 커뮤니케이션으로 정의하는 것은 앵글로색슨계의 전형적인 지적 스타일이다. 하지만 그것이 보편적 사고방식은 아니다. 저자는 광고이론이 미국교재에 실렸을 때인 1971년부터 네덜란드에서 광고교육에 몸담아 왔다. 미국교재에 빠짐없이 나오는 설득적 커뮤니케이션 개념은, 광고효과 조사 때 다국적기업들에 의해 적용됨에도 불구하고, 네덜란드에서 광고론의 핵심개념이 되지는 못했다. 설득과 "밀어붙이기 식"의 모형은 미국적이다. 이러한 것들은 상이한 문화에서의 광고작용에 대한 설명의 기초로서 지나치게 자주 사용되었다.

그러한 문화적 무지의 예가 "개인 수준에서의 설득적 과정이 일본에서는 어떻게 작용하는가?" 하고 묻는 것이다.[11] 설득력은 일본식 광고의 주요소가 아니다. 그리고 일본문화의 집단성은 '개인 수준에서의 효과'를 거의 반영하지 않는다. 강압적인 판매와 은근한 판매에 따라 광고를 분류하는 것은 미국체계의 일부분이다. 그러나 그것은 미국의 연구가에 의해서만 사용된 것이 아니라 그것이 적용되지 않는 다른 문화의 연구가들에 의해서까지 사용되어 왔다.

정의상, 가치와 라이프스타일 조사는 문화의존적이다. 그럼에도 어떤 문화의 가치패턴을 토대로 한 연구가 거의 무차별적으로 다른 문화에 적용되는 것을 볼 수 있다. 미국에서 개발된 가치와 라이프스타일 연구가 유럽에서 적용되며, 유럽 내에서는 한 나라에서 개발된 연구가 흡사 동일한 가치를 지닌 것처럼 다른 나라에 적용된다. 예를 들어, 벨기에인의 가치에 대한 연구가 가치체계가 매우 상이한 네덜란드에서 적용된다.

많은 나라에서 광고에 단어보다는 시각적, 상징적인 것들을 더욱 많이 사용하고 있음에도 불구하고, 미국에서 광고연구에 이용되는 용어는 '카피조사'(*copy research*)이다. 이것은 광고에서 시각적 요소보다는 언어적이고 사실적인 요소에 많은 가치를 둔다는 것을 의미한다. 한 문화의 조사자들의 문화체계가 상이한 문화에서의 광고효과 측정을 위해 사용되는 것이다.

국제광고의 비교문화 측면에 대한 연구의 대부분은 광고내용의 비교분석을 통해 여러 국가의 광고 스타일을 설명하고 있다. 여기에 사용되는 방법들은 분석대상이 되는 곳의 문화관습이 아닌 조사자의 문화관습에 의해 결정된다.

비교문화 연구의 일반적 결과들은 국가에 따라 광고가 매우 다양하다는 것이다. 하지만 왜 그런지에 대한 이유를 설명해 주는 연구는 거의 없다. 이러한 연구들이 주로 분석하는 것은 자극, 즉 크리에이티브 기획자가 자신의 문화적 틀 내에서 선택한 상징들에 관한 것들이다. 수용자들의 차이를 가정한 비교들은 아직 서투르다. 예를 들면 미국, 유럽 그리고 아시아, 혹은 선진국 시장과 개발도상국 시장의 문화에는 분명히 유사한 동기 또는 반응 패턴이 있을 것이라고 가정한 채, 이들 범주에 속하는 국가들을 비교하는 것이다. 실제로 여러 문화 간의 자극과 반응을 연결시키려는 연구들은 거의 없다. 이것을 하기 위해서는 송신자와 수신자의 문화 둘 다 연구되어야 한다.

광고테스트를 할 때 회사들은, 예를 들어 유럽 지역에서 유럽을 대표하는 한두 나라만을 선택함으로써 비용을 절감하려 한다. 이 책을 읽어보면 알겠지만 이것은 매우 위험한 발상이다. 한 나라는 결코 전체 유럽을 문화적으로 대표할 수 없다. 프랑스에서 효과적인 광고가 독일이나 영국에서도 반드시 효과적인 것은 아닐 것이다.

문화 패러다임

부의 증진, 세계화 그리고 기술의 발전으로 여러 국가들 간의 소비자 행동이 서로 수렴(*converging*)하기는커녕 보다 발산(*diverging*)하고 있다. 영국 사회학자인 앤서니 기든스(Anthony Giddens)[12]는 "세계화는 세계의 각기 다른 부분에 있는 지역문화의 정체성이 부활하는 동기이다"라고 했다. 저자가 지칭했던 결핍이후의 사회(*postscarcity societies*)[13]에서 부가 증가되면서, 소비자들은 자신들의 가치를 좀더 표현할 수 있게 되었고, 이러한 가치는 문화마다 서로 다르다. 국가의 부유함이라는 측면에서는 서로 유사해지면서도 소비자 행동의 차이는 줄어들지 않는 유럽에서, 국가에 따른 소비자 행동의 차이를 설명하는 유일한 변인은 문화이다. 세계적 마케팅담당자들이 문화의 중요성을 아주 조금씩 깨닫고 있다. 과거에는 문화를 실체가 없어서 수량화할 수 없는 것으로 보았지만, 지금은 여러 문화모델들이 문화적 차이를 구조화하는 데 도움을 주고 있다. 이러한 모델들은 제 4장에서 논의할 것이다. 이 모델 중의 하나는 홉스테드(Geert Hofstede)에 의한 것인데, 이것은 문화적 차이를 수량화해주며, 이 책 전반에 걸쳐서 문화가 소비자행동에 영향을 주는 다양한 측면을 설명할 때 인용될 것이다. 이는 국제적 회사의 CEO나 마케팅담당자들이 국제적 마케팅전략을 세우고자 할 때 중요하다.

결 론

미래는 하나의 글로벌 문화가 지배할 것이라고 믿는 사람들은, 한 문화의 가치가 전혀 다른 문화와 유사하게 될 것이라는 가치 패러독스에 현혹되어 있는 것이다. 이에 대한 가장 확실한 예는, 일본인이 점점 개인주의에 초점을 맞추기 때문에 그들이 서구화되고 있다고 가정하는 것이다. 범세계적-지역적 패러다임은 또 다른 패러독스다. 사람은 범세계적 사고를 가질 수 없다. 모든 인간은 자신의 문화에 의해 정의된 패턴에 따라 사고한다. 인간은 글로벌하게 행동할 수는 있다. 그래서 글로벌 기업이 있는 것이다. 기업이 글로벌화되었을 때, 그러한 글로벌 기업은 범세계적 생산과 유통망을 이용한다. 하지만 글로벌 커뮤니케이션에서의 사고는 현지적응화되어야 한다. 커뮤니케이션이 효과적이기 위해서는 보편성이 아닌 특수성에 초점을 맞추어야 한다.

글로벌 마케팅 커뮤니케이션에서 우리는 자신의 문화체계를 이용하여 다른 문화체계를 위한 광고를 개발하고 있다. 우리는 한 문화의 특징을 이용해서 다른 문화를 묘사한다. 우리는 글로벌 소비자에게 다다를 수 있는 하나의 적절한 글로벌 언어를 가지고 있지 않다. 우리는 단지 의사유사성(*pseudo-similarity*)을 발견하고 이것이 실제이며 보편적일 것이라고 생각한다. 우리는 다른 문화에 있는 사람들을 움직이기 위해서 자기 자신의 문화적 동기를 적용한다. 우리한테 필요한 것은 상이한 문화에 있는 사람들을 움직이게 하는 요인을 이해하기 위한 새로운 언어와, 서로간의 차이를 이해하기 위한 체계를 개발하는 것이며, 상당한 거리는 있겠지만 진정한 유사성을 발견하는 것이다. 우선 글로벌 시장에 존재하는 가치 패러독스를 직시해야 하며 그리고 그러한 가치 패러독스를 이해해야 한다. 이 장에서는 단지 몇 가지 예만 제시되었을 뿐이다. 이 교재의 나머지 부분에서는, 마케팅, 브랜딩 그리고 의사소통에 사용되는 가치 패러독스에 초점을 맞출 것이다. 그리고 효과적인 글로벌 광고를 개발하기 위해 그런 패러독스를 이해하기 위한 효과적인 도구가 제시될 것이다.

주

1) "America's strange clubs : Brotherhoods of oddballs." (1995, December 23). *The Economist*, p.63.
2) Peper, T. (2004, August 2). "Building a bigger star." *Newsweek*, p.52.
3) World Bank. (2003). *World development indicators*. Washington, DC : Author.
4) Jowell, R., et al. (2003). *European social survey 2002/2003* [technical report]. London : Centre for Comparative Social Surveys, City University.
5) McLuhan, M. (1964). *Understanding media : The extensions of man*. New York : McGraw-Hill, pp.225, 268, and 276.
6) Morita, A., & Reingold, E. M. (1987). *Made in Japan*. Great Britain : William Collins.
7) Anholt, S. (2000). *Another one bites the grass : Making sense of international advertising*. New York : Wiley, p.5.
8) Callebaut, J., et al. (1994). *The naked consumer*. Antwerp, Belgium : Censydiam Institute.
9) Springer, K., & Samuels, A. (1995, April 24). "The body of the beholder." *Newsweek*, pp.50~51.
10) McCracken, G. (1988). *Culture and consumption : New approaches to the symbolic character of consumer goods and activities*. Bloomington : Indiana University Press, pp.71~89.
11) Johansson, J. K. (1994, March). "'The sense of nonsense' : Japanese TV advertising." *Journal of Advertising*, 23(1), pp.17~26.
12) Giddens, A. (2000). *Runaway world*. New York : Routledge, p.31.
13) De Mooij, M. (2003). *Consumer Behavior and Culture*. Thousand Oaks, CA : Sage.

제 2 장

글로벌 브랜드의 세계화-현지화 패러독스

글로벌 마케팅과 광고에서 가장 많이 논의된 주제 중의 하나는 세계화와 현지화 간의 선택에 대한 것이다. 표준화된 제품으로 경제적 이윤을 높일 것인지 아니면 효율성의 극대화를 위해서 지역 소비자들의 요구와 관습에 맞출 것인지 등이 그것이다. 여기에서 역설적인 점은 모든 마케터가 시장은 사람이며 현지의 접근법에 따라 변화해야 한다고 배웠으면서도 막상 세계로 진출할 때는 제품중심적이 된다는 것이다. 그들은 제품, 브랜드, 시장에 대해서만 이야기하고, 사람에 대해서는 이야기하지 않는다.

전세계 어디서나 볼 수 있는 글로벌 브랜드의 예는 코카콜라이다. 코카콜라의 글로벌 광고 캠페인 활동은 브랜드의 성공에 크게 기여했다. 그런 반면 코카콜라는 점점 지역화하고 있기도 하다. 브랜드와 광고에서의 세계화-지역화 패러독스를 이해하기 위해, 이 장에서는 먼저 세계화된 브랜드의 다양한 측면과 글로벌 브랜드의 광고의 역할에 대해 살펴본다.

글로벌 브랜드

대부분의 제품범주에서, 기업들은 제품이 아니라 제품범주 내의(차별화되고 포지셔닝된 넓은 의미에서의 제품을 의미하는) 다른 브랜드와 경쟁한다. 시장을 지배하려면 글로벌 브랜드는 세상의 모든 중요 시장에서 선두상표가 되어야 한다. 예를 들어 코카콜라는 200개국 이상에서 팔리고 있다. 인터브랜드(Interbrand)나 영 루비캄(Young & Rubicam) 등의 여러 브랜드 컨설팅 및 광고회사들이 전세계에서 가장 강력한 브랜드 리스트를 발표한 것을 보면 코카콜라는 지속적으로 1위를 차지했다. 또한 인터브랜드가 2004년 조사한 글로벌 브랜드 리스트에서 가장 높은 브랜드 가치로 1위를 차지했다.[1] 또 다른 순위는 우리의 생활에 가장 큰 영향을 준 브랜드를 평가하는 독자들이 선택한 올해의 브랜드 조사(*Readers' Choice Brand of the Year*)이다. 여기서 코카콜라는 2003년에 4위를 차지했다. 구글이 1위, 애플이 2위 그리고 자동차 브랜드인 미니가 3위였다. 세계의 각 지역마다 상위 브랜드들이 다르다. 미국과 캐나다에서 상위의 세 브랜드는 애플, 타겟(미국 소매점) 그리고 구글이다. 유럽과 아프리카에서는 상위 3위가 이케아(Ikea), 버진(Virgin) 그리고 노키아다. 아시아 · 태평양 지역에서는 소니, 삼성 그리고 토요타가 상위 3위에 든다. 라틴아메리카에서는 시멕스(Cemex, 시멘트 회사), 코로나 그리고 바카디(Bacardi)가 3위에 든다.[2] 이것은 각 지역별로 그들에게 중요한 브랜드가 있다는 것을 보여준다. 또한 〈리더스 다이제스트〉가 유럽 18개국에서 가장 신뢰 있는 브랜드를 연구한 결과를 보면 여러 제품군에서 소비자들은 글로벌 브랜드보다는 현지 브랜드를 보다 신뢰한다는 것을 보여준다.[3]

글로벌 브랜딩에서 글로벌 브랜드를 언급할 때의 특징은 일반적으로 외형상의 상표통일성(로고, 심벌, 트레이드마크, 상표명, 색, 형태), 상표의 포지셔닝, 상표의 마케팅 믹스, 유통망, 전략적 원칙, 광고 등이다. 전통적인 글로벌 브랜드의 예에서 완전히 범세계적으로 표준화된 브랜드는 거의 없다. 만약 글로벌 브랜드를 전세계적으로 동일한 상표명과 포장 그리고 광고 등 모든 요소가 표준화된 브랜드로 정의한다면, 그에 해당하는 글로벌 브랜드는 (코카콜라조차) 거의 없다. 따라서 글로벌 브랜드를 구성하는 것은 다음과 같이 말할 수 있다.

> 글로벌 브랜드는 전세계 대부분의 국가에 존재하며, 비록 마케팅 믹스는 다양하더라도 전세계 모든 시장에서 같은 전략원칙과 포지셔닝과 마케팅을 공유하는 상표이다. 글로벌 브랜드는 모든 나라에서 상당한 시장점유율을 보이며 그에 상응할 만한 상표 체인점 영업망을 가지고 있다. 동일한 상표명과 로고를 사용한다.

이러한 브랜드들은 글로벌 "메가브랜드"라고 불린다. 그 예로는 코카콜라, 니베아, 로레알, 네슬레, 질레트, 다농, 콜게이트, 폭스바겐, 토요타, IBM 그리고 인텔이 있다. 위의 정의에 의하면 코카콜라는 글로벌 브랜드의 진수이지만, 코카콜라 회사는 성공적인 지역 브랜드들도 많이 가지고 있다. 코카콜라 홈페이지를 보면 "우리는 200개국 이상에서 400개의 브랜드로 현지의 입맛과 문화의 요구에 부응하고 있다"고 한다. 정의에서 언급한 글로벌 브랜드의 세 가지 특징을 살펴보자.

① 글로벌 브랜드는 전세계의 대부분 국가에 존재한다

맥도날드는 2004년에 119개 국가에 3만 개 이상의 유통점포를 통해 매일 4천7백만 명의 고객에게 맥도날드의 서비스를 제공했다. 맥도날드는 기술, 고객 서비스, 위생관리, 운영 시스템에 대한 표준화된 명세를 갖추고 있다. 아치모양은 전세계 공통이지만 제품이나 커뮤니케이션 같은 그 외 많은 부분들은 현지화하였다. 그 로고와 색상 배합을 통해 전세계에서 인식되는 것이다(〈사진 2-1〉). 아마도 강력한 브랜드 이미지와 일관된 서비스를 전세계적으로 유지하였다는 점 외에, 광고가 현지화하였고 지역 특색에 맞는 제품을 제공하였다는 점도 맥도날드가 외국시장에서도 성공한 이유 중의 하나일 것이다. 그 예로는 뉴질랜드의 키위버거, 인도의 마하라자 맥(인도의 왕을 일컬음 : 역자 주), 말레이시아의 성공 버거, 일본의 데리야키 버거, 네덜란드의 맥크로켓(McKroket), 노르웨이의 맥락스(McLaks : 훈제연어 버거) 그리고 프랑스의 대중음식인 뜨거운 햄 치즈 샌드위치 "크로크 무슈"와 비슷한 크로크 맥도(Croque McDo)가 있다.

사진 2-1 일본 도쿄의 맥도날드 매장

사진 2-2 인도 뭄바이의 맥도날드 매장

맥도날드의 광고는 현지의 관습이나 상징과 결합시킨다. 예를 들어, 2001년에 프랑스의 맥도날드 광고에는 프랑스의 유명한 역사만화 주인공인 "아스트릭스와 오벨리스크"가 등장했다. 표준화된 규범이라는 것은 소비자들이 맥도날드를 똑같은 방식으로 이용해야 한다는 것을 의미하는 것은 아니다. 어떤 나라에서는 맥도날드가 아이들 생일파티 때 가는 곳인가 하면, 다른 나라에서는 전형적인 가족 레스토랑(인도에서 그러하다. 〈사진 2-2〉)이다. 중국에서 맥도날드는 데이트 장소로 쓰이는데, 그 이유는 전통적인 중국식당은 큰 테이블에 앉아서 먹기 때문에 사생활 보장이 안 되는 반면, 맥도날드는 2인 테이블이기 때문이다.

② 글로벌 브랜드는 모든 시장에서 유사한 포지셔닝을 갖는다

만약 상표가 프리미엄 가격화된 상표라면 전세계적으로 프리미엄 가격화되며, 만약 시장의 특정 연령층을 대상으로 포지셔닝했다면 이는 모든 시장에서 비슷하게 적용되어야 한다. 모든 시장에 동일한 포지셔닝은 각 시장에서의 경쟁적 환경이 변화함에 따라 포지셔닝상 변화에 적응할 필요가 있기 때문에, 항상 실현하기는 힘든 이상형이다. 하지만 정말로 선도적인 상표는 모든 시장에서 선도상표가 되도록 추구해야 한다.

대부분의 글로벌 브랜드들의 경우 제품믹스가 지역소비자의 필요나 경쟁환경에 따라 다양하게 전개

될 것이다. 예컨대 코카콜라와 펩시는 소비자들이 단맛을 선호하는 중동지역에 판매하는 그들의 제품에 단맛을 증가시켰다. 또한 가격, 촉진, 소구점, 매체, 유통채널, 전술 등 마케팅 믹스의 다른 요소도 매우 다양하다. 또한 미국 소비자와 미국 이외의 소비자에 의해 코카콜라에 부가된 가치는 차이를 보인다. 예를 들어 미국에서 코카콜라는 맥도날드와 같이 미국이란 사회구조의 한 부분이다. 미국 외에서 코카콜라를 마시는 외국 소비자는 그들의 갈증을 해소하기도 하지만 또한 조금은 '미국적인 것'을 마시는 것이다. 특히 서구사회가 아닌 곳에서는 이러한 상표를 통해 열망하는 미국인의 라이프사이클에 좀더 가깝게 접근하려 하는 것이다.[4] 그러나 이러한 '미국적인 것'(*American-ness*)은 미국적 가치를 받아들이지 않는 나라에서는 장애가 될 수 있다. 미제국주의에 대한 반발로써 유럽에 있는 이슬람 단체들은 메카콜라라는 독자적인 콜라 브랜드를 내놓았다.

1960년대 후반 미국에 소개된 P&G의 일회용 기저귀 팸퍼스는 종전의 천 기저귀보다 더 편리한 제품을 제공함으로써 일회용 아기 기저귀 시장을 개척했다. 팸퍼스는 지금 P&G의 가장 큰 상표의 하나이며 전세계적으로 유사한 마케팅 전략을 통해 판매된다.

③ 글로벌 브랜드는 하나의 브랜드명 그리고/또는 로고를 갖는다

글로벌 브랜드는 명칭이나 로고가 같아서 전세계적으로 하나로 인식되지만, 제품은 전혀 표준화되지 않을 수도 있다. 예를 들어 크노르 수프나 소스는 전세계 어떤 슈퍼마켓에서도 동일한 상표명과 로고의 패키지로 글로벌 브랜드 이미지를 제공하지만 내용물은 현지의 입맛에 따른다. 크노르의 헝가리에서의 굴라시 수프와 싱가포르에서의 국수가 든 닭고기 수프가 그러한 예이다. 하지만 이들 제품의 로고와 포장은 전세계적으로 유사하며, 그 결과 전세계 어디서나 경쟁상표들 가운데서 쉽게 인지될 수 있다.

글로벌 브랜드의 특성을 모두 가진 상표가 지역마다 다른 상표명으로 불리는 경우도 있다. 브랜드 아이덴티티는 세계적이지만 이름과 심벌은 역사적 이유에서 국가마다 다양하기도 하다. 유니레버 아이스크림의 서로 다른 상표명들이 좋은 예인데, 각

사진 2-3
폴란드, 독일, 네덜란드, 핀란드, 스페인, 덴마크의 아이스크림 로고

각의 다른 상표명들은 유니레버사가 인수한 현지기업의 이름을 나타낸다. 그러나 같은 로고의 이용을 통하여 각각의 다른 상표들은 전세계적으로 공통적으로 인식될 수 있는 것이다. 그 예로는 네덜란드에서는 Ola, 포르투갈에서는 Olá, 스페인에서는 Frigo, 독일과 러시아에서는 Langnese, 헝가리에서는 Eskimo, 폴란드와 그리스와 불가리아에서는 Algida, 이탈리아에서는 Eldorado, 미국에서는 Good Humor, 영국과 싱가포르와 말레이시아에서는 Wall's 그리고 오스트레일리아에서는 Streets 등이다. 〈사진 2-3〉은 폴란드, 독일, 네덜란드, 핀란드, 스페인, 덴마크에서의 광고 예를 보여주고 있다.

유니레버의 세제 상표명은 미국에서 Surf and Wisk, 네덜란드와 프랑스에서 Omo, 스페인에서 Skip, 영국에서 Persil, 폴란드에서 Pollena이다. 이렇게 국가나 지역에 따라 다른 명칭을 사용하는 이유는 법적, 정치적, 역사적, 문화적인 차이와 언어의 차별성에 기인한다. 가장 커다란 이유는 다국적기업이 인수한 현지기업의 상표가 이미 잘 알려져 있기 때문에 이를 활용하고자 하기 때문이다. 기업들이 다른 기업을 사는 이유는 대상기업이 소비자의 마음속에 상표이미지를 만들기 위해 수년간 투자한 상표명을 사기 위해서인 경우가 많다. 상표명의 변화는 소비자 마음속에 투자한 모든 금액이 비용으로 처리됨을 의미하는 것이다.

소비자의 글로벌 브랜드 인식

상표의 핵심은 그것이 소비자의 기억 속에 남아 있는 이름이라는 것이다. 상표는 긍정적 연상, 부정적 연상, 상징적 언어 그리고 연상 네트워크 등으로 이루어진 지각도이다. 상표는 의미와 신분을 창조한다. 상표의 가치는 사람들의 가치체계와 일치해야만 한다.[5] 이러한 상표가치는 마케팅 커뮤니케이션에 의해 만들어진다. 상표의 소유주는 광고를 통하여 사람들이 가지고 있는 상표의 의미를 관리할 수 있는 기회가 있다. 담배 말보로는 여성을 위한 상표였으나 남성적 상표로 변신하였다. 루코제이드는 허약한 사람들을 위한 기능성 음료였으나 스포츠 음료로 재포지셔닝되었다.[6]

소비자들을 위한 상표의 보편적 기능은 품질보증이다. 그러나 가치의 하나로서 품질의 중요성은 문화마다 다르다. 남유럽의 소비자들은 북유럽 소비자보다 더 높은 상표충성도를 보이는데, 이는 문화에 의해서 설명될 수 있다(제 6장 참조).

어떤 브랜드가 전세계적으로 팔리고 글로벌 브랜드의 모든 특징을 보인다고 할지라도 그것으로 모든 나라의 소비자가 그 상표를 세계적이라고 지각하는 것은 아니다. 글로벌 브랜드는 일반적으로 특정국가에서 비롯된다. 많은 경우에 글로벌 브랜드는 세계적으로 알려져 있음에도 불구하고 그 세계성은 한 특정국가와 관련되어 있다. 이는 그 국가의 이미지가 일관되게 유지될 경우 도움을 줄 수도 있다. 그러나 국가 이미지가 변한 경우 — 좋아진 경우나(일본은 모조품 → 고품질) 나빠진 경우(미국적 가치는 모호해졌다. 어떤 경우에는 긍정적이지만 부정적인 경우도 있다) 등 — 이는 상표의 이미지와 수용성에 영향을 미친다.

소비자가 세계적이라고 지각하는 상표는 거의 없고, 글로벌한 이미지의 중요성도 문화마다 다르다. 성공적인 글로벌 브랜드들은 어떤 나라에서는 현지상표로 지각되는 경우도 있다. 그 예로 독일의 바이어스도르프의 상표인 니베아나 미국 회사인 콜게이트 등을 들 수 있다. 만약 브랜드가 여러 세대에 걸쳐 가족의 일부였다면, 그 브랜드는 사람들의 삶 속에 깊이 뿌리내리게 될 것이다. 글로벌 브랜드의 성공비결은 부분적으로는 현지 문화에의 통합에 있다고도 볼 수 있다. 성공한 상표를 만드는 것은 상표를 구매하거나 상표충성도를 갖는 소비자에 달려있다. 대부분의 강력한 글로벌 브랜드는 오래된 상표이다. 콜게이트 회사는 1806년에 설립되었고, 니베아는 1911년, 클로락스는 1913년에 설립되었다.

상표가 한 번 소비자에게 기억되면 소비자의 마음속에서 쉽게 사라지지 않는다.[7] 재미있는 예로, 독일 담배상표인 '에른테 23'은 1980년대 이후 매우 약해졌다. 그런데 베를린 장벽이 붕괴된 후 그 상표는 이전 동독지역인 색소니(Saxony)에서 매우 강한 상표가 되었다. 그 이유는 사람들이 동서독 통합 후 다시 올 것으로 기대하는 지난 옛 추억 때문이다.[8] 1990년대 초 P&G가 범유럽 캠페인을 통해 출시한 샴푸 브랜드인 '팬틴 프로브이'는 나이든 사람들에게는 스위스 브랜드였던 팬틴으로 기억되었다. 대부분 강력한 브랜드들은, 전세계적으로 유통되고 있을지라도 여전히 강한 국가적 기반을 갖고 있고 특히 유럽에서는 나라에 따라 다른 시장지위를 가지고 있다. 예를 들어, 프랑스에서 리더인 다농은 독일과 영국에서는 도전자이다. 게다가 대부분의 글로벌 브랜드들은 자국에서는 글로벌한 이미지를 갖지 않는다. 하이네켄은 네덜란드에서는 현지 브랜드이지만 다른 나라에서는 세계적인 일류 브랜드이다. 프랑스인들은 르노나 푸조를 더 선호하고 독일인들은 폭스바겐과 메르세데스를 좋아한다.

지역환경은 소비자의 상표인식 및 그들이 그 상표에 부여한 가치의 평가에 강력한 역할을 담당한다. 1989년 베를린 장벽이 붕괴되었을 때, 동유럽 사람들이 원한 첫 번째는 서구의 상표들이었다. 그러나 1995년 본국 상표들은 국가주의에 따라 다시 명성을 회복하였다. 낮은 가격, 향상된 품질, 과거에 대한 향수 등이 동유럽 소비자들로 하여금 그들의 오랜 친구인 현지상표로 돌아오게 한 이유들이다. 이것은 느리지만 확실한 소비자행동의 변화이다. 단기적으로는 외국 혹은 글로벌 브랜드에 부여된 가치가 매우 강하게 소비자들에게 소구하지만, 시간이 지남에 따라 사람들은 그들 자신의 고유한 가치로 되돌아온다.

사람들은 점점 국가적이나 지역적으로 그들 자신의 역사에 근원을 둔 강한 동질성을 가진 상표를 선호한다. 이탈리아에서는 이탈리안 레스토랑이 없다. 다만 토스카니, 베니스, 사르디니아, 움브리아 등의 지역적 특색이 있는 요리법을 가진 레스토랑이 있을 뿐이다. 독일 맥주시장의 세분화는 역사/문화적 이슈와 관계가 깊지 소비

자 기호의 차이에서 비롯된 것이 아니다.[9)]

민족주의적 감정은 때로 수입상표의 확장을 막는다. 예를 들어, 1995년 8월, 모스크바에서 매우 성공한 맥도날드에 대한 대응으로 모스크바 시장은 전형적인 러시아식 패스트푸드 음식을 값싸게 제공하는 러시안 비스트로(Russian Bistro)라는 매우 경쟁력이 있는 패스트푸드 레스토랑을 법령으로써 설립하여 성공하였다.[10)]

글로벌 브랜드 전략

세계적 기업들이 상표전략과 관련하여 실행할 수 있는 다양한 전략들이 있다. 우선 여러 다른 상표형태들 중에 선택하여야 하며, 다음으로는 국제화 전략을 세워야 한다.

상표의 형태

단일제품상표 혹은 모노브랜드

한 제품에 독립적인 하나의 이름을 할당하는 것이다. 여기서 상표의 주목적은 제품에 추가적 가치를 부여하는 것이다. 그 예로 라이언, 애프터 에이트, 펩소던트, 클럽 메드 등의 상표가 있다. 대부분의 기존상표들은 국내에서 제품을 포지셔닝하기 위한 단일제품 상표들이다.[11)]

범위상표 혹은 라인상표

여러 제품이 한 가지 상표, 한 가지 포지셔닝하에 놓이는 것을 말한다. 이 전략의 목적은 여러 제품군 안에 제품을 위치시키는 것으로, 범위상표의 이점은 제품이 상표인지나 의미를 공유할 수 있다는 것이다. 예로서 슈웨페(토닉, 비터레몬, 소다수, 진저에일), 버드와이저(라이트, 다크), 메르세데스(C240, E500, S600) 등이 있다.

우산형 상표 혹은 기업상표

여러 제품이나 상표가 한 가지 이름하에 시장에 출시된다. 명칭은 기업의 명칭이나 포괄적 상표명이 될 수 있다. 이러한 기업의 명칭은 근원을 나타내는 보증으로 사용될 수 있다. 예로서 네스카페, 매기, 데어리 크런치 등의 포장에 있는 네슬레의 명칭은 품질을 보증하는 역할을 한다. GM은 폰티악, 뷰익, 올즈모빌, 캐딜락, 시보레 등의 품질을 보증하는 상표이다. 로레알은 회사명인 로레알이라는 우산 아래에 모든 종류의 개인 생활용품을 두고 있다. 기업상표의 또 다른 예는 베네통(의류, 향수), 미쓰비시(은행, 자동차, 가전), 필립스(하이파이 스테레오, TV, 전구, 전기면도기), 브라운(면도기, 커피메이커, 주방용 기구), 소니(TV, 오디오, 비디오), 캐논(카메라, 복사기, 사무용 기기) 등이 있다. 회사명과 다른 우산형 상표의 예는 니베아(바이어스도르프 社)의 비누, 화장품, 목욕용품, 방취제, 크노르(유니레버 베스트푸드 社)의 수프와 소스, 사넥스(사라 리 社)의 개인 생활용품 등이 있다.

브랜드 전략

기업이 국제화를 위해 사용하는 전략은 기본적으로 여섯 가지가 있다.

① 잘 알려진 현지상표를 육성한다

국내상표를 국제적 상표로 개발하고 상표의 가치와 전략을 더 많은 나라에 전이시키는 것이다. 제품 및 상표는 다른 나라의 소비자에게 어필할 수 있는 특성을(기능상의 혹은 이미지상의) 가지고 있을 수 있다(하지만 반드시 그럴 필요는 없다). 코카콜라는 미국의 현지 브랜드였다가 국제적 브랜드가 된 가장 좋은 예이다. 티모테이 샴푸는 스칸디나비아가 원제조국이다. 그러나 샴푸의 제조법뿐만 아니라 자연에 기초한 듯한 이미지는 아시아 소비자들에게 어필한 것으로 보인다.

② 글로벌 콘셉트를 갖고 현지에 적응한다

지역적 가치를 가진 현지적응된 제품을 수반할 수 있는 세계화된 하나의 콘셉트를 개발하는 것이다. 맥도날드의 전략이 바로 이것이다.

③ 새 상표를 만든다

세계화된 필요와 욕구를 인식하고 이것에 맞는 신제품을 개발하는 것이다. 진정으로 세계화한 필요와 욕구에 대해서는 성공적인 예가 거의 없으므로 이는 매우 위험한 전략이다. 예로는 노키아, 구글, 닌텐도 게임보이 등 최근의 첨단기술 브랜드들이 있다.

④ 현지상표를 사들여 세계화한다

이 전략은 유니레버, 다농, 크래프트, 네슬레 등 주요 포장식품 회사들이 사용하는 전략이다. 대개의 경우 기업 인수 · 합병의 목적은 우선 현지상표로 성공하기 위하여 기존 현지상표의 주인이 되고 그 후에 국제적 상표를 추가하거나 현지상표를 국제적인 상표 포트폴리오와 조화시키는 것이다. 이 전략은 유니레버나 P&G 같은 거대한 다국적 기업에서 사용된다.

⑤ 제품계열을 확장한다

하나의 브랜드를 관련된 다른 제품군으로 확장시키는 것이다. 질레트는 면도기와 함께 면도크림, 애프터 쉐이브, 방취제를 판매한다. 로레알은 1907년 모발제품으로 시작해서 화장품, 피부관리, 목욕용품, 샤워용품에까지 기업 브랜드명을 확장했다. 독일회사인 바이어스도르프는 1911년 다목적 크림인 니베아를 출시한 이후 니베아 브랜드를 개인생활용품 전반에 확장했다. 1913년에는 액체 표백제인 클로락스가 가정용 청소용품, 살균 물휴지, 세탁용품 그리고 화장실용품까지 상표를 확장했다. 거버는 유아용품에서 개인용품, 식품, 음료, 과자 그리고 건강식품에까지 확장했다. 시계 제조사인 까르티에는 가죽제품, 필기구, 향수 등으로 광범위한 사치품 시장까지 브랜드를 확장했다. 상표확장의 장점은 글로벌 판촉전략의 혜택을 누릴 수 있다는 것이다. 세계적인 스포츠나 이벤트를 후원하는 데 투자하는 액수는 실로 막대하므로 상표 확장전략 등을 통해서 되도록 여러 제품에 그 효과가 미치도록 노력한다.

⑥ 복수 현지화 전략을 사용한다

현지에서 인정받기 위해 국가마다 다른 전략을 개발한다. 기업명은 종종 품질에 대한 보증으로 사용된다("네슬레, 오스트레일리아의 최고 상표").

국제적 브랜드 전략의 추세

1990년대 초 이후로 국제적 상표화 전략에는 두 가지 경향이 있다.

단일상표화(*monobranding*)에서 후원자상표화(*endorsement branding*)로

새로운 상표를 개발하고 출시하는 데 드는 비용이 너무 커서 국제적 기업들이 점차 후원자 전략을 채택하고 있다. 또 다른 이유는 브랜드의 역할이 서구와는 다른 아시아에서 기업상표의 사용이 일반적이라는 데 있다(제 4장 참조). 아시아 시장의 성장과 더불어, 글로벌 기업들은 그들의 전략을 전세계에 적용시키게 되었다.

상표합리화(*brand rationalization*) 또는 핵심상표로의 집중화

상표합리화란 다양한 다국적 포트폴리오에서 제한된 수의 세계적 상표로 변경하는 것이다. 21세기가 시작할 때, 로레알의 10개 대표브랜드는 전체매출의 90%를 차지하였고, 네슬레는 하나의 브랜드가 40%의 매출을 차지했다. 반면, 유니레버는 5개의 대표브랜드가 5%의 매출만을 차지하고 90%의 매출은 무려 400개의 브랜드에 의해서 이루어졌다. 유니레버의 목표는 1, 600개의 브랜드를 400개로 줄이는 것이었다. 그 당시 P&G는 이미 그러한 과정이 진행중이었다. 10년 전과 비교하면 제품 구색은 3분의 1에 불과했다.

상표 합리화 포트폴리오는 브랜드명의 조화를 의미하지만 현지화 브랜드의 제거도 포함된다. 브랜드명의 조화에 대한 예전의 사례로는 '마라톤 캔디바'가 '스니커즈 바'로 바뀐 것이나 '트리츠 보니토스'가 'M&M'으로 대체된 예가 있다. 가정 생활용품 Cif의 여러 브랜드명 중에는 'Jif'와 'Vim'이 있었다. 현지화브랜드를 제거하는 것은 새로운 경쟁자가 끼어들 여지를 남겨두는 것이므로 어느 정도의 위험이 따른다. 또한 이들 브랜드가 대부분 높은 가격에 팔렸던 것이기 때문에, 과거에 투자된 자산이 소실되는 것을 의미하기도 한다.

세계화-현지화 딜레마

글로벌 마케팅에서 중요한 고민거리는 전체 판매지역에서 동일한 제품(글로벌 브랜드)을 판매할 것인가 또는 지역적 차이를 고려하여 필요한 모든 곳에서 조정해야 할 것인가 하는 것이다. 글로벌 브랜드는 모든 나라에서 공통적 제품욕구를 만족시키기 위한 대중상표가 될 수도 있으며, 모든 나라의 공통적 틈새시장을 목표로 한 틈새상표가 될 수도 있다. 반대로 광고를 통하여 글로벌 제품 역시 지역적 중요성을 부각하기 위하여 현지의 가치를 부여할 수 있다. 글로벌 상표화와 글로벌 광고 모두에 표준화와 차별화 사이의 선택이 있는 것이다.

표준화의 극단적 형태는 전세계 시장에 똑같은 판매/촉진 프로그램으로 똑같은 유통경로를 통하여 똑같은 가격에 똑같은 제품을 제공하는 것을 의미한다. 가장 자주 언급되는 표준화의 이유는 세계적인 필요가 동일하다는 가정이다. 1983년에 하버드대 교수인 레비트(Levitt)[12]는 이를 "시장의 세계화"(*the globalization of markets*)라 칭했다. 그는 완전히 표준화된 상표의 성공 예로서 맥도날드, 코카콜라, 레브론 화장품, 소니 텔레비전, 리바이스 청바지 등을 들고, 이러한 제품들은 전세계를 통해 동일한 디자인으로 구매될 수 있다고 말한다. 표준화를 통해 기업은 구매, 물류, 생산, 마케팅 및 관리 경험에서 규모의 경제를 획득하고 이 모든 것은 결국 저가격으로 귀결된다. 또한 표준화는 전세계적으로 동일한 기업 이미지나, 세계적 이미지를 가진 글로벌 상표를 구축할 가능성을 제공한다. 강한 글로벌 브랜드로서 집중화된 포트폴리오를 가진 기업은 커다란 마케팅 효과를 얻을 것이라 기대된다. 이러한 레비트 이론의 지지자들은 국경을 넘나드는 국가간 광고, 즉 문화, 국가, 인종, 종교, 가치, 관습, 습관의 한계를 넘나드는 힘이 있는 광고를 개발할 수 있는 가능성이 있다고 주장한다.

20년이 지나서, 많은 회사들은 표준화된 접근이 효과적이지 않다는 것을 배웠다.

보편적 제품에 대한 유혹은 잘못된 것이라고 매킨지(McKinsey)의 전임 사장 게니치 오마에(Kenichi Ohmae)는 말한다.[13] 그리고 코카콜라와 같은 수많은 글로벌 기업이 이 결론에 도달했다. 욕구는 세계적으로 보편적일 수 있지만, 태도, 동기, 욕구의 표현 등은 서로 다르다. 도쿄 긴자에서 코카콜라를 마시거나 맥도날드를 먹는 일본인이 있다고 해서 일본인의 핵심가치가 변화하고 있다는 것을 의미하지는 않는다. 세계적 표준화에 대한 논쟁은 두 가지 가정에 근거한다. ① 전세계적으로 동질적 집단(*segment*)이나 공동체(*community*)가 있고, ② 소비자 행동이 수렴한다는 것이 그것이다.

세계적 공동체

표준화의 전제는 국경을 초월해서 비슷한 가치를 지니는 동질적인 전세계적 집단이 있다는 것이다. 차이점보다는 동질성이나 마케팅의 보편성에 초점을 맞추다 보면 국제 마케팅 담당자들은 국가를 초월해서 비슷한 생활습관과 가치를 지니며 "세계 공동체"(*global communities*) 또는 "세계 민족"(*global tribes*)이라고 불리는 시장집단을 찾게 된다. 이는 덴마크의 18세 집단이 그들의 윗세대보다 프랑스의 18세와 더 공통점이 많다거나, 긴자에서 쇼핑하는 젊은 여성이 그들의 부모보다 맨해튼 거리를 거니는 미국여성과 공통점이 더 많다고 가정한다. 업무상 출장중인 사람이나 10대들은 종종 이러한 동질적 집단의 예로 언급된다. 유럽의 청소년 시장은 동질적인 것으로 여겨진다. 왜냐하면 그들은 같은 영화를 보고 코카콜라나 리바이스[14] 같은 세계적 상표를 사용하며 MTV를 보는데, 이 모든 것이 동일한 규준과 가치를 지닌 글로벌 10대들의 발전을 촉진시킨다고 생각되기 때문이다. 그러나 가치에 대한 여러 연구들은 10대들도 성인들만큼이나 국가별로 차이가 있다는 것을 보여준다. 개괄적 증거로는 각 문화별로 가치관의 차이를 연구하는 비교문화 심리학자들이 피험자로 학생들을 주로 이용한다는 사실이다. 또한 미국, 일본, 뉴질랜드, 프랑스, 독일 그리고 덴마크에서 부모와 학생들을 대상으로 이루어진 연구결과는 부모와 학생 모두에게서 문화가 가치관에 강력한 영향을 준다는 것을 보여준다. 동일한 문화 안에서 부모와 학생들의 가치

관은 상대적으로 유사했으며, 특히 일본의 부모와 학생 간의 유사성이 컸다.[15)]

스톡홀름에서 세비야까지의 젊은이들이 동일한 유형의 휴대전화나 컴퓨터를 사용할 수도 있지만, 각기 다른 이유로 그것을 구매했을 수 있다. 2001년에 광고회사 Euro RSCG가 연구한 결과에 의하면 유럽의 대도시 젊은이들간에 첨단기술에 대한 태도는 매우 다양하다. 예를 들어 암스테르담에서는 응답자 중 16%가 엔터테인먼트를 위해 첨단기술을 이용한다고 응답한 반면, 헬싱키와 런던에서는 9%, 밀라노에서는 4%였다.[16)]

서구 잡지들은 아시아의 10대들이 행동과 패션과 자신에 대한 표현에 있어 미국이나 유럽의 10대들과 점점 닮아간다고 이야기하지만, 이러한 행동이 서구적 가치에 의한 것은 아니다. 게다가 아시아에 하나의 통일된 10대문화가 있는 것이 아니고, 아시아 10대들의 생활양식 간에도 상당한 다양성이 있다.[17)] 일본이나 중국의 청소년은 표면적으로는 전형적으로 서구화하였지만 부에 대한 열망이나 명품을 통해 성공을 과시하는 것 외에도, 열심히 일하는 등의 전통적인 가치는 남아있다.[18)] 만약 뭄바이나 델리, 혹은 캘커타에서 전형적인 인도의 10대를 만나면 그들이 라코스테 셔츠나 나이키 신발을 신고 있을 수도 있지만, 그들은 그들의 가치를 고수하는 진정한 인도인이다. 그들은 부모를 존경하고 가족과 함께 살며, 그들의 지역에 들어가기 전에 나이키 신발을 벗는다.

보편적인 오해는 전세계 청소년들의 가치가 본질적으로 같다는 것이며, 사춘기의 보편적 양상이 그렇듯이 전세계 어디서나 청소년들이 기성세대에 대해 반항한다는 것이다. 청소년이 그들의 정체성을 발전시키는 방식, 기성세대와 관계를 맺는 방식 그리고 학교에서 행동하는 방식 등은 문화에 따라서 상당히 다른데, 왜냐하면 그들을 양육한 가치가 서로 다르기 때문이다. 인도의 사춘기 청소년은, 자아를 형성하고 정체성을 확립하는 데 열중하는 전형적인 미국의 청소년보다 갈등이 적다. 전통적인 인도사회에서의 사춘기는 미국문화에서처럼 격리된 심리적 상태가 아니다.[19)] 일본의 18~25세 학생들이 극단적이고 혁명적으로 행동한다고 해서 일본의 가치가 변하고 있다고 생각한다면 이는 서구인들의 오해이다. 그 시기는 일본의 남녀 모두의 일생 중에서 유일하게 자유로운 기간이라는 것을 알아야 한다. 직업을 갖게 되면 전형적인 일본의 행동양식에 순응한다. ACNielsen의 1998년 연구에 의하면, 인도네시아의 청소년은 점점 더 전통적인 인도네시아 제품을 사용하고, 인도네시아 모델이 나오는 광고를 선호하고, 병이 나면 서구의학보다 인도네시아 의학을 이용한다.[20]

기업가, 청소년, 자산가 등과 같은 전세계적인 동질적 시장은 서구의 마케팅 관리자나 광고 담당자들의 마음속에만 존재하는 것이다. 유사한 생활양식을 가진 사람들조차도 구매에 있어 일관된 집단으로써 행동하지 않는 이유는 그들이 동일한 가치를 공유하지 않기 때문이다. 그렇다. 여러 국가에 걸쳐서 경제적이나 인구통계적으로 공통적인 특징을 갖는 젊은이, 여피(*yuppies*, *young urban professionals*), 자산가 그리고 노년층이 있지만 마케팅 커뮤니케이션에 있어 동일한 소재나 주장을 사용할 수 없는 이유는 이 그룹들이 문화에 따라서 동일한 가치를 공유하지 않기 때문이다. 이는 유럽 미디어 마케팅 연구소(EMS)가 조사한 사치품 보유에 대한 결과에 잘 나타나 있다. 국제적 매체를 접하는 사람들로 구성된 유럽 고소득층 목표소비자 집단은, 고감각 첨단기술의 사치품에 대해 국경을 초월한 하나의 단일집단이 아니다. 이들 유럽의 고소득집단은 고가의 사치품에 대한 소비에서 엄청난 차이가 있다. 이들 차이는 문화적 변인에 의해서만 설명될 수 있다.

기업가들은 일반적으로 "문화초월적 집단"으로 여겨지는데, 왜냐하면 일반 소비자의 의사결정에 비해 보다 이성적 의사결정을 할 것으로 생각되기 때문이다. 그러나 기업가들의 의사결정도 여느 사업적 관습과 마찬가지로 문화의 영역 내에 있다. 1999년에 사무실 외에 중요고객과 사업 이야기하기 적절한 장소를 조사하였는데, 스페인 응답자의 49%가 식당이나 호텔에서 점심을 먹겠다고 응답한 반면, 이탈리아인은 아침식사나 저녁식사를 더 선호했고 8%만이 점심식사를 응답했다. 독일인은 공항이나 회의장을 선호하였다. 이메일과 같은 신기술을 이용하는 비율은 영국 관리자는 94%인 반면 프랑스 관리자는 53%에 불과했다.[21]

유럽 비즈니스 리더십 연구소(EBRS)는 1973년에 유럽 사업가들의 행동을 연구하였다. 2000년도의 연구결과는 지난 25년 동안 유럽 비즈니스 간부들의 세계가 별로 달라지지 않았다는 것을 보여준다. EBRS의 1975년 연구.에서 전체의 11%가 35세 이하였는데 2000년 조사에서는 10%였다. 1975년과 2000년 연구 모두에서 최고 경영진의

19%가 55세 이상이었다. 1980년에서 1998년 사이에 다른 나라로 취업한 사업가들이 증가하였으나 그 수는 미미하다. EBRS 응답자의 4%만이 현 거주 국가의 국민이 아니었다.[22)]

소비자 행동의 수렴과 발산

산업화, 현대화, 부 그리고 기술 발달로, 전세계적으로 공통의 가치와 소비양식을 갖는 전세계적 도시화가 이루어질 것으로 기대되지만, 이것은 서구적 사고의 차별적 산물이다.[23)] 미국의 광고학 교수인 존 필립 존스[24)]는, "논리적으로 볼 때 다른 나라의 1인당 국민소득이 미국과 근접해지면 다른 나라에서도 비슷한 양상이 일어날 것이다"라고 하였다. 이렇게 가정된 전세계적 도시화의 소비상징은 대부분 미국적이다. 결과적으로 세계적인 문화적 동질성은 "미국화" 또는 "문화제국주의"라고도 불린다.

사실 개발도상국에서 과학기술이나 국가적인 부는 국민 대다수가 식생활을 걱정하지 않고 신기술이나 다른 내구재를 구입할 만큼의 소득을 얻는 정도까지 다다랐다. 이러한 제품보급률이라는 점에서는 각 국가가 유사해졌지만, 이 제품들로 무엇을 하고, 왜 이 제품들을 사는가 하는 점은 유사하지 않다. 과학기술이, 동일한 방식으로 행동하는 세계적 소비자들이 사는 지구촌을 가져오지는 않았다.

마셜 맥루한(Marshall McLuhan)은[25)] 지구촌이라는 개념을 만들었는데, 그 당시의 새로운 전자매체(전화, 텔레비전 등)가 공간적 차원을 없애줄 것이라고 하였다. 전기의 사용으로 마치 작은 지구촌처럼 사람들은 어디에서나 사람간의 관계를 맺을 수 있게 되었다. 따라서 맥루한은 전자매체가 인간영역의 확장수단이라고 보았다. 이들은 사람들의 활동을 촉진시키지만, 사람들을 바꾸지는 않는다. 만약 당신이 전세계 어디서나 사람들이 똑같다고 생각한다면 전자매체가 동질성을 증진시킨 것이다. 만약 사람들이 서로 다르다면 이러한 확장은 차이점을 강화한 것이다. 맥루한은 지구촌의 개념에 문화적 수렴은 포함하지 않았다. 사실 그는 반대로 이야기했는데, 전자시대에는 이전보다 독특성과 다양성이 더 커진다고 하였다.

이것이 바로 새로운 기술이 이룩한 것이다. 사람들은 현재의 활동을 증진시키기 위해서 이들을 받아들였다. 눈 속에 음식을 저장하는 추운 지방 사람들이 더 강력한 저온냉동기술을 받아들였다. 기후가 더 추울수록 저온 냉동고와 아이스크림 소비가 더 많다. 이미 장거리 통신 기반시설이 갖추어진 나라에서 휴대전화 보급이 더 빠르다. 인터넷은 독재정권을 훼손시킬 것으로 생각되지만 사실은 더 강화한다. 인터넷은 사람들을 바꾸지 않는다. 이미 존재하는 관습들을 수렴하기보다는 발산시키는 경향이 있다.

수렴이 일어난 것은 모두 거시적인 수준의(*macro level*) 것인데, 국가적인 부나 노년인구수 같은 인구통계적 현상의 수렴이 그것이다. 만일 소비가 수렴한다면 그것 또한 거시적 수준에서만 그러하며, 이는 경제적 발전의 결과이다(가령, 냉장고, 세탁기, 컬러TV 등의 가정 내 보급률). 수렴의 경험적 증거는 인구 1천 명당 전화, TV, 자가용의 수 등 거시적 자료에 근거하는 경향이 있다.

미시적인 수준(*micro level*)에서는 수렴이 거의 일어나지 않는다는 증거가 많이 있다. 미국의 사회학자인 인켈스(Alex Inkeles)[26]는 거시적 수준의 자료들이 미시적 수준에서의 다양성을 덮어버린다는 것을 발견하였다. 예를 들어서 1인당 GNI(1인당 GNP의 새로운 용어)의 수렴 같은 거시적 수준의 수렴이 반드시 소비자 선택에서의 수렴을 수반하는 것은 아니라는 것이다. 경제적으로 유사한 국가들이 반드시 그들의 소비행동, 매체사용 그리고 이용가능성의 양상에서 유사할 필요는 없다. 업무나 휴가에 있어 국제적 이동성이 증가했다고 해서 사람들이 동질화된다는 주장을 지지할 만한 근거는 없다. 사람들은 다른 문화와 빈번하게 상충하는 지역까지 여행하지는 않는다. 모든 사람들이 전세계를 여행할 만한 충분한 돈을 가졌다고 하더라도 그런 지역까지 여행하지는 않을 것이다. 1997년의 유럽 매체 마케팅 연구(*European Media and Marketing Survey*)에 의하면 유럽 고소득층의 54.3%가 유럽 이외의 지역은 여행한 적이 없었다. 이들 유럽의 부유층조차 여행을 별로 하지 않는다면 전체 인구는 어떠하겠는가? 또한 젊은이들은 다른 관습이나 가치를 수용하도록 이끌 만한 지역까지는 여행을 하지 않는다. 2001년 유럽의 15~24세 젊은이의 44%가 지난 2년간 다른 나라를 방문한 적이 없었다. 이는 1997년의 조사와 같은 비율이다. 지난 2년간 유럽 내의 다른 나라를 방문한 경우의 86%는 휴가 간 것이었다.[27] 화이트(White)[28]는 휴가 온 사람들은 그들의 자국 내에서의 구매행동과 관련된 것이 많은 분위기가 아니라서 휴가지에서는 광고와의 관련성이 제한적이라고 덧붙였다. 해마다 유럽인의 0.4%만이(150만 명) EU의 다른 주에서 근무하는 반면, 미국인의 2.4%가 그들이 성장하지 않은 주에서 일한다. 다른 나라에서 살면서 일하는 사람의 비율은 더 낮아서 0.1% 또는 22만 5천 명에 불과하다.[29]

국가에 따른 소비행동의 차이는 영구적이다. 지구상에 사는 사람들이 많이 배우고 보다 부유해짐에 따라서, 그들의 취향은 사실 점점 다양해졌다. 부가 늘어날수록 사람들은 그들의 문명의 정체성에 보다 더 관여하게 되었다.[30] 경제적으로 이런 수준까지 발전된, 저자가 "결핍 이후의 사회"(*post-scarcity societies*)[31]라고 지칭했던 사회에서, 사람들이 먹고사는 문제가 해결되고, 대부분의 사람들이 적당한 집과 자동차, TV등의 내구재를 소유할 만큼 여유가 생기면, 사람들은 보다 높은 수준의 충족되지 못한 욕구에 다다르게 된다. 이때가 문화적 가치가 드러나는 순간이며, 이것이 제품과 브랜드에 있어 다른 선택을 하는 결과로 나타난다. 이러한 수준에서, 국가들은 발산하는 경향이 있다. 늘어난 소득으로 생활의 편리를 위해 필요한 내구재를 구입하고 나서 남는 여윳돈으로 무엇을 하는지는 점점 다양하게 변한다. 이러한 현상은 각 국가들이 경제적으로 수렴되는 유럽에서 가장 강하게 나타난다.

거시적으로는 수렴하고 미시적으로 발산하는 몇몇 예를 보면, 유럽의 국가들은 인구 1천 명당 자가용 보유수가 유사해지고(수렴) 있지만, 인구에 따른 분포, 가구당 보유율, 또는 보유 자동차의 유형 등은 점점 달라지고(발산) 있다. 일일 TV시청시간을 보면, 1991년에서 1993년 사이에는 수렴하다가 1993년 이후는 발산한다. "당신은 어제 신문을 읽으셨습니까?"라는 질문으로 측정된 유럽의 신문구독률은 점점 달라지고 있다.[32]

유럽 이외의 지역에서 또한 이런 경향은 점점 달라진다(발산). 언뜻, 증가된 부로 인해 생활의 표준이 유사해진 듯 보이지만(수렴), 자세히 살펴보면 분명히 매우 큰 차이가 있다. 라틴아메리카에서는 빈부의 격차가 심하기 때문에 각국의 부유층은 해당 국가의 빈곤층보다 다른 국가의 부유층과 더 공통점이 많지만, 중산층은 국가별로 차이가 있다. 모든 라틴아메리카 사람이 매일 치약과 샴푸를 쓰지만 브랜드 선호는 다양하다. 비록 라틴아메리카인의 25%가 아침으로 차가운 시리얼을 먹지만 국가별 양상은 달라서, 중앙아메리카에서는 48%이고 남아메리카는 11%이다.[33] 일본은 아시아 국가들 중에서 가장 먼저, 가장 빠르게 발전한 나라였으며 아시아의 다른 국가들은 일본의 발전양식을 따를 것으로 기대되었다. 그러나 그런 일은 일어나지 않았다. 말레이시아나 인도네시아 같은 국가들의 경제발전은 전혀 달랐다. 2002년의 연구[34]에 따르면 미국과 유럽의 지도층조차도 가치의 격차가 커졌다.

수렴이나 발산이 이루어지고 나면 많은 경우에서 그 차이가 오랫동안 지속된다. 벨기에인은 유럽의 이웃 국가인 영국인의 10배, 독일인의 6배만큼의 광천수를 마신다. 비록 수돗물의 수질이 전 유럽에 걸쳐서 향상된다고는 하지만, 광천수의 소비는 일부 지역에서는 증가하고 그 외 지역에서는 유지되어, 1970년 이래로 그 차이는 유지되거나 더 커졌다. 이러한 차이는 국가적인 부의 차이로는 설명되지 않으며 문화에 의해서만 설명된다.

사람들이 신차와 중고차 중에 어느 것의 구입을 선호하는가 하는 차이는 소득과 무관하게 지난 30년 동안 유지되었다. 1999년 EMS에 의하면 이탈리아는 42.4%, 스페인은 33.8%, 벨기에는 36.9%가 신차를 구매한 반면, 스웨덴은 7.5%, 네덜란드는 13.6%에 불과했다. 이러한 선호의 차이는 가치의 차이와 관련이 있다.

국가가 부강해질수록 문화가 소비와 소비자 행동에 미치는 영향이 보다 더 분명해진다. 이러한 현상은 지난 수십 년간의 변화에 반영되어 있는데, 가령 현지의 음악이나 TV 프로그램을 더 선호하게 되었고, 이는 MTV나 CNN 같은 일부 세계적 매체들의 현지화라는 결과로 나타났다. 가처분 소득의 증가로 사람들은 보다 더 자신을 표현할 자유를 갖게 되었고, 이러한 표현은 부분적으로는 그들 국가의 가치체계에 기반을 두었을 것이다. 부유함은 선택을 가져왔다. 부유함은 사람들이 여가시간을 보낼 것인지, 지위를 과시하기 위한 물건을 구입할 것인지, 또는 자선사업이나 자기개발을 위해 자유시간을 보낼 것인지에 대한 선택을 가능하게 하였다.[35]

세계화 혹은 현지화에 영향을 미치는 요인

글로벌 기업은 비용효율성을 가져야 하기 때문에, 마케팅의 어떤 측면이 표준화되어야 하는지에 대한 논의는 계속될 것이다. 표준화에 대한 또 하나의 주장과 마케팅 표준화에 영향을 주는 몇몇 요소들에 대해서 이후에 소개할 것이다. 소비자 행동이 수렴한다는 그릇된 주장에 더불어서 또 하나의 주장은 국제적 매체(*international media*)의 존재에 대한 것이다.

국제적 매체의 이용가능성과 시장침투의 증가 — 특히 위성 텔레비전 — 는 표준화에 대하여 높은 기대를 갖게 한다. 이러한 매체를 이용하기 위해서는 국제적 광고캠페인을 개발하여야 한다. 그러나 매체가 전세계 시청자에게 단지 피상적으로만 전달하지 않은가 하는 의문은 여전히 남는다. 국제적 텔레비전 이용가능성이 국제적 광고캠페인으로 연결되지는 않았다. 문화에 따라 국가의 기호를 반영한 다른 텔레비전 프로그램이 요구되며, 범지역적 텔레비전 프로그램의 범위 역시 스포츠 등으로 제한된다.[36] 이러한 프로그램조차도 현지어로 방송된다. 정말로 국제적 잡지들 역시 거의 없다. 〈엘르〉(*Elle*)나 〈코스모폴리탄〉(*Cosmopolitan*)처럼 원래 포맷으로 다른 나라에 수출되어온 잡지들도 대부분의 국가에서 현지판으로 바뀌었다.

현지화의 의사결정에 영향을 미치는 요소들은 제품범주, 제품수명주기 그리고 기업의 문화이다. 몇몇 제품범주가 표준화된 마케팅적 접근을 따르는 것으로 보인다. 그 예로는 위스키와 향수 등이 있는데, 여기에는 제조원산지 개념이 사용된다(예 : 프랑스산 향수). 프랑스산 치즈는 프랑스에서, 스카치 위스키는 스코틀랜드에서 생산된 것이다. 대부분의 프랑스 향수 광고가 표준화되어 있다는 것만으로 향수가 문화초월제품이라는 결론을 내릴 수는 없다. 특히 향수는 사람들의 기호와 구매동기가 매우 다양한 제품이며 또한 향수의 성분은 현지 고객의 기호에 따라 유성(*oil-based*) 계열에서 알코올 계열까지 다양하다.

논리적으로 첨단기술제품은 표준화의 가능성이 더 크다. 〈리더스 다이제스트〉[37]의 연구에 의하면, 여러 국가에서 균등하게 높은 신뢰를 얻고 있는 어느 정도 표준화된 글로벌 브랜드들은 첨단기술 분야이다(소니, 노키아, 캐논, IBM). 이러한 브랜드들은 일관된 높은 품질을 제공함으로써 강력한 브랜드로 남는다.

그 제품이 제품수명주기에서 어느 단계에 있는가에 따라서 표준화의 가능성이 달라진다. 신제품 및 신상표 그리고 이들 제품에 대한 마케팅 의사소통은 성숙기 제품보다 표준화하기 쉽다(제 10장 참조). 단일제품을 세계시장에 출시하면서 때로 출시 후에나 명백하게 드러나는 소비자의 용도나 태도차이에 따른 변경을 하지 않는다면, 그러한 제조업자들은 한 문화에서는 대중시장을, 다른 문화에서는 틈새시장을 갖게 되는 위험을 감수해야 한다. 한 제품은 시장마다 다른 수명주기상의 위치에 있을 수 있고, 이는 서로 다른 광고를 필요로 한다. 시장의 기존상표들은 각각 다른 상표 이미지를 가지고 있으므로 그 제품을 세계화하기가 힘들어진다.

또한 표준화의 정도는 기업문화나 기업경영의 비전에 영향을 받는다. 표준화 정도는 문화적 차이가 얼마나 중요한지에 대한 광고담당자들의 생각에 의해 크게 좌우된다. 기업의 본국문화는 기업관리자의 비전에 강한 영향을 준다. 어떤 미국기업은 자신들의 가치가 전세계에 모두 유용하다고 가정하며, 사람들의 가치에 관한 보편주의 철학을 가지고 있다. 프랑스 기업들 또한 집중화된 관리에 익숙해 있기 때문에 세계에 한 가지 중심사상을 강요하는 경향이 있는 듯하다.

글로벌 브랜드에 있어 광고의 역할

몇몇 글로벌 브랜드들은 국제적 광고로 인해서 강력해졌다. 국제적 광고전략과 국제적으로 표준화된 광고의 효율성에 대해 이야기할 때면, 리바이스, 나이키, 코카콜라 같은 브랜드들이 성공적인 국제적 광고의 예로써 반복적으로 언급된다. 그러나 이런 브랜드들의 성공원인은 광고만 있는 것이 아니다. 매우 중요한 마케팅믹스 도구가 바로 유통이다. 많은 브랜드들이 성공적인 유통을 통하여 세계적 브랜드가 되었다. 니베아는 TV가 나오기도 전에 전세계에서 팔렸다. 코카콜라의 성공원인은 제조법과 집약적 유통이었다. 코카콜라는 원료를 병에 담아 파는 업체들을 통제하고, 언제 어디서

① 사진 2-4 미국의 코카콜라 유통
② 사진 2-5 인도의 코카콜라 유통
③ 사진 2-6 우크라이나의 코카콜라 옥외 광고판

나 목이 마를 때면 구매할 수 있도록 할 것을 요구하였다. 제품의 이러한 효익은 코카콜라 콘셉트의 핵심이 되었다. 그들의 유통체계는 어디서나 볼 수 있다(〈사진 2-4〉와 〈사진 2-5〉는 미국과 인도의 코카콜라 유통 차량의 사진이다).

코카콜라는 개발도상국 시장에 항상 가장 먼저 침투하고, 그 시장에서 강력한 포지션을 창조한다. 코카콜라는 21세기 초, 우크라이나가 서구기업에게 개방하자마자 진출하였으며 가장 큰 투자자였다. 〈사진 2-6〉은 1996년의 코카콜라 옥외광고이다. 코카콜라는 대표적인 세계적 상표로 불리며 문자 그대로 상표의 세계화 과정을 이끄는 선도상표의 하나이다. 그러나 코카콜라의 글로벌 방송광고의 원형이었던 "난 세상 사람들이 완벽한 조화를 이루며 노래하도록 가르치고 싶다"는 1970년대 얘기가 되어버렸다. 그때부터 코카콜라 광고의 대부분은 현지 환경을 반영했다.

광고의 표준화에 대한 논의에서 세 가지 일반적 오류가 있다. ① 강한 이미지 단서에 근거한 광고개념은 카피에 근거한 캠페인보다 더 쉽게 국제화된다. ② 만약 연계된 가치가 보편적이라면 이미지 전략은 범문화적으로 사용될 수 있다. ③ 광고주제나 개념은 표준화할 수 있으며, 단지 실행만은 (지역적) 적응화가 요구된다.

국제광고에서 가장 큰 표현상의 문제는 번역의 문제이기 때문에 시각적 단서를 주로 사용하면 효율적인 세계적 광고가 될 것이라고들 한다. 하지만 시각적 이미지 역시 언어만큼이나 문화의존적이다. 주제와 개념은 구매동기에 기반을 두고 실행만 수정한 광고는 효과가 없을 것이다. 광고에 사용되는 동기, 형식 그리고 전달방식은 모두 문화의존적이며 이는 제 7장에서 설명할 것이다.

표준화된 광고의 이슈는 특히 광고과잉과 광고에 따른 정신적 고통에 대한 토론과 관련되어 있다. 소비자와의 공통분모가 거의 없는 무미건조한 광고는 아무에게도 흥미를 끌지 못하며 심지어 스트레스를 야기할 수 있다. 한 가지 메시지가 모든 사람에게 적절할 수는 없다.

글로벌 광고에서 문화의 중요성

광고와 마케팅 문헌에서 광고의 지각과 소비자행동에 대한 문화의 영향은 기껏해야 일화 정도로 전해진다. 그러한 일화들은 행동과 커뮤니케이션 스타일의 근본원인이 되는 가치의 차이보다는 문화의 표현에 주목한다. 왜 영국인들은 광고에 그토록 많은 유머를 사용하는가? 왜 미국에서는 비교광고가 잘 행해지는 데 반해 일본에서는 수용되지 않는가? 왜 사람들이 선호하는 판촉방법이 다른가? 예를 들어 할인도장을 찍어주는 것은 영국에서보다 네덜란드에서 더 잘 수용된다.

어떤 제품이 여러 문화권에서 받아들여졌을 때라도 광고는 그 문화에 적절해야 하며, 그것은 주요 메시지의 번역 이상의 적응을 의미한다. 언어상의 차이는 단순히 번역의 문제를 얘기하는 것이 아니다. 또한 비슷한 언어를 사용하는 문화 사이에서도 문화적 차이는 존재한다. 같은 영어권 국가일지라도 광고문안과 시각적인 면에서 적응은 필요하다. 예를 들어, 오스트레일리아에서 기저귀는 영국에서처럼 'nappies'이다. 그럼에도 어떤 오스트레일리아의 상업광고에 나타난 유머는 오스트레일리아 이외의 시장에서는 나쁜 의미로 생각될 수 있다.

표준화 논쟁의 많은 부분이 광고자극, 즉 메시지를 표준화시키는 이슈에 관련되어 있다. 그러나 중요한 것은 바로 반응이다. 톰슨(J. Walter Thompson)에서 33년의 근무 경력이 있는 제레미 불모어(Jeremy Bullmore)[38]는 다음과 같이 말했다.

> "좋은 광고는 스스로 말한다"는 격언을 믿으면 안 된다. 좋은 광고는 오로지 그것이 목표로 하는 대상에게만 스스로 말하는 것이다. 좋은 광고는 신중한 언어선택과 비밀스런 메시지로 대상 이외의 사람들을 소외시킨다. 그리고 이것이 바로 그런 광고들을 좋은 광고로 만드는 것이다.

문화적 차이를 고려해야 한다는 것이 광고가 효과적이기 위해서 모두 현지화를 해야 한다는 것을 의미하는 것은 아니다. 제품과 관련해서 유사한 가치를 지닌 국가들을 집단으로 묶어서, 각 집단에 적합한 가치를 가지고 소비자에게 다가갈 수 있다. 이에 대해서는 제 7장과 제 8장에서 기술할 것이다.

글로벌 광고는 글로벌 제품에 가치를 추가하는 것이다

성공적 상표는 세계시장에서 제품에 가치를 부여함으로써 만들어진다. 상표는 단순히 이름, 트레이드마크, 제품성능의 보증 등을 수반한 제품을 의미하는 것이 아니다. 상표는 소비자 마음속의 연상 네트워크이다. 사람들이 기억하지 않는 이름은 상표가 아니다.[39] 상표의 연상 네트워크 개념은 글로벌 브랜드의 개발에서 광고의 역할을 이해하는 데 중요하다. 왜냐하면 그것은 광고의 결과로서의 소비자와 상표 사이의 연결고리를 뚜렷이 보여주기 때문이다. 어떤 대상에 대한 연상은 우리의 구매와 의사결정 과정에 영향을 미친다.[40] 광고를 통해 상표에 의미를 부여하고 이러한 의미들은 목표소비자의 동기와 영감에 의해 해석된다. 연상 네트워크는 목표소비자마다 달라지며, 광고의 최종목표는 어떤 상표에 대해 목표소비자의 가치와 동기에 적합한 강력한 연상 네트워크를 개발하는 것이다.

소비자 마음속의 연상은 상표의 여러 측면과 관련이 있다(〈그림 2-1〉).

- 상표명과 상표의 시각적 이미지 : 패키지, 로고, 상표특성, 다른 인지될 수 있는 측면들
- 제품 또는 이름과 연계된 제품(한 제품 = 단일상표, 많은 제품 또는 상표 확장 = 범위 상표)
- 속성 : 제품의 실체 또는 제품이 가지고 있는 것(특성, 제조법)
- 효익 또는 결과 : 구매자 또는 사용자에 대한 보상 ― 제품이 구매자를 위해 할 수 있는 것
- 제품을 사용할 때의 장소, 경우, 순간, 무드
- 사용자 : 사용자 자신 또는 열망 집단
- 가치

연상은 사람들의 마음속에서 구조화된다. 제품속성과 혜택은 사용자에게 연결되

〈그림 2-1〉 상표 연상 네트워크의 요소들

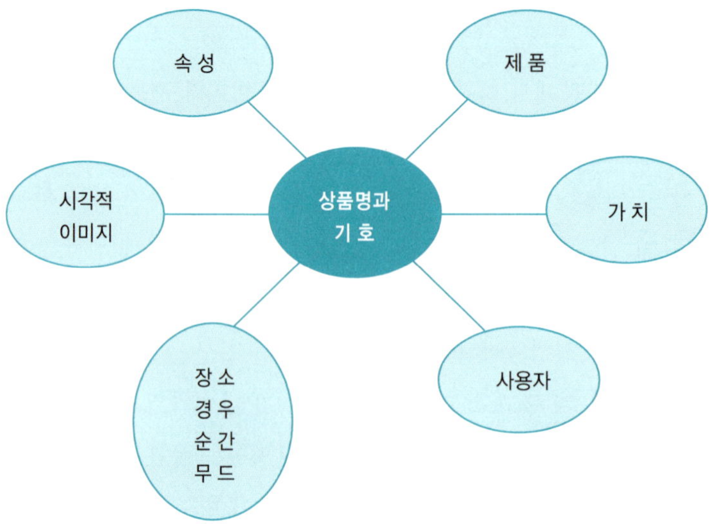

출처 : Giep Franzen, BBDO College Seminar on Branding, 1992~1993.

며, 이는 특정 제품범주나 상표에 구체적으로 나타날 수 있다. 브랜드의 핵심은 제품, 속성, 효익, 가치 그리고 사용자 이미지 간의 연상 강도이다.

예를 들어 〈그림 2-2〉는 코카콜라에 대한 간단한 연상 네트워크 혹은 지각도이다. 저자가 1995년에 많은 인터뷰를 통하여 개발한 것이다. 이 연상구조는 네덜란드인을 대표하는 것은 아니며 단지 예일 뿐이다.

이러한 간단한 조사로부터 얻을 수 있는 중요한 점은 나타난 연상이 코카콜라(Coca-Cola Light Break)나 펩시콜라(마이클 잭슨) 둘 다의 광고속성을 포함하고 있다는 것이다. 이는 코카콜라나 펩시콜라가 모두 과거에 음악 마케팅을 이용했었다는 것으로 설명될 수 있다. 저자가 인터뷰한 사람들은 '미국'이란 속성이 코카콜라 광고와 마이클 잭슨 모두에게 무차별하게 연계되어 있었다. 버진 콜라나 이슬람계 브랜드인 메카 콜라 등의 새로운 콜라 상표들은 가격차별화뿐 아니라 두 시장선도자의 비차별화된 가치에 의거해서 코카콜라와 펩시콜라의 지위를 쉽게 공략할 수 있다. 코카콜라와 펩시콜라는 청량음료, 달콤한 맛, 갈증 해소, 콜라류, 그리고 "미국 음료"라는 속성을 공통적으로 가지고 있다.

〈그림 2-2〉 코카콜라와 관련된 연상들

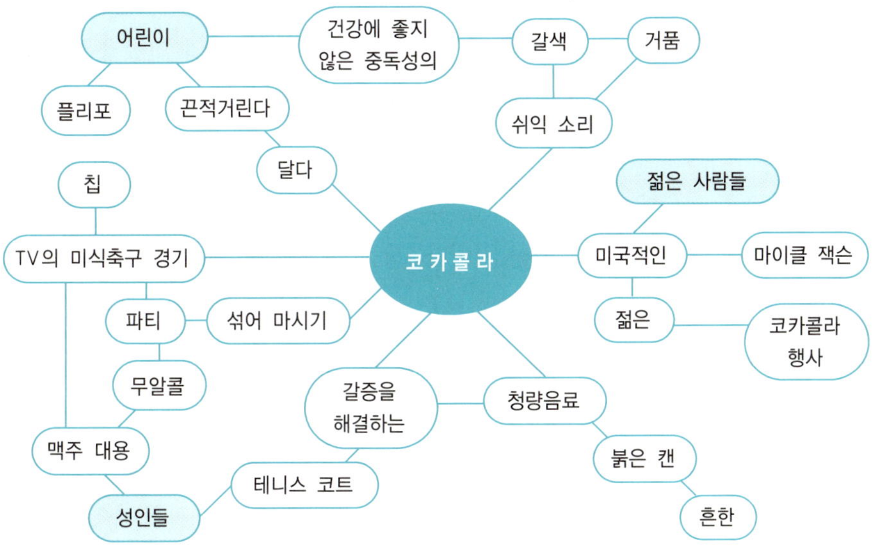

상표나 커뮤니케이션이 넘쳐나는 이 세상에서 속성이나 효익을 통한 상표차별화는 매우 어렵다. 제품이 경쟁자와 차별화될 수 있는 독특한 속성을 가지고 있을 때에만 광고가 효과적일 것이다. 그러나 그러한 차별화는 경쟁자에 의해 쉽게 모방됨으로써 그리 오래 지속되지 않을 것이다. 수많은 다국적 기업 중에서 몇몇 강력한 세계적인 브랜드들만이 혁신적 원료와 소비자 효익을 지속적으로 도입했으며(가령, 로레알, 니베아, 도브, 콜게이트), 이를 특색 있고(있거나) 문화적으로 적합한 방식으로 전달해왔다.

만약 상표가 의미있고 차별적인 가치와 연계되어 있다면 이러한 차별점은 다른 지역에서도 적용될 수 있다. 리처드 브랜슨(Richard Branson) 소유인 영국 상표 버진은 소유자의 개성과 연계된 모험, 반란, 반순응주의의 이미지를 갖고 있다. 이러한 가치는 브랜슨 소유 기업의 모든 제품에 사용되었다. 항공여객, 음반, 콜라 그리고 보드카까지. 그러나 그러한 가치는 세계 전체에 의미있는 것이라고 볼 수는 없다.

연상 네트워크의 또 다른 예는 전세계 많은 국가에 수출되는 멕시코 맥주 상표인 코로나 엑스트라이다. 이 맥주는 긴 목을 가진 투명한 흰색 병과 병 안에 라임조각을 넣어 병째 마시는 관습으로 차별화하고 있다. 스페인과 독일 학생으로 구성된 집단의 코로나 상표 연상 네트워크가 〈그림 2-3〉에 나타나 있다. 이 연상 네트워크에는 속성과 혜택뿐 아니라 가치도 포함된다. 가치의 두 군집이 구별될 수 있다. 독일인의 연상 네트워크는 성공, 자존(자부심), 독립, 자유이며, 스페인 사람들의 연상들은 소속감, 행복, 세련됨이다. 이후 제 4장과 제 5장에서 이러한 가치들이 독일과 스페인 문화의 특색이라는 것을 보게 될 것이다.

광고의 목적은 제품에 가치를 추가함으로써 소비자의 마음속에 강한 연상구조를 개발하여 제품을 상표로 전환시키는 것이다. 상표를 차별화하기 위해 선택된 가치는 전략기획자의 문화적 의식구조와 관련되어 있으며, 이는 목표소비자의 문화적 의식구조와도 관련되어야만 한다. 광고를 효과적으로 만들기 위해서는 광고 메시지에 포함된 가치와 목표고객의 가치가 일치해야 한다. 글로벌 광고에서 핵심문제는 광고와 목표소비자 집단 사이의 문화적 불일치인데, 이런 것들은 광고 조사에는 대개 포함되지 않는다. 비록 대규모 국제기업들이 지속적으로 그들 광고의 효과를 측정하기 위해 노력하고 있을지라도, 무엇이 효과적 광고를 만드느냐에 관한 근본적 연구는 많지 않다. 그러나 광고가 효과적이기 위해서 따라야 할 다음과 같은 몇 가지 일반적 법칙은 있다.[41)]

- 의미있는 연상을 창조한다.
- 연관성이 있고 의미가 있다.
- 사람들의 가치와 연결되어 있다.
- 사람들의 삶에서 제품 또는 상표가 담당하는 역할을 반영한다.
- 사람들의 느낌과 감정을 반영한다.
- 쉽게 인지될 수 있다.

이런 요소들은 광고담당자와 소비자 모두의 문화에 의해서 영향을 받는다. 효과적

〈그림 2-3〉 코로나 엑스트라와 관련된 연상들

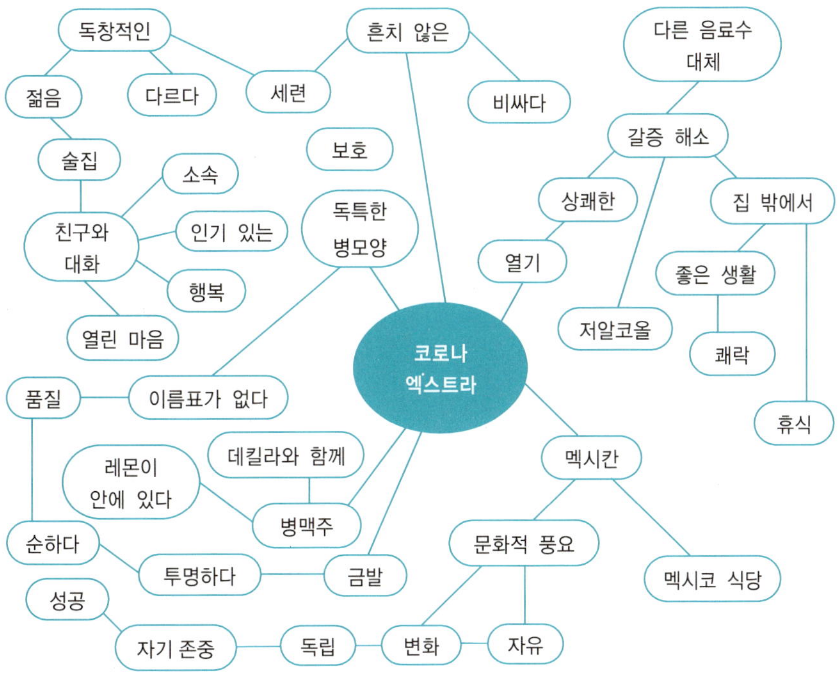

인 광고는 문화를 반영한 문화의 거울인 것이다. 이것이 이 책의 핵심 주제이다.

결 론

1980년대 이래로 규모의 경제를 바탕으로 한 표준화가 관건이었다. 현실에서 완전히 표준화된 글로벌 브랜드는 거의 없다. 글로벌 브랜드를 원하는 것은 생산자의 생각일 뿐이며 소비자의 생각은 아니다. 소비자들은 상표가 세계적인지 아닌지를 신경 쓰지 않으며, 점차 현지상표나 현지상표로 여겨지는 상표를 선호한다.

지난 수십 년 동안 기업은 브랜드가 중요한 자산이라는 것을 배웠으며 이에 따라 다양한 브랜드전략이 생겨났다. 동시에 주요 다국적기업들은 세계화에 대해 많은 것을 알게 되었다. 많은 기업들이 그들의 조직을 재정비했으며 상표 포트폴리오를 재구성했다. 상표 포트폴리오의 재구성은 생산, 판매, 마케팅, 광고에서 규모의 경제를 창출하려는 바람에 의해 추구되었다. 이 과정에서 나타나는 핵심적인 딜레마는 표준화된 제품 및 마케팅 활동을 할 것인지 차별화된 접근을 할 것인지(혹은 그 중간의 어떤 점)에 대한 선택이었다. 표준화에 대한 주장이 모두 똑같이 타당한 것은 아니다. 일부 제품은 표준화될 수 있지만 광고의 역할은 차별된다. 광고는 제품에 가치를 부여하여 이를 상표로 전환시킨다. 광고는 제품과 소비자의 연결이다. 효과적인 광고는 그 광고가 목표로 하는 대상의 가치를 반영한다. 효과적인 광고가 되기 위해서는 광고에 포함된 가치가 소비자의 가치와 일치해야만 한다. 이는 표준화된 광고가 전세계 모든 사람들의 다양한 가치를 모두 포함할 수 있는지에 대한 의문을 제기한다. 만약 단일화된 세계문화가 조만간 실현된다면 이러한 의문은 무시될 수 있다. 이러한 단일화된 세계문화란 존재할 수 없음을 이해하기 위해서 우리는 문화의 개념을 먼저 이해해야 한다. 따라서 이것은 다음 장의 주제로 하도록 한다.

주

1) "The 100 Top Brands." (2004, August 9). *Business Week* [special report], pp.68~71.

2) Data retrieved October 29, 2004, from "Interbrand" at www.brandchannel.com and "2003 Global Brands Scoreboard" at http://bwnt.usinessweek.com/rand/2003/index.asp

3) Reader's Digest conducts this study annually and publishes the results on the Internet [www.rdtrustedbrands.com] (see Appendix B).

4) Banerjee, A. (1994). "Transnational advertising development and management : An account planing approach and a process framework." *International Journal of Advertising*, 13, p.124.

5) Woesler de Panafleu, C. (1994, October). "Future identification values of brands." *ESOMAR Seminar on Building Successful Brands*, Prague, p.1.

6) Feldwick, P., & Bonnal, F. (1994, October). "Reports of the death of brands have been greatly exaggerated." *ESOMAR Seminar on building Successful Brands*, Prague, p.23.

7) Mihailovic, P., & De Chernatony, L. (1995). "The era of brand culling Time for a global rethink?" *The Journal of Brand Management*, 2(5), pp.308~315.

8) 이 이야기는 1992년 BBDO 대학 세미나에서 클라우스 브래드메이어(Klaus Bradmeyer)가 한 말이다.

9) Zambuni, R. (1993). "Developing brands across border." *The Journal of Brand Management*, 1(1), pp.22~29.

10) Nijenhuis, H. (1995, August 16). "Fast food per decreet in Moskou." *NRC Handelsblad*.

11) Macrae, C. (1993). "Brand benchmarking applied to global branding processes." *The Journal of Brand Management*, pp.289~302.

12) Levitt, T. (1983, May-June). "The globalization of markets." *Harvard Business Review*, pp.92~102.

13) Ohmae, K. (1994, May/June). "Managing in a borderless world." *Harvard Business Review*, pp.152~161.

14) Berger, P. L. (2002). "Introduction : The cultural dynamics of globalization." In P. L. Berger & S. P. Huntington (Eds.), *Many globalizations : Cultural diversity*

in the contemporary world. Oxford, UK : Oxford University Press.

15) Rose, G. M. (1997). "Cross-cultural values research : Implications for international advertising." In L. R. Kahle & L. Chiagouris (Eds.), *Values, lifestyles and psychographics*. Mahwah, NJ : Lawrence Erlbaum, p. 395.

16) Galloni, A. (2002, February). "Marketers face divergent tech targets." *Marketing & Media*, p.26.

17) Lau, S. (2001, February). "I want my MTV, but in Mandarin please." *Admap*, p.34.

18) Cooper, P. (1997, October). "Western at the weekends." *Admap*, pp.18~21.

19) Roland, A. (1998). *In search of self in India and Japan*. Princeton, NJ : Princeton University Press, p.236.

20) ACNielsen Insights. (1998, November). p.8.

21) "There was a German, a Belgian and a Spaniard." (1999, January 23). *Economist*, p.68.

22) Hicks, R. (2000, November). "The unusual business suspects." *M & M Europe*, pp.56~57.

23) Huntington, S. P. (1996). *The clash of civilizations and the remaking of world order*. New York : Simon & Schuster, p.58.

24) Jones, J. P. (2000). "Introduction : The vicissitudes of international advertising." In J. P. Jones (Ed.), *International advertising : realities and myths*. Thousand Oaks, CA : Sage, p.5.

25) McLuhan, M. (1964). *Understanding media : The extensions of man*. New York : McGraw-Hill, pp.225, 268, and 276.

26) Inkeles, A. (1998). *One world emerging? Convergence and divergence in industrial societies*. Boulder, CO : Westview, pp.20~23.

27) *Young Europeans in 2001*. (2001). Eurobarometer report 151 (see Appendix B). Retrieved October 29, 2004, from http://europa.eu.int/comm/public_opinion/archives/special.htm.

28) White, R. (1998). "International advertising : How far can it fly?" In J. P. Jones (Ed.), *International advertising*. Thousand Oaks, CA : Sage, p.34.

29) Theil, S. (2004, November 1). "Not made for walking." *Newsweek*, pp.36~37.

30) Huntington, S. P. (1996). "The goals of development." In A. Inkeles & M.

Sasaki (Eds.), *Comparing nations and cultures*. Eaglewood Cliffs, NJ : Prentice Hall.

31) De Mooij, M. (2003). *Consumer behavior and culture : Consequences for global Marketing and Advertising*. Thousand Oaks, CA : Sage, p.71.

32) De Mooij, 2003, pp.56~65에 계산 결과가 설명되어 있다.

33) Allman, J. (1997, January). "Variety is the spice of Latin life." *M & M Europe*, pp.49~50.

34) "Living with a superpower." (2003, January 4). *Economist*, pp.18~20.

35) Madsen, H. (2001). "The world in 2001." *Economist*, p.150.

36) Dibb, S., Simkin, L., & Yuen, R. (1994). "Pan-European advertising : Think Europe-Act local." *International Journal of Advertising*, 13, pp.125~135.

37) "Reader's Digest Trusted Brands." Retrieved October 29, 2004, from www.rdtrustedbrands.com.

38) Bullmore, J. (1991). *Behind the scenes in advertising*. Henley-on-Thames, Oxfordshire, UK : NTC Publications, pp.79~82.

39) Franzen, G. ("개인적인 의사소통", BBDO 대학의 브랜드 세미나, 1993), 네덜란드에 있는 FHV/BBDO의 전 사장이었고, 암스테르담 대학의 광고학과 교수.

40) Duckworth, G. (1995, January). "New angles on how advertising works." *Admap*, pp.41~43.

41) Franzen, G. (1994). *Advertising effectiveness*. Henley-on-Thames, Oxfordshire, UK : NTC Publications.

제 3 장

문 화

세계화-현지화 패러독스는 문화의 중요성을 이해할 필요가 있음을 지적한다. 소비자 행동 대부분의 요소들은 문화의존적이며, 마케팅담당자가 개발하는 마케팅 전략도 그러하다. 광고는 문화적인 산물이다. 소비자와 상표 간의 관계를 구축하기 위해서 광고는 사람들의 가치를 반영해야 한다. 대부분의 사람들에게 문화는 뭔가 추상적이며 막연한 것으로 여겨진다. 이 장과 다음 장의 목적은 문화를 보다 구체적으로 만들어서 다루기 쉽게 하는 것이다. 이 장에서는 문화가 무엇인지를 설명한다.

문화의 정의

대부분의 언어에서 문화를 정의한다는 것은 매우 어려운 일이다. 문화는 고전음악, 연극, 회화, 조각과 같은 고급예술을 묘사하는 것으로 정의되기도 하고, 때로는 이러한 것들을 대중예술과 차별화하기 위해 사용되기도 한다. 문화는 박테리아의 배양균을 생산하는 생물학자에 의해 사용되기도 하며, 농업과 원예학에서도 문화라는 용어는 사용된다. 광고에서는 문화적 차이를 겉으로 드러나는 문화적 표현들로 정의한다.

문화는 집단들을 한데 묶어주는 역할을 한다. 문화적 양식, 공유된 상징체계가 없다면, 사람들은 어울려 살아가는 데 많은 어려움을 느낄 것이다. 문화는 인간 공동체, 그 개인들 그리고 사회 조직을 정의하는 역할을 한다. 인류학자인 클리포드 거츠(Clifford Geertz)[1)]는 문화를, 이른바 컴퓨터 엔지니어들이 '프로그램'이라고 부르는, 인간행동을 제어하는 계획, 수단, 규칙, 명령과 같은 통제 메커니즘의 집합으로 보았다. 사람들은 그들의 행동을 규정하기 위해서 문화의 통제 메커니즘에 의존한다. 이와 같은 맥락에서 홉스테드(Hofstede)[2)]는 문화를 "특정 환경하에서의 사람들의 집단적인 정신적 프로그램"이라고 정의한다. 그는 또 "문화는 개개인의 특성이 아니며, 동일한 교육과 생활경험에 의해 조건화된 수많은 사람들의 집단적 특성"으로 보았다.

개인은 그들의 문화의 산물이다 — 그들이 속한 사회문화적 환경에 의해서 특정방식으로 행동하도록 조절된다. 문화는 과거에 "영향을 미쳤던"(*worked*) 것들을 포함한다. 문화에는 특정한 지역을 동시대에 살며 특정언어를 사용한 화자(話者)들간에 공유된 신념, 태도, 규범, 역할 그리고 가치를 포함한다. 이러한 주관적 문화의 공유된 요소들은 대개 세대를 이어서 전이된다. 문화를 정의하는 데는 언어, 시간 그리고 장소가 도움이 된다.[3)] 사회에 있어 문화는 개인에게는 기억과도 같은 것이다.

문화라는 개념은 인종적, 혹은 민족적 집단에서부터 국가, 연령, 직업 및 사회계층이 다른 수준에 있는 한 사회 내의 집단들에 이르기까지 다양하게 적용된다. 개개인의 문화적 프로그램은 그가 속한 집단 혹은 범주에 따라 달라진다. 즉, 문화의 표현은 자신이 속한 문화적 프로그램의 수준에 따라 달라진다. 예를 들어 식(食)습관은 국가마다 다를 수 있고, 의(衣)습관은 직업에 따라서, 그리고 남성과 여성의 역할은 국가와 사회계층에 따라서 다를 수 있다. '문화'를 논의할 때는 그 문화의 수준을 — '민족문화', '기업문화' 혹은 '연령문화'와 같이 — 분명히 해야 한다. 이는 그 수준에 따라 문화가 다르게 표현될 수 있기 때문이며, 그에 따른 개념의 혼란을 미연에 방지하기 위해서이다. 어떤 수준에서는 사실인 것이 다른 수준의 문화에서는 그렇지 않을 수 있는 것이다.

거츠는 인간의 본성과 문화는 별개의 것이 아니라고 주장한다.[4)] 만약 문화와의 상호작용이 없다면, 그래서 조직적인 상징체계에서 제공되는 지침이 없다면, 인간의 중앙신경계는 자신의 행동을 제어할 수 없게 될 것이다. 인간은 문화를 통해서 자기자신을 완성시키는 불완전한 동물이다. 비교문화 심리학자인 롤랜드(Roland)가 인도, 일본 그리고 미국을 대상으로 연구한 정신분석 결과는 이러한 거츠의 견해와 일치한다. 롤랜드의 정신분석 연구결과는 다음과 같다.[5] 분명한 것은 사람들이 만들어내는 개성의 종류들과, 그들이 한 사회 속에서 어떤 기능을 수행하고 의사소통하며, 세계 속에서 혹은 그들 자신 내부에서 그들의 존재와 경험의 형태는 무엇인지, 그들의 이상과 자기구현은 무엇인지 등의 문제들은 절대적으로 그들이 속한 문화와 사회에 의해 지배된다는 사실이다.

우리의 생각, 가치관, 행위, 감정은 문화적 산물이다. 인간은 세월이 흐르면서 창출된 의미체계인 문화적 양식의 지침 아래 행동한다.

광고는 이러한 폭넓은 의미체계를 반영한다. 광고는 사람들의 사고방식, 동기뿐만 아니라 그들이 상호간에 어떻게 관련을 맺고 있는지, 어떻게 살고 먹고 휴식하고 즐기는지를 반영한다. 문화의 모든 측면은 다양한 차원에서 광고에 반영되어 나타난다. 더욱 폭넓은 차원에서 광고를 분석하기 위해서는 문화가 다양한 방식으로 표출되고 있음을 이해해야 한다.

문화적 보편성

모든 인간이 동일하지 않음에도 불구하고, 서구의 마케팅과 광고 전문가들은 인간이 동일하다고 생각하는 경향이 있다. 이는 인간이 모두 똑같으며, 동일한 욕구와 욕망을 가지고 있을 것이라는 희망적 가정에 의한 것이다. 이는 지각적, 개념적 양 측면에서의 문화적 무지를 초래한다. 결과적으로 대부분의 글로벌 마케터들은 문화적 보편성, 즉 모든 문화에는 공통적으로 존재하는 행동양식이 있을 것이라는 생각을 갖게 된다. 글로벌 마케팅 교재들은 모든 문화에 공통적으로 존재하는 행동양식인 머독(Murdock)의 문화적 보편성 리스트를 언급하면서, 문화적 보편성의 추구를 가치 있는 것으로 인식하는 경향이 있다.[6] 문화적으로 보편적인 것들의 예로는 대부분 몸장식, 청결, 트레이닝, 요리 그리고 음식에 관한 금기사항과 같은 것들이다. 식욕은 가장 기본적이고 보편적인 욕구이다. 하지만 단순히 음식을 먹는 것을 의미하는 것이 아니라, 특정방식으로 요리된 음식을 선호하는 것이나 그에 따르는 엄격한 식탁예절을 뜻하는 것이다.[7] 보편적 욕구는 건강하고자 하는 것이다. 그러나 건강을 유지하기 위한 행동은 다르다. 가령, 남유럽에서는 약을 선호하는 반면, 북유럽에서는 건강을 위해 보다 활동적인 접근법을 가지고 있으며, 운동이나 스포츠를 즐긴다.

그저 단순히 말하는 것이 아니라, 특정 사회적 상황에서 적합한 어법과 어조로 말하는 것을 의미한다. 종교는 문화적 보편성으로 인식될 수 있지만, 하나의 혹은 복수의 신에 대한 믿음, 신과의 관계, 종교의식은 모두 문화의 일부분으로, 모두 문화의 틀 내에서 정의된다. 유럽의 성당은 왜 중동지역의 모스크나 인도의 사원 또는 미국의 교회와 다른 구조를 가지고 있는가? 이유는 그들과는 상이한 종교의례를 가지고 있기 때문이다. 신성함은 서구식 개념이다. 일본문화 전문가인 루스 베네딕트(Ruth Benedict)는 일본이 어떻게 제 2차 세계대전 후에 — 미국인의 시각에서 보기에 — 신성한 군주라는 개념과는 어울리지 않는 여러 가지 현대적 가치관을 받아들였고, 일본 천황이 어떻게 그의 신성함을 부인하도록 요구받았는지를 말하고 있다.[8]

보편성은 항상 행복이나 사랑 같은 추상적 용어로 표현된다. 그러나 사람들을 행복하게 만들거나 사랑을 표현하는 방법은 사람에 따라서 매우 다를 뿐만 아니라 문화에 따라서는 더욱 다르다. 추상적으로 표현되는 가치일수록 더 보편적 가치이다. 그러나 마케팅이나 광고에서는 가치나 동기를 구체적으로 표현해야만 한다. 그러면 대부분의 보편성은 사라진다.

문화의 표명

홉스테드는 문화가 표현되는 방식을 상징(*symbols*), 의례(*rituals*), 영웅(*heroes*), 가치(*values*)의 네 가지로 구분하였다.[9] 〈그림 3-1〉에서처럼 양파의 껍질에 비유하여, 상징은 문화 표면의 가장 피상적인 것으로, 가치는 가장 핵심적이고 깊이 있는 것으로, 영웅과 의례는 이들 사이에 위치하는 것으로 보았다.

상징이란 동일한 문화를 공유한 사람들만이 인식할 수 있는 특별한 의미를 지닌 단어, 몸짓, 그림 및 사물을 말한다. 특정집단에서 쓰이는 용어, 언어 역시 예식, 머리 모양, 지위의 상징, 코카콜라와 같은 브랜드 등과 마찬가지로 상징이라는 범주에 속한다. 새로운 상징들은 쉽게 나타났다 금방 사라진다. 어떤 문화집단의 상징들은 다른 집단에 의해 어김없이 모방되는데, 이러한 이유 때문에 상징은 〈그림 3-1〉에서처럼 가장 바깥층에 나타나게 된다. 코카콜라, 펩시콜라, 말보로, 나이키는 이미 범세계적 상징이 되어 버린 상표들이다. 그러나 이들 상표에 대한 연상은 중국에서 느끼는 것과 본고장인 미국에서 느끼는 것이 서로 다르다.

영웅은 살아 있든 죽었든, 실제인물이건 가공의 인물이건 간에 어쨌든 사람이다.

〈그림 3-1〉 양파 같은 문화

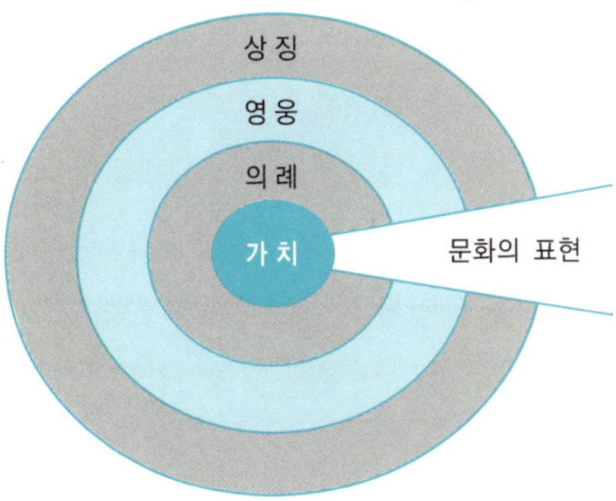

출처 : Hofstede(1991).

영웅은 사회에서 가치 있게 여기는 여러 특징을 가지고 있으며, 그렇기 때문에 사회구성원들에게 역할모범으로서의 구실을 한다. 심지어 미국의 배트맨, 찰리 브라운, 프랑스의 아스테리와 같은 만화의 주인공도 문화적인 영웅의 역할을 수행할 수 있다. 텔레비전 시대에는 텔레비전 이전의 시대에 비해 외모가 영웅 선택에서 더욱 중요한 기준이 된다. 만화 속의 영웅들은 전세계적으로 유명해질 수 있지만, 그들이 나오는 만화영화의 줄거리는 현지의 것인 경우가 많다. 프랑스만화의 주인공인 아스테리는 미국만화의 주인공 도널드 덕과 다른 식으로 행동한다. 교육 프로그램인 〈세서미 스트리트〉(*Sesame Street*)는 각국에서 그 나라의 교육제도에 맞게 다르게 개발된다. 주제도 유럽 각국마다 상이하다.

의례는 문화 내에서 없어서는 안 될 사회적으로 중요한 집단행위이다. 의례는 의례 그 자체를 위해 수행된다. 의례에는 인사법, 타인에 대해 존경을 표현하는 방식, 그리고 사회적·종교적 의식이 모두 포함된다. 겉으로 보기에는 합리적인 것처럼 보이는 사업, 정치상의 모임들도 의례에 그 목적을 두는 경우가 많다. 운동경기 행사는 선수와 관중 모두에게 의례이다. 미식축구의 의례와 유럽축구의 의례는 매우 다른데, 특히 유럽의 축구경기에는 치어리더가 없다.

〈그림 3-1〉에 나타난 것처럼 상징, 영웅, 의례는 문화라는 개념에 포함된다. 이것들은 외부사람들이 관찰할 수 있는 가시적인 것이다. 그러나 이것들의 문화적 의미는 비가시적인 것이다. 그것은 그 문화의 내부구성원들이 해석하는 방식에 달린 것이다. 상표는 의례의 일부분이며, 광고는 상표의 의례화를 돕는다. 제조업자들은 경쟁제품과 차별화하기 위해 그들 제품을 위한 의례를 계획하고 창출한다. 코로나 엑스트라 맥주회사는 라임을 목이 긴 맥주병 속으로 밀어넣은 뒤, 이 맥주를 마실 때는 병째로 마셔야 한다는 것을 얘기함으로써 자사제품을 타사제품과 차별화하였다. 광고에는 제품이나 상표와 함께 풍습들도 드러나는데, 이는 광고의 실행적 측면에서 찾아볼 수 있다. 실행적 측면이란 예를 들어서 사람들의 겉모습, 피부 색깔, 언어, 의식주 형태 등이다. 이러한 요소들은 "우리가 어떻게 행동하는지"를 표현하는 문화의 표현이며 유산이다.

문화의 핵심은 가치이다. 가치는 "어떤 상태를 더 선호하는 포괄적 경향"으로 정의된다. 가치는 아이들이 의식적으로가 아닌 암묵적으로 배우는 첫 번째 것들 중의 하나이다. 발달심리학자들에 의하면 대부분의 아이들은 10살 정도면 기본적 가치체계를 확고히 가지게 되며, 10살 이후에는 이러한 가치체계가 쉽게 변하지 않는다고 한다. 사람들은 자신이 가지고 있는 가치를 의식적으로 인식하지 않으므로, 가치를 논하고 관찰한다는 것은 어려운 일이다.

연구자들은 여러 대안들 중에서 본인이 가장 선호하는 것이 무엇인지를 사람들에게 물어봄으로써 가치를 파악하려고 한다. 가치를 연구할 때 어려운 것들 중의 하나는 사람들이 말한 것을 어떻게 해석하는가 하는 것이다. 바람직한 것과 바라는 것은 다른 것이다. 세상이 어떻게 되어야 한다고 생각하는 것은 바람직한 것이지만, 자기자신을 위해 세상이 어떻게 되었으면 하는 것은 바라는 것이다. 언어는 또 다른 문젯거리이다. 가치는 쉽게 전이되지 않는데, 이는 가치를 표현하는 말들에는 추상적인 의미가 포함되어 있기 때문이다. 가치의 이름표 역할을 하는 언어들은 문화에 따라 다르다. 특정 문화에서 제작된 광고문안을 다른 나라의 언어로 번역하는 것은 어려운 일이다. 이 문제는 제 5장에서 논의될 것이다.

이른바 범세계적 문화라고 하는 것은 문화의 표현, 상징들, 점점 비슷해지는 식습관, 특히 젊은이들에게 소구하는 글로벌 영웅들을 말하는 경우가 많다. 나이키와 코카콜라는 범세계적 상징이 되었으며, 특히 빅맥(Big Mac)이나 피자와 같은 패스트푸드는 범세계적 의례가 되었다. 그렇다고 핵심가치 또는 중심가치가 범세계화된 것은 아니다. 핵심가치는 문화권마다 다르며, 상당히 안정적이다. '추세'를 좋아하는 광고담당자들은 이러한 핵심가치의 불변성을 잘 이해하지 못한다. 신상품과 서비스를 새로운 습관 또는 라이프스타일에 연결시키는 것은 매우 효과적인 방법이 될 수 있다. 라이프스타일은 문화의 표현이다. 그러나 '변화하는 가치' 혹은 '범세계적인 추세'라고 이야기되는 유행들은 그것을 적용하기에 앞서 면밀한 검토가 있어야 한다. 문화의 핵심가치는 지속적인 것이며, 신유행으로 나타나는 것들은 단지 기존 가치의 새로운 표현형식이다.

선택적 지각

지각은 자신에게 의미있는 경험을 제공하기 위해 외부환경의 자극을 선택하고 조직하며 해석하는 과정이다.[10] 선택적 지각이란 환경에서 다른 것들을 배제한 특정 속성에 초점을 두어 지각하는 것을 의미한다. 이러한 현상은 최근에 생겨난 '범세계적 문화'에 대해 논의할 때 언급된다. 이러한 논쟁의 대부분은 앵글로 아메리칸에 의한 것이다. 일반적으로 이러한 논의의 사례들은 코카콜라, 맥도날드, 스타벅스 같은 미국 상표들이다. 사람들의 선택적 지각 장치는, 다른 국가에서 미국 브랜드보다 더 우세한 현지의 수많은 브랜드보다는, 자신의 국가 안에서 익숙한 것을 보도록 만든다. 그들의 시각으로 피자는 미국 것이지 이탈리아 것이 아니다. 또한 이러한 선택적 지각현상은, 커뮤니케이션의 공급이 소비보다 넘쳐흐름으로써 커뮤니케이션 과잉현상을 보이는 오늘날의 광고산업에 중대한 영향을 끼친다. 미국, 일본과 같은 선진국에서 커뮤니케이션 과부하는 — 공급되는 커뮤니케이션 중 소비되지 않는 비율 — 평균 97%인 것으로 추정된다.[11] 소비자는 어떤 것에 주의를 기울일 것인지에 있어 점점 더 선택적이다. 문화는 이러한 선택적 과정을 강화시킨다. 동일한 세계관을 가진 민족은 없다. 맹인들의 개안수술에 관한 의학적 연구는 우리가 '보는 것의 법칙'(*rules of seeing*)을 배워야 한다는 것을 말해 준다. '보는 것의 법칙'은 보편적 원리가 아니며, 무엇을 보아야 하는가와 어떻게 보아야 하는지를 가르쳐 주는 자연적, 사회적 환경에 의해 형성되는 것이다.[12] 인간은 자신이 성장하는 과정에서 훈련받은 것 또는 보고 배운 것에 따라 사물을 바라본다. 지각방식은 문화에 의해 학습되며 규정된다. 사람은 자기가 보고 싶어 하는 것을 보고, 자기가 볼 수 없는 것은 보지 않는데, 그것은 자신의 경험과 이전에 학습했던 것과 맞지 않기 때문이다. 인간은 자신이 지각하고자 하는 것을 지각한다. 인간은 자신의 문화적 틀에 근거해서 사물을 지각한다.[13] 인간은 어떤 것이 자신의 기대와 다르게 나타날 때 혼동스러워 하며, 잘못된 결론을 내리기도 한다. 8시에 오기로 한 손님이 9시에 온다면, 우리들 중 일부는 그 손님이 예의바르다고 생각하기도 하고, 무례하다고 생각하기도 한다. 초대받지는 않았지만 저녁식사 시간에 맞춰 찾아온 손님들은 은근히 식사대접을 기대할지 모른다. 이럴 경우 음식이 무엇이든 간에 서로 나눠 먹기도 하고, 상당히 당황해하며 손님이 갈 때까지 저녁식사를 미루기도 한다. 어떤 나라의 사람들은 "예"라는 의미로 고개를 끄덕이지만, 이와 다른 나라에 있는 사람들은 "아니오"라는 의미로 고개를 끄덕인다. 인간은 자신의 문화틀 내에서 사물을 바라본다. 그렇기 때문에 인간은 자신의 문화에 얽매인 죄수와 같다. 소비자들이나 자신이 속한 문화틀에 맞춰 광고를 개발하는 크리에이티브 담당자 역시 마찬가지이다. 자신의 문화권 내에서 효율적 광고개발은 가능할지 모르겠지만 타문화권에도 가치 있는 효율적 광고를 개발한다는 것은 힘든 일이다. 수용자의 문화가치와 연결되지 않은 광고는 덜 주목을 받을 것이며 주목받는다 하더라도 결국은 잘못 이해될 것이다. 광고효과는 자연히 떨어지게 된다.

고정관념

고정관념이란 정신적으로 사람을 특정 범주로 분류하는 것을 의미한다. 고정관념은 순기능적일 수도 있고 역기능적일 수도 있다. 고정관념은 그것이 우리의 기대를 이끄는 자연스러운 과정으로 받아들여질 때 순기능적이다. 그러나 사람을 단지 어떤 집단의 부분으로만 봄으로써 그 개인을 옳지 않게 판단하는 데 고정관념이 이용된다면 그것은 역기능적이다. 순기능적 고정관념의 예로, 독일인은 시간을 잘 지킨다는 것이 있다. 그것은 사실이다. 평균적으로 독일인들은 다른 나라 사람보다 시간을 잘 지킨다. 이탈리아인과 스페인 사람들은 다른 시간관념을 가지고 있다. 예를 들어 독일인이 저녁식사에 초대받았을 때 8시는 8시를 의미하는 것이지 스페인 사람처럼 9시나 10시를 의미하는 것은 아니다. 이렇듯 스페인 사람들은 독일문화의 이러한 면을 알게 됨으로써 자신의 행동을 수정할 수 있다. 역기능적 고정관념의 예로는, 영국인들이 프랑스인들을 보고 더럽고 섹스를 밝히며 우습게도 자기 문화에 집착한다고 말하는 것이나, 프랑스인들이 영국인들을 보고 차갑고 교양이 없으며 위선적이고 믿을 수 없다고 말하는 것을 들 수 있다.[14] 그렇다. 프랑스인이 보기에 영국인은 내성적이며,

독일인의 눈에 비치는 이탈리아인은 정신없고, 영국인이 보기에 독일인은 엄격하다. 중요한 것은 문화가 상대적인 것이라는 인식이다. 고정관념은 보는 사람의 문화적 배경에 따라 다르게 나타나기 때문이다. 문화는 상당히 안정적이기 때문에, 이러한 고정관념은 오래 전의 문헌에서도 흔히 발견된다. 한 예로 Dutch(네덜란드인)라는 단어는 영어단어의 일부분이 되어, 'going Dutch', 'a Dutch treat', 'a Dutch uncle' 등과 같이 네덜란드인의 특징을 반영하는 표현들이 영어 작품에 종종 목격된다. 하지만 이와 유사한 표현들이 독일어와 프랑스어에서는 나타나지 않는다.

광고효과는 고정관념의 효과적 사용에 달려 있는데, 이는 광고는 주의를 끌어야 하고 즉각적 인식을 창출해내야 하기 때문이다. 광고는 현실을 단순화시키는 것이므로 고정관념을 이용해야 한다. 광고 메시지는 일반적으로 짧다. 따라서 시청자가 광고 메시지의 의도를 바로 인식하지 못한다면 그 광고 메시지는 실패한 것이나 다름없다. 문화는 광고 메시지의 인식을 방해한다. 우리가 다른 문화권에 속한 사람들을 인식하거나 얘기할 때 우리는 자신의 문화관점에서 이들을 인식하거나 표현한다. 문화마다 서로의 문화에 대해 상이한 고정관념을 가지고 있다. 프랑스인에 대한 고정관념은 무엇인가? 독일인들은 프랑스인들이 기지가 풍부하다고 생각하며, 영국인들은 그들이 유머감각이 없고 쉽게 화를 낸다고 생각한다. 네덜란드인들은 프랑스인들이 진지하지 않다고 생각하며, 스페인 사람들은 프랑스인들이 차갑다고 생각한다. 핀란드인들은 프랑스인들이 낭만적이지만 피상적이라고 생각하며, 미국인들은 프랑스인들이 유쾌하고 지적이며 꾸밈이 없다고 생각한다. 아시아인들은 프랑스인들이 신중하지 못하다고 생각한다.[15)]

이런 예를 볼 때 한 국가의 고정관념을 국제광고에 적용하는 것은 매우 위험하다는 사실을 분명히 알 수 있다. 한 국가의 창조적인 광고연출가의 고정관념과 다른 국가 수용자들의 고정관념은 다를 수 있다. 유럽의 여러 문화에서 공유되는 고정관념도 있는데, 예를 들어 독일의 유머감각은 다른 사람들은 이해할 수 없다는 것이다. 폭스바겐에 대한 스페인의 광고는(〈사진 3-1〉) "사람들은 이것을 보고 미소 짓는다. 마침내 독일의 유머를 이해한 것이다"라고 말함으로써 그들의 고정관념과 접목시켰다.

사진 3-1 스페인의 폭스바겐 광고

사고방식과 지적 스타일

논리적 사고방식이 한 가지만 있는 것은 아니다. 선형적이고 외면적인 논리는 서구식 철학과 과학의 일부로, 좀더 내면적인 불교철학과 같은 다른 문화권의 '논리'와는 다르다. 북미권 커뮤니케이션 체계가 디지털식 사고와 의사결정이라면, 일본인들은 아날로그식 경향을 보인다. 북미인들은 구조적이고 분석적이다. 그들에게는 중국의 음양역학, 유럽의 변증법, 또는 일본의 전체론적 사고가 결여되어 있다. 전체론적 사고는 세부사항을 살펴보기에 앞서 전체상황부터 인식하는 것이다. 북미식 접근법은 극단적으로 의사결정을 용이하게 하기 위한 것이라 할 수 있다. 유럽대륙 문화권에서는 이념적, 이론적인 주장을 이끌어내기 위해서 분석에 중점을 둔다.

어떤 주장을 뒷받침하는 방식도 문화마다 다르다. 어떤 문화권에서는 사실에 근거하여 주장을 뒷받침하고, 또 다른 문화권에서는 이데올로기와 교리에 근거해서 또는 전통이나 감정에 근거해서 자신의 주장을 펼치기도 한다. 일본인들에게 느낌은 올발

라야 하고, 논리는 냉철하다. 사우디인들은 실증적 이유에 근거한 설득보다는 직관에 의한 접근법을 더 선호한다. 프랑스인들은 철학을, 미국인들은 자료와 이를 이용한 가설검증을 원한다. 우스니어(Usunier)는 지적 스타일을 'Gallic'(프랑스식), 'Teutonic'(독일식), 'Saxonic'(영미식) 그리고 'Nipponic'(일본식) 네 종류로 분류하였다.[16] 영미식 스타일이 보고자 하는 것은 사실과 증거이며, 프랑스식과 독일식 스타일은 지적 흐름의 중간 중간에 이론적 근거를 설정하는 경향이 있다. 자료와 사실은 자신이 말하고자 하는 바를 증명하기 위해서라기보다는 그것을 설명하기 위한 것이다. 독일식 스타일은 추론과 연역법을 선호한다. 이에 반해 프랑스식 스타일은 연역법을 그리 중요하게 여기지 않는다. 오히려 미적 관점에서 완벽한 방식으로 단어와 연설의 설득력을 이용하는 데 중점을 둔다. 일본식 스타일은 겸손하고 보편적이며 잠정적인 접근법을 선호한다.

미국인은 거의 모든 것을 범주화한다. 구체적/추상적, 현재/과거, 새로운/오래된, 과거/미래, 조화/갈등, 내부지향적/외부지향적과 같이 모든 것을 이원화하여 범주화시키는 방식은 미국문화의 일부분이다.[17] 일본인의 사고는 논리적이지 않고 직관적이다.[18] 그들은 극단적 사고에 익숙하지 않다. 가치와 욕망을 구조화하거나 상표 포지셔닝에 사용되는 2차원적 그림은 일본인들에게는 별로 인기가 없는데, 그것은 일본인들이 양극 척도에 반응하는 데 익숙하지 않기 때문이다.

인간의 학습방식은 그들의 사고와 반응에 영향을 미친다. 서구식 학습방식이 비판적 사고와 분석에 비중을 두는 데 비해 아시아식 학습방식은 암기에 많은 비중을 둔다. 자료를 수집하고 분석하고 평가하고 결론을 내리는 방식 또한 문화에 따라 다르게 가르친다. 특히 미국에서는 어떤 의견을 뒷받침해줄 만한 사실이 없다면 그 의견은 타당한 것으로 간주되지 못한다. 미국 언어에서는 이와 관련된 표현이 있다. "본론으로 들어가자"(*Let's get right to the point*), "요점이 뭐니?" (*What's the point of all this?*)에서 쓰이는 '요점'(*the point*)이라는 말이다. 작가나 연설자들은 자신이 주장하는 바를 분명히 밝혀야 하는데, 이는 자신이 전달하고자 하는 정보나 개념을 분명히 말하거나 글로 써야 한다는 것을 의미한다. 하지만 중국어나 일어에는 '요점'과 같은 직설은 존재하지 않는다.[19]

언어

언어와 문화의 관계에 대해서 두 가지 관점이 있다. 하나는 언어가 문화에 영향을 미친다는 관점이고, 다른 하나는 언어는 곧 문화의 표현이라는 관점이다. 에드워드 사피어(Edward Sapir)와 벤저민 리 워프(Benjamin Lee Whorf)는 언어구조가 지각과 범주화에 중요한 영향을 끼친다는 가설을 제시하였다.[20] 후자는 인간의 세계관이 자신이 구사하는 언어의 구조와 특징에 따라 달라질 수 있다는 사실을 함축하는 것이다. 뚜렷이 다른 문법을 구사하는 사람들은 유사한 행위에 대해서도 서로 다르게 관찰하고 평가한다. 이 견해에 의하면, 언어는 사건을 묘사하는 도구일 뿐만 아니라 사건 자체를 구성하는 것이기도 하다. 서로 다른 언어를 구사하는 관찰자들은 동일한 상황에서도 서로 다른 사실을 주장하거나, 유사한 사실을 서로 다른 방식으로 매듭짓기도 한다. 언어와 문화의 관계에 대한 또 다른 견해는 언어가 문화를 반영한다는 것이다. 이러한 접근법은 인류에 보편적인 것은 언어를 구사하는 능력뿐이라는 것을 인식하는 것이다. 한 사람이 어떤 언어를 구사하는 것은 그가 자라온 문화의 일부분이다. 언어는 문화의 모든 형태, 즉 표현, 가치들을 반영한다. 언어는 문화를 설명해 준다.

문화의 표현은 특히 수사나 은유를 통해서 두드러진다. "그는 화합을 잘한다"(*He is a team player*), "그는 나를 미치게 만든다"(*He drives me up the wall*), "정확한 예측"(*ballpark estimate*)과 같은 미국영어의 표현들은 모두 미국 야구로부터 유래한 것이다. 반면에 영국영어에는 크리켓과 관련된 표현들이 많다. 은유에 사용된 요소들은 나라마다 다르게 나타난다. 예를 들어 이집트인들은 태양을 잔인한 것으로 인식하기 때문에 여성을 비유할 때는 '나의 태양'이 아닌, '달빛'이라고 한다.[21] 하지만 영어에서 '달빛 비추기'(*moonlighting*)의 사전적 의미는 '저녁에 일하는 부업'이라는 뜻이다.

특정분야에서 어떤 언어가 다른 언어에 비해 월등히 많은 어휘를 가지게 되는 이유는 문화적 환경에 기인한다. 어떤 언어에는 얼음 또는 비에 대한 어휘들이 다른 언어에 비해서 상당히 많은 경우가 있다. 노르웨이 언어에 '당신을 도와주는 바람'에 해당하는 강한 의미의 단어(*bør*)가 있는 것으로 미루어, 노르웨이인들이 역사적으로 해양 민족이었음을 알 수 있다. 어떤 언어는 다른 언어에 없는 어휘를 가지고 있는 경우도 있다. 영어에서 'marrow'(서양 호박의 일종)의 고어인 'pith'는 오렌지와 감귤류의 껍질 안에 있는 흰 부분을 가리키는 것이다. 이것은 영국의 '마멀레이드 문화'와 직접적 연관성이 있는 것처럼 보인다. 영어의 'fudge'(허튼소리, 속이다)에 해당하는 네덜란드어는 존재하지 않는데, 이를 통해서 네덜란드인들은 허튼소리를 하지 않으며 무뚝뚝하다는 사실을 미루어 짐작할 수 있다.

어떤 유일한 것을 표현하는 문화 특유의 단어는 국경을 넘어 전이된다. 예로는 컴퓨터, 페레스트로이카(*perestroika*), 게이샤(*geisha*), 사우나(*sauna*), 마피아(*Mafia*), 가미가제(*kamikaze*)를 들 수 있다.[22] 종종 이러한 단어들은 문화 특유의 가치를 반영한다. 그것들은 다른 문화권의 언어로 쉽게 번역될 수 없기 때문에 처음부터 단어를 빌려와서 사용되었다. 영어에는 사촌(*cousin*)과 조카(*nephew*)에 해당하는 단어가 없다. 이 단어들은 프랑스어(*cousin*, *neveu*)에서 빌려온 것이다. 사람들이 친족을 묘사하는 방식은 이들이 친족에 대해서 어떻게 생각하는지와 관련 있다. 대가족 제도하에서 아버지와 아버지의 형제들은 모두 다 '아버지'라고 불린다. 헝가리인들은 손윗누이와 누이동생을 구분한다. 러시아어에는 네 가지 사돈형제의 개념에 대해 각각 다른 명칭이 있다. 인도네시아어의 'besan'은 사돈이라는 의미이다.

스페인어와 마찬가지로 네덜란드어에는 축소어가 빈번하게 사용된다. 두 언어 모두에서 확대접미사는 부정적인 것을 반영하는 것에 비해 축소접미사는 긍정적인 것을 반영한다.[23]

영어에는 앵글로색슨족의 행동과 시간에 대한 생각이 잘 나타나 있다. 영어에는 'down to earth', 'feedback', 'deadline'과 같이 이를 표현하는 어휘가 풍부하다. 영어 단어 'upset'은 영국인들이 자기억제를 해가며 자신의 감정을 조절하는 방식을 표현해준다. 'upset'을 다른 나라의 언어로 번역하는 것은 상당히 어려운 일이다. 영어개념인 'sharing' 역시 이 단어가 다른 유럽어로 번역됐을 때보다 훨씬 많은 가치를 포함하고 있는데, 이러한 가치들에는 '관대함', '참여', '동료에 대한 관심', '자기자신에만 신경 쓰지 않는 것', '긍정적인 것을 의사소통하는 것'이 있다. 또한 '당신이 얼마나 좋은 사람인지', '성취'와 같은 가치도 포함된다. 'sharing'은 독일어의 teilen과 mitteilen, 네덜란드어의 delen과 mededelen이 가지는 의미 모두와 그 이상을 내포하고 있다.

네덜란드어와 스칸디나비아어에는 '함께 있는 것' 이상의 의미를 지니는, 'togetherness'에 해당하는 단어가 있는데 이는 영어에 존재하지 않는 단어이다. 네덜란드어의 gezellig, 덴마크어의 hyggelig, 스웨덴어의 mysigt, 핀란드어의 kodikas도 이러한 예에 해당한다. 덴마크인들은 심지어 이를 '함께 지내는 시간'이란 의미의 hyggetime과 함께 먹는 음식이란 의미의 hyggemad와 같이 조합어로도 사용한다.[24] 이 단어의 의미는 소규모의 집단에 함께 있으며, 매우 개인적 방식으로 자신의 감정과 철학을 공유하는 것을 말한다. 네덜란드에 거주하는 영국인에게 이에 대한 의견을 요구하면, 그는 다리를 후들후들 떨면서 이렇게 말할 것이다. "그것은 매우 강제적, 침략적이다." 이 단어의 개념은 큰 집단보다는 4명 정도의 저녁모임을 선호함을 의미한다. 영국인이나 미국인은 작은 모임을 저녁모임으로 간주하지 않는다. 이들은 저녁모임에 참석한 사람이 두 커플을 넘지 않으면 사과하기도 한다. 네덜란드와 스칸디나비아인에게 이 개념은 그러한 모임에서 사용되는 커피, 사탕, 음료와 같은 제품을 광고할 때 매우 효과적으로 사용된다. 이 개념은 다른 문화권에 있는 사람들에겐 이해가 되지 않을 것이다. 사라리/도우위 에그버츠라는 커피제조회사는 지난 100년간 네덜란드에서 커피를 광고할 때 이 개념을 효과적으로 사용했고, 그로 인해 상당한 시장점유율을 획득하였다.

독일어의 예로는 Reinheit라는 말을 들 수 있는데, 이는 purity(순수)라는 번역어보다 넓은 의미를 가진다. 또 다른 예로 품질, 효율성, 지불금액 이상의 가치를 전달한다는 뜻의 ergiebig라는 단어도 있다. 스페인어의 placer라는 단어는 번역어 pleasure(기쁨)보다 더 많은 의미를 가진다. placer는 먹고 마심, 즐거움, 사회적 행사의 공유, 부드러움, 따뜻함, 훌륭한 삶, 만족과 같은 즐거움을 포함하는 단어이다. 몇몇 단어는 한 문화 안의 사람들 간 대인관계를 나타내는 것으로서 다른 문화에는 존재하지 않는다. savoir faire와 savoir vivre라는 프랑스어의 개념은 프랑스 문화 특유의 여러 가지 가치를 포함하는 단어로, 다른 나라의 언어로 적절하게 번역하기는 매우 힘들다. 일본어에서 '컴퓨터 그래픽'이라는 표현은 그림, 제도, 일러스트레이션 또는 스케치라는 의미를 전달하지만, 도표라는 의미는 없다. 다른 예로 일본어에는 '애니메이션'이라는 단어가 있는데, 이 단어는 '코믹' 또는 '만화영화'를 뜻하는 말로 번역된다.[25]

일본에서 'love'(사랑)란 말의 뜻이 서구의 그것과 같지 않은 것처럼, 'heart'(마음)란 단어는 '사랑'보다는 '온정'이라는 뜻과 더 연관이 있다. 일본어에는 'identity'(주체성)와 'personality'(개성)에 해당하는 적절한 단어가 없다. 이는 사회적인 환경과 분리된 자아의 개념이 일본에서는 낯설기 때문이다.

이렇게 번역될 수 없는 개념들은 특정 문화권에 속한 사람들에게는 매우 의미있는 것들이다. 따라서 이러한 개념들은 효과적인 광고문안의 요소로 사용될 수 있다. 이들은 집단적 추억을 떠올린다. 이 말은 곧 문화적으로 의미있는 개념을 나타내는 단어는 그 의미가 너무 모호하기 때문에 국제광고에 사용하기에는 힘들다는 사실을 함축한다. 킷캣(캔디바)의 유럽 캠페인은 '휴식'(*break*)이란 개념을 토대로 한 것이다. "휴식을 취하며 킷캣을"(*take a break, take a KitKat*). 휴식은 영국의 관습으로, 대부분의 직장인들은 오전 11시 차 마시며 휴식하는 시간에 홍차와 킷캣 스낵을 같이 먹는다. 따라서 영국에서 킷캣은 오전 11시경 먹는 가벼운 음식물이란 뜻으로 'elevenses'라고 불린다. 하지만 이러한 형태의 휴식은 다른 나라에는 없기 때문에 휴식의 개념이 유럽의 다른 나라로 전이될 때는 그 나라에 맞게 다른 식으로 번역되어야 한다. 영국에서와 같은 의미의 '휴식' 개념을 가지고 있는 유럽국가는 없다.

언어는 대부분의 국제광고 담당자가 생각하는 것 이상으로 중요하다. 문화적 가치를 다른 언어로 번역하는 것이 불가능하다는 것은 두세 개 언어를 구사하는 사람들 사이에서는 상식이다. 일반적으로 하나의 언어를 사용하는 사람들은 이러한 사실을 이해하지 못한다. 연구목적상 꼭 필요해서 번역해야 한다면, 가장 좋은 방법은 문제의 도가 바뀌지 않도록 글자 그대로 번역하는 것이다. 그러나 그렇다 하더라도 그 단어에 함축된 가치까지 번역될 수는 없으며, 개념적인 동의성에 도달하지 못하는 경우도 종종 있다.

비록 영어가 세계적으로 가장 많이 사용되는 외국어지만 유창성은 다르며, 비록 대부분의 사람들이 영어를 이해하는 것처럼 보이는 나라에서조차도 그 지식은 표면적인 것에 불과할 수도 있다는 사실을 광고인들은 알아야 한다. 구어체 영어나 미국식 표현은 이해하기 어렵다. 컴퓨터협회 광고는(〈사진 3-2〉) 'schmortal'이라는 단어를 사용하고 있는데 이는 유럽 사람에게는 영어를 알더라도 이해하기 어려운 단어이다.

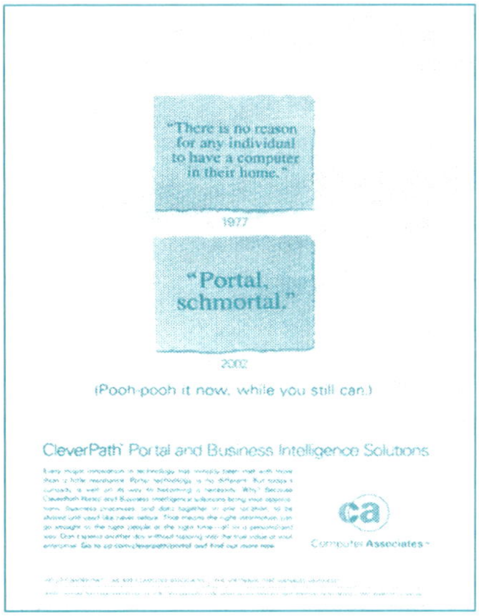

사진 3-2 CA(컴퓨터 협회)의 국제 광고

그런데 이 광고는 〈비즈니스위크〉(*BusinessWeek*)의 유럽판에 실렸던 것이다.

기호, 상징, 몸짓

기호학(*Semiotics*)의 창시자 중 한 사람인 피어스(Pierce)는 기호를 유상(*icon*), 지표(*index*), 상징(*symbol*)의 세 가지로 분류하였다.[26] 나타내고자 하는 사물과 비슷하게 그려 놓은 것을 유상이라고 한다. 연기가 화재와 직접적 연관이 있듯이, 어떤 사물과 그 존재 여부라는 면에서 직접적 연계를 가진 기호를 지표라고 한다. 상징은 사물과의 연관성이 관습, 동의, 규칙에 의해 정해진 기호를 말하며, 상징에 해당하는 것으로 단어와 숫자, 적십자 등이 있다. 세계화가 진행되면서 유상의 사용빈도는 점점 많아진다. 국제 여행객들이 빈번하게 이용하는 공항, 역, 그 외의 공공장소에서는 주로 유상을 많이 사용하는데, 이는 유상이 언어와 직접적 연관이 없어서 사람들이 훨씬 더 빨리 정보를 처리할 수 있기 때문이다. 그 밖에 보고서 작성과 발표에도 막대그래프, 원 도표와 같은 유상을 사용한다. 유상, 지표, 상징은 광고에 쓰이는 가장 기초적인 기호적 수단의 일부분이다. 언어코드, 기호, 상징 그리고 몸짓은 모두 문화의례에 해당되며 문화집단을 규정짓는다. 문화는 기호와 상징을 인식하고 해석하고 만들어 내는 공유된 능력이다. 문화는 또한 기호학적 습관들의 결합이다. 기호학적 습관에서의 차이는 문화를 구별 짓는다.

다른 국가보다 특히 프랑스, 동유럽에서 더 많이 활용되지만, 많은 나라에서 기호와 상징을 연구하는 기호학은 광고이론의 핵심적 부문이다. 어떤 문화는 다른 나라보다 광고에서 더 많은 상징을 사용한다. 이는 문자와 언어에 관련이 있다. 한자를 사용하는 일본과 다른 아시아 국가들은 상징을 인식하고 사용하는 능력이 더 뛰어난 것 같다. 일본 이외의 장소에서 일본인 학생과 같이 지내게 되면 일본 학생들이 서구 학생들에 비해서 말보다 상징이나 그림을 더 편안하게 여기는 것을 알 수 있다. 특히 언어가 모국어인 일어가 아닌 경우에 더 그렇다.

기호와 상징은 우리 기억의 연상 네트워크에서 중요한 부분이다. 색상은 특히 강한 문화적 의미를 내포한다. 서구 문화권에서는 검정색이 애도를 뜻하는 색상이지만 중국에서는 흰색이 애도를 상징하는 색상이다. 황금색은 중국인에게 상징적 의미가 크다. 그러나 벤슨 헤지 담배회사가 글로벌 캠페인에서 했던 것처럼 황금색을 검정색과 조합하여 사용하지는 않는다. 이케아는 스웨덴 국기의 색깔인 파란색과 노란색을 국제적으로 사용한다. 그러나 덴마크에서는 이 색상을 사용하지 않는데, 덴마크는 스웨덴에 점령당한 역사가 있기 때문이다. 파란색과 노란색은 덴마크인들에게 여전히 거북스러운 색상이다. 이러한 이유 때문에 덴마크 주재 이케아에서는 덴마크의 국기 색깔인 빨간색과 흰색의 조합을 사용한다. 어떤 문화권에서는 상징적 언어가 음성적 언어보다 더 중요하다. 아시아권에서 숫자는 서구 문화권에 알려지지 않은 중요성을 지닌다. 숫자는 특별한 의미를 가질 수 있다. 예를 들어 아시아에는 '555'라는 담배상표가 있다. 〈사진 3-3〉은 캄보디아 시가에 위치한 '555' 담배상표의 옥외광고를 보여준다.

몸짓은 중요한 문화적 표시이다. 어떤 문화권에서 긍정적인 의미를 나타내는 몸짓이 다른 문화권에서는 사람을 당황하게 만들 수 있다. 러시아인에게 우의를 나타내는 제스처가 미국에서는 승리를 의미하는 것이 되기도 한다. 독일인들은 훌륭한 아이디

① ②
③

① 사진 3-3 캄보디아에서 볼 수 있는 555 담배상표
② 사진 3-4 헝가리에서 펩시 라이트와 관련된 몸짓
③ 사진 3-5 미국의 글렌피디히 광고

어를 접했을 때 눈썹을 치켜올리는데, 영국과 네덜란드에서 이러한 몸짓을 취하면 이는 무언가를 의심하고 있다는 표시이다. 〈사진 3-4〉에 나타난 헝가리인의 몸짓이 담긴 펩시 옥외광고는 서유럽은 물론이고 헝가리의 인접국가인 불가리아 사람에게도 음란한 것으로 인식된다. 미국에서의 OK 표시는 프랑스, 헝가리에서는 0을 나타내는 것이며, 일본에서는 돈을 의미하는 것이다. 엄지손가락을 치켜세우는 것은 전세계적으로 조종사들이 많이 쓰는 제스처이지만 어떤 나라에서는 이 제스처가 받아들여지지 않는다. 영국에서는 손바닥과 손가락이 상대 쪽으로 향하는 V자 사인은 승리를 의미하는 것이고, 자기쪽으로 향하는 V자 사인은 다른 것을 의미한다.

글렌피디히(〈사진 3-5〉)의 광고에서처럼 발을 책상 위에 올리는 것은 미국에서는 '금요일 기분'과 같은 편안함을 나타내는 것이지만, 대부분의 다른 나라들 특히 아시아나 아랍권에서는 이와 같은 몸짓은 매우 무례한 행동으로 간주된다. 유럽에서 혀를 내미는 것은 경멸의 표시이지만, 어린이들 사이에서는 누군가에게 도전하겠다는 의사표시이다. 아시아에서는 이러한 행위를 무례한 짓으로 생각하는데, 어린이에게도 이와 마찬가지이다. 그러나 뉴질랜드의 마오리족에게는 존경한다는 의사표시이다.

대부분의 여행객들이 알다시피 여행을 하다보면 실수를 범하기 쉽다. 어떤 문화권에서는 예의바르다고 여겨지는 것들이 다른 문화권에서는 음란한 것으로 간주되고, 여기에서는 친절한 것이 다른 곳에서는 적대적인 것으로 인식되는 경우가 많기 때문이다. 몸짓의 의미에 대한 포괄적 지침은 데즈먼드 모리스(Desmond Moris)에 의해서 개발되었는데, 그는 몸짓에 의한 의사전달이 하나의 뚜렷한 남성성향의 발현이라고 덧붙였다.[27] 어떤 나라에서는 몸짓에 의한 표시가 매우 남성적인 것이기 때문에 여성 연구자들이 이 주제를 가지고 현지 남성들과 이야기한다는 것은 거의 불가능한 일이 되기도 한다.

사람들이 문화적 산물로서의 공간을 어떻게 활용하는가를 연구하는 학문인 근접학(*Proxemics*)은 인간이 다른 사람과 가까워지려는 혹은 접촉하고 싶어 하는 정도를 다룬다.[28] 이는 육체언어의 한 측면이고 문화의 표현이다. 남유럽 사람이 북유럽 사람과 같이 길을 걷다가 팔짱을 끼려고 한다면, 북유럽 사람은 공공장소에서의 신체접촉이 유럽에서 일반적이지 않기 때문에 어떻게 반응해야 할지 몰라 어리둥절해할지 모른다. 북유럽 사람들은 다른 사람들과 가까이 지내는 것을 그리 좋아하지 않는다. 엘리베이터 안에서 사람들의 행위를 관찰해 보면 다음과 같은 사실을 알 수 있다. 엘리베이터에서 몇몇 사람들이 내리기 시작하면, 엘리베이터 안에 있는 프랑스인들은 그 자리에 그대로 서 있지만 영국인들은 재빨리 서로간의 공간을 넓히려고 한다.

인류학자인 에드워드 홀(Edward Hall)은 특히 다양한 문화권에서 근접학의 차이에 대해 연구했다.[29] 미국에서는 두세 사람이 대화할 때 그들은 다른 사람들과 거리를 두고서 얘기한다. 거리 자체만으로도 사람 사이를 격리시켜 프라이버시를 제공하는 역할을 한다. 어떤 사람이 공공장소에 가만히 서 있거나 혹은 앉아 있을 때, 그 주변의 작은 영역은 다른 사람의 침해를 받지 않는 프라이버시 영역으로, 만일 어떤 사람이 이 영역으로 들어오거나 머무른다면 이것은 남의 프라이버시를 침해하는 행위로 간주된다. 독일사람들에게는 누가 있는 방에 들어간다는 것은 그 방이 아무리 넓어도 그 사람의 개인영역을 침범하는 것이 된다. 미국인들은 혼자 있고 싶을 때 방에 들어가서 문을 닫으며, 영국인들은 주변과의 경계를 내면화한다. 프랑스인이나 스페인 사람들에게는 근접학이 매우 다르게 나타난다. 지중해 연안에 사는 사람들의 공간활용은 사람이 붐비는 기차, 버스, 보도, 카페 등에서 찾아볼 수 있다. 이들의 문화는 카페에서 함께 모여 먹고 마시고 즐기는 것과 같은 감각적인 면에서 고관여도의 문화로, 자기자신을 고립시키는 것은 다른 사람에 대한 모욕으로 비친다. 앵글로색슨족들은 혼자 있고 싶을 때 방에 들어가서 문을 잠그지만, 스페인 사람들은 그렇게 하지 않는다. 스페인에서 그 나라 가족들과 함께 살며 공부하는 미국학생들은 문을 닫고 혼자 방에 있을 때마다 그 가족들이 걱정하는 모습을 보고 어리둥절해한다. 다른 예는 학생과 교수의 관계에서 찾아볼 수 있다. 스페인에서는 교수와 학생들이 학교 밖에서도 서로 만나 같이 술집에도 가고 춤도 추러가고 서로 간에 신체접촉도 한다. 이는 미국에서는 부적절한 것으로 간주되는데, 미국에서는 이성간에 신체접촉이 있으면 심지어 교수도 성희롱으로 고소당할 수 있기 때문이다. 아랍인과 미국인 또는 유럽인과의 차이는 더욱 심하다. 아랍인들은 닫힌 공간을 별로 좋아하지 않는다. 회교도들은 특히 남녀간의 공간에 대해서 엄격한 규칙을 지니고 있다. 광고에서 남녀간에 같이 있는 것이 허용된다 하더라도 남녀간의 거리는 철저히 준수되어야 한다. 미국가정은 가족구성원 개개인을 구별하여 각기 독립적인 삶을 살아가도록 한다. 이것은 매체행위에도 영향을 미쳐, 미국인들은 스페인 사람들처럼 여럿이 텔레비전을 보는 것에 익숙하지 않다.

문화를 비교할 때 특정 문화권에서 사용되는 기호와 상징이 어떤 것이며 이러한 기호와 상징이 어떻게 인식되는지를 아는 것은 매우 중요하다.

이미지와 음악

의미전달 방식으로 사진이나 상징, 또는 은유를 이용하는 이미지는 시각적 관례에 근거한 것이다. 시각적 관례가 분명한 것은 아니지만 표현목적으로 형성되었다. 시각적 지각과 화면의 구조는 문화에 따라 차이가 있다. 사진에 나타난 관점과 스타일의 선택은, 관람객들의 문화적 학습을 마음에 둔, 사진가 또는 크리에이티브 담당자의 문화

사진 3-6 LG의 국제적 광고

사진 3-7 인포넷(Infonet) 의 국제적 광고

적 학습에 그 기반을 둔다. 관람객(소비자)들은 반응하는 데 그들이 학습한 이미지 언어를 사용한다.

서구인들은 사진의 해석을 시간이 지남에 따라 나타나는 과정으로, 즉 시각적 배열에 따라 나타나는 정보처리의 순차적 과정으로 생각하는 경향이 있다. 하지만 모든 문화가 순차적 사고방식을 갖는 것은 아니다. 시각의 방향(왼쪽에서 오른쪽으로 또는 오른쪽에서 왼쪽으로)도 다르고, 시간의 개념도 다양하다. 상징적/언어적 표현에 대한, 동적인/정적인 것에 대한 선호 역시 문화에 따라 다양해서 광고담당자는 시각에 바탕을 둔 글로벌 캠페인을 개발하는 데 신중을 기해야 한다. 때로는 시각적인 것이 문자보다 전달력이 뛰어날 수 있다. 하지만 음성언어와 마찬가지로 사진 역시 그 나라의 문화에 맞는 시각적 언어로 번역되어야 한다.

특히 은유는 문화적 유산을 나타낸다. LG의 광고(〈사진 3-6〉)와 Infonet의 광고(〈사진 3-7〉)는 모두 〈뉴스위크〉에 실린 것인데, 보편적으로 이해되기 어려운 은유를 나타낸다. 한국의 LG는 아시아의 번영을 상징하는 물고기를 사용하였지만, 서구사람들에게는 이해되지 않는다. Infonet은 그림형제가 쓴 독일 우화를 이용했는데 세계 모든 나라에서 이해되지는 않을 것이다.

음악은 문화의 또 다른 측면이다. 많은 형태의 음악(팝, 클래식, 재즈)이 여러 나라에서 받아들여지지만, 각 문화들은 그 나름대로의 리듬을 갖고 있다. 한 사람의 음악은 그 자신의 삶과 분리될 수 없는 것이며, 노래는 그의 주체성 표현의 중요한 일면인 것이다. 음악은 그 문화 내에서 일종의 리듬에 대한 합의이다. 기술적으로는 인간 동시성(*human synchrony*)에 대해서 알려진 것이 거의 없지만, 리듬은 동시성의 기본적 요소이다. 한 문화의 핵심리듬과 조화를 이루는 것이 그렇지 않은 것보다는 훨씬 효과적일 것이다.[30] 언어 또한 리듬을 지닌다. 그 언어의 음악과 리듬을 배우지 않으면, 외국어 문법과 관용어구에 따라 말하는 것을 배운 사람이라도 자신의 말을 이해시키기 어렵다는 것을 알고 있다.

글로벌 문화

코카콜라, 리바이스, 나이키 같은 몇몇 글로벌 상징이 곳곳에서 발견되기 때문에, 사람들은 언젠가는 거대 국제기업이 창출하는, 하나의 글로벌한 세계문화와 가치가 존재할 것이라고 생각한다. 글로벌 커뮤니케이션은 전세계 사람들간의 관계에 영향을 미쳐 기업문화, 직업문화와 같은 몇몇 글로벌 문화를 창출했다. 그러나 이러한 것은 관습과 문화표현, 즉 영웅, 의례와 같은 수준에서나 가능한 일이다. 거대한 다국적기업들은 복장, 회의방법, 커뮤니케이션 방법, 발표법과 같은 것에서 관련 국가들간에 서로 공유하고 있는 관례를 토대로 기업문화를 형성하려는 경향이 있다. 이러한 기업문화는 전세계에 퍼져 있는 직원들을 결합시키고, 기업에 통일성을 준다.

동일한 민족문화를 가진 사람들은 강한 감정적 동질성을 가진다. 이러한 동질성은 그들의 주체성을 정의해 준다. 여기서 주체성이란 공통의 '기억', '역사'와 같은 문화적 특징을 공유한 대중의 주관적 감정과 가치를 의미한다. 글로벌 또는 범세계주의 문화는 그러한 공통된 주체성을 의미할 수 없다. 이는 민족문화와는 달리 글로벌 문화가 본질적으로 "기억거리가 없는" 문화이기 때문이다.

결 론

문화적 가치는 사람들의 사고방식과 행동양식을 결정한다. 국제 마케팅과 광고 담당자는 이러한 차이를 이해해야 하는데, 왜냐하면 이들이 광고가 제작되고 지각되는 방식에 영향을 주기 때문이다. 문화적 보편성은 추상적 용어로 나타냈을 때에만 존재한다. 우리가 우리와 다른 문화의 사람들을 대할 때 고정관념이나 선택적 지각이 그들에 대한 올바른 이해를 방해한다. 언어는 문화를 반영하기 때문에, 한 문화에서는 의미 있는 일부 단어들은 다른 문화의 언어로 번역되는 것이 불가능하다. 이 때문에 원래 카피라이터의 문장들을 나라마다 번역을 하기보다는, 현지 카피라이터에게 공통의 기본 광고개념을 주고 그 나라에 맞게 광고문안을 작성하게 하는 편이 훨씬 효과적일 수 있다. 때로 상당히 난해한 메시지를 한 문화에서 다른 문화로 전이시켜야 하는 PR(홍보) 작업에서 이러한 충고는 특별히 새겨들을 만한 가치가 있는 것이다.

광고란 반드시 목표 청취자들에게 이해되는 상징 또는 광고특성을 개발하는 것이다. 하지만 국제 광고에서 이러한 기호와 상징은 대개 어떤 한 문화를 배경으로 만들어진 것이기 때문에 다른 문화의 구성원들에게는 동일하게 해석되지 않는다. 문화의 개념과 문화적 차이의 중요성을 이해한 마케팅 · 광고 담당자들은, 광고 메시지가 구두로 된 것이든 시각적인 것이든, 단일한 메시지로 전세계 시청취자에게 소구한다는 것이 불가능한 일이라는 것을 깨닫게 될 것이다. 이는 통일된 가치를 가진 사람들로 구성된 글로벌 문화는 존재하지 않기 때문이다. 가치는 전세계적으로 매우 다양하다. 문제는 이러한 문화적 차이를 우리가 이해할 수 있어야 한다는 것이다. 문화의 다양성을 이해하기 위한 모형은 제 4장에서 기술할 것이다.

주

1) Geertz, C. (1973). *The interpretation of cultures*. New York : Basic Books, p.44.

2) Hofstede, G. (1991). *Cultures and organizations : Software of the mind*. New York: Mcgraw-Hill, p.5.

3) Triandis, H. (1995). *Individualism and collectivism*. Boulder, CO : Westview Press.

4) Greetz (1973). *The interpretation of cultures*, p.49.

5) Roland, A. (1988). *In search of self in India and Japan*. Princeton, NJ : Princeton University Press, p.324.

6) Murdock, G. P. (1945). "The common denominator of culture." In R. Linton(ed.), *The science of man in the world crisis*. New York : Columbia University Press.

7) Geertz (1973). *The interpretation of cultures*, p.53.

8) Benedict, R. (1974). *The chrysanthemum and the sword : Patterns of Japanese culture*. Rutland, VT : Charles E. Tuttle, p.301 (Original work published 1946).

9) This draws on Hofstede, G. (1991). *Cultures and organizations : Software of the mind*. New York : McGraw-Hill, p.9. With permission.

10) Adler, N. J. (1991). *International dimensions of organizational behavior* (2nd ed.). Belmont, CA : Wadsworth, p.63.

11) Franzen, G. (1994). *Advertising effectiveness : Findings from empirical research*. Henley-on-Thames Oxfordshire, UK : NTC Publications, pp.17~24.

12) Scoot, L. (1994, Sept.). "Images in advertising : The need for a theory of visual rhetoric." *Journal of Consumer Research*, 21, p.260.

13) Adler (1991), *International dimensions of organizational behavior*.

14) Platt, P. (1989, January). "An entente cordiale mired in stereotypes." *International Management*, p.50.

15) Usunier, J. C. (1993). International marketing : A cultural approach. Englewood Cliffs, NJ : Prentice Hall.

16) Usunier (1993). *International marketing*, p.71.

17) Hall, E. T. (1984). *The dance of life*. Garden City, NY : Doubleday/Anchor, p.135.

18) Doi, T. (1973). *The anatomy of dependence*. Tokyo : Kodansha International.

19) Althen, G. (1988). *American ways*. Yarmouth, ME : Intercultural Press, pp.30~31.

20) Usunier (1993). *International marketing*, p.99.

21) 홉스테드와의 대화 중에서 발췌.

22) Hofstede (1991). *Cultures and organizations*, p.213.

23) Burger, P. (1996, June). "Gaten in de taal." *Onze Taal*, p.293.

24) Burger (1996). "Gaten in de taal."

25) Miracle, G. E., Bang, H. K., & Chang, K. Y. (1992, March 20). *Achieving reliable and valid cross-cultural research results*. Working paper panel of Cross-Cultural Research Design, National Conference of the American Academy of Advertising, San Antonio, TX.

26) Pierce, C. S. (1990). "Collected papers" (1931~1958). In J. Fiske (ed.), *Introduction to communication studies* (2nd ed.). New York : Routledge, pp.47~48.

27) Morris, D. (1994). *Bodytalk : A world guide to gestures*. London : Jonathan Cape.

28) Hall (1984). *The dance of life*, p.7.

29) Hall, E. T. (1969). *The hidden dimension*. Garden City, NY : Doubleday/Anchor, pp.131~157.

30) Hall (1984). *The dance of life*, pp.190~191.

제 4 장

문화의 차원

고객들과 광고전문가들 모두 국제 커뮤니케이션에서 어떤 것이 적합하지 않거나 올바르지 않은 때를 매우 잘 알고 있다. 그러나 다른 문화의 사람들로 하여금 왜 그러한 것들이 적합하지 않은지를 이해하도록 하기 위해서는 그 이유가 제시되어야 한다. 그것에 대해 설명할 수 있고 납득시킬 수 있어야 한다.

문화적 차이를 이해하고 구분하기 위한 분석체계 없이 다른 문화로부터 창출된 브랜드 포지션이나 광고 컨셉트에 대하여 반대하는 것은 NIH 증후군(*not-invented-here syndrome*)이라고 불리기 쉽다.

문화 비교

문화에 대한 연구는 문화가 가지고 있는 독특한 면을 강조하는 사람들과 문화의 비교 가능한 면을 강조하는 사람들 간의 논쟁으로 특징지을 수 있다. 문화를 비교하는 데 있어 어려운 점은 자문화중심주의(自文化中心主義)이다. 우리 자신들의 문화가 자동적으로 우리들의 판단을 이끌고, 우리 모두는 우리들 자신의 문화에 영향을 받기 때문에 다른 문화를 지각하고 분류하는 방법에서 우리 자신들의 문화적 가치패턴을 제외하기는 어려운 일이다. 좀더 극단적 의미로서 자문화중심주의는 자기나라 사람이 다른 나라 사람보다 우월하다고 생각하는 경향, 즉 지적인 면에서, 능력 면에서 그리고 신뢰도 면에서도 다른 나라 사람보다 자기나라 사람이 우월하다고 생각하는 경향을 말한다. 보통 자문화중심주의는 편견이라기보다는 외국문화에 대한 지식의 부족, 경험부족에 그 원인이 있다.[1)]

기본적으로 문화들을 비교하는 접근방법에는 문화특수적 접근(*emic approach*)과 문화보편적 접근(*etic approach*)의 두 가지가 있다. 에틱(*etic*)이라는 용어는 문화에서 보편적인 것을 의미하고, 에믹(*emic*)은 한 문화의 특수한 측면을 일컫는다. 설명적 변인으로서 문화의 유용성은 우리가 문화의 개념을 풀어내는 능력에 달려있다. 그러기 위해서는 문화보편적(*etic*) 접근이 사용되어야 하고, 해석 가능한 차원으로 문화적인 가치를 정렬해야 한다. 이러한 차원으로 문화의 위치를 정했을 때 그 차이들은 행동양식, 규범, 태도 그리고 개성이라는 변인을 설명하는 데 사용할 수 있다.

비교문화적 가치연구는 문화보편적(*etic*) 접근을 따르며, 유사한 설문지를 이용한다. 가치에 대한 설문지는 번역이 가능해야 하며 그 의미가 모든 문화에 있어서 개념적으로 동질적이어야 한다. 특정 문화의 몇몇 독특한 가치들은 문화보편적 방법으로 직접 측정될 수는 없고, 다만 문화보편적인 다양한 척도들로 측정된 가치들에 의해서 해석될 수 있다. 문화-특수적 가치는 언어적이나 개념적으로 동일한 의미를 갖는 것이 없는 경우가 많다. 예를 들어 개인과 연관한 경쟁력이라는 개념을 들 수 있다. 영어에서는 어떤 개인을 일컬어 "그/그녀는 경쟁력 있는 사람이다"라고 이야기 할 수 있는 반면, 독일어에는 경쟁력이라는 것은 사람과 연관될 수 없다.

국가 비교

한 국가 내에서도 다양성이 매우 크지만, 논쟁의 중점은 국경선에 따라 문화적 그룹을 묘사하는 것이다. 그러나 역사적으로 보면 많은 국가들이 하나의 중요한 언어, 대중매체, 국가적 교육체계 그리고 제품과 서비스에 의한 국가적 시장을 공유하면서 전체적으로 발전했다.[2)] 기업들은 각 정부가 수집한 국가 통계자료를 이용해서 인구통계적 변수나 1인당 국민소득 등의 관점으로 국가들을 비교한다. 국가차원의 문화적 정보는 이러한 비교에 가치를 더해준다. 물론 국가 내의 차이보다는 국가간의 차이가 더 크기는 하지만, 가치를 고려하게 되면 일부 국가들은 다른 나라들보다 더 동질적이 된다. 비교문화심리학자인 샬롬 슈워츠(Shalom Schwartz)는[3)] 한 국가 내의 표본들간 문화적 차이와 7개의 다른 국가들의 표본들간 문화적 차이를 비교함으로써 국가 내의 문화적 단일성을 평가하였다. 다른 나라에서 추출된 표본들간의 문화적 차이가 동일 국가 내의 표본간 차이보다 거의 항상 더 컸다. 187회의 비교 중 183회에서 국가간의 차이가 더 컸다. 이는 국가간의 문화적 차이와 비교할 때, 국가 내의 문화적 가치지향의 동질성이 상당하다는 것을 의미한다. 예를 들어 젊은층과 노년층의 하위문화를 비교하면 국가간 점수들을 비교한 것에 비해 유사한 결과를 보인다.

비교문화 컨설턴트인 아르네 마스(Arne Maas)는 유럽사회 연구[4)]의 지역자료를 이용하였는데, 21개의 가치문항에 대한 국가 내 모든 지역의 사람들의 응답을 군집분석(*cluster analysis*)하여 문화적 응집성의 척도를 계산하였다. 그 문항은 친구의 중요성, 가족, 평등, 일의 중요성, 부의 소유 등에 대한 가치선호를 측정한 것이었다. 이들이 국가의 전체적인 가치체계를 대표하는 것은 아니지만, 국가들의 응집성 정도를 나타내 줄 수 있다. 19개 국가들의 응집성 척도의 범위는 노르웨이의 1.4에서부터 스페인의 14.9까지 분포하였는데, 노르웨이는 가장 동질적인 국가였고, 스페인은 가장 이질적인 국가였다. 19개 국가의 전 지역에서의 응집성 값은 27이었다.

북유럽국가들은 분명 문화적으로 응집되어 있다. 북유럽의 측정값은 1.4인 노르웨이부터, 2.4인 스웨덴까지의 범위에 있고, 단지 덴마크만이 5.3점으로 응집성이 낮았다. 영국은 7.0으로 중간정도로 보이지만, 북아일랜드를 제외하면 1.6으로 낮아진다. 스위스도 마찬가지로 응집성이 7.2이지만, 티치노(이탈리아 쪽에 위치한 스위스 지방)를 제외하면 2.6으로 낮아진다. 스페인은 측정값이 14.9로 측정된 나라들 중에서 문화적 응집성이 가장 낮은 국가이다. 이는 세 지역(카스틸리아, 카탈루냐, 파이스 바스코)이 각기 다른 언어와 역사를 가진 국가로서는 당연한 결과이다. 또한, 그리스도, 다른 나라의 지역들과의 공통점보다는 그리스 내의 지역들과 공통점이 더 많기는 하지만, 응집

〈표 4-1〉 19개국의 응집성 측정치

1. 노르웨이	1.4	11. 오스트리아	5.7
2. 핀란드	1.9	12. 네덜란드	5.7
3. 스웨덴	2.4	13. 영국	7.0
4. 헝가리	2.9	14. 스위스	7.2
5. 슬로베니아	3.0	15. 이스라엘	7.5
6. 벨기에	3.6	16. 포르투갈	8.3
7. 아일랜드	3.6	17. 독일	8.5
8. 폴란드	4.5	18. 그리스	12.2
9. 체코	5.0	19. 스페인	14.9
10. 덴마크	5.3	20. 19개국 전체	27.0

성이 그리 높지 않다(12.2). 이는 그리스 문화가 다른 유럽문화들과 많이 다르다는 것을 의미한다.

세 번째로 문화적 응집성이 낮은 국가는 독일(8.5)이다. 예전의 서독은 이질성이 크고(13.7) 예전의 동독은 응집성이 크다(4.3)는 점은 매우 흥미롭다. 남부 독일의 일부 지방은 독일의 다른 지역보다는 오스트리아나 스위스와 함께 묶인다. 또한 함부르크는 독일의 다른 지역과 매우 다르다. 〈표 4-1〉에 19개 국가들의 측정치가 제시되어 있다.

특정국가가 이질적이면 기업들이 그 국가에서 제품이나 광고 테스트를 할 때 테스트 마켓으로 어느 지역을 선정할 것인지를 신중하게 결정해야 한다는 결론을 얻게 된다. 국제적인 조사에서 지나치게 동질적이거나 지나치게 이질적인 국가를 테스트 마켓으로 정하는 것은 위험하다.

문화의 분류

문화는 설명적 특징에 의해서 기술되거나 가치범주 혹은 문화적 차원으로 분류된다. 설명적 특징의 예는 개논(Gannon)에 의한 것과 해리스와 모란(Harris and Moran)에 의한 것이 있다. 개논(Gannon)은 심각한 것은 아니더라도, 특정사회의 구성원들이 매우 중요하게 생각하는 비유들이 있음을 파악하였다.[5] 그는 다른 종교, 가족구조, 소그룹 행동, 공적 행동, 여가활동과 취미, 인사예절, 유머, 언어와 신체언어, 스포츠, 교육체계, 음식과 식습관 그리고 사회계층적 구조 등에서의 문화표현에 중점을 두었다. 그는 16개의 문화를 다음과 같은 비유로 서술하였다: ① 전통적 영국 가정, ② 이탈리아 오페라, ③ 독일의 심포니, ④ 프랑스 와인, ⑤ 스웨덴의 스투가(전원주택), ⑥ 러시아 발레, ⑦ 벨기에 레이스, ⑧ 스페인의 투우, ⑨ 아일랜드의 대화, ⑩ 터키의 커피하우스, ⑪ 이스라엘의 키부츠(이스라엘의 집단 주거지를 의미 : 역자 주)와 모샤브(이스라엘의 농업공동체 : 역자 주), ⑫ 나이지리아의 시장, ⑬ 일본의 정원, ⑭ 인도의 시바(힌두교의 신의 하나 : 역자 주)의 춤, ⑮ 미국의 미식축구, 그리고 마지막으로 중국의 가족제단이 그것이다. 이러한 비유는 문화의 표현에 대한 훌륭한 통찰을 제공하지만, 문화를 분석하고 사람들의 행동을 예측하는 데는 유용하지 않다.

국제적 관리 컨설턴트인 해리스와 모란(Harris and Moran)[6]이 국가들을 구분 짓는 문화적 특징으로 설명한 것은 자아와 우주, 의사소통과 언어, 음식과 식습관, 시간에 대한 인식, 가치와 규준, 신념과 태도 그리고 업무관습과 습관 등이다. 이러한 특징들은 관찰에 근거한 것이며, 이들 중 대다수는 광범위한 연구에 의해 만들어진 차원 모델에서도 발견되는 것이다.

설명적 방법보다 차원으로 나눌 때의 장점은 경험적 근거이다. 일반적으로 차원은 수많은 변수들을 가지고 통계적 자료 축소방법(예를 들어, 요인분석)을 이용해서 만들어내며, 각 국가의 점수를 제공해 준다. 문화들을 의미있게 자리매김하는 차원이란 것은 경험적으로 검증이 가능해야 하며, 어느 정도는 독립적이어야 한다.

사회를 자리매김하는 가장 일반적인 차원은 경제발전이나 현대화의 정도로 나누어서, 각 사회를 전통부터 현대까지로 순위를 매기는 것이다. 세계 가치연구를 이끄는 미국의 정치과학자 로널드 잉글하트(Ronald Inglehart)[7]가 이용한 두 가지 차원 중의 하나가 이러한 순위방법에 따른 것이다. 잉글하트는 세계의 가치를 두 가지 광범위한 범주로 나누었는데, 하나는 '전통' 대 '세속적인 이성'이고, 다른 하나는 '인생의 질'을 '생존'에서 '웰빙'까지 분포시키는 것으로써, 후자는 이른바 유물론 이후의 가치를 포함하는 것이다. 점점 더 복잡한 모델들이 생겨나고 있다. 그들 대부분은 모든 사회에서 공통적으로 나타나며 집단과 개인의 작용에 영향을 주는 기초문제의 양상을 정의한다. 실제로 통계학적으로 독립적 차원은 거의 없다. 이러한 범주들은 가치지향 혹은 가치범주라고 불리는 것이 더 적합할 것이다.

공통적인 기초적 문제가 존재한다는 생각은 새로운 것이 아니다. 초기 분석은 알렉스 잉켈스와 다니엘 레빈슨(Alex Inkeles and Daniel Levinson)[8]에 의한 것인데, 이들은 공통적인 기초적 문제로서 다음과 같은 주제를 제안하였다: ① 관계와 권위, ② 자아정체성(*ego identity*)을 포함한 자아개념, ③ 주요 갈등의 딜레마와 그들을 다루는 방법 등이 그것이다. 이러한 기초적 문제는 이후의 수많은 연구에서 발견되었다. 미국의 인류학자인 클럭혼과 스트로트벡(Kluckhohn and Strodtbeck)[9]은 미국 남서부의 작은 지역사회에 대한 조사를 근거로 하여 다섯 가지 가치지향을 제안하였는데 ① 인간의 본성에 대한 지각(선/악), ② 인류와 환경의 관계(정복/지배), ③ 시간지향(과거/현재), ④ 환경에 대한 지향(존재와 행위), ⑤ 인간의 관계에 대한 지향(계급주의적/개인주의적)이 그것이다. 인류와 환경과의 관계(자연)라는 관점에서의 문화들간의 차이는 지금도 독창적인 것으로 여겨지기 때문에 이 장의 한 절은 다양한 본성에 대한 지향을 설명할 것이다.

다섯 가지 가치지향이 이후의 연구들에서 인정되었는데, 예를 들어 트롬페나스(Fons Trompenaars)[10]는 이러한 지향들을 국가에 적용하여 7가지 업무관련 가치의 범주를 제안하였다. 이들은 ① 보편주의/개별주의, ② 성취/동기, ③ 개인주의/집단주의, ④ 정서적/중립적, ⑤ 특정적/확산적, ⑥ 시간지향성, ⑦ 자연지향성 등이다. 트롬페나스의 문화개념은 인간집단이 문제를 해결하는 방법으로 정의된다. 트롬페나스의 자료는 영국 심리학자인 스미스(Peter Smith)[11]가 분석하였는데, 그는 자료에서 단지 두 개의 독립된 차원만을 발견하였고, 이 차원들은 기본적으로 홉스테드의 차원인 개인주의의 다양한 상호작용을 측정하는 것이다. 프롬페나스의 차원은 통계적으로 독립적이지 않으며 국가점수도 계산하지 않았기 때문에 그의 발견은 마케팅에서는 유용하지 않으며, 소비자료를 분석하는 데 이용될 수 없다.

인류학자인 에드워드 홀(Edward Hall)[12]은 문화의 양상을 상황(*context*), 공간(*space*), 시간(*time*) 그리고 정보의 흐름(*information flow*)에 따라서 구분지었다. 특히 상황의 개념은 여러 문화에 걸친 소비자행동과 광고를 이해하는 데 유용하다. 홀도 역시 국가별 점수를 계산하지는 않았지만, 상황지향은 홉스테드의 차원 중 하나인 개인주의-집단주의와 관련이 있다. 상황과 시간의 개념은 별도의 부분에서 다루게 될 것이다.

차원 모델들 중에 일부만이 소비와 소비자행동에 대한 다른 측면들을 문화별로 비교분석할 수 있는 독립적인 변수들을 제공한다. 거트 홉스테드(Geert Hofstede)의 모델과 샬롬 슈와츠(Shalom Schwartz)의 모델이 그것이다. 네덜란드 학자인 거트 홉스테드는 국가적인 문화의 다섯 가지 독립적 차원을 개발하였는데, 이는 이 장에서 소비와 소비자행동을 분석하는 데 차원이 어떻게 쓰이는가 하는 예로써 설명될 것이다.[13]

이스라엘의 심리학자 샬롬 슈와츠[14]는 38개국의 41개 문화의 교사와 학생들에 있어 가치의 우선순위에 대해 연구하면서, 업무와 관련된 가치의 문화적 차원을 이끌어내기 위하여 다른 방법의 개념적이고 조작적인 접근을 발전시켰다. 원래 슈와츠와 밀스키는 인간가치의 보편적인 심리학적 구조에 대한 이론을 찾고 있었다. 개인수준에서의 가치유형을 구분짓는 것이 문화적 수준으로 확장되었다. 개인수준에서는 10가지 가치유형이던 것이 비교문화를 위해서는 7가지 가치유형으로 분류되었다. 이 7가지 가치유형은 (혹은 통계적으로 독립적이지 않으므로 차원이 아니라 동기를 부여하는 영역) ① 보수주의, ② 지적 자율, ③ 정서적 자율, ④ 계급, ⑤ 지배, ⑥ 평등주의 몰입, ⑦ 조화 등이다.

두 모델 모두 국가들에 있어 비슷한 기본적 가치지향을 서술하고 있으며, 대규모의 정량조사에 기초한다. 그 외의 유사점은 첫째, 비교에서 문화보편적인(*etic*) 점에 초점을 맞추었다는 것, 둘째, 문화의 중심에 놓여있는 가치의 관점, 그리고 셋째, 국경선 내에 존재하는 문화의 개념 등이다.

이 모델들은 분석의 수준이 서로 다르며 (개인 수준과 문화 수준), 차원구조가 서로 다르다. 슈와츠의 차원구조는 매우 복잡한데 왜냐하면 그는 양극화 범주를 사용하였으며(가령, 자기증진과 자기초월), 각 차원이 인접한 다른 차원들과 어느 정도 관계를 가지고 있기 때문이다. 조화를 제외하고는 모두 1인당 국민소득과 유의미한 상관관계가 있었으며[15], 홉스테드의 차원들과도 어느 정도씩 상관관계가 있었다. 마케팅적 목적으로는 슈와츠의 차원은 유용하지 못한데, 그 첫째 이유는 이 모델이 적은 수의 국가들만을 포함하기 때문이고, 둘째 이유는 홉스테드의 차원만큼 일관된 결과를 보여주지 못했기 때문인데, 이는 아마도 두 모델들간의 개념적이고 방법론적인 차이 때문일 것이다.[16]

슈와츠의 가치범주의 상관관계를 여러 소비자료로 분석해 보면, 슈와츠의 7가지 가치유형은 기본적으로 하나의 차원이며, 삶에 대한 태도가 능동적인지 수동적인지 하는 것으로, 홉스테드의 개인주의적-집단주의적 차원과 유사한 것이다.

홉스테드의 문화분류가 널리 받아들여지는 한 가지 이유는 차원이 단순하다는 것이다. 그래서 적용이 수월하며, 여러 분야에 걸쳐서 학문적 연구자와 사업적 독자들 모두에게 흥미를 끈다. 이 장에서는 홉스테드의 모델을 자세히 설명할 것이다. 먼저 상황, 시간개념 그리고 자연이 설명될 것이다.

고상황과 저상황적 문화

홀은 문화를 그 커뮤니케이션 체계상의 상황의 정도에 따라 구별하였다.[17] 고상황적(*high-context*) 커뮤니케이션 혹은 메시지에서는 대부분의 정보가 상황의 한 부분이거나 개인적으로 내부화된 것이다. 메시지로서 겉으로 뚜렷이 드러나는 부분은 별로 없다. 저상황적(*low-context*) 메시지에서 정보는 겉으로 분명하게 표현되는 메시지 정보의 형태로 전달된다. 일반적으로 고상황적 커뮤니케이션은 경제적이고 신속하며 효율적이다. 그러나 프로그램화하는 데 많은 시간이 필요하다. 만약 이런 프로그램이 형성되지 않으면 그 커뮤니케이션은 완전한 것이 되지 못한다. 관찰자에게 익숙하지 않은 고상황적 문화는 완전히 신기한 것처럼 생각될 수 있다. 왜냐하면 관찰자에게 알려지지 않은 여러 상징이 문화적 해석에 중요한 역할을 하기 때문이다. 따라서 고상황적 의사소통은 또한 이해하기 어려운 것으로 정의될 수 있다.

저상황적 문화는 분명하게 표현되는 언어적 메시지로 특징지을 수 있다. 효과적인 언어적 의사소통은 직접적이며 모호하지 않다. 저상황적 문화는 언어에 높은 가치와 긍정적 태도를 나타낸다. 서구세계는 언어적 메시지의 전달을 중요하게 여기는 전통, 즉 수사법의 오랜 전통을 가지고 있다.[18] 저상황적 문화에서는 광고 속에 주장과 언어적 수사가 잘 나타난다. 그러나 고상황적 문화에서 광고는 상징적 표현 또는 간접적 언어표현이 그 특징으로 나타난다.

이러한 상황의 중요한 결과는 그림뿐만 아니라 단어와 문장이 그들이 속한 상황에 따라서 의미가 달라진다는 것이다.

홉스테드는 집단주의와 고상황적 문화 사이에 상관관계가 존재함을 제안하였다. 집단주의 문화에서는 개인주의 문화에 비해 그룹 구성원들 사이에서 쉽게 정보가 교류되고 분명하게 표현되는 의사소통이 덜 요구된다.

문화는 그 상황의 정도에서 상대적 순응정률식을 따른다(문화의 차이가 상황적 요소에 따라 달라짐을 의미함 : 역자 주). 대부분의 아시아문화들은 고상황적이다. 반면에 대부분의 서구문화들은 저상황적이다. 일본과 중국은 고상황적 문화의 극단적 면을 띠며, 독일, 스위스, 미국은 저상황적 문화의 극단적 면을 띤다.

특히 미국인들은 평가를 하기 위해서는 데이터가 필요하다. 외국인들이 미국의 방송 미디어와 일상대화 속에서 마주치는 숫자와 통계치의 양은 엄청나다.[19] 홀의 말처럼 "많은 미국인들은 만약 계량화된 자료가 없다면 어떠한 것도 평가하기 힘들 것처럼 보인다".[20]

커뮤니케이션과 광고스타일이 어떻게 고상황적/저상황적 문화에 의해 설명될 수 있는지는 제 7장에서 더 언급된다.

시간의 차원

시간은 시계가 보여주는 것 이상의 의미를 지닌다. 문화에 따라 시간에 대한 개념이 달라진다. 서구 광고업자들은 효율성을 상징하기 위해서 그들의 국제광고에서 시계를 사용하는 경향이 있다. 하지만 시간에 대해 다른 의미를 갖는 문화 내에서는 시계가 그런 의미로 인식되지 않는다. 시간은 문화적, 사회적, 개인적 삶의 핵심체계이다. 각각의 문화들은 그 문화 자체의 독특한 시간 프레임을 가지고 있다. 홀의 문화의 한 표현으로서의 시간에 대한 연구는 행동과 언어에서의 문화적 차이점들을 설명한다.[21] 그는 시간의 여러 유형을 제시했다. 생리적 시간(밝다-어둡다/낮-밤, 덥다-춥다/여름-겨울), 개인적 시간(시간에 대한 개인적 경험), 동시적 시간(각 문화는 고유의 박자가 있다)이다. 홀은 미국 원주민들과 함께 머무는 동안, 그들이 시간을 다루는 것이 앵글로 아메리칸들과 얼마나 다른지를 발견하며 자신의 이론을 발전시켰다. 시간에 대한 다른 개념들은 행동에서의 중요한 차이점들을 설명할 수 있다. 소비자행동과 관련된 시간에 대한 몇몇 관점들이 다음에 요약되어 있다. 완결, 과거, 현재, 미래에 대한 시간지향성, 시간의 선형성과 순환성, 단원주의/다원주의 시간 개념, 인과관계가 그것이다.

완 결

미국인들은 심리학자들이 말하는 이른바 '완결'(*closure*)을 보려는 마음가짐이 있다. 그렇지 않으면 '낭비'로 간주한다. 홀이 호피(*Hopi* : 미국 남서부 원주민들) 마을의 특징으로 본 것은 미완성인 집들이 널려 있는 것이었다. 같은 경우를 터키, 남부유럽 그리고 다른 집단주의 문화에서도 볼 수 있는데 이들 지역에서 추가적인 방들은 단지 가족들의 필요가 생겨났을 때 지어진다. 미국 소설이나 영화는 항상 모든 문제가 해결되는 '해피엔딩'으로 끝나지만 일본 소설은 그런 경우가 거의 없다.

과거, 현재, 미래에 대한 시간지향성

북미 사람들은 미래지향적 성향을 지니고 있다. 비록 단기적 시각이더라도 미래는 현재행위의 지침이 된다. 과거는 쉽게 버리고 새로운 것을 쉽게 받아들인다. 아이디어와 추세, 경영상의 유행에서 결혼패턴에 이르기까지 대부분의 것들이 처분가능한 것들로 여겨진다. 심지어 과거의 것이 새로운 것처럼 취급되기도 한다. 많은 유럽인들은 과거지향적 성향을 지니고 있다. 그들은 역사를 보전하고 과거전통을 유지하려 한다.[22] 일본인들은 중국인들과 마찬가지로 매우 장기적인 미래에 대한 시각을 가지고 있다. 그러나 그들은 과거를 돌이켜 봄으로써 교훈과 영감을 얻으려 한다. 중국인들은 그들의 선조에 대한 존경과 미래세대에 대한 장기적 책임을 포함한 포괄적 인생관을 갖고 과거와 미래를 결합하려 한다. 그러나 그들은 문화적 역사에 대해서는 존경심을 가지고 있지 않다. 아프리카에서 시간의 개념은 사람들이 겪은 일련의 사건들로 구성되어 있다. 아프리카인들에게 미래는 별 의미가 없는 것이다. 왜냐하면 미래의 사건은 아직 일어나지 않은 것이기 때문이다.[23] 시간의 한 측면으로서의 운명과 미래를 언급하는 것은 서구세계에서는 미신이나 무지로 생각된 인디언들의 주술적 세계의 일부분일 뿐이다.[24] 운명이란 의미에서 살펴보면, 시간은 굉장히 복잡한 것이 된다. 미래에는 무엇이 일어날지, 어떠한 역할을 맡게 될지에 관해서는 주의해야 할 문제들이 존재한다.

시간의 선형성과 순환성

시간은 순차적으로 일어나는 사건들로 이루어진 일직선으로 생각되거나, 혹은 과거, 현재, 미래를 계절과 리듬이라는 공통분모로 압축한 반복적 사건들로 이루어진 순환적 원형으로 생각될 수 있다. 후자의 시간개념은 동양문화와 관련이 깊고 전자의 시간개념은 서양문화와 관련이 깊다. 선형적 시간개념은 사람들로 하여금 시간은 단락별로 구분되어 있고 스케줄에 의존한다고 인식하게 한다. 미국인들은 시작, 전환점, 클라이맥스, 종결이란 분명한 구조들을 지닌 선형적 시간개념을 가지고 있다. 완료일과 목표를 설정함으로써 시간을 측정도구로, 그리고 인간행동을 통제하는 수단으로 사용한다. 시간은 사물과 같이 형태가 있는 것으로서, 저축될 수도, 소비될 수도, 발견될 수도, 잃어버릴 수도, 그리고 낭비될 수도 있다. 여름, 겨울과 같은 시간의 용어들은 명사들이고 사물처럼 취급된다. 미국 원주민들에게 여름은 하나의 상태이다 — 뜨겁다. 여름이란 용어는 시간과 관련된 것이 아니라 감각과 관련된 부사로서 사용된다.

일본인에게는 시간은 순환적 개념으로 계절의 특별한 의미와 관련이 있다. 일본인의 시간에 대한 사고는 오늘, 내일 또는 모레와 같은 식이 아니다. 계절은 자동적이고 위로 향하는 나선형의 구조를 지니고 있다. 모든 것은 자동적으로 되돌아간다. 일본에서 "과거의 가치관으로 돌아가자"라고 말하는 것은 한 발짝 뒤로 물러서자고 의미하는 것이 아니라 앞으로 한 발짝 전진하자는 것을 의미한다. 그것은 발전을 위해 과거에 좋았던 것을 사용하여 위로 향하는 나선형의 구조를 통해서 진보하는 것을 의미한다.

단원주의 / 다원주의 시간 개념

어떻게 사람들이 시간을 다루는가에 따른 홀의 분류는 단원주의(*monochronic* ; *M-time*)와 다원주의(*polychronic* ; *P-time*) 문화의 구분이다.[25] 단원주의 문화의 사람들은 한 번에 한 가지 일을 처리하는 경향이 있다. 그들은 조직화되어 있으며 방법론적이다. 그들의 작업일자는 그들로 하여금 하나의 작업을 마치면 다른 작업을 하게끔 구조화되어 있다. 반면에 다원주의 사람들은 동시에 많은 것들을 처리하는 경향이 있다. 그들의 작업일자는 독립적이고 연속적인 일련의 일들로 이루어진 것이 아니라, 사방으로 펼쳐진 광대하고 끝이 없는 대양과도 같은 것이다. 독일인들은 시간을 다루는 데 좀더 엄격하고 단락화된 방식을 이용한다. 그러나 스페인인, 아랍인, 파키스탄인, 남미인들과 같이 동시에 여러 가지 것들을 처리하는 사람들에게는, 시간엄수는 좋은 것이지만 무더운 날 한낮에도 반드시 필요한 것은 아니다. 단원주의 문화에서 인터넷에 소비하는 시간은 TV시청 같은 다른 활동의 시간을 빼앗은 것이지만, 다원주의 문화에서 사람들은 두 가지를 동시에 한다.

다른 시간문화에 속하는 두 사람이 만난다면 그들은 아마 서로에게 쉽게 불쾌감을 주게 될 것이다. 왜냐하면 그들은 시간에 대해서 서로 다른 기대를 하기 때문이다. 특히 다원주의 시간문화의 사람들이 얘기중에 말참견하는 것은 단원주의 시간문화 사람에게는 불쾌감을 줄 것이다. 그러나 모든 단원주의 시간문화들이 다 같은 것은 아니다. 일본의 경우, 엄격한 단원주의 시간개념은 사업에 적용이 되고 다원주의 시간개념은 개인적인 삶에 적용이 된다.

인과관계

시간은 사건들의 순서를 설명하기 위해서 필요한 인과관계(*cause and effect*) 개념과 관련이 있다. 인과관계 패러다임은 특히 북미식 의사결정 문화에서 나타난다. 사건은 스스로 일어나지 않는다. 무엇인가가 그것을 발생하도록 한 것이다. 사건에 대한 상징적이고 신비적인 설명은 받아들여지지 않는다. 결과 또는 결말보다 먼저 일어난 구체적이고 측정이 가능한 원인들을 선호한다. 반면 중국인의 경우에 원인과 결과는 항상 서로 연이어서 발생하는 것은 아니다. 그것들은 종종 동시에 발생한다. 한 사건은 똑같은 시간에 발생한 관계가 없는 다른 사건에 의해서 설명될 수 있다.[26] 미국식 의사결정 방식은 그들이 사용하는 지나치게 단순화된 인과관계 모델 때문에 때로 부분적 최적화(*suboptimization*)로 끝난다. 일본인들은 상호작용 효과를 낼 수 있는 복수의 원인들을 고려하는 전체론적 인과관계 모델을 사용한다.[27]

인간과 자연과의 관계

기본적으로 인류와 자연 간에는 ① 자연에 대한 지배(인류가 자연을 지배한다), ② 자연과의 조화(인류가 자연과 조화를 이루며 산다), ③ 자연에 대한 순응(인류가 자연의 지배를 받는다)이라는 세 가지 형태의 관계가 존재한다.[28]

서구세계에서 인류는 자연과 분리되어 있는 것으로 생각한다. 특히 북미인들이 생각하는 자연과 인류의 관계는 자연은 지배받아야 하며 통제되어야 한다는 것이다. 즉, 자연과 물리적 환경은 인류의 편의를 위해서 통제될 수 있으며 또한 통제되어야 한다는 것이다. 대부분의 북미인들에게 "산을 움직이다"라는 표현은 불가능한 것을 상징하는 은유라기보다는 과거 경험에 근거한 실현 가능한 하나의 도전을 의미한다. 미국문화에서는 어떤 사람의 앞에 놓여 있는 장애물을 극복하는 것은 그 사람의 책임이다. 자연과의 조화를 지향하는 견해는 인간의 삶과 자연과 초자연 사이에 구분을 두지 않는다. 각각의 것들은 단지 다른 것들의 연장을 의미한다. 일본인들의 자연에 대한 경험은 교감과 교환의 경험이며 미묘한 친밀성을 특징으로 한다. 이것은 자연과 동일화하는 경험이다. 서양인들은 동양인들의 자연에 대한 존경을 자연과 조화를 이루며 살아가는 것을 포함하여 신과의 관계로서 설명하려 한다. 일본인 심리학자인 다케오 도이(Takeo Doi)는 일본에서 창조자로서의 신은 존재하지 않기 때문에 인간은 그들 자신을 완전히 자연 속에 몰입시킴으로써 위안을 찾는다고 말한다.[29] 여러 아프리카 문화와 같은 그 외의 문화들에서는 인류가 자연의 지배를 받고 있다고 생각하며 종교의 경우에도 초자연적인 힘이 지배적 역할을 한다. 이렇듯 인류가 자연의 지배를 받는다는 견해는 자연을 통제하기 위해서 어떠한 것도 인류가 할 수 없다는 생각을 포함한다.

홉스테드의 5가지 문화의 차원

홉스테드(Geert Hofstede)는 기초적 가치의 차이를 설명하는 다섯 가지 문화의 차원 모델을 개발하였다. 이 모델은 문화들을 다섯 가지 차원으로 구분하였는데, ① 권력거리(*power distance*), ② 개인주의/집단주의(*individualism/collectivism*), ③ 남성주의/여성주의(*masculinity/feminity*), ④ 불확실 회피성향(*uncertainty avoidance*), ⑤ 장기지향성(*long-term orientation*)이 그것이다.[30] 75개 국가와 지역에서 이 차원들을 0부터 100까지의 척도로 측정하였다.

이 모델은 일과 관련된 가치에서의 차이점을 설명하기 위해서 주로 사용되었지만,

나는 이 모델을 소비와 관련된 가치와 동기에 적용하였다. 이것은 두 가지 방법에 의해서 검증되었다. 첫째, 텔레비전 상업광고와 인쇄광고의 내용을 분석하는 방법, 둘째, 홉스테드의 자료를 소비, 태도, 행동 등에 관한 이차 자료와 연결시켜 보는 방법이다. 제품자료와 관련된 행동자료는 대부분 문화와 상관관계가 있는 것으로 나타났다. 홉스테드의 차원들은 비교문화 연구의 독립변수로 사용되는 예가 늘고 있으며, 소비자 행동에서의 비교문화적 차이에 대한 많은 유용한 설명을 제공한다. 비록 홉스테드의 국가점수들이 원래 1970년대 초에 만들어진 것이지만, 다른 대응 표본(*matched sampling*) 혹은 비대응 표본(*nonmatched sampling*)을 대상으로 한 여러 반복연구들은 그의 자료가 여전히 타당성이 있다는 것을 보여준다. 그의 책 《문화의 결과》(2001)의 개정판에서 홉스테드는 그의 지수를 지지하는 200개 이상의 외부 비교연구와 반복연구를 설명하였다. 부록 A에 국가점수의 목록이 제시되어 있다.

권력거리

권력거리 차원(PDI)은 한 사회에서 권력이 적은 구성원들이 권력이 불공평하게 배분되어 있다는 것을 받아들이고 예상하는 정도를 의미한다고 할 수 있다. 이는 권력이 적은 구성원과 권력이 많은 사회구성원들 모두의 가치관에 나타난다. 큰 권력거리의 문화에서는 사회계층 내의 모든 이들이 자신에게 알맞은 지위를 가진다. 그 결과 권위를 받아들이고 부여하는 것은 자연스러운 것이 된다. 일본인들에게 위계조직을 인정하는 행위는 숨쉬는 것만큼 자연스러운 것이다. 이는 모든 것들은 자기 나름의 위치가 있다는 것을 의미한다.[31] 일본의 경우에 모든 인사와 접촉은 개인들간 사회적 거리의 정도를 나타내 준다. 권력거리지수(PDI)에서 낮은 점수를 기록하는 문화에서 권위란 부정적 의미를 내포할 수 있는데, 왜냐하면, 중요한 것은 권리와 기회의 동등성이고 독립성은 가장 높은 가치이기 때문이다.

큰 권력거리 문화에서는 한 사람의 사회적 지위가 매우 분명하기 때문에 다른 사람들은 이에 걸맞은 존경을 표시한다. 국제적 브랜드는 이러한 목적을 만족시킨다. 유럽대륙에서는 일부 사치성 주류가 높은 권력거리 문화에서의 이러한 사회적 지위의

〈그림 4-1〉 사회적 지위와 스카치위스키

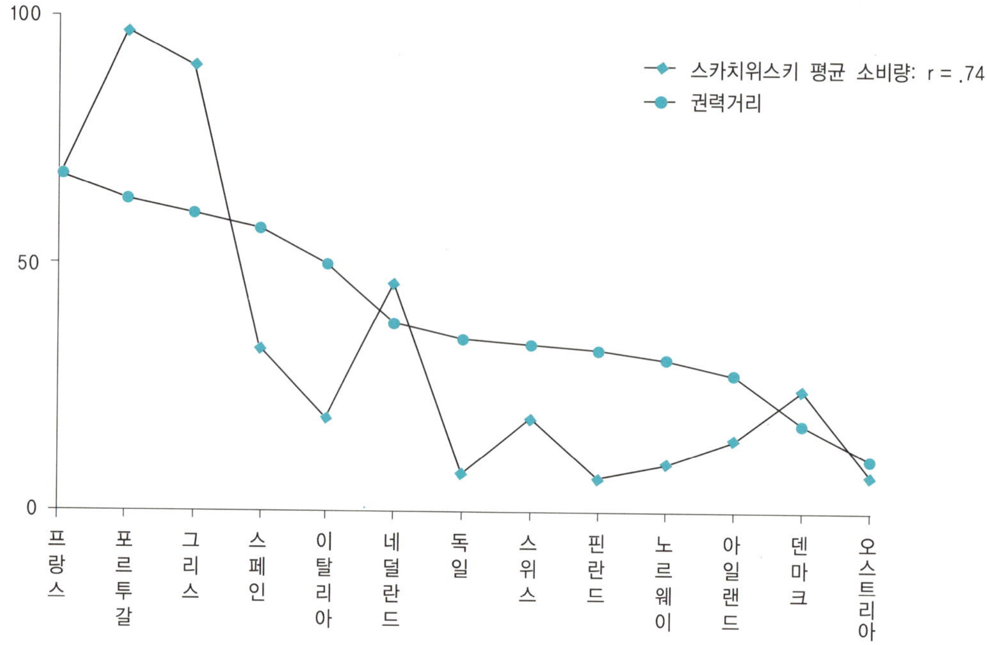

출처 : Hofstede(2001)의 자료(부록 A 참조); 유럽 매체 마케팅 연구(EMS)(1999)(부록 B 참조)

가치를 지닌다. 권력거리와 스카치위스키 소비 간에는 유의미한 상관관계가 있다. 〈그림 4-1〉은 이러한 관계를 보여준다.

자신에게 알맞은 지위의 개념은 높은 권력거리 문화에서는 '1위' 브랜드가 되는 것이 매우 중요하다는 것을 의미한다. 높은 권력거리 문화에서는 시장에 초기에 진입하여 1위 브랜드로 인식되는 브랜드가 (도전자들이 "우리는 더 노력합니다"라는 접근으로 호감을 사는) 낮은 권력거리 문화에서보다 더 쉽게 살아남을 수 있다. 높은 권력거리 문화에서는 연장자들이 중요한데, 왜냐하면 나이가 많다는 것으로 존중을 받기 때문이다. 작은 권력거리 문화에서는 권력 있는 사람들은 덜 강해 보이려고 노력하고, 나이 든 사람들은 젊어 보이려고 노력한다.

종속관계는 이런 사람들 사이의 위계질서를 이루는 하나의 요소이다. 종속되는 사람은 즉각적으로 종속시키는 사람의 위계질서상의 위치를 강화시켜 주며, 이에 따라

종속시키는 사람으로 하여금 그 조직에서 자신이 필요한 존재라는 느낌을 갖게 함으로써 그의 자긍심을 높여준다.[32] 큰 권력거리 문화에서 부모와 자식 사이, 상사와 부하직원 사이, 교수들과 학생들 사이에는 강한 종속관계가 존재한다. 작은 권력거리 문화의 경우에 아이들은 어린 시절 독립적인 사람이 되도록 키워진다. 미국인들은 다른 사람들에게 의지하는 것을 피하려 하고 직계가족 구성원들을 제외하고는 다른 이들이 그들에게 의지하는 것을 원치 않는다.

권력거리에 따라서 부모와 자녀의 관계도 다르다. 낮은 권력거리 문화에서는 부모가 자녀들과 동등하게 함께 노는 반면, 높은 권력거리 문화에서는 자녀들이 주로 그들끼리 놀고 어른들과 아이들은 서로 다른 세계에서 산다. 이는 덴마크의 레고(장난감, 블록 쌓기)가 왜 프랑스에서는 덴마크만큼 많이 팔리지 않는지를 설명해 준다. 레고의 개념은 부모와 자녀들이 함께 건물을 짓는 것이다.

권력거리의 정도는 교육수준이 증가하면 낮아지는 경향이 있다. 결과적으로, 전세계적으로 교육이 향상되면 권력거리가 줄어들 것으로 기대할 수 있지만 그러나 국가들 사이에 존재하는 상대적 차이점들은 변화하지 않으리라 예상된다.

개인주의 / 집단주의 (IDV)

개인주의와 집단주의의 대조(IDV)는 그들 자신과 그들의 직계가족들만 돌보는 사람/충성의 대가로 그들을 돌봐주는 내부그룹(*in-group*)에 속하는 사람들의 차이로 정의할 수 있다. 개인주의 문화에서는 개인의 주체성이 존재하며 사람들은 '나'란 존재에 대해서 먼저 인식하고(*I-conscious*) 개인의 의견을 표현하며, 자아실현에 중요한 의미를 부여한다. 개인적 의사결정이 그룹 의사결정보다 더 가치 있게 평가된다. 개인주의 문화는 명확하고 구두로 이루어지는 의사소통이 많은 저상황적(*low-context*) 문화이다. 집단주의 문화의 경우에 사람들은 '우리'라는 존재에 대해서 먼저 인식하며(*We-conscious*) 그들의 주체성은 그들이 속한 사회체계에 근거를 둔다. 그리고 체면을 잃는 일을 피하는 것이 중요하다. 집단주의 문화는 '수치'의 사회이다. 체면을 차리거나 잃는다는 표현은 집단주의 문화에 속한 사람들이 사용하는 표현이다. 한 사람이 무엇인가 잘못을 저질렀을 때, 그 잘못은 잘못을 저지른 사람에게 반영되는 것이 아니다. 그 사람이 속해 있는 그룹에 잘못이 반영되고 그 결과 그 사람은 수치스러움을 느끼게 된다. 집단주의 문화는 고상황적(*high-context*) 문화이다. 개인주의 문화에서 사람들은 업무에 우선순위를 두는 반면, 집단주의 문화의 경우에는 인간과의 관계에 우선순위를 둔다.

개인주의의 뿌리는 영국이다. 13세기 초기 영국사회에서 7~9세 정도의 남녀 어린이들은 대가족에서 성장하지 않고, 다른 사람의 집에서 엄격한 교육을 받으며 자랐다.[33]

세계인구의 70~80% 정도가 다소 집단주의적이다. 아시아, 아프리카, 라틴 아메리카는 모두 집단주의적이다. 홉스테드의 이탈리아 자료는 매우 개인주의적인 북부지방에서 수집되었다. 이탈리아에 대한 다른 연구는 이탈리아가 전체적으로 집단주의적임을 보여 준다.[34]

집단주의 문화의 소속원들은 목표와 욕구가 개인의 관점에 비해서 내집단(*in-group*)의 관점이 우선되어야 함을 강조한다. 내집단의 사회적 기준이 개인의 즐거움보다 우선시된다. 그리고 공유된 내집단의 신념이 개인적 신념보다 우선시된다.[35] 집단주의 문화의 구성원들은 내집단과 외집단의 사이에 뚜렷한 구분을 보인다. 내집단의 형태와 우선순위는 (구성원들이 공동 또는 단일가정인지는 상관없이 이웃과 학교친구들을 모두 포괄한) 확대가족에서부터 인도의 자티(*jati*)와 스페인의 바리오(*barrio*)와 같은 대형 공동체나 일본의 직장집단(*occupational unit*)까지 다양하다.[36] 어떤 이들은 모든 다른 내집단들보다 친족조직(가족)을 더 중요시하지만, 다른 내집단들보다 그들의 회사를 중요시하는 사람들도 있다. 일본의 근대화는 직장내집단을 가족집단보다 더 중요하게 만들었다.

그룹은 집단주의 문화 구성원들의 주체성을 정의한다. 개인주의 문화의 구성원들은 그들이 자의로 참여하는 많은 구체적인 내그룹에 속해 있다. 이러한 내그룹들은 집단주의 문화 내에 존재하는 내그룹이 구성원들에게 영향력을 행사하는 것보다 작은 영향력을 행사한다. 집단주의 문화에서 내집단의 구성원들은 이른바 개인주의 문화에서의 '친구'와 같은 의미를 지닌다. 개인주의 문화의 구성원들은 우정을 위해 시간을 투자하여야 하며, 비록 많은 미국인들이 강한 친밀감과 의무감을 느끼는 가까운 친구들을 가지고 있으나 그러한 우정들은 수적으로는 적다. 많은 사람들이 친구라 불리지만, 그들 사이에 집단주의 내그룹에서는 지극히 자연스러운 것으로 받아들여지는 어떠한 의무감이 존재하지는 않는다.

개인주의 문화 내에는 개인적 시간과 업무상 시간, 사적인 공간과 공공장소의 분명한 구분이 존재한다. 집단주의 문화 내에서는 그러한 분명한 구분이 존재하지 않는다. 이러한 것은 집단주의 문화 내의 사람들이 대중적 지역에서 함께 사귀며 사는 것을 선호하며 상대적으로 적은 수의 개인정원을 지니고 있다는 사실이 증명해 준다.

유럽 내에서는 개인주의와 개인정원 소유 사이에 상관관계가 존재한다. 〈그림 4-2〉의 1970년과 1990년에 행해진 〈리더스 다이제스트〉의 연구가 보여주듯이 유럽에서는 개인주의와 개인정원의 소유 간에 상관관계가 있다. 20년 동안에 상관계수는 더 유의미해졌다. 남유럽에서도 단독주택이 증가하고 있음에도 불구하고 이들 중 다

〈그림 4-2〉 IDV와 개인 정원의 소유와의 상관관계

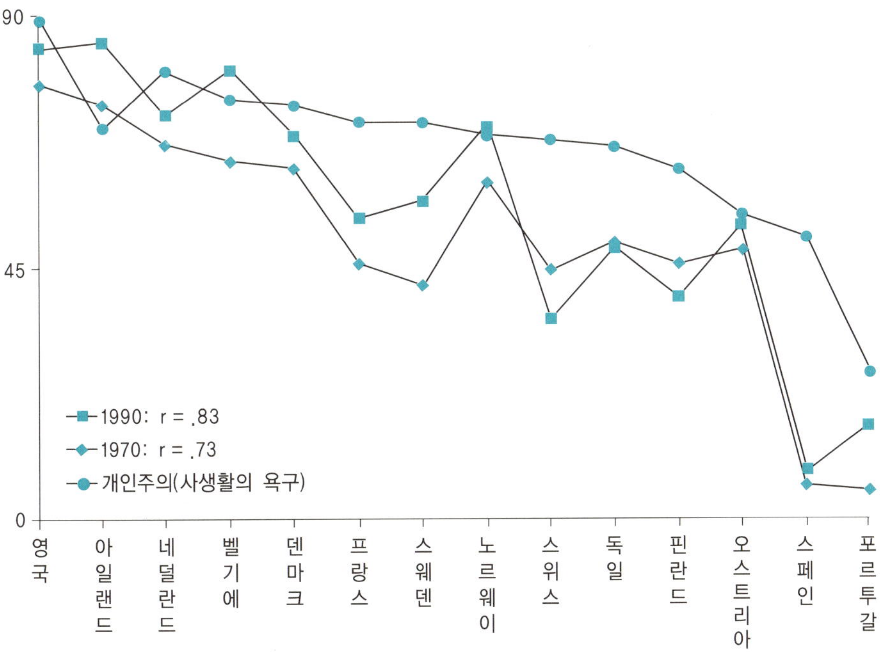

출처: Hofstede(2001)의 자료(부록 A 참조); 리더스 다이제스트 연구(1970, 1991)(부록 B 참조)

수는 자치단체의 정원을 공유하는데, 이는 개인주의 문화인 영국이나 네덜란드에서는 생각하기 어려운 현상이다.

집단주의 문화에서 개인시간과 업무시간의 통합은 개인용 PC나 인터넷 같은 기술의 사용에서의 차이를 설명해 준다. 일본에서 개인용 PC의 보급률이 뒤떨어진 이유는 집에 컴퓨터를 소유할 이유가 없기 때문이다. 사람들은 집에 가서 일을 끝내기보다는 사무실에서 동료들과 계속 일하는 것을 선호한다. 사람들이 인터넷을 접속하는 방법과 장소도 문화마다 다르다. 유럽에서 사람들이 인터넷에 접속하는 방법은 사적인 장소인지 공공장소인지와 관련이 있다. 〈그림 4-3〉은 개인주의와 집단주의 문화에 있어 다른 장소에서 인터넷에 접속하는 방법을 나타낸다. 집단주의 문화의 경우는 인구 1만 명당 카페의 수에서도 나타나듯이 사람들은 길거리에서든 술집이나 카페에서든

〈그림 4-3〉 집안과 집밖의 인터넷 접속, 유럽

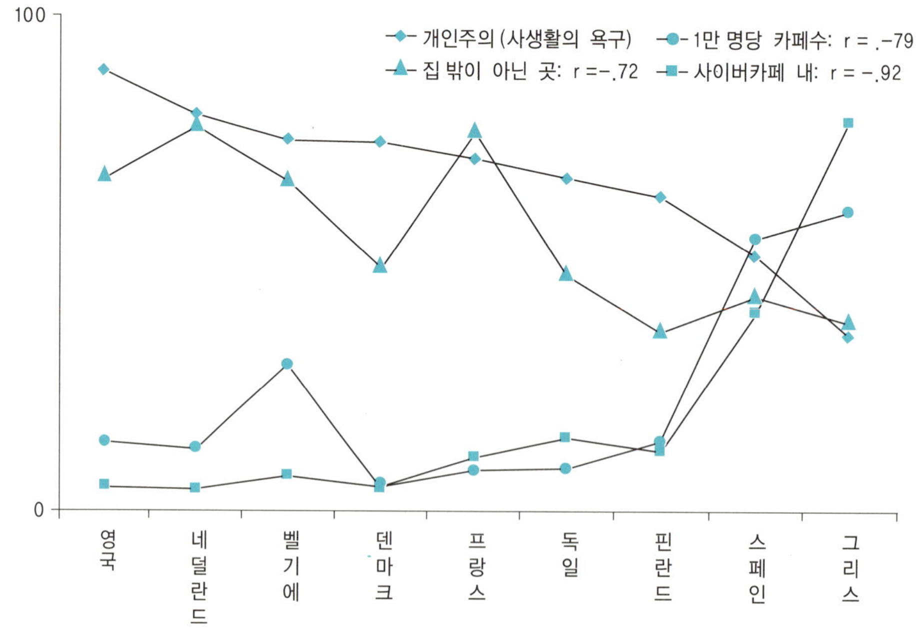

출처 : Hofstede(2001)의 자료(부록 A 참조); Eurostat(2001)(부록 B 참조);
1천 명당 카페수에 대한 Hotrec 자료(1997)(www.hotrec.com)

공공장소에서 모든 종류의 활동을 한다. 이러한 관습 때문에 사람들은 사이버 카페에서 인터넷에 접속하는 데 아무런 문제가 없다. 반면 개인주의 문화의 사람들은 집 밖에서는 인터넷에 접속하려 하지 않는다.

개인주의 문화는 보편적 문화(*universalistic culture*)이지만, 집단주의 문화는 특수적 문화(*particularistic culture*)이다. 개인주의 문화의 사람들은 모든 사람들에 의해서 공유되어야만 하는 보편적 가치가 존재한다고 생각하는 경향이 있다. 반면에 집단주의 문화의 사람들은 다른 그룹들은 다른 가치를 가지고 있다는 것을 인정한다. 개인주의자로서 대부분의 북미인들은 민주주의 — 특히 북미식 민주주의 — 가 이상적으로 모든 이들에 의해 공유되어야 한다고 믿고 있다. 집단주의 문화의 사람들에게는 그러한 관점이 이해되기 어렵다.[37] 홀은 "무엇보다도 미국인들은 그들 자신이 가지고 있는 이미지로 다른 사람들의 모습을 형상화하려는 욕구에 사로잡혀 있는 것처럼 보인다"고 말한다.[38] 이것은 특별히 미국의 시장과 광고철학에서 나타난다. 마이애미에 있는 톰슨(J. Walter Thompson) 회사의 라틴아메리카 지역 이스트맨 코닥(Eastman Kodak) 담당자인 크리스티나 마틴즈(Cristina Martinez)가 "우리는 10대들은 어디서나 똑같이 10대이며, 그들은 미국의 10대들을 모방하려는 경향이 있음을 알고 있다"고 말한 것은 이러한 태도를 반영한다.[39] 일본인들, 중국인들 그리고 다른 아시아인들은 스스로를 독특하다고 생각하기 때문에 그들의 가치와 행동을 서구인들이 받아들일 수 있을 것이라고는 상상할 수도 없고 상상하지도 않을 것이다.

개인주의는 세계적으로 증가하는 추세이다. 왜냐하면 이것은 부와 관련이 있기 때문이다. 그러나 이것은 여전히 상대적 개념으로 남아 있다. 만약 일본인 사회가 개인주의화하고 있다고 말한다면, 그것은 일본인들의 가치가 미국인들의 가치와 가까워진다는 것을 의미하는 것이 아니다. 그런 상대적 차이는 남아 있게 될 것이다. 개인주의에 관한 일본인들의 단어들은 다른 의미를 전달한다. 일본인들이 집단주의라 부르는 것은 집단에 대한 순응을 의미한다. 일본인들이 말하는 개인성(*individuality*)이라는 것은 그들의 경쟁력을 한정하는 집단에 대한 지나친 복종에 대항하는 방법을 의미한다.

거래과정에 있어 개인주의 문화에서는 각 당사자들이 빨리 목표에 도달하고자 하지만, 집단주의 문화에서는 먼저 관계를 형성하고 당사자들간에 신뢰를 쌓는 것이 필요하다. 이러한 차이는 광고 역할의 차이에서도 나타난다(제 7장 참조). 집단주의 문화에서 기업브랜드는 제품브랜드보다 더 선호된다. (추상적) 브랜드와 소비자 간의 관계를 형성하는 것보다는 회사와 소비자 간의 관계를 형성하는 것이 더 낫다. 집단주의 문화에서 사람들은 추상적 브랜드보다는 구체적인 제품특징에 더 흥미를 갖는다. 개인주의자들은 브랜드를 독특한 인간의 성격으로 보는 경향이 있다. 극단적으로 개인주의적인 미국에서는 아이들에게도 로레알, 시보레, 알마니 같은 유명 브랜드의 이름을 따서 부른다.

남성주의 / 여성주의 (MAS)

남성주의(MAS)라는 차원은 다음과 같이 정의할 수 있다. 남성주의 사회에서 지배적 가치는 업적과 성공이고 여성주의 사회에서 지배적 가치는 다른 이를 돌보아 주는 것과 생활의 질이다. 남성주의 사회에서는 성취와 업적을 중요시한다. 그리고 성취는 드러내야 하는 것이기 때문에 지위를 나타내는 브랜드는 그의 성공을 보여주기 위해서 중요하다. 남성주의 사회에서는 양극화하는 경향이 존재하며, 크고 빠른 것은 아름답다. MAS 지수에 대해서 낮은 점수를 기록하는 여성주의 사회는 인간지향성을 갖는다. 여성주의 사회에서는 작은 것이 아름답다. 또한 다수의 의견일치를 위해 노력하는 경향이 존재한다. 삶의 질은 경쟁에서의 승리보다 중요하다. 남성문화에 있어 성공의 과시의 필요성은 남성주의와 보석류(금이나 다이아몬드)의 판매와의 관계에서 나타난다. 〈그림 4-4〉는 이러한 관계를 보여준다. 국가적인 부와는 관계가 없고 문화와만 관계가 있다.

남성주의 사회에서 승자가 되는 것은 긍정적인 것이고 여성주의 사회에서는 부정적인 것이다. 남성주의 문화에서는 아이들은 강한 것을 흠모하도록 교육을 받는다. 여성주의 문화에서는 아이들은 패자에 대하여 동정심을 지니도록 교육받는다.

여성주의 문화의 핵심 가치는 뽐내는 것이 아니라 겸손이다. 그래서 비록 한 사람의 능력이 뛰어나다고 할지라도 그것을 밝혀서는 안 된다. 이를 '잔테(Jante)의 법칙'(*Janteloven*)이라고 부르는데, 이 10가지 규칙은 오늘날 스웨덴과 스칸디나비아의 도덕적 규범의 상당히 정확한 묘사를 제공한다. 잔테의 법칙은 19세기 노르웨이 작가인 앤더스 산데모제(Anders Sandemose)의 소설 〈En flygtning krysser sitt spor〉(피난자가 그의 진로를 가로지른다)에서 온 것이다.[40] 10가지 규칙은 다음과 같다.

Du skal ikke tro … (당신은 다음과 같이 느껴서는 안 된다 …)
du er noget (당신은 대단한 존재이다)
du er lige så meget som os (당신은 우리와 동등하다. 즉 우리 수준이다)
du er klogere end os (당신은 우리들보다 더 현명하다)
du er bedre end os (당신은 우리들보다 훨씬 더 훌륭하다)
ved mere end os (당신은 우리들보다 더 잘 알고 있다)
er mere end os (당신은 우리들보다 더 나은 존재이다)
at du du'r til noget (당신은 어떠한 것에도 능숙하다)
Du skal ikke le ad os (당신은 우리를 조롱해서는 안 된다)

〈그림 4-4〉 보석류 소비와 남성성

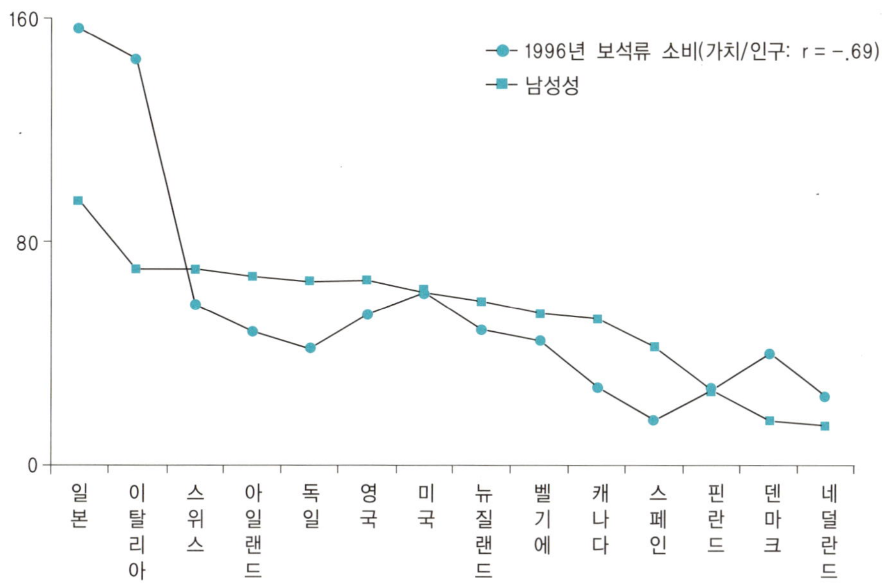

출처 : Hofstede(2001)의 자료(부록 A 참조); Euromonitor(1997)(부록 B 참조)

Du skal ikke tro … (당신은 다음과 같이 생각해서는 안 된다 …)
nogen bryder sig om dig (누구나 당신을 좋아한다)
at du kan lære os noget (혹은 당신은 우리에게 어떤 것도 가르칠 수 있다)

질투는 잔테의 법칙의 중요한 부분이다. 만일 당신이 사회적 규약을 어긴다면 당신의 이웃들은 당신의 독특성이나 부의 과시를 경멸할 것이다. 대중 앞에서 두드러지기를 원치 않는 여성주의 문화 사람들의 바람은 '이달의 직원'을 뽑는 것을 좋아하지 않는 것에서 나타난다. 이달의 직원은 미국에서는 효율적인 인적자원관리수단이다. 타이레놀의 미국 TV광고는 제품의 효율성을 보여주기 위해서 이를 이용하였다. 캐롤리나는 하루도 병가를 내지 않았기 때문에 자신이 이달의 직원으로 11번째나 선정되었다는 이야기를 듣게 된다(〈사진 4-1〉).

이 차원의 중요한 점은 역할의 차별화인데, 여성주의 사회에서는 역할차별이 작고, 남성주의 사회에서는 크게 나타난다. 여성주의 문화에서 남성들은 '계집애'처럼 여겨지지 않고도 전통적 여성직업을 가질 수 있다. 독일(높은 남성주의)에서는 네덜란드(낮은 남성주의)에서보다 남편과 부인이 집안일을 나누어서 하는 경우가 적다. 여성주의 문화에서는 남성주의 문화에서보다 남자들이 파트타임으로 일하는 경우가 많은데, 왜냐하면 남녀 모두가 자녀양육을 함께 하길 원하기 때문이다.[41] 라틴아메리카의 남성문화에서 남자들은 진짜 남자가 되어야 한다. 라틴아메리카의 7개국을 연구한 결과를 보면, "진짜 남자는 울지 않는다"는 말에 동의하는 비율은 남성주의와 상관관계가 있다.[42]

일본은 강한 역할차별을 보이며 매우 남성주의적이다. 집단주의와 함께 이러한 사실은 남성과 여성의 관계에 대한 설명을 제공한다. 남성과 여성의 결혼에서 서구식 애정관계 같은 것은 존재하지 않는다. "너는 그곳에 있음으로 나와 함께 존재하는 것이다. 그리고 너는 서로를 당연한 것으로 생각한다." 문자 그대로 해석하면 "너는 서로에게 공기 같은 존재이다." 전 일본 수상 하시모토(Ryutaro Hashimoto)의 부인인 구미코(Kumiko)는 남편과 자신의 관계를 다음과 같이 말하였다. "나는 그를 마치 봉건제도의 영주처럼, 그가 원하는 것은 무엇이든지 그의 말을 따랐다."[43]

사진 4-1 미국의 타이레놀 광고

남성주의/여성주의 차원은 특히 광고어필에서 많이 사용되는 승리와 성공, 지위 등과 관련된 가치들에 대한 문화적 차이를 설명해 준다. 따라서 이는 마케팅 의사소통 방법의 차이를 이해하는 데 중요한 차원이라 할 수 있다. 남성주의/여성주의는 과장 광고를 하고 강압적 판매(*hard-selling*)를 수행하는 국가들과 설득적 판매(*soft-selling*)와 좀더 겸손한 접근방법이 성공적인 국가들 사이의 구분을 반영한다.

미국인 조사자들은 아마도 그 이름 때문에 남성주의라는 차원을 사용하는 것을 꺼리는 것 같다. 남성주의/여성주의란 말은 정치적으로 부적절한 단어로 잘못 해석될 수도 있다. 홉스테드가 이 측정치들의 이름을 붙일 시기에는 정치적 적절성 운동(*political correctness movement*)과 같은 것이 없었다. 이 문제는 "국가의 성별, 강인함이냐 부드러움이냐"라는 용어를 사용함으로써 해결되었다.

스칸디나비아 국가들의 문화적 동질성에 대한 흥미로운 관찰결과는 그들이 여성주의 문화의 집단일 뿐만 아니라 다른 측정치들에 대해서도 유사한 결과를 나타낸다는 것이다. 이 문화적 동질성은 1961년 문화적 차이점들은 줄어들고 있다고 엘린더(Erik Elinder)가 진술한 것의 근거가 되었을 수도 있다.[44] 엘린더는 은행을 위한 캠페인이 모든 스칸디나비아 국가에서 동일한 결과를 나타냈다는 것을 발견하고 똑같은 캠페인이 유럽으로도 쉽게 확대될 수 있을 것이라는 결론을 내렸던 스웨덴의 마케팅 실무자였다. 그는 그 당시에 그가 말한 것의 적용범위를 깨닫지 못했을지도 모르지만, 그의 주장은 스칸디나비아에만 국한되고 적합한 가정이었지 나머지 유럽지역에는 적합하지 않은 것이었음에도 불구하고 자주 인용된다. 스칸디나비아인들은 문화적으로 매우 유사성을 지니고 있으며 나머지 유럽인들과는 매우 다르다. 모든 문화는 유사하다는 가정하에 엘린더는 하나의 동일한 문화집단의 발견을 전 유럽지역으로 확대하는 과오를 저지르고 말았다.

불확실 회피성향(UAI)

불확실 회피성향(UAI)은 불확실과 모호함에 대해 사람들이 위협감을 느끼고 이러한 상황을 피하려고 하는 정도를 의미한다. 인생은 예측 불가능한 것이다. 그리고 몇몇 사람들은 예측 불가능성과 불확실성에 대해 개의치 않는다. 반면에 어떤 사람들은 불확실성 또는 모호함을 싫어하고 규칙을 만들거나 행동을 규정함으로써 이러한 것에 대처하려고 노력한다. 강한 불확실 회피성향을 가진 문화의 경우 인생을 설계하기 위해서 규칙과 형식에 대한 필요를 느낀다. 이것은 전문가들에게는 진실과 믿음의 추구로 해석된다. 의사소통은 좀더 형식적이다. 갈등과 경쟁은 위협적이다. 사람들은 대개 높은 수준의 불안과 이완되어야 하는 긴장감을 가지고 있다. 이것은 여러 가지 방식으로 이루어지는데, 감정을 표현하거나, 크게 말하거나, 말할 때 손을 사용하거나, 차를 공격적으로 운전하거나, 감정적으로 좀더 포용적인 것 등이다. 약한 불확실 회피성향 문화의 구성원들은 그들의 감정을 표현하려 하지 않는 경향이 있으며 [예를 들면, 영국인들의 '자물쇠 입'(*stiff upper lip*)] 참을성 있게 운전을 한다. 가능하면 적은 규칙들이 있어야 한다고 생각한다. 그들은 일반론자와 상식에 더욱 의존하며 의례적인 행위는 적게 나타난다. 갈등과 경쟁은 위협적인 것이 아니다.

〈그림 4-5〉 생수 소비

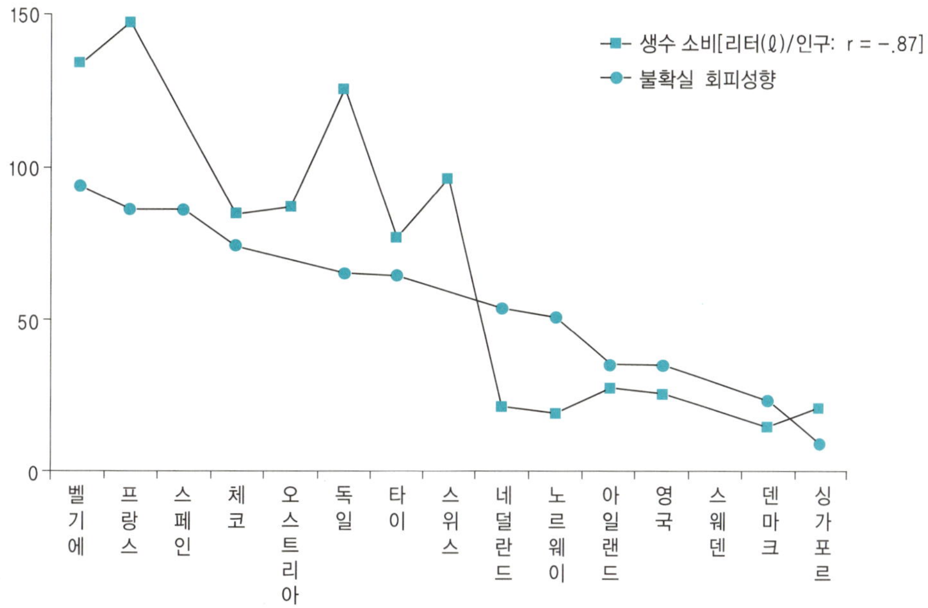

출처 : Hofstede(2001)의 자료(부록 A 참조); 음료 마케팅 협회(www. beveragemarketing.com)(2003)

강한 불확실 회피성향 문화에서 전문가는 그 자신이 하나의 전문가로 불리기 위해서 전문분야의 학위를 가지고 있는 진정한 전문가가 되어야만 한다. 그러나 불확실 회피성향이 낮은 문화에서는 전문가가 무엇이며 무엇을 알아야 하는지를 말하지 않기 때문에 사정이 다르다. 미국인들은 미화 몇백 달러만 주면 〈전문가 연감〉(*The Yearbook of Experts*)이라는 잡지에 자신의 이름을 올릴 수가 있다.[45] 근심으로부터의 상대적인 자유와 승자가 되고 싶어하는 소망을 합친 것과 같은, 약한 불확실 회피성향과 남성주의의 결합은 창조성과 혁신성을 나타낸다. 이것은 왜 창조적인 광고에 주는 상들 중 많은 부분을 영국인들과 미국인들이 차지하는지를 설명해 준다.

높은 불확실 회피 문화의 구성원들은 그들의 행동에 있어 생수나 가루세제 같은 몇몇 제품군에서는 순수함에 대한 요구를 표현한다. 부유해지고 생수의 질이 향상되면서 유럽에서는 생수의 소비와 불확실성 회피 간의 상관계수가 점점 유의미해졌다. 〈그림 4-5〉는 15개국에 걸친 생수소비와 불확실성 회피 간의 상관관계를 보여준다.

①|②
③

사진 4-2
① 스페인의 Aquarel 광고
② 프랑스와 독일의 Volvic 광고
③ 이탈리아의 Allegra 광고

높은 불확실 회피성향 문화에서 생수는 자연상태에서 그 브랜드를 보여줌으로써 상징화되는 순수함의 속성으로 광고되는 경향이 있다. 〈사진 4-2〉는 스페인, 프랑스, 이탈리아의 TV 생수광고 장면이다.

강한 불확실 회피성향의 문화에서는 현실을 정형화하려는 욕구가 존재한다. 그러나 그러한 욕구는 여러 다른 방식으로 실행될 것이다. 다른 차원들도 고려해 보면 현실이 정형화되는 방식에서의 차이를 보여줄 것이다. 만약 개인주의와 결합되면 그 규칙들은 분명하고 명문화된다. 집단주의와 결합된다면 규칙들은 함축적이고 전통에 근거를 두게 된다. 작은 권력거리와 결합하면 규칙들은 내부화된다. 사람들은 규칙 그 자체와 또한 규칙을 따라야 한다는 것을 마음속으로 받아들인다. 큰 권력거리와 결합하면 그 규칙들을 준수할 필요가 없다. 왜냐하면 그 규칙들은 이미 표면화되었기 때문이다. 강한 불확실 회피성향 문화인 독일과 프랑스는 규칙들을 좋아한다. 그러나 독일인들은 그들 자신을 정형화하기 위해서 규칙을 사용하고, 프랑스인들은 남들을 정형화하기 위해서 규칙을 사용한다. 프랑스 문화에서 현실은 개념화를 통해 정형화된다. 이러한 차이는 독일인의 사고모델과는 매우 다른, 프랑스인들의 개념과 사고방식에 대한 성향을 설명해 준다. 예술가 크리스토(Christo)가 파리의 퐁네프(Pont Neuf)를 포장하자고 제안했을 때 프랑스인들이 동의하는 데는 오래 걸리지 않았다. 그러나 그가 베를린의 라이히스타그(Reichstag)를 포장하자고 제안했을 때, 독일인들이 동의하는 데는 수년이 걸렸다.

장기지향성 (LTO)

조사자들의 서구식 편견 때문에 많은 아시아 국가들의 경제적 성공을 설명해 주는 어떠한 차원도 초기에는 개발되지 않았다. 많은 중국인 사회학자들과 함께 마이클 본드(Michael Bond)는 다섯 번째 차원이 되는 중국인 가치조사(*Chinese Value Survey*)를 개발하였는데, 이는 유교적 철학의 전형적인 동아시아의 가치를 담고 있다. 장기지향성은 한 사회가 관습적이고 역사적이거나 단기적 관점이 아닌 실용적인 미래지향적 관점을 갖는 정도를 의미한다. 장기지향성의 가치는 인내, 지위에 의한 서열관계, 검소함, 수치감 등이다. 장기지향성의 반대는 단기지향성인데, 그 결과로는 개인적인 고지식과 안정성, 체면 유지, 전통에 대한 존중, 인사, 호의 및 선물에 대한 답례를 포함한다.[46] 관심의 초점은 마음의 평정 추구보다는 행복추구에 있다.

장기지향성과 집단주의의 결합은 가족유대, 장기지향적 사고 그리고 효도와 가부장주의와 같은 유교철학적 요소들로 나타난다. 이것은 동아시아 발전을 서양의 발전과는 다르게 만드는 성공적인 가족운영사업에서 나타난다. 실용주의는 대부분의 동아시아 국가들의 중요한 일면이다. 그들은 종종 서양사람들이 우롱당하는 듯한 방식으로 다른 문화에 적응하며, 그들이 서구화되고 있다고 생각한다.

서양에서 경험하는 것과 같은 개념의 진실은 동아시아 문화에서는 존재하지 않는다. 서구식 개념은, 하나의 진술은 반대되는 것을 배제한다는 서구식 논리상의 명제에 의해 지지를 받는다. 만약 A가 사실이라면, A의 반대인 B는 진실일 수 없다는 것이다. 동양의 논리에는 그러한 명제를 포함하지 않는다. 만약 A가 진실이라도, B 역시 진실일 수 있는 것이다. 그리고 A와 B를 합친다면 그것은 A 또는 B 각각보다 더 나은 지혜를 가져다줄 수 있다. 실용주의는 사람들이 진실된 것 또는 올바른 것보다는 효과적인 것을 선호한다는 것을 의미한다.

연장자와 조상들에 대한 존경은 아시아의 가치체계에서 중요한 요소가 되는 반면, 서구세계의 큰 부분이 되는 단기지향성과 전통에의 존중을 결합하는 것은 LTO 지수를 측정하는 과정에서 종종 역설적인 것으로 여겨진다. 이러한 사실은 바람직한 가치(*the desirable*)와 바라는 가치(*the desired*)의 역설을 반영한다. 전통은 중요한 것이지만, 바라는 것은 혁신성이다. 특히 중국에서 실용주의가 전통에 대한 존중을 지배하려던 때가 있었다. 귀중한 문화유산들을 파괴해버린 10년간의 문화혁명이 그 실례이다. 그런 광적인 일이 일어났던 것은 사실 처음이 아니다. 문화혁명의 주도자였던 마오쩌둥은 기원전 220년에 중국을 통일했던 중국 최초의 황제 진시황에서 영감을 얻었다.[47] 진시황은 집단주의적인 중국인들의 기억 속에서 전통적인 유교사상을 제거해버리기 위해 모든 책을 불태웠고 463명이나 되는 철학자들을 산채로 땅속에 묻어버렸다. 하지만 모든 것이 허사였다. 진시황은 11년 후에 죽었으며 머릿속에 기억되었던 공자와 다른 철학자들의 말씀이 다시 책으로 나오게 되었다.[48] 그러나 중국에서 외국관습을 받아들이는 데 실용주의는 제한성을 지닌다. 그것들은 국칭(*guo qing*, 중국의 상징)이나 중국의 국가적 상황에 적합해야만 한다. 중국에 적용가능한 좋은 아이디어는 촉진되어야만 하고 부패하거나 적용할 수 없는 아이디어는 버려져야만 한다.

장기지향성 문화에서 뚜렷이 나타나는 가치는 자연에 대한 존중이다. 이것은 또한 집단주의와도 관련이 있다. 그래서 사람들의 삶 속에서 인간과 자연과의 조화가 중요한 역할을 하는 경우는 특히 장기지향성과 집단주의가 결합된 경우이다. 자연과 자연의 상징들은 일본과 중국 그리고 중국과 관련된 문화에서 광고의 중요한 요소가 된다.

문화적 차원의 형태

이 장에서 다룬 문화적 차원은 독특성을 일반화하는 데 사용될 수 있다. 각 국가는 몇몇 특성들로 설명될 수 있다. 예로서 미국, 네덜란드, 일본의 3개 국가에 이를 적용해 보았다.

미 국

미국에 대한 문화적 차원들로는 다음을 들 수 있다. 단원주의 시간(*M-time*)의 문화, 선형적 시간, 저상황적, 평균보다 작은 권력거리, 높은 개인주의, 높은 남성주의, 비교적 약한 불확실 회피성향, 그리고 단기지향성. 미국은 다음과 같은 문화적 특성들을 보인다.

- 단기적 사고방식은 미국인들의 삶의 모든 면에 영향을 준다. 마지막 한계선, 미래의 성공보다는 현재의 성공, 초단기 스케줄
- 변화에의 집착, '새로운' 그리고 '더 나은'
- 직불카드보다는 신용카드 선호
- 선형적 사고, 구획화된 시간
- 유행, 설득적 커뮤니케이션, 언어적 수사(*rhetoric*)
- 개인들이 좀더 효과적으로 경쟁하도록 허용이 될 때에만 가치가 주어지는 교육
- 개인적 의견의 표현
- 동등한 기회
- 독립심
- 개인적 생활의 보장욕구, 보편적인 사고, 민족중심주의
- 승리, 권력, 성공, 지위의 중요성
- 강력한 역할차별화
- 유머, 혁신성, 창의성

- 인간은 자연을 정복해야 한다.
- 교육은 학생들에게 '비판능력'과 사고력을 키워준다. 학생들은 '어떻게'가 아닌 '왜'를 더욱 중시한다.

네덜란드

네덜란드(그리고 스칸디나비아 국가들)의 문화 차원들은 단원주의 시간(*M-time*)의 문화, 선형적 시간개념, 저상황적, 작은 권력거리, 높은 개인주의, 낮은 남성주의, 비교적 약한 불확실 회피성향, 그리고 비교적 장기지향성 등이다. 네덜란드의 문화적 특징은 다음과 같다.

- 장기지향성
- 신용카드보다는 직불카드 선호
- 전통적; 과거의 존중
- 선형적 사고와 언어적 수사
- 구획화된 시간개념
- 사생활 존중
- 평등, 기회보다는 자유와 복지에서의 평등
- 독립심
- 보편적 사고
- 승리는 좋으나 이를 과시하지 않는다. 신분은 중요하지 않다.
- 적은 역할차별화
- 공감대의 모색, 질투가 많다.
- 검소하고 끈기가 있다.
- 남을 이기기보다는 보살펴주는 것이 이상적
- 직업을 갖는 데 필요한 이상의 교육

일 본

일본의 문화 차원들은 다원주의 시간(*P-time*)의 문화, 순환적 시간개념, 고상황적, 평균보다 큰 권력거리, 집단주의적 성향, 남성주의, 강한 불확실 회피성향, 장기지향성 등이다. 구체적으로 일본은 다음과 같은 문화적 특성들을 보인다.

- 모든 일본인에게 자신의 위치를 제대로 파악하고, 이웃처럼 행동하고, 가족을 욕되게 하지 않고, 사회적 조화를 추구하게 만드는 압력
- 종속적
- 개인적 의견은 가급적 표현하지 않는다.
- 지위는 권력과 성공을 보여주기 위해 중요하다. 그러나 남보다 눈에 띄는 것은 피한다. "튀어나온 못이 망치를 맞는다."
- 장기지향성
- 신용카드보다는 현금을 이용
- 검소하고 끈기가 있음
- 뚜렷한 역할차별화
- 교육은 학생들을 비판적으로 만드는 것이 아니다. '생각한다'의 의미는 다르게 해석된다. 일본에서는 그것이 '다른 사람들과 공유할 수 있는 해결책을 찾는 것'과 같은 의미를 가진다. 학생들은 '왜'보다는 '어떻게'라는 질문을 한다.
- 교육은 내재적인 가치를 가지며, 이는 노동시장에서의 성과만으로 측정될 수 없다.
- '새로운 것'은 집단적 욕구에 의해 받아들여진다. 그러나 일본인들은 기본적으로 변화를 좋아하지 않는다.
- 청결, 순수에의 집착
- 자연의 정복보다는 자연과의 조화

결 론

글로벌 마케팅과 광고에 관련된 사람들에게 문화의 가장 중요한 면은 문화가 우리의 지각(*perception*)에 영향을 미친다는 것이다. 우리 자신의 문화는 우리가 어떻게 의사소통을 하는가와 무엇을 의사소통하는가에 영향을 준다.

문화들을 구분하는 것은 각 국가에 따라서 마케팅과 광고전략을 차별화하는 데에 필요한 것이다. 이 중 차원에 따라 문화를 구분하는 것이 가장 건설적인 방법임이 드러났다. 이러한 방법은 문화적 차이점들과 유사점들을 구분하고 그 이름을 붙이는 것에서도 도움이 된다. 이 장에서는 지난 수십 년간 개발된 여러 가지 문화구분을 검토하였다.

광의의 구분은 문화가 상황에 동화되는 정도를 의미하며, 이는 그 문화에서 사용되는 커뮤니케이션의 유형에 반영되어 있다. 고상황적/저상황적 커뮤니케이션 문화 사이에 존재하는 차이점은, 예를 들어 우리들로 하여금 왜 일본인들과 미국인들의 광고스타일이 그렇게 다르고 왜 일본인들은 미국인들이 사용하는 직접적이며 적극적인 의사소통 접근방법에 비해서 간접적이고 구두형태의 의사소통과 상징적인 것을 선호하는지를 이해하는 데 도움을 준다.

홉스테드의 모델은 소비와 관련된 가치들에 관한 문화비교에도 유용하다. 그 결과 이 모델은 다양한 문화의 마케팅과 광고에서 사용되는 여러 가지 가치들과 동기들을 설명할 수 있다. 이 모델은 특히 글로벌 마케팅과 광고전략을 개발하기를 원하는 기업들에 유용할 것이다.

우리가 지니고 있는 가치들과 수신자의 가치를 이해하고, 또 이들이 어떻게 부합할 수 있고 부합할 수 없는지를 이해하는 것이 제 5장의 주제가 된다.

주

1) Miracle, G. E. (1982). "Applying cross-cultural research findings to advertising practice and research." In A. D. Fletcher (ed.), *Proceedings of the 1982 Conference of the American Academy of Advertising*. (Contact Robert King, AAA Executive Secretary, School of Business, University of Richmond, Richmond, VA 23173).

2) Hofstede, G., & Hofstede, G. -J. (2004). *Cultures and organizations : Software of the mind* (2nd ed.). New York : McGraw Hill.

3) Schwartz, S. H. (2004). "Mapping and interpreting cultural differences." In H. Vinken, J. Soeters, & P. Ester (Eds.), *Comparing cultures : Dimensions of culture in a comparative perspective*. Leiden, The Netherlands : Brill.

4) 이 연구는 노르웨이, 네덜란드, 벨기에 그리고 독일과 23개의 대부분의 유럽국가들의 대학들의 협력으로 수행되었다 : 오스트리아, 벨기에, 체코, 덴마크, 핀란드, 프랑스, 독일, 그리스, 헝가리, 아일랜드, 이스라엘, 이탈리아, 룩셈부르크, 네덜란드, 노르웨이, 폴란드, 포르투갈, 슬로베니아, 스페인, 스웨덴, 스위스, 터키, 그리고 영국. 참가국의 각 지방이 서로 분리되어 가치문항에 대한 응답이 제공되었다. 이 책을 저술할 즈음에 전체 자료파일을 다운 받을 수 있었다(http://ess.nsd.uib. no). 문화 응집성 분석에서 프랑스와 이탈리아는 포함되지 않았는데, 응답자들이 특정 문항 부분을 응답하지 않았기 때문이다.

5) Gannon, M. J. (1994). *Understanding global culture*. Thousand Oaks, CA : Sage.

6) Harris, P. R., & Moran, R. T. (1987). *Managing cultural differences*. Houston, TX : Gulf, pp.190~195.

7) Inglehart, R., Basanez, M., & Moreno, A. (1998). *Human values and beliefs*. Ann Arbor : University of Michigan Press.

8) Inkeles, A. (1997). *National character*. New Brunswick, NJ : Transaction, pp.45~50.

9) Kluckhohn, C. (1952). "Values and value orientations in the theory of action." In T. Parsons & E. A. Shils (Eds.), *Toward a general theory of action*. Cambridge, MA : Harvard University Press; Kluckhohn, F., & Strodtbeck, F. (1961). *Variations in value orientation*. Evanston, IL : Row, Peterson.

10) Trompenaars, F. (1993). *Riding the waves of culture : Understanding cultural diversity in business*. London : Nicholas Brealy.

11) Smith, P. B., Dugan, S., & Trompenaars, F. (1996). "National culture and the values of organizational employees : A dimensional analysis across 43 nations." *Journal of Cross-Cultural Psychology*, 27, pp.231~264.

12) Hall, E. T. (1984). *Beyond culture*. Garden City, NY : Doubleday; Hall, E. T. (1994). *The dance of life*. Garden City, NY : Doubleday, pp.85~128.

13) 이 책의 상관관계 분석은 Spearman의 product-moment correlation (r) 계수가 사용되었다. 상관관계 분석은 단측 검정을 실시하였다. 유의수준은 * $p < .05$, ** $p < .01$, *** $p < .005$이다. 회귀분석은 중다 선형 회귀분석(*multiple linear regression*)이 stepwise로 수행되었다. 결정계수나 R2는 설명된 변량의 백분율을 나타낸다.

14) Schwartz, S. H., & Bilsky, W. (1987). "Toward a universal psychological structure of human values." *Journal of personality and social psychology*, 53, pp.550~562; Schwartz, S. H., & Bilsky, W. (1990). "Toward a theory of the universal content and structure of values : Extensions and cross-cultural replications." *Journal of personality and social psychology*, 58, pp.878~891; Schwartz, S. H. (1994). "Beyond individualism / collectivism." In U. Kim, H. C. Triandis, et al. (Eds.), *Individualism and collectivism : Theory, method, and applications : Vol. 18. Cross-cultural research and methodology*. Thousand Oaks, CA : Sage, pp.85~119.63; Schwartz, 1994, pp.101~105.

15) Hofstede, G. (2001). *Culture's consequences* (2nd ed.). Thousand Oaks, CA : Sage, p.265.

16) 두 모델의 보다 자세한 비교는 De Mooij, M. (2003). *Consumer behavior and culture : Consequences for global marketing and advertising*. Thousand Oaks, CA: Sage, pp.39~45.

17) Hall (1984). pp.85~128.

18) Ferraro, G. P. (1994). *The cultural dimension of international business*. Englewood Cliffs, NJ : Prentice Hall, pp.50~51.

19) Althen, G. (1988). *American ways*. Yarmouth, ME : International Press, p.31.

20) Hall (1984). *The dance of life*, p.62.

21) Hall (1984). *The dance of life*, pp.16~27, 32~34.

22) Adler, N. J. (1991). *International dimension of organizational behavior*. Belmont, CA : Wadsworth, pp.30~31.

23) Ferraro (1994). p.94.

24) Ronald, A. (1988). *In Search of self in India and Japan*. Princeton, NJ : Princeton University Press, p.302.

25) Hall, E. T. (1984). pp.17~24.

26) De Mooij (1994). *Advertising worldwide*. London : Prentice Hall International, pp.135~136.

27) 이것은 이시카와(Ishikawa)의 인과관계식 접근법이나 오클랜드[Oakland, J. S. (1989). *Total quality management* (2nd ed.). Oxford, UK : Butterworth Heinemann]의 피시본(*Fishbone*) 도표에 의해 설명된다.

28) Kluckhohn, R., & Strodtbeck, F. L. (1961). *Variations in value orientation*. Evanston, IL : Row, Peterson.

29) Doi, T. (1985). *The anatomy of self*. Tokyo : Kodansha International, pp.147~148.

30) 이 부분은 Hofstede, G. (1991). *Cultures and organizations : Software of the mind*. New York : McGraw-Hill 을 요약한 것임. pp.23~48 (권력 거리), 49~78 (개인주의/집단주의), 79~108 (남성주의/여성주의), 109~138 (불확실성의 회피), 159~174 (장기 지향성). 보다 자세한 것은 Hofstede (2001)을 참조.

31) Benedict, R. (1974). *The chrysanthemum and the sword*. Rutland, VT : Charles E. Tuttle, p.47 (Original work published 1946).

32) Roland (1988). *In search of self in India and Japan*, p.280.

33) Macfarlane, A. (1978). *The origines of English individualism*. Cambridge, MA : Blackwell, pp.146, 174.

34) 미국 국적의 독일인 경영 교육자인 Michael Hoppe는 IBM 연구를 정치적, 제도적 엘리트집단을 대상으로 다시 해본 결과, 이탈리아는 IBM 점수에 나타난 것보다 훨씬 더 집단주의적인 것을 발견하였다. 그는 또한 핀란드는 IBM 점수보다 더 개인주의적인 것을 발견하였다. 이탈리아에 대한 결과의 차이는 아마 이탈리아가 이중적 문화를 갖고 있기 때문일 것으로 판단된다. 북부지역은 개인주의적이고, 그 외의 지역은 집단주의적이다. 홉스테드의 IBM 자료는 주로 북부지역에서 수집된 것으로 그는 강한 개인주의 성향을 발견하였다. 소비와 매체 행태에 관한 자료는 국가평균에 근거한 것으로, 이탈리아는 여기서 스페인과 유사하게 집단주의적으로 나타났다.

35) Gudykunst & Ting-Toomey (1988). *Culture and interpersonal communication*, pp.42~43.

36) Roland (1988). *In search of self in India and Japan*, pp.134, 149.

37) Adler (1991). *International dimensions of organizational behavior*, p.47.

38) Hall (1984). *The dance of life*, p.86.

39) Malkin, E. (1994, October 17). "X-ers." *Advertising Age International*, pp.1~15.

40) Sandemose, A. (n.d.). *Jante's law*. (Donald Nekman과의 사적인 대화).

41) Information report, "Bundesministerium für Familie, Frauen, Senioren und Jugend, 1991/1992." In *NRC Handelsblad*, December 8, 1994.

42) Soong, R. (2003, 23 December). "Argentina, Brazil, Chile, Colombia, Ecuador, Mexico, and Peru." Message posted to TGI Latina (www.zonalatina.com/Zldata332. htm).

43) "Perspectives" (1996, April 22). *Newsweek*, p.7.

44) Elinder, E. (1965). "How international can European advertising be?" *Journal of Marketing*, 29, pp.7~11.

45) Samuelson, R. J. (1995, June 5). "A nation of experts : If you think you're one, well, maybe you are." *Newsweek*, p.33.

46) Hofstede (1991). *Cultures and organizations*, pp.159~166.

47) Han Suyin (1994). *Eldest son*. London : Jonathan Cape, p.392.

48) Ross, J. (1990). *The origin of Chinese people*. Petaling Jaya, Malaysia : Pelanduk Publications(M) Sdn. Bhd. (Original work published 1916).

가치와 마케팅

현대 마케팅과 광고에서는 자기 브랜드를 경쟁 브랜드와 차별화하고 포지셔닝하기 위하여 가치를 사용한다. 가치는 시장 세분화와 포지셔닝 결정의 토대라고 일컬어진다. 이전의 장에서는 다른 국가의 국민은 다른 가치지향성을 갖는다는 것을 살펴보았다. 소비자와 마케팅 담당자들의 가치는 그들이 속한 문화에 의해 특징되며, 마케팅과 광고는 가치와 부합해야만 효과적일 것이다. 마케팅 패러다임의 고전인 "시장은 사람이다"라는 말은 성공적인 마케팅 프로그램은 제품의 마케팅믹스가 소비자의 가치와 들어맞을 때 가능하다는 것을 전제로 한다. 이 장에서는 마케팅과 광고에 적용된 가치의 개념에 대해서 다룰 것이다.

가치의 개념

로키치(Rokeach)는 가치를 "하나의 행동양식 혹은 존재의 최종상태가 그와 반대되는 다른 행동양식 혹은 존재의 최종상태보다 선호되는 지속적 신념"으로 정의하였다.[1] 가치체계란 "여러 대안들 중의 선택, 갈등의 해결, 의사결정을 도와주는 원리와 규칙들의 학습된 조직체"이다. 불결보다는 청결, 슬픔보다는 행복, 질병보다는 건강이 더 선호된다. 사람은 자신의 그러한 선호에 감정적 반응을 보이기도 한다. 선호는 행위를 이끌어내는데, 가령 지저분하다면 청소해서 청결하게 바꾸는 행동을 할 것이다. 이러한 선호를 추상적으로 표현하면 보편적인 것처럼 보인다. 그러나 우선순위는 천차만별일 뿐 아니라, 우리가 가치를 표현하는 방식도 다양하다. 우리는 청결한 것을 원하지만 이러한 목표에 도달하기 위해서 사용하는 방법은 다양하다. 벨기에인은 이웃나라 네덜란드보다 가루비누를 두 배나 많이 사용한다. 우리는 모두 건강해지기를 원하지만 건강을 유지하는 방법은 다르다. 남유럽에서는 북유럽보다 항생제 사용이 더 많다.

가치는 어렸을 때에 맹목적 방식으로 학습되는 것이다. 가치는 일반적으로 세상은 어떻게 되어야 할지에 대한 사람들의 생각을 절대적 관점에서 묘사한다. 자유와 평화, 이것은 바라는 것이 아닌 바람직한 것들이다. 바라는 것은 당신 자신을 위해 당신이 원하는 것이다. 바라는 것은 그가 무엇을 해야만 한다는 것과 반드시 동일한 개념은 아니다. 바라는 것과 바람직한 것의 구분은 특히 광고에서 중요한 의미를 가지는데, 이것은 제 8장에서 자세하게 살펴볼 것이다.

로키치는 "인간은 특정 양식이나 상태를 선호하게 되는데, 이러한 선호는 그가 그것을 반대되는 가치와 비교했을 때뿐만 아니라, 그것을 자신의 가치체계 내에 있는 다른 가치와 비교했을 때도 나타난다"고 한다. 인간은 자신의 가치계층에서 하위수준에 있는 양식 또는 상태보다 상위의 양식 또는 상태를 더 선호한다는 것이다.[2)] 따라서 가치들에는 서로 상반되는 것들도 포함되며, 상대적 중요성에서 차이가 나는 여러 다른 형태의 가치들이 가치체계 내에 존재하게 된다. 가치들은 조직적 체계로 통합되며, 이 체계 내에서 가치들은 다른 가치와 비교되어 우선순위가 정해진다. 가치는 인간의 선택, 신념, 태도, 행동을 이끄는 기준으로서의 역할을 수행한다.

다른 학자들과 마찬가지로, 로키치 역시 ① 인간이 소유하는 가치 전체의 숫자는 상대적으로 적으며, ② 모든 인간은 동일한 가치를 다른 정도로 소유하고 있으며, ③ 인간가치의 근원은 문화, 사회, 제도에서 나타난다고 가정한다.

로키치는 가치를 궁극적 가치와 수단적 가치라는 두 가지 수준으로 구분하였다. 궁극적 가치는 어떤 존재의 바람직한 최종상태를 나타내며, 수단적 가치는 바람직한 행동양식을 말한다. 수단적 가치는 존재의 최종상태에 도달하고자 하는 동기가 된다.

〈표 5-1〉은 로키치의 궁극적 가치와 수단적 가치를 알파벳순으로 나열한 것으로, 1960년대 미국인의 가치목록을 근거로 작성되었다.[3)]

이러한 가치들은 수많은 미국 광고에서 찾아볼 수 있다. 한 예로 텔레킹(Tele King) 통신회사의 TV광고는 사람들에게 사장이 될 기회, 독립, 많은 재산 그리고 여가시간을 이야기하였다(〈사진 5-1〉). 사장이 된다는 것은 독립과 평등을 나타낸다. 여가시간의 예는 역동적인 삶(크루즈 여행이나 등산)과 즐거움을 나타낸다. 많은 재산은 안락한 삶을 나타낸다.

사람들이 중심가치 혹은 핵심가치라고 언급하는 것들은 주로 궁극적 가치를 일컫는 것이며, 사람들 혹은 사회의 규범과 같은 도덕가치는 인간의 행동양식을 말한다. 인간이 무엇을 해야 하며, 또 어떻게 행동해야 하는가의 지침이 되는 사회규범은 특

〈표 5-1〉 로키치의 궁극적 가치와 수단적 가치

궁극적 가치	수단적 가치
안락한 삶	야심 찬
역동적인 삶	관대한
성취감	유능한
세계평화	쾌활한
아름다움	청결한
평등	용기 있는
가족의 안전	용서하는
자유	도움이 되는
행복	정직한
내적 조화	상상력이 풍부한
성숙한 사랑	독립적인
국가의 안전	지적인
기쁨	논리적인
구원	사랑하는
자기존중	복종적인
사회적 인정	공손한
진정한 우정	책임감 있는
지혜	자기 통제적인

출처 : Milton Rokeach, *The Nature of Human Values* (Free Press, 1973)에서 재인용.

사진 5-1 미국의 Tele King 광고

정 사회에서의 행위에 필요한 조건으로, 그 사회의 궁극적 가치보다는 오히려 수단적 가치와 더 관련이 있다.

가치는 개인의 행동, 태도 및 판단을 결정하는 구체적인 하나의 신념이다. 태도는 특정 목적 또는 상황에 초점을 맞춘 몇몇 신념의 조직체이다. 태도가 특정 목적이나 상황지향적인 데 반해서 가치는 지속적인 기준이다. 가치는 태도에 비해 훨씬 안정적이며, 사람의 인지체계에서 중심적 위치를 차지한다.[4)]

가치의 지속성

가치는 아이들이 어렸을 때 배우는 최초의 것들 중 하나로 이는 의식적으로가 아니라 은연중에 학습된다. 발달심리학자들은 대부분의 아이들이 10세쯤이면 기본적 가치 체계를 가지게 된다고 믿는다.

아직도 마케팅 연구자들은 가치가 끊임없이 변하고 있다는 것을 증명하기 위해서 애쓴다. 하나 그들이 발견하는 것들은 가치의 표현양식, 문화의 상징, 의례에서의 변화들뿐이다. 롤랜드(Roland)는 인도남성들이 직장에 있을 때는 서양 옷을 입거나 서양식 식사를 하는 등 인도 전통의 카스트 제도를 무시하기도 하지만, 가정에 있을 때는 이러한 전통적 형식과 의례 모두를 엄격하게 지키고 있음을 발견하였다.[5]

민족문화의 핵심가치는 상당히 안정적이다. 가치가 얼마나 안정적인지는 얀켈로비치(Yankelovich)에 의해 밝혀졌는데, 그는 증가된 부의 영향과 다른 변화들에도 불구하고 미국인이 중요하게 생각하는 많은 전통적 가치는 여전히 확고한 상태로 남아 있음을 발견하였다.[6] 미국인들의 라이프 스타일 변화에도 불구하고 모든 미국인이 실질적으로 공유하는 많은 핵심가치들은 지속적으로 남아 있다.

- 자유 (정치적 자유에 대한 존중, 자유로운 연설)
- 법 앞의 평등
- 기회의 균등 (시장상황에서의 자유와 개인주의의 실질적 표현)
- 공정성 (사람들이 자신이 노력한 만큼 얻을 수 있는 권리)
- 성취 (개인적 노력의 효과에 대한 믿음, 교육과 열심히 일하는 것에 대한 보상적 시각)
- 애국심 (미국에 대한 충성)
- 민주주의 (대다수의 판단에 의해 지배되는 사회에 대한 믿음)
- 미국적 예외주의 (미국만의 도덕적 지위와 사명에 대한 믿음)
- 타인에 대한 관심 (혈족적, 인종적으로 타인에 대한 관심)
- 종교 (어떤 초월적 의미에 대한 경외)
- 행운 (행운은 언제나 누구에게나 올 수 있다는 믿음)

얀켈로비치는 이러한 작은 가치들의 집합이 미국인으로 하여금 단일 국민, 단일 국가를 유지하게 하는 원동력이라고 주장하였다.

1973년부터 2002년 사이에 여러 국가에 걸쳐 실시된 유로 표준(*Eurobarometer*) 조사 자료에 의하면, 자신의 삶에 대한 전반적 만족수준은 시간이 흘러도 어느 정도 동일하게 나타났는데, 주목할 만한 점은 문화에 따라 많은 차이가 있었다는 점이다. 덴마크, 네덜란드, 영국인들은 이탈리아, 프랑스, 독일인들에 비해 일관되게 높은 수준의 만족을 나타냈는데, 이러한 차이는 오랫동안 변함이 없었다. 이러한 문화 간의 차이는 홉스테드(Hofstede)의 문화차원을 통해 설명될 수 있다. 불확실 회피성향은 행복감과 부(-)의 관계에 있으며 이것은 시간의 흐름에도 안정적으로 나타난다. 한 가지 중요한 발견은 15~24세의 젊은이들에게서도 유사한 차이점이 발견되었다는 것이다. 유로 표준(Eurobarometer)은 유럽의 젊은이들에게 자신의 인생에 어느 정도 만족하는지를 질문하였는데, 〈그림 5-1〉에서 보듯이 젊은이들의 결과는 전체국민의 결과와 평행하게 나타났다.

가치의 변화

가치는 지속적이지만, 어떤 가치는 오랜 기간에 걸쳐 서서히 변하기도 한다. 가치의 변화는 경제적인 변화, 현대화, 성숙효과(*maturation effect*), 세대효과(*generation effect*), 시대사조(*Zeitgeist*) 그리고 연장자 효과(*seniority effect*)에 의해서 나타날 수 있다.

부는 개인주의로, 가난은 집단주의로 이끌며, 양질의 교육은 권력거리를 좁혀준다. 그러나 상대적 차이는 여전히 남으며, 어떤 차이는 시간이 흐르면서 더욱 벌어지기도 한다. 표면적으로는 사람들이 더욱 개인주의화되는 경향이 있지만, 개인화는 다른 패턴을 따른다. 산업화와 도시화로 표현되는 현대화는 집단주의 사회에서 개인주의 사회로의 전환을 가져올 것으로 가정한다. 도시화가 대가족을 해체시켜 핵가족화하는 경향이 있지만, 이러한 도시화가 반드시 대가족제도와 관련된 가치의 감소를 의미하는 것은 아니다. 롤랜드는 인도인들의 가정은 항상 대가족 상태로 남아 있다고 한다.[7] 대가족제도에서는 가족구성원들 간에 강한 유대가 형성되고 휴일을 함께 보

〈그림 5-1〉 가치는 지속적이다 : 삶에 대한 만족도

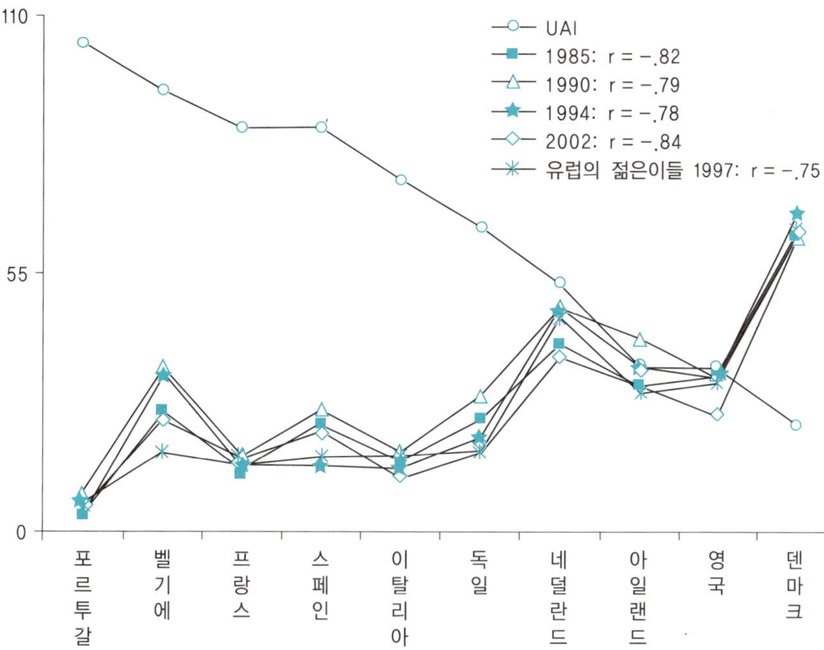

출처 : Hofstede (2001)(부록 A 참조); Eurobarometer (1985, 1990, 1994, 2002); Young Europeans(1997)(부록 B 참조)

내고 중요한 일에 대해서는 공동 의사결정을 하고 때때로 공동소유를 한다. 인도사회와 문화는 다양한 외래문명을 자기 것으로 현대화시켰다. 계급사회가 형성되었지만 계급이 카스트제도에 우선하는 것은 아니다. 카스트는 직업, 결혼 또는 대출을 지원해 주기도 하고 정치에 참여하기도 한다. 신기술과 양질의 교육이 개인화를 촉진시키고 있지만, 일본인은 여전히 전통적인 가족과 집단의 계층구조를 벗어나지 못하고 있다. 일본인에게 현대화는 전통적인 일본인의 자아이상을 강화시켜 직무에 더욱 헌신하게끔 하였으며, 이는 집단의 이익에 공헌하는 결과를 가져왔다. 권력거리가 큰 문화에서 맹목적 복종과 같은 구조적 계급체계는 변할 수 있겠지만, 특질, 상사에 대한 존경, 상호호혜적 관계에 따른 계층구조에 포함된 종속가치는 남아 있다.

성숙효과란[8)] 나이가 들어감에 따라 사람들의 가치가 변하는 것을 의미한다. 예를

들면 스트레스는 중년층에서 가장 높으며 남성다움은 나이가 들어감에 따라 약해진다. 목표가 있는 젊은층은 일반적으로 이미 그 목표를 이룬 사람들에 비해 강한 남성주의의 가치를 가지며, 청소년 · 노인층은 덜 개인주의적이다.

세대효과는 젊은 시절 어떤 기간에 가치가 고정되어 이것이 그 나이집단의 일생 동안 함께하는 것을 말한다. 젊었을 때의 급격한 삶의 변화는 서로 다른 고정된 가치를 지닌 세대가 생길 수 있게 한다. 유럽과 미국의 1960년대 세대의 가치변화가 세대효과의 대표적인 예이다.

시대사조 효과는 연령층에 상관없이 체제 전반에 걸친 광범위한 상황변화가 모든 사람들의 가치를 변화시킬 때 발생한다. 불경기에는 권력거리가 커지는데 평등이 그 기능을 충분히 발휘하지 못하기 때문이다. 불경기에는 또한 관료주의가 증가하고 불확실 회피성향 정도가 강해진다. 연장자 효과는 조직 내에 연장자인 사람들의 가치가 기준이 될 때 발생하는 것으로, 연장자와 연령효과는 쉽게 분리될 수 없다.

비교문화적 가치연구

로키치의 가치조사는 마케팅 분야에서 사용된 최초의 것 중의 하나이다. 이에 비해 단순한 가치에의 접근법은 칼과 고프 티머(Kahle & Goff Timmer)에 의해 개발된 LOV(*List Of Values*)가 있다.[9)] LOV는 ① 소속감, ② 흥분, ③ 사는 동안의 재미와 즐거움, ④ 타인과의 따뜻한 관계, ⑤ 자아실현, ⑥ 타인의 존경, ⑦ 성취감, ⑧ 안전, ⑨ 자기존중의 9개 항목으로 구성되어 있다. 이 9개 항목은 미국의 마케팅과학연구소(MSI)가 새로 개발한 MILOV(*Multi-Item List Of Values*) 척도의 근간이 되었다. MILOV 척도의 9개 가치 역시 ① 안전, ② 자기존중, ③ 타인의 존경, ④ 자아실현, ⑤ 소속감, ⑥ 흥분, ⑦ 재미와 즐거움, ⑧ 따뜻한 관계, ⑨ 성취감 등이다. 로키치의 목록과 LOV는 모두 세계적으로 가치연구에 사용되며, 마케팅과 광고에서도 사용되었다. 로키치는 가치조사를 수행할 당시부터 이미 가치가 문화에 따라 다르게 나타날 것이라는 사실을 알고 있었다. 그럼에도 불구하고 일부 연구기관들은 문화가 다른 그들의 가치연구에 미국의 가치목록을 사용한다. 서로 다른 환경의 차이를 무시하고 동일한 방법으로 가치를 측정한다면 부적절한 결과가 야기될 것이다. 국제적 가치연구는 각 참여국의 상이한 가치체계를 처음부터 고려해야만 한다.

비교문화적 가치연구는 여러 가지가 있는데, 그 결과는 공적 영역에서만 유효하다. 유럽의 비교문화적 가치연구인 유럽가치연구(EVS : *European Values Study*)[10]는 로널드 잉글하트(Ronald Inglehart)[11]에 의해서 세계가치연구(WVS : *World Values Study*)로 확장되었다. 또 다른 유럽가치연구인 유럽사회연구(ESS : *European Social Surveys*)의 자료는 인터넷에서 내려받을 수 있다.[12] 이는 유럽 가치에 대한 유용한 연구자료이다. 일부 국제적 매체연구는 가치의 차이를 측정하는 문항들을 포함한다. 예로는 〈리더스 다이제스트〉의 연구와 유럽 매체마케팅 연구(EMS : *European Media and Marketing Surveys*)가 있다.[13] 한 문화에서 개발된 가치목록을 다른 문화에 적용할 때 나타날 수 있는 결과는 여러 가지인데, 가치의 우선순위가 다를 수 있으며, 어떤 문화에서는 궁극적 가치로 생각하는 것들이 다른 문화에서는 수단적 가치로 여겨질 수 있으며, 어떤 문화와 관련된 가치가 다른 문화에서는 존재하지 않을 수도 있고, 따라서 다른 언어에서는 언어적이나 개념적으로 동질적인 것이 없을 수 있다.

가치 우선순위 다양성

일부 가치는 어디에나 존재하지만, 가치의 우선순위는 차이가 있다. 로키치는 미국인, 오스트레일리아인, 이스라엘인, 캐나다인 학생들의 문화적 차이를 조사하는 과정에서, 학생들이 목록에 있는 가치들의 중요성 순위를 서로 다르게 평가하고 있음을 발견하였다.[14] 특히 이스라엘 학생들은 다른 국가의 학생들과 많이 달랐는데, 예를 들어 그들은 야망보다는 유능함에 더욱 관심이 많았으며, 대부분의 앵글로색슨족(미국인, 오스트레일리아인, 캐나다인) 학생들이 개인주의를 선호했던 것에 비해 그들은 집단중심의 성향을 선호하였다. 이것은 이스라엘 문화가 다른 문화(예 : 미국)에 비해 더욱 집단주의적이며 불확실 회피성향 정도가 높고 능력을 더 중시한다는 홉스테드의 발견을 뒷받침해 준다. 또한 야망을 중요시하지 않는다는 것은 이스라엘인들의 남성주의 지수가 상대적으로 낮다는 사실을 통해서도 이해될 수 있다. 이후 다른 학자들에 의해 밝혀진 연구결과 역시 미국 이외의 문화권에 있는 사람들이 동일한 가치에 대해서 다르게 평가한다는 사실을 확인시켜 주었다.

그루너트, 그루너트, 비티(Grunert, Grunert, & Beatty)는 칼(Kahle)의 LOV 척도를 이용하여 세 나라(미국, 독일, 덴마크)의 두 연령집단의 가치를 비교하였다.[15] 그 결과 특히 재미와 즐거움, 자아실현의 가치에서 순위가 다양하게 나타남을 알 수 있었다. 덴마크인 응답자들은 자신의 나이와는 상관없이, 재미와 즐거움을 독일인과 미국인 응답자들보다 훨씬 높게 평가한 반면에, 독일인과 미국인 응답자들은 자아실현을 더 높게 평가하였다.

가마쿠라와 마존(Kamakura & Mazzon)은[16] 로키치가 제시한 궁극적 가치에서 미국인과 브라질인 사이의 근본적 차이점을 발견하였다. 미국인들에게는 가족의 안전, 세계평화, 자유가 시종일관 중요한 가치였던 것에 비해, 브라질인은 진정한 우정, 성숙한 사랑, 행복을 가장 중요한 가치로 선택하였다. 1971년과 1981년의 순위비교는 미국인의 가치가 오랜 시간이 흘렀음에도 불구하고 상당히 안정적으로 나타난다는 사실을 보여준다.

궁극적 가치와 수단적 가치의 혼합

어떤 문화에서는 궁극적 가치로 생각되는 것들이 다른 문화에서는 수단적 가치로 여겨질 수 있다. 로키치는 복종, 타인과의 원만한 관계, 자기통제를 수단적 가치로 분류하였지만,[17] 집단주의 문화에서처럼 권력거리가 큰 곳에서는 복종이 오히려 궁극적 가치가 될 수 있다. 연장자, 부모, 자신보다 높은 위치에 있는 사람에 대한 존경은 집단주의 문화의 중요한 특징이다. 마찬가지로 궁극적/수단적 가치의 구분이 아시아 문화에 적용된다면, 타인과의 원만한 관계, 조화는 수단적 가치라기보다는 오히려 궁극적 가치로 분류될 것이다. 벨기에인 패트릭 빈케(Patrick Vyncke)가 조사한 바에 따르면, 벨기에인들이 가장 중요하게 생각하는 궁극적 가치는 '하늘 아래 자신만의 보금자리를 갖는 것'이다.[18] 하지만 네덜란드인들은 이러한 가치를 수단적 가치로 간주한다. 네덜란드인이 생각하기에 집이란 안전을 위한 수단에 불과하다. 네덜란드인은 이러한 가치뿐만 아니라 여러 면에서 벨기에인과 매우 다르다. 특히 벨기에인들은 "a stone in your belly"(뱃속의 돌)와 같은 속담이 있을 정도로 자신이 태어난 땅의 흙에 대해 강한 애착을 가지고 있다. 경험적 이유로 보면, 비교문화적 가치연구에서는 수단적 가치와 궁극적 가치를 구분하는 것을 피하는 것이 좋다.

문화 특유의 가치

일부 중요한 가치는 한 문화에서 특유한 것이다. 어떤 문화와 관련된 가치가 다른 문화에서는 존재하지 않을 수도 있다. 예를 들어 로키치의 가치목록을 보면 두 가지 중요한 아시아인의 가치, 즉 인내와 검소가 존재하지 않는다. 한 문화 특유의 가치는 중요한 문화적 개념(이러한 문화적 개념은 다른 언어 혹은 비슷한 문화의 언어로도 번역될 수 없다)을 살펴봄으로써 발견할 수 있다. 가치를 표현하는 일부 단어는 언어적이거나 개념적으로 동일한 것이 없기 때문에 비교문화 연구에서 공통의 단일 가치목록을 사용한다는 것은 많은 오류를 야기할 수 있다. 가치를 번역하는 과정에서 뜻을 이해할 수 없게 되거나 다른 뜻으로 둔갑할 수도 있다.

미국과 상이한 문화적 배경을 가진 국가에서는 로키치의 가치가 전형적인 미국인의 가치를 토대로 작성되었다는 사실을 알게 됨으로써 그들 자신만의 가치목록을 개발하려고 노력한다. 하지만 이는 매우 천천히 이루어지고 있다. 대표적인 예로 여기서 언급한 벨기에인들과 네덜란드인들의 가치목록이 있다. 한 문화 특유의 가치를 관찰할 수 있는 다른 방법은 현지인의 사회심리 또는 라이프 스타일 조사에 사용된 질문 내용들을 분석하는 것이다. 질문내용이나 진술내용들은 그 문화 특유의 가치를 반영하기 때문에 이를 통해서 그 문화의 차원들을 이해할 수 있다. 이 사실을 입증하기 위해 인도인의 설문조사와 일본인의 설문조사에서 몇 개의 질문들을 인용해 보았다.

벨기에인의 가치

벨기에 학자 패트릭 빈케가 개발한 가치목록에는 로키치의 목록에는 없는 가치들인 자존심, 이기주의, '자기 자신의 일을 하는 것'과 같은 개인주의적 가치가 포함되어 있다(〈표 5-2〉).[19] 그것은 성공, 높은 지위, 특권과 같이 남성주의를 나타내는 강한 권력거리의 가치뿐만 아니라 개인주의적 가치를 반영하는 것이다. 더욱 흥미로운 점은 처음의 여덟 가지 가치들은 모두 벨기에 문화의 특징이라고 할 수 있는 불확실 회피성향을 반영하는 것으로 여겨진다는 것이다. 자신의 집을 소유하는 것은 안전의 한 형태로, 검소, 자손, 건강, 무사, 다른 사람에게 의지할 수 있는 상태, 고통이 없는 상태 역시 마찬가지이다. "네가 소유하고 있는 모든 것을 있는 그대로 유지하라"와 같은 말은 불확실 회피성향이 강한 문화의 특징인 변화에 대한 거부감을 반영한다. 자손이 중요한 가치목록으로 나타났다는 것은 벨기에 사회에서 아이들의 중요성을 반영하는 것이다.

네덜란드인의 가치

네덜란드인 조크 오펜휘센(Joke Oppenhuisen)은 네덜란드인 가치의 6가지 차원을 발견하였는데,[20] 이는 〈표 5-3〉에 요약되어 있다. 각 차원은 낮은 남성성을 갖는 개인주의 문화에서 전형적으로 나타나는 패러독스를 반영한다. 즉, 자유와 소속이 그것인데, 이는 스칸디나비아의 가치연구에서도 발견된다. 각 차원에 있어 이러한 패러독스는 각기 다른 사회적인 특징과 관련되는데, 그 특징은 사회적 관계, 동시대의 인류, 사회, 안전, 가족의 삶, 그리고 타인의 인정에 의존하는 것 등이다. 각 차원은 10개의 항목으로 이루어져 있다. 〈표 5-3〉에는 각 차원의 처음 3가지 항목이 제시되어 있다. 이 연구에서 가치의 우선순위는 제시하지 않았다. 여러 가치들이 로키치와 유사하지만, 로키치의 목록에는 없는 가치들도 추가되어 있다.

〈표 5-2〉 벨기에인의 가치목록

1. 하늘 아래 자신의 집, 있을 곳을 소유하는 것
2. 검소, 절약
3. 자손, 자식을 가지는 것
4. 건강, 건강한 삶
5. 무사, 위험 없는 세상에서 사는 것
6. 안심, 다른 사람에게 의지할 수 있는 상태
7. 고통, 두려움, 불행이 없는 상태
8. 모든 것을 있는 그대로 유지하는 것
9. 자신에게 관심을 기울이는 것, 이기주의
10. 낭만주의, 사랑에 빠져 있음, 낭만적인 사랑
11. 에로틱한 사랑, 섹스, 관능, 유혹
12. 강한, 친밀한 그리고 성숙한 파트너와의 관계
13. 아이들에 대한 사랑
14. 돈독한 우정, 우애, 동료애
15. 굳건한 가족간의 결속, 좋은 가족관계
16. 동료들을 위한 더 좋은 세상
17. 더 좋은 환경, 자연에 대한 사랑
18. 자부심, 자존심
19. 타인의 존경을 받는 것
20. 칭찬받는 것, 위신, 지위, 성공하는 것
21. 리더십, 권력
22. 자기통제력
23. 자유, 자립, 자기 자신의 일을 하는 것
24. 자신의 능력개발, 창의력
25. 자기 자신의 라이프스타일을 가지는 것
26. 스트레스 없이 사는 것, 평화로운 것, 내적 조화
27. 활동적이고, 재미있고, 모험적인 삶을 사는 것
28. 삶에서 단순한 것을 즐기는 것
29. 부유하고, 편안하고, 호화로운 삶을 사는 것

출처 : Vyncke (1992), *Imago-Management*.

〈표 5-3〉 네덜란드인의 가치 : 6개 차원

차원 1		차원 2	
소속	성취	사회적인	개인적인
포옹	야망	공감	기쁨
우정	열광	이해	매력적인
사랑	권력	도움	근심 없는
차원 3		**차원 4**	
오래된 가치	새로운 가치	안전	도전
애국심	취미	단정한	도전
존경할만한	교육	부유한	자발적인
자부심 있는	시간을 갖기	청결한	신분야 개척
차원 5		**차원 6**	
가족의 삶	자유	순응하는	독자적인
엄마역할	자유	잘 갖춰 입은	독자적인
자녀를 갖기	평범	매력적인	신념
포옹	평화와 고요	위신	반역자

출처 : Oppenhuisen (2000)

인도인의 가치

감정, 사상, 정신수양에서의 자유를 포함한 개인주의가 충분히 발전했음에도 불구하고 인도에서는 여전히 대가족의 가치가 우세하다. 인도사회에서 경쟁적 개인주의는 타인의 감정을 상하게 함으로써 서로간의 관계를 깨뜨릴 수 있는 것이기 때문이다.[21]

인도 문화의 다른 전형적 가치들은 심리분석 연구에서 사용되는 문장들에서 따온 것이다. 이러한 질문들의 예가 〈표 5-4〉에 나타나 있는데, 여기에는 인도인 조사에서 사용된 총 74개의 질문 중 10개의 질문항목이 실려 있다.[22] 이러한 질문들이 전체 목록에서 어떤 순위를 차지했는지 보여주기 위해 표에서는 조사에서 사용된 원래의 질문번호를 괄호 안에 표시하였다.

인도문화는 큰 권력거리와 중간 정도의 집단주의, 남성주의 그리고 약한 불확실 회피성향을 보인다. 큰 권력거리는 연장자에 대한 존경심을 드러내는 1, 4번 질문과 종

〈표 5-4〉 인도인의 가치를 반영한 74개 항목 중 10개 문항

1. 내가 입고 싶은 옷이라도 사회에서 무례한 것으로 생각한다면 그 옷은 입지 않는다 (1).
2. 내 친척이나 아주 가까운 사람이 아니면 사람과 얘기하는 것은 불편하다 (8).
3. 결혼하기 전에 남성과 여성이 서로에 대해서 잘 아는 것은 중요하다 (9).
4. 웃어른에게 복종하는 것은 중요하다 (20).
5. 나는 일반적으로 가족과 함께 식사를 한다 (40).
6. 식료품점을 제외하고 혼자 쇼핑하는 것에 자신이 없다 (41).
7. 나는 여러 가족과 함께 지내는 것을 좋아한다 (42).
8. 우리의 삶은 운명에 의해 결정된다. 그래서 우리는 우리의 삶을 변화시킬 수 없다 (54).
9. 방문객이 집에 오면, 경제적으로 부담이 되더라도 많은 음식을 만들어서 대접한다 (68).
10. 기대에 부응하지 않는 제품일지라도 불평하지 않는다 (74).

출처 : Shunglu & Sarkar (1995).

속을 나타내는 10번 질문을 통해서 알 수 있으며, 5, 6, 7, 9번 질문을 통해서 혼자 있기 싫어하고 자신의 경제적 능력을 벗어날 정도로 방문객을 환대하는 집단주의의 성향을 볼 수 있다. 또한 격리된 사회, 중매결혼과 같은 인도인의 전형적인 역사적 가치와 관례들이 표에 나타나 있다.

일본인의 가치

먼저 다른 동아시아 문화에서도 발견되며 마케팅이나 광고에서 자주 등장하는 일본의 가치를 설명할 것인데, 동시대 인류와의 조화와 자연과의 조화가 그것이다. 이들은 장기지향성과 집단주의가 결합된 것으로 여기서는 일본을 예로 설명하지만, 동아시아의 많은 문화에 해당되는 가치들이다.

조화: 일본인들의 기본가치 가운데 가장 중요한 것 중 하나가 함께 걷기, 함께 생각하기, 함께 식사하기와 같은 조화이다. 이는 감정이입(타인의 감정을 이해하고, 미리 아는 것), 연장자에 대한 존경, 정직과 관련된 개념이다. 정직은 서구인들의 진실과는 개

념상 관련이 없다. 일본인들이 말하는 정직은 존경과 관련된 개념이다. 예를 들어 정부는 우리를 마치 어린아이처럼 취급해서는 안 되고 성인으로서 대해야 한다와 같은 것이다.

자연: 일본인이 자연의 섭리를 얘기할 때, 그들은 모든 존재의 근원으로 자연의 질서에 대해 얘기한다. 기독교 세계에서는 모든 존재의 근원은 신이며 사람들은 신으로부터 안식을 구한다. 일본인들은 자연에 몰두함으로써 안식을 얻는다. 일본인들은 겉으로 보기에는 편안해 보이지만 그 내면을 살펴보면 꼭 그렇지만은 않다. 일본인들은 갈등이 잠재되어 있는 인간관계 때문에 매우 힘들어하며 이러한 이유 때문에 자연에 의존하게 된다. 자신의 내면세계와 외면세계의 인간관계를 구분하고 살아간다는 것은 매우 복잡하고 스트레스 쌓이는 일이다. 자연은 이러한 구별을 짓지 않기 때문에 전적으로 신뢰받을 수 있게 되는 것이다.[23] 자연과 관련된 것들은 인간과 관련된 일처럼 혼란스러운 것이 아니다. 따라서 자연은 안식처와 같은 기능을 한다.

그 외의 전형적인 일본의 가치는 가즈아키 우시쿠보(Kazuaki Ushikubo)가 일본인들의 욕망을 연구하여 이를 구조화시켜 개발한 모형에서 찾아볼 수 있다. 이 모형은 일본인의 12가지 핵심가치를 기초로 한다.[24] 그는 1982년부터 매년 3천 명의 응답자에게 12가지의 질문을 통해 조사를 수행하였다. 응답자들에게 스티커를 나눠주고 자신의 선호도에 따라 가치진술에 스티커를 붙이게 하였는데, 이를 통해 우시쿠보는 일본인들에게 '변화', '참여', '자유', '안정'이라는 네 개의 기본적인 가치군(群)이 있다는 것을 발견하였다. 이는 〈그림 5-2〉에 제시되어 있다. 12개의 질문은 다음과 같다.

1. "친구를 유지하는 것은 매우 중요하다." 이것은 참여라는 가치군에서 가족과 친구라는 요소와 관련된 것이다. 여기서 친구라는 것은 집단내의 구성원에 적용되는 말로 서구 개념인 우정과는 관련이 없고, '올바른 행동 대 당신 집단에서의 다른 사람들'과 관계되는 것이다.
2. "피곤한 머리와 몸을 상쾌하게 하고 싶다"는 휴식과 관련된 것으로 안정이라는 가치군으로 분류된다.

〈그림 5-2〉 일본 : “자유와 질서”

출처 : Kazuaki Ushikubo (1986).

3. “남들보다 앞서 지식을 배우고 싶다”는 변화라는 가치군의 일부이다.
4. “내 자신의 주체성은 중요하다.” 이 질문은 자유의 가치군과 관련된 것으로 개인화 풍조에 부합한다. 이것은 사회에서 결여되었기 때문에 강조되는 가치의 예이다.
5. “친구, 가족과 함께 즐거운 시간을 보낸다.” 이는 일본어로 단란이라고 하는데, 우시쿠보에 따르면 영어에는 이에 해당하는 적합한 말이 없다. 이것은 가족, 좋은 친구들과 함께 행복한 시간을 보내는 것으로 참여의 가치군에 해당한다.
6. “두려움 없이 사는 것 — 안전.” 이것은 안정의 가치군에 포함된다.
7. “무언가를 창조하거나 나의 능력을 한 단계 높이는 것.” 이것은 변화의 가치군에 속한다.
8. “쉽게 사는 것, 내 주변에 관심을 가지지 않는 것.” 이러한 자기주의(*me-ism*)는 자기 자신이 집단 밖에 있길 원하는 것으로 자유의 가치군에 포함된다.
9. “주변의 사람들과 잘 지내는 것.” 이것은 사회생활과 관련된 것으로 참여의 가치군에 포함된다.
10. “건강하길 원하는 것.” 이것은 안정의 가치군에 속한다.

11. "고독하게 사는 것, 고독한 시간을 보내는 것." 이는 자발적 고독과 관련된 것으로 자유의 가치군에 포함된다.

개인화, 자기주의, 자발적 고독으로 정의된 자유군(群)은 응답자의 10% 정도에 머무르고 있는데, 이는 자유가 일본에서는 다른 의미로 사용되고 있음을 보여주는 것이다. 곧 일본에서 자유는 질식할 것 같은 집단의 압력에서 탈출하는 것을 뜻한다.

중요한 가치는 번역되지 않는다

가치에는 명칭이 붙여져야 하는데, 그 명칭이 번역된다 하더라도 가치는 서로 비교하기 어려우며, 상이한 가치를 나타내기 마련이다. 따라서 미국인의 가치목록 중 일부 가치를 다른 언어로 번역하여 옮긴다는 것은 원래의 개념을 아무런 의미가 없는 개념으로 만들 수도 있으며, 긍정적 개념을 부정적 개념으로 바뀌게 할 수도 있는 것이다.

번역이 불가능한 단어와 개념들의 예는 앞서 제 3장에서 살펴보았다. 특정 문화에서는 그러한 단어와 개념들이 즉각적으로 메시지를 전달해 주는 의미있는 것들이기 때문에 광고에서 매우 중요하다. 네덜란드의 커피 제조업자 에그버트(Douwe Egberts)는 지속적으로 자신들의 커피를 전형적인 네덜란드인들의 공동체의식에 연결시킴으로써 네덜란드에서 높은 시장점유율을 구축하였으나, 이것은 비슷한 문화를 가진 스칸디나비아를 제외한 유럽의 다른 국가에서는 사용할 수가 없다. 미국의 가치목록이 비교문화 연구에서 너무 빈번하게 사용되었기 때문에 이 절에서는 전형적인 로키치 가치의 번역상의 몇 가지 문제점을 설명하겠다.

애국심이나 민족주의와 같은 가치들은 각국의 역사에 따라 그 중요성이 다르다. 네덜란드와 같이 개방된 국가에서는 그러한 가치들은 무의미하며 중요하지 않다. 어떤 네덜란드인이 자신의 조국을 위해 목숨을 바칠 각오가 되어 있다고 말한다면, 이것은 단지 사람들의 웃음거리가 될 뿐이다.

민족에 대한 감정도 개인주의와 집단주의 문화에 따라 다양하게 나타난다. 개인주의 문화에서 국가는 사람들이 소속할 수 있는 관념적인 최종단위이다. 미국인들에게 국가는 '성조기'에 대한 충성이지 현 대통령에 대한 것은 아니다. 집단주의 문화의 구성원에게 사람은 암묵적으로 이미 '대가족'(*grand family*)의 한 부분이 된다. 여기서 좋은 지배자는 자애로운 아버지의 역할을 하며, 충성심은 지배자에 대한 것이다. 이것은 왜 개인적 결속을 토대로 하는 일본문화에서 아직까지 천황이 국기를 능가하는 충성의 상징이 되어 있는지를 설명해 준다.[25] 또한 14개 서유럽 국가들에서 고장이나 지역에 대한 소속의 정도를 질문한 유럽표준(*Eurobarometer*)의 2001년 조사에 의하면, 유럽에서는 사람들이 그들의 (국가가 아닌) 고장이나 지역에 소속감을 갖는 정도는 개인주의 문화에서보다 집단주의 문화에서 더 강하다. 집단주의는 "자신의 지역에 대한 소속감을 느낀다"는 응답의 변량의 62%를 설명하며, "고장에 소속감을 느낀다"는 응답의 변량의 43%를 설명한다.[26]

행복은 미국인들이 가장 중요하게 생각하는 가치 중 하나이다. 하지만 국가나 가족의 판단의 기준이 되는 중요한 삶의 목표가 행복의 추구라는 생각은 일본인에게는 이해하기 힘든 것이다. 일본인에게 인생의 중요한 목표는 자신의 책무를 충실히 수행하는 것이다. 기쁨이나 행복은 자신의 책무를 수행하기 위해 쉽게 포기해 버릴 수 있는 휴식과 같은 것이다.[27] 광고담당자들은 종종 행복을 보편적 가치로 이야기하지만, 위의 내용을 보면 우선순위는 매우 다양하다는 것이 분명해진다. 더 나아가서 무엇이 사람들을 행복하게 만들어 주느냐 하는 것은 더욱 다양하다.

또 다른 서구인들의 가치인 낭만적 사랑에 대해서 중국인은 소극적이지만 일본인은 상당히 적극적이다. 반대로 성적 기쁨은 미국인들에게는 도덕적 문제이거나 금기시되는 반면, 일본인들은 성적 기쁨에 대해서 도덕적일 필요를 느끼지 못한다. 인도문화에서도 성적인 것은 쉽게 받아들여지고 표현된다.[28]

미국인의 가치인 '구원'을 네덜란드어로 번역하는 것은 적절하지 않다. 글자 그대로 번역하면 아기를 배달한다는 것과 같은 단어이다. 네덜란드의 가치연구에서 구원은 문제해결로 열거되었다. 종교나 절대자에 대한 믿음과 관련된 모든 개념은 문화의존적이다. 일본인들에게는 신(神)과 관련된 개념이 없다. 따라서 그들에게는 신의 구원이라는 개념이 존재하지 않는다. 일본인들은 편안함을 자연에서 구한다.

소속은 개인주의 문화에서는 중요한 하나의 최종목적이다. '혼자' 혹은 '독자적인'은 개인주의적 가치체계의 부분이지만, 항상 바람직한 것은 아니며, 사람들은 다른 사람들과 같이 있기 위해 노력한다. 집단주의 문화에서는 소속은 존재의 일부분이다. 개인은 집단의 구성원으로서만 존재한다.

강한 남성주의(눈에 보이는 결과의 중시)와 낮은 불확실 회피성향(위험에 대한 도전)을 가진 앵글로색슨 문화에서는 '성취'란 높은 우선순위를 갖는 가치복합체이다. 이러한 조합은 기업가 활동의 요소처럼 앵글로색슨 문화의 경제적 성공에 대한 원동력이다. 다른 문화는 다른 성공의 요소를 가지고 있다. 프랑스인, 스웨덴인, 네덜란드인, 일본인 모두 성취라는 단어를 사용하지 않거나 또는 그 단어의 의미를 자신의 문화에 더 잘 맞게 변화시키려 할 것이다. 따라서 일본에서 성취는 '내적 조화나 개인적 달성'을 의미한다.

자유라는 단어는 문화에 따라 암시하는 바가 다르다. 미국 학생들이 생각하는 자유의 개념은 '자유로운 기업'이다. 반면에 네덜란드 학생들은 자유를 '감정표현의 자유, 자기 자신이 될 수 있음'으로 묘사하였다. 1996년에 서시베리아 출신의 러시아 학생은 자유라는 단어에 우선 '감옥에 있지 않는 것'을 연상하였고, 두 번째로 환경오염으로부터의 자유와 언론의 자유를 연상하였다.[29] 일본인에게 자유는 '집단을 초월하여 자기 마음대로 행동하는 것'으로서, 이러한 자유는 '정신적 구속으로부터 벗어나 자신의 개인적인 생각을 하는 것'으로 경험되는데, 이는 자유라는 것을 집단보다 개인을 우선시하는 근간으로 여기는 서구식 개인주의의 관념과는 상이한 것이며, 일본사회에서는 바람직하지 않은 것으로 간주된다. 영어단어 'freedom'의 번역에 사용되는 일본단어는 그 기원을 중국에 두고 있다. 그것은 다른 사람을 고려하지 않고 자신의 뜻대로 행동하는 것으로, 집단주의 사회에서는 부조화를 의미한다. 결국 이는 부정적 의미로 연결된다. 서구사회에서 자유(*liberty*, *freedom*)는 인간에 대한 존중을 의미하는 것이지만, 적어도 일본인들에게는 그 개념이 모호하다.[30]

로키치의 '안락한 삶'이란 가치는 물질적 번영과 연결되어 있다. 하지만 일본인들에게 그 의미는 금전적이 아닌 정신적인 풍요로움, 두려움이 없음, 안정성, 변화가 없음, 원만한 대인관계, 좋은 집을 의미한다. 네덜란드의 가치연구에서는 쾌락으로 열거되어 있다.

개인주의 사회에서 로키치의 '자기존중' 혹은 '자부심'의 가치에 해당하는 것은 자아개념이다. 이에 대해서는 제 6장에서 자세히 다루게 될 것이다. 일본에서 자기존중(자중)은 절제를 의미하는 것으로, 이것은 특성, 명성, 특권과 같은 의미를 포함하는 미국인의 가치와 정반대되는 개념이다. 일본인의 자부심은 가족과 직장에서 훌륭한 성과를 거둬 구성원들의 존경을 받는 것에서 비롯된다. 인도인의 내적 자부심은 가문의 명성과 깊이 연관되어 있다.[31)]

다른 문화권에 있는 사람들이 기쁨(*pleasure*)과 같은 단어를 정의하는 데에는 상당히 긴 문장과 설명이 뒤따르게 되는데 이는 문화에 따라 그 단어가 함축하는 의미가 달라지기 때문이다. 기쁨은 광고에서 자주 사용되는 개념이므로, 특히 다른 문화권에 있는 사람들은 이 단어가 함축하는 의미를 잘 이해하고 있어야 한다. 일본에서 기쁨은 내부집단에만 국한되는 개인의 내적 즐거움이다. 스페인어의 placer는 폭넓은 사회적 그리고 내적 기쁨을 포괄하는 개념이다.

우정(*friendship*)의 개념은 모호하다. 이 말은 일본사회에서는 존재하지 않는다. 이러한 개념은 영어단어에서 종종 접하기 때문에 잘 알고 사용하는 것이지, 기본적으로 친구라고 부르는 사람들은 내부집단의 구성원들이다. 진정한 우정이란 "그 사람과 어떻게 의사소통을 할지를 이해하고 있는 것"을 의미하며, 이것은 친구는 사귈 수도 있고 잃을 수도 있다는 북미식 개념의 우정과는 매우 다른 것이다(제 4장의 "개인주의/집단주의" 참조). 일본인들은 외부집단에 친구를 두지 않는다. 직장에서 새로 친구를 사귀는 일은 드물다. 결과적으로 일본인에게 진정한 우정에 대한 중요도를 묻는 것은 무의미한 일이다. 일본인들은 진정한 우정의 중요도를 표현할 수 없다. 비록 정도의 차이는 있겠지만 이러한 상황은 중국을 포함한 다른 집단주의 문화권에서도 마찬가지이다.

유럽인들이 생각할 때 단지 안면이 있는 정도의 사람들을 미국인들은 친구라고 부른다. 유럽대륙에서는 아주 절친한 친구 사이일 경우에만 이름을 부른다. 이에 반해 미국인들은 모든 사람을 부를 때 이름을 부르는데, 이것은 우정의 개념을 혼동시킨다. 우정은 특히 독일인에게 혼동스러운 개념인데, 왜냐하면 우정이란 단어를 너무 광범위하게 사용하면 그 의미가 매우 모호해지기 때문이다. 이는 서비스에 관한 〈뉴스위크〉 기사의 반응을 통해 잘 알 수 있다.[32)]

> 대부분의 유럽인들처럼 독일인은 미국인에 비해 고객과 어느 정도 거리를 둔다. 그러나 그것을 불친절하다고 생각하는 것은 무리이다. 미국에서 레스토랑 종업원이나 가게점원들이 잘 하는 작위적인 친근감은 독일인들을 불쾌하게 만든다. 식사 후면 금방 잊어버릴 웨이터와 이름을 부를 정도로 친하게 되기를 누가 원하겠는가?

수많은 서구의 추상적 개념들은 일본인이나 다른 아시아 문화권 사람들이 이해하기에는 어렵다. 특히 '세계평화'나 '삶의 질' 추구와 같이 일상생활과 동떨어진 추상적 개념들은 더욱 이해하기 어렵다. 동아시아인들은 실용적이고 현실적인 사고에 익숙하다. 이것은 '개념'이라는 기초적인 말도 그들의 사고방식에는 낯선 것이란 의미가 된다. 평화는 포괄적인 개념이 아니라 현실적인 의미로 건강, 안전, 좋은 사람들과의 교제를 의미한다.

가치와 라이프스타일 연구

마케팅에서 라이프스타일 연구는 라이프스타일에 의해 표현되는 가치체계에 따라 사람들을 집단으로 분류하는 데 목적이 있다. 초기의 소비자 행동연구에서는 심리학적 성격측정에 기초해서 소비자의 선택을 설명하는 데 큰 관심이 있었다. 라이프스타일 연구는 여기서 자라났다. 각 세그먼트는 AIO변수(*Attitudes*, *Interests*, *Opinions*)를 이용해서 '행복한 주부' 또는 '가격 의식 구매자' 등으로 정해졌다. 이러한 작업은 소비자의 선택, 특히 브랜드수준의 선택을 단지 일부만 설명할 수 있었고, 세그먼트는 시간의 경과에 따라서 그리 지속적이지 못했다. 1970년대 후반과 1980년대 초반에는 소비자행동을 설명하면서 동시에 시간이 지나도 지속적인 변수를 찾아내려는 시도로, 보다 일반적 가치를 다루기 시작했다.[33)] 소비자 행동을 심리분석적 분류에 적용한 첫 번째 예는 스탠퍼드 연구소(SRI)의 가치와 라이프스타일(VALS) 프로그램이다. 캘리포니아의 멘로 파크(Menlo Park)에 있는 SRI 인터내셔널[34]에 의해 개발된 VALS는 로키치의 가치체계에 기초를 두고 있다. VALS 체계는 소비자들의 다양한 선호도를 예측하는 데 유용한 여러 동기들과 인구통계학적 특성들에 대한 설문지를 이용한다. 그 후에 RISC 인터내셔널(전신은 파리의 국제사회변화 연구센터)이라고 불리는 유사한 체계가 유럽에서 생겨났다. 그 외 여러 다른 나라에서 이러한 연구가 개발되었다.

이 연구들의 공통점은 2차원의 공간 안에 소비, 응답자, 그리고 가치를 배치하였다는 것이다. VALS의 첫 번째 차원은 동기(*motivations*)와 자원(*resources*)이다. 세 가지 중요한 동기는 이상(*ideals*), 성취(*achievement*), 그리고 자기표현(*self-expression*)이다. 각 동기를 자원이 높은 것과 낮은 것으로 나누어서 6가지 기초적인 세그먼트를 정의하였다.[35] RISC는 세 가지 차원을 ① '확장-안정'(새로운 사고에의 개방성 대 변화에 대한 거부), ② '즐거움-책임', ③ '유연성-구조'로 구분하였다.[36] VALS의 분류체계는 미국에서 개발되었고 그 가치는 전형적인 미국의 가치임에도 불구하고 국제적 연구자나 광고회사들은 이를 다른 문화에 적용하였다.

가치문항에 대한 응답은 일반적으로 요인분석을 실시하고 그 결과로 나온 요인들은 연구를 창시한 사람이 해석한 바에 따라서 요인항목들을 망라하는 명칭이 붙여진다. 결과적으로 그 명칭은 연구개발자의 문화를 반영한다. 그 결과 미국인에 의한 연구는 '노력자'(*strivers*), '독실한 신자'(*devouts*) 또는 '재미추구자'(*fun seeker*) 같은 명칭이, 프랑스인의 연구에서는 '신화적인'(*mythical*) 혹은 '정서적인'(*emotional*) 같은 명칭이, 그리고 영국인의 연구에서는 계급에 기초한 분류명칭이 붙여지는 경향이 있다. 가치연구에 사용되는 개념과 차원은 둘 다 모국의 문화를 반영하며, 다른 문화로 확장되면 의미의 손실이 생기게 된다. 이러한 몇 가지 예가 다음에 제시되어 있다.

CCA는 1990년대에 개발된 프랑스의 체계인데 '진보적-보수적'과 '물질적-정신적'이라는 차원을 사용했다. 첫 번째 차원은 RISC의 차원인 확장-안정과 마찬가지로 사람들이 진보와 혁신을 원하면서도 그들을 보수적이게 하는 안정성에 대한 요구가 존재하고 있는, 높은 권력거리와 높은 불확실 회피성향 문화의 패러독스를 반영한다.

벨기에 시장조사회사인 센시디엄(Censydiam)은 심리분석자인 아들러(Adler)의 이론을 이용하였는데, 그는 열등에 대한 두려움과 그에 따른 긴장을 개인이 자신의 실존적 존재에 가치를 더할 수 있게 하는 강력한 에너지 원천으로 보았다. 센시디엄은 "결국 행동은 긴장(충족되지 못한 요구나 실현되지 못한 동기)과 열등에 대한 두려움 혹은 불안을 이완시키려는 에너지에 불과하다"는 철학을 따른다.[37] 이 이론에 의하면 소비자는 긴장을 다루는 근본적 전략을 세운다. 불안에 초점을 둔 것은 벨기에의 불확실 회피성향에 대한 높은 점수를 반영한다. 벨기에인 피험자들에게서 발견된 차원은 "사회적 지지-사회적 통합"과 "감정의 표현" 대(*vs.*) "감정의 통제"이다. 이들 차원은 높은 권력거리와 높은 불확실 회피성향의 문화에서는 전형적인 것이다. 이러한 연구의 결과는 종종 이것이 벨기에인 대상의 연구에 기반을 둔 발견이라는 것을 생략하고 발표되는데, 이는 문화적으로 전혀 다른 네덜란드 피험자들에게는 적용되지 않는다.[38]

스칸디나비아의 갤럽이 개발한 상업적 분류체계인 콤파스(Kompas)는 '현대적' 대 '전통적' 차원과 '개인적' 대 '사회적' 차원으로 나눈다.[39] '개인적'-'사회적' 차원은 네덜란드의 자유와 소속 간의 패러독스와 비슷한 것이다: 개성을 표현하는 것도 중요하지만 소속에 대한 요구는 더욱 중요하며 서로 갈등을 일으킬 수 있다.

덴츠(Dentsu)가 개발한 일본의 모델은[40] '성취자'(*Achiever*) 대 '소속 의존형'(*Membership Dependent*), 그리고 '집단 이점'(*Group Merit*) 대 '지식자(*Intelligent*), 비순응자(*nonconformist*)'의 차원을 이용하는데, 이는 둘 다 개인주의-집단주의 패러독스를 반영하는 것이다.

때때로 다른 나라의 연구에서 다른 유형들 혹은 분류기준들에 대해 유사한 영문표시를 사용하여 혼동을 주는 경우가 있다. 한 예로 VALS에서와 덴츠[電通]사의 일본인 라이프스타일 연구에서의 '성취자' 집단의 차이를 들 수 있다. VALS에서의 성취자 집단은 가족과 일에 중심을 두는 목표지향적 라이프스타일을 갖는다. 그들은 큰 자극이나 변화를 초래하는 상황을 회피한다. 그들은 동료들에게 성공을 과시할 수 있는 프리미엄 제품을 선호한다. 덴츠사의 정보기술센터의 히로에 스즈키(Hiroe Suzuki)는 라이프스타일 연구에서 네 가지 유형을 구분하였는데,[41] ① 성취자(*Achiever*), ② 지식자(*Intelligent*), ③ 집단 이점(*Group Merit*), ④ 소속 의존형(*Membership Dependent*)이 그것이다. 이 연구에서 성취자를 설명하는 핵심단어들은 '진취적', '개성의 존중', '인간관계의 존중'이다. 성취자는 혁신적 소비를 하며, 이것은 일본 스타일의 성공한 사람들의 사회를 지향하는 진취적인 성격을 반영하고 있다.

국제 마케팅에서의 가치와 라이프스타일 연구

국제적이고 범유럽적인 라이프스타일 연구의 목적은 여러 국가에 걸쳐서 유사한 라이프스타일 분류를 정의하는 데에 있는데, 이는 소비형태에 미치는 국가적이고 문화적인 영향이 현대의 라이프스타일 양식보다 덜 중요하다는 것을 전제로 한다. 대개는 유형학(*typology*)을 설명하며, 신제품의 개발이나 신제품의 소개, 그리고 브랜드의 포지셔닝에 적용하기 위해서 사람들의 라이프스타일의 변화에 초점을 둔다.

대개 이러한 연구는 중심으로 몰아가고 조직화한다. 가치문항은 모든 문화에서 유효한 것으로 가정되는 것으로 구성한다. 세계적 가치라는 관점에서 세계 인구를 분류하는 연구는 결국 소비자에 대한 개략적 설명만을 하게 되고 마는데, 이는 흥미롭기는 하지만 그다지 실용적이지는 않다. 왜냐하면 이러한 세계적 가치는 실제 제품이나 브랜드 행동과의 유의미한 연결고리가 거의 없기 때문이다. 이러한 연구의 판매자들은 일반적으로 자료를 분석한 방법에 대해서는 많은 정보를 제공하지 않는다. 이러한 연구들의 가치를 평가하는 것은 어려운데, 왜냐하면 이러한 가치는 독점적인 것이며, 여기에 사용된 방법에 대해서 거의 정보를 주지 않는 경우도 종종 있기 때문이다. 방법과 설문이 달라지면 결과도 달라질 수 있다. 어떤 연구는 바람직한 것을 질문하고, 다른 연구에서는 바라는 것을 질문한다면 그들은 다른 것을 측정하게 된다. 로퍼 스타치(Roper Starch)[42]의 세계 가치연구는 소비자들에게 '그들의 삶을 이끄는 신념'이라고 표현한 문장에 대해 응답하도록 질문하였고, RISC 같은 다른 연구들은 실제 행동을 측정하였다.

일반적으로 여러 나라에 걸쳐서 동일한 명칭으로 불리는 라이프스타일 집단은 내용에서는 매우 다르다. 예를 들어, 영국의 TGI(*Target Group Index*)[43]는 여성을 연령에 따라서 범주화하고 15~24세 여성들을 "@세대"라고 명명하였다. 이 그룹 구성원들의 공통점은 대개 미혼이라는 것이다. 그러나 이탈리아와 스페인의 젊은 여성은 대개 부모님과 함께 사는 반면, 독일여성은 일찌감치 동거를 시작한다. 모두가 즐거움을 위한 물건들(CD, 화장품, 운동복, 간식거리 등)에 돈을 쓰지만 이탈리아와 스페인은 — 아마도 부모님과 살아서 소비력이 더 크기 때문에 — 개인적 사치품과 외출에 더 많은 돈을 소비한다. 그들은 여러 가족과 살면서 제품과 브랜드를 공유하기 때문에 브랜드는 개인보다는 집단에 호소해야 한다. 이탈리아와 영국의 여성은 외모에 더 많이 신경을 쓴다. 이 연령그룹은 스낵의 소비가 많지만 스낵을 소비하는 상황은 다르다. 영국에서 감자칩은 항상 옆에 두는 개인 간식이지만 스페인에서는 사람들을 사귈 때의 타파(스페인의 전채요리: 역자 주)로 감자칩을 즐긴다.

원래 VALS를 연구했던 광고회사 영 앤 루비캄(Young & Rubicam)은 '비교문화적 소비자 특성화'(*Cross-Cultural Consumer Characterization*)라고 명명된 소비자 가치 분류연구를 하였는데, 이는 7개의 유럽 국가들에서 소비자 라이프스타일을 측정해서, 소비자의 유형을 묘사하는 7가지 세트의 근원적 가치가 존재하며 이것이 전세계적으로 존재한다고 제안하였다. 이는 ① 계승자(*Succeeder*), ② 주류(*Mainstream*), ③ 체념자(*Resigned*), ④ 개혁가(*Reformer*), ⑤ 탐험가(*Explorer*), ⑥ 열망자(*Aspirer*), ⑦ 고난자(*Struggler*) 등이다.[44)]

몇몇 상업적 연구에서는, 문화적 차이를 설명하고 특정 소비자의 선호, 매체행동, 또는 브랜드와의 관계 등과 관련지을 수 있는 의미있는 차원들이 발견되었다. 그 예로 두 가지 연구를 들 수 있는데, 하나는 국제적 조사회사인 테일러 넬슨 소프레스가 수행한 세미오메트리(*Semiometrie*) 연구이고, 다른 하나는 유럽 광고회사인 인터파트너(Interpartners)와 프랑스 조사회사 체인인 유로넷(EuroNet)의 합작투자회사에서 수행한 크로커스(*Crocus*)이다.

세미오메트리 (*Semiometrie*)

원래 프랑스 회사인 소프레스는 사람들의 가치양상을 반영하는 210개의 단어를 사용하여 연구를 시작하였다. 국제적 회사인 테일러 넬슨 소프레스는 이를 독일, 영국,

스페인, 이탈리아 등 4개의 다른 유럽 국가들에 확장하였다. 비교문화적 적용을 위하여 20개의 단어는 사용할 수 없었는데, 그 이유는 이 단어들이 다른 언어에서는 완전히 다른 연상을 가지고 있기 때문이었다. 예를 들어서, 연구자들에 의하면 자유에 내포된 의미는 프랑스에서는 프랑스 혁명시대로 되돌아가지만 영국에서는 1980년대 대처 수상의 "선택의 자유"[45]와 더 많은 관련이 있다. 연구에 참여한 5개국에는 네 개의 공통적 요인이 있었는데 이는 서구 유럽에 전형적인 것이다. 중동이나 북아프리카에서 수행된 연구는 매우 다른 분류를 가질 것이다. 유럽 5개국이 가진 공통점은 서구 유럽의 가치 패러독스를 반영하는 네 개의 차원으로서 다음과 같다.

① 의무 對 기쁨 : 규칙을 준수할 것인지 자신의 즉각적 욕망을 충족시킬 것인지.
② 공동체 對 단독성 : 유대관계를 만들 것인지 자신에게만 주의를 기울일 것인지.
③ 물질주의 對 문화 : 속세의 재산을 추구할 것인지 정신적 양식인 문화를 추구할 것인지.
④ 이상주의 對 실용주의 : 현실을 미화할 것인지 실용적이 될 것인지.

이렇게 공통적 이분법을 분석한 다음에는 국가의 고유한 가치(지성이라고 불리는)를 찾아볼 수 있다. 예를 들어 스페인은 사랑, 가족, 이상주의, 학습과 혁신에 대한 욕구 그리고 절제이다. 이탈리아에는 사회적 상호작용, 상상력, 예술 지향성 그리고 통치감 등이 고유하다. 프랑스에는 삶의 질이 고유하고, 독일에는 실용주의, 기쁨, 성공이 고유하다. 영국에는 강한 개인주의와 유대를 만드는 것에 대한 거부감, 단독성 그리고 의무감에 가까운 기이한 행동 등이 고유하다. 4가지 요소 안에는 홉스테드 차원의 여러 가지 가치를 찾아볼 수 있다. 예를 들어 '의무-기쁨'은 권위에 대한 존중과 사회적인 관습 대 자유와 같은 가치를 포함한다는 점에서 의존성-자유 패러독스와 유사하다. '공동체-단독성'의 이분법은 개인주의 문화의 가치 패러독스와 같다. 개인주의자들은 자신의 길을 가기를 원하면서도 동시에 소속되기를 원한다(제 8장 참조). 이 패러독스는 많은 다른 유럽 가치 연구에서도 발견된다. 세미오메트리는 기초적 소비와 라이프스타일 자료에 대한 별도의 차원을 추가하여 매체계획을 세우는 수단으로 이용되고 있다. 이것은 브랜드 사용을 이해하고 효율적인 광고를 만들고 집행하기 위해서 상황을 이해하는 데 도움을 준다.

크로커스 (*Crocus*)

크로커스(*Cross-Cultural Solutions*)[46]는 브랜드 가치['브랜드 인력'(*Brand pull*)이라고 불리는] 를 측정하고 각기 다른 국가들에서 브랜드 가치가 강하거나 약한 것에 대한 문화적 설명을 주는 비교문화적 연구이다. 그 결과는 효과적인 비교문화적 브랜드 포지셔닝과 광고를 개발하는 데 도움이 된다. 2003년에 17개국의 인터넷 사용자들을 대상으로 한 연구가 수행되었다. 17개국은 미국, 터키, 러시아, 우크라이나 그리고 13개의 서유럽 국가들이었다. 가치문항은 현지 브랜드와 국제적 브랜드를 모두 포함한 수많은 브랜드들에 대해서 구매의향 및 브랜드 특성에 대한 문항들과 소비자와 브랜드의 관계를 측정하는 문항을 결합한 것이다. 가치 문항에 대한 결과치를 요인분석한 결과, 국제적 브랜드가 각 나라에 따라서 소비자와의 관계가 서로 다른 것을 설명하는 4개의 확고하고 의미있는 문화요인들을 구해냈다. 네 개의 차원은 '의존성', '순응성', '열정' 그리고 '안전'으로 명명되었다. 네 차원에 대한 설명은 소비자의 중요한 특성과 그들이 브랜드 특성과 부합되는 점을 요약한다. 의존성은 사람들이 자신의 사회적 지위를 과시하기 위해서 브랜드에 의존하는지 아니면 독립적이고 자기의존적인지 하는 정도를 측정한다. 이것은 권력거리와 상관관계가 있다($r = .54$). 순응성은 사람들이 다른 사람들에 순응하기 위해서 브랜드를 사용하는지 아니면 독특한 개인으로서 두드러지기 위해서 사용하는지의 정도를 측정한다. 이 차원은 개인주의와 부적인 상관관계가 있다($r = -.58$). 열정은 사람들이 성취 지향적이고 돋보이기 위해서 브랜드를 사용하는 정도를 측정한다. 척도의 한쪽은 자기향상(*self-enhancement*)이고 반대쪽은 겸손(*modesty*)이다. 이 차원은 남성성과 상관관계가 있다($r = .65$). 안전은 고품질의 브랜드를 사용함으로써 안전을 추구하는지 혁신적이고 현대적인 것을 찾는지 하는 경향을 측정한다. 안전은 불확실성의 회피와 상관관계가 있다($r = .56$). 17개국은 각 차원 척도 값을 갖기 때문에 각 국가들은 다양한 브랜드 특성의 중요성에 따라서 군집지어질 수 있다.

'신뢰성'이나 '친근성' 같은 전형적 브랜드 특성들은 문화에 따라 고유하게 나타난다. 신뢰성은 높은 안전문화의 소비자들에게서 나타난다. 친근성은 낮은 의존성과 높은 열정의 문화의 소비자들에게서 나타난다. 일부 특성들은 두 가지 차원에서 발견되지만, 기능은 서로 다르다. 예를 들어 높은 의존성 문화에서 '현대적'이고 '국제적'인 것은 일류를 나타내지만 높은 순응성 문화에서는 더 넓은 세상에 소속되고자 하는 욕구를 나타낸다. 이는 2차원 평면도에 군집지어진 차원들은 서로서로를 강화한다는 것을 의미한다. 예를 들어 의존성과 안전성이 높은 터키 같은 국가에서는 신뢰성과 위신은 국제적 브랜드에 있어서 가장 중요한 것이다.

중요한 결론 중의 하나는 강력한 국제적인 브랜드는 각기 다른 문화군집에 있어서 각기 다르고 문화적으로 적절한 포지션을 갖는 것 같다는 것이다.

국제 마케팅과 광고전략에서의 가치개념

마케팅에서 가치개념은 사람에 대한 것과 사물에 대한 것이 있다. 만약 사람들의 가치가 브랜드 가치와 연결된다면 그 브랜드는 강력한 브랜드가 될 수 있을 것이다. 브랜드화는 제품에 가치를 추가하는 것을 의미하며, 광고는 이를 달성하기 위한 중요한 수단이다.

가치는 소비자의 선택에 영향을 미치기 때문에 소비자행동에서 중요한 역할을 한다. 가치는 소비자에게 대안들을 비교하기 위한 기준을 제공하는데, 이러한 소비자의 가치체계는 다음과 같이 세 부류로 나눌 수 있다.[47)]

① 중심가치 : 개인 가치체계의 핵심가치
② 영역 관련 가치 : 특별한 상황이나 활동영역에서 얻어지는 가치
③ 제품 관련 가치 : 제품 속성의 평가

영역들의 예로는 경제, 종교, 정치, 업무, 소비와 관련된 것들이다. 제품과 브랜

드를 평가하는 데 적용되는 가치는 제품범주나 브랜드에 적용되는 제품 관련 가치이다. 예를 들어 생수와 세척제는 순수함과 관련된 가치를, 자동차는 기쁨과 안전과 관련된 가치를, 화장품은 자존심(서구적 의미)이나 아름다움, 심미안과 관련된 가치를 고려하는 것이다.

서구적 광고전략 개발에는 ① 광고에서 강조해야 할 효익 또는 최종가치의 선택, ② 제품과 주요 최종가치를 어떻게 광고에서 연결시킬 것인지의 결정, ③ 제품과 최종가치를 연결하는 광고의 개발이 포함된다. 가치는 제품에 대한 속성 수준에서 벗어나 소비자에게 상위수준의 효익을 전달하여 상표를 차별화할 수 있는 기회를 제공한다. 가치추가는 경쟁 브랜드와 대비해서 자사 브랜드를 차별화시켜 주는 연상 네트워크를 창출함으로써 상표의 강력한 포지셔닝에 도움을 준다.

가치구조도

가치구조도(*Value Structure Map*, VSM)는 어떤 특정 집단이 특별한 제품이나 브랜드에 대해 어떻게 지각하는지를 설명해 주는 전략도구이다.[48] 가치구조도는 제품의 속성을 효익, 가치에 연결시키는 것이다.

속성은 구체적일 수도 추상적일 수도 있으며, 효익은 제품속성의 기능적 결과일 수도 심리적 결과일 수도 있다. 가치구조도는 사람들의 브랜드 연상구조를 세 가지 수준, 즉 속성, 효익, 가치로 나타낸다. 가치구조도는 사람들이 갖게 되는 제품의 특정 속성, 그에 따라 나타나는 효익, 가치의 세 가지 유형의 연상들이 어떻게 연계되는지를 나타내 준다. 거트만(Gutman)에 의해 개발된 이러한 연계는 수단-목적 사슬 모형으로 설명할 수 있다.[49] 그는 수단-목적 사슬 모형을 다음과 같이 공식화하였다. 수단은 사람들이 관여하는 대상(제품)이나 활동이고, 목적은 행복, 안전, 성취와 같이 가치 있게 여기는 상태이다. 수단-목적 사슬은 제품이나 서비스의 선택이 어떻게 바람직한 최종가치의 성취를 활성화시키는가를 설명하기 위한 모형으로, 가치를 행동에 연결시키는 소비자들의 의사결정과정을 나타내는 요소로서 구성되어 있다. 로키치의 수단적 가치와 궁극적 가치의 구분은 수단과 목적에 비교될 수 있다.

수단-목적 사슬을 개발하는 데 사용되는 기법은 래더링(*laddering*)이라는 심층, 대인면접 기술로 어떻게 소비자가 제품속성을 자신에게 의미있는 연상으로 연계시키는가를 이해하는 데 사용된다.[50] 이러한 래더링 기법을 통해 지각요소들 간의 연결고리들이 결정될 수 있으며, 이것은 구체적 혹은 추상적인 여러 수준으로 나타난다. 〈그림 5-3〉은 치약과 관련된 세 가지 연상수준을 나타내며, 〈그림 5-4〉는 코카콜라의 (가상적인) 여섯 가지 연상수준을 나타내고 있다. 가치구조도의 예로 〈그림 5-5〉에 있는 자동차의 가치구조도를 들 수 있는데, 여기에는 로키치의 궁극적 가치와 수단적 가치뿐만 아니라 아시아인의 가치인 자연과의 조화도 포함되어 있다.

어떤 상표를 차별화하기를 원하는 광고담당자들은 최종가치에 도달하기 위해 여러 가지 다른 제품속성과 효익의 경로를 따를 수 있다. 이러한 체계에서 제품속성은 세계적으로 동일할 수 있으나 문화에 따라 다른 최종가치가 그 속성에 연결될 수 있다. 예를 들면 자동차에 대한 가치구조도에서 강한 모터라는 속성은 빠른 가속력 → 상상력이 풍부한, 도전적인 → 개인적 쾌락 → 독립을 통해 기쁨이라는 최종가치에 도달한다. 또 다른 가능한 경로는 강한 모터라는 동일한 속성에서 출발하여 안전 → 가족과 자신을 보호 → 책임 → 사랑/관심으로 연결되어 가족의 안전이라는 최종가치에 도달할 수 있다. 이것은 여성주의 문화에서 흔히 볼 수 있는 경로이다. 볼보는 "강한 차체"라는 속성으로부터 시작하는 이러한 경로를 이용해 왔다. 형태 집단주의자/높은 권력거리/높은 불확실 회피성향의 문화에서는 디자인과 색상 → 현대적 세련됨/좋은

〈그림 5-3〉 3가지 수준의 연상 : 치약

속 성	무설탕	강하다
↓	↓	↓
효 익	충치 예방	깨끗하고 하얀 이
↓	↓	↓
가 치	건강한 삶	자신감

〈그림 5-4〉 6가지 수준의 연상 : 코카콜라와 젊은 사람들

구체적 속성들 →	갈색, 쉬익 소리, 빨간 캔
추상적 속성들 →	미국의, 현대식
기능적 효익들 →	어디에나 있는, 항상
심리사회적 효익들 →	친구들이 마시는 음료, 사회화
수단적 가치들 →	사용자 이미지의 제공
궁극적 가치들 →	소속, 보호

〈그림 5-5〉 자동차의 가치구조도 — 가상적

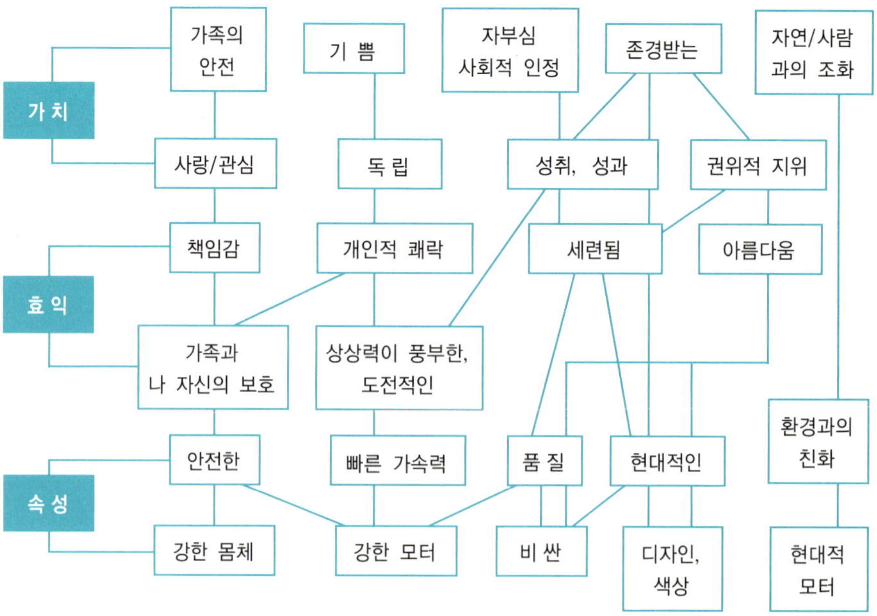

취향 → 권위/권력을 거쳐 사회적 지위로 가는 경로일 수 있다. 경로의 선택은 목표집단, 문화, 경쟁에 따라 달라진다. 하나 혹은 그 이상의 차원에서 유사한 국가들을 목표로 한 다국적 캠페인에서는 여러 국가들에서 공통적인 하나의 가치경로를 선택하는 것이 가능할 수도 있다. 이는 〈그림 5-6〉과 〈그림 5-7〉에 나타나 있다.

이들 가치구조도는 코로나 엑스트라 맥주상표를 위한 스페인과 독일에서의 공동전략을 개발하던 스페인과 독일 학생들에 의해 개발된 것이다. 우선 이들은 속성을 선택하고 이에 따른 공통적인 궁극적 가치를 찾으려고 노력했다. 이들이 발견한 스페인과 독일 문화가 공통적으로 갖고 있던 가치들은 우정, 뛰어남, 수용이었다. 스페인 사람들은 소속과 안정성을 중요한 궁극적 가치로 여기고, 자부심과 다른 사람과의 공존을 이러한 궁극적 가치에 도달하기 위한 수단으로 삼고 있음을 발견하였다. 독일인들은 자부심을 가장 중요한 궁극적 가치로 여기고, 이러한 가치에 도달하기 위한 수단적 가치로 안정성과 다른 사람과의 공존을 생각하고 있다. 결국 그들은 이 두 가지 경로만이 ― 스페인 사람들의 소속과 안정성에 이르는 경로와 독일인들의 자부심에 이르는 경로 ― 그들 나라에 공통적 전략을 개발하는 데 적당하지 않으며, 반면에 이들이 궁극적 가치로 공유하고 있는 우정, 뛰어남, 수용은 공통전략으로 사용될 수 있을 것으로 결론지었다.

결 론

이 장에서는 가치가 마케팅에서 어떻게 이용되는지를 설명하였다. 로키치의 가치연구를 바탕으로 한 가치와 라이프스타일은 전형적인 미국인의 문화를 반영하는 것임에도 불구하고 전세계적으로 통용되고 있다. 가치가 다른 언어로 번역되면 때로는 의미없는 것이 되기도 하고, 다른 문화에서는 의미있는 가치를 간과해 버리기도 한다. 가치는 안정적이다. 이것은 문화의 핵심가치는 변하지 않거나 또는 오랜 시간이 (현재 살아 있는 광고담당자들의 평생이 지나가도 모자랄 정도의 긴 시간이) 흘러야만 변한다는 것을 의미한다. 이는 마케팅과 광고계에서 새로운 유행과 라이프스타일의 변화에 끊

〈그림 5-6〉 코로나 엑스트라의 가치구조도 — 스페인

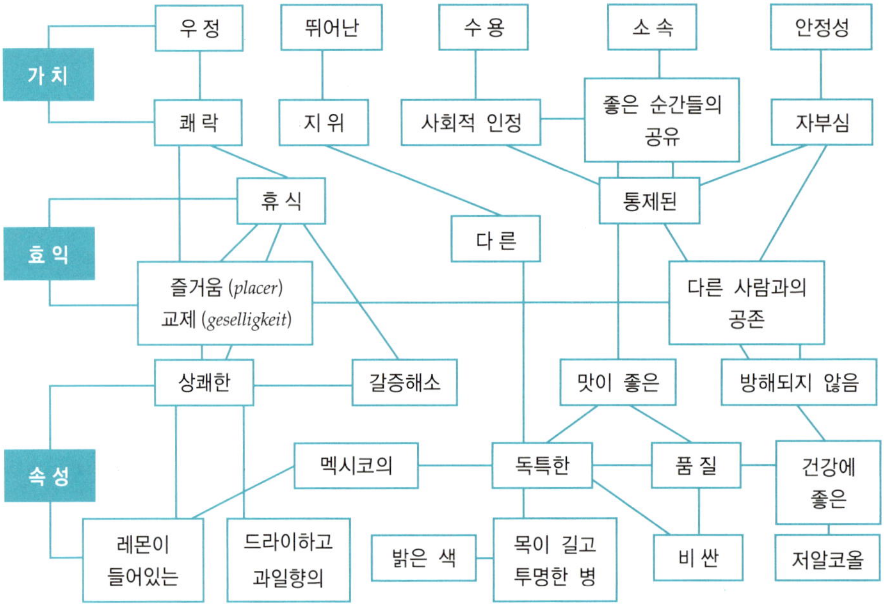

〈그림 5-7〉 코로나 엑스트라의 가치구조도 — 독일

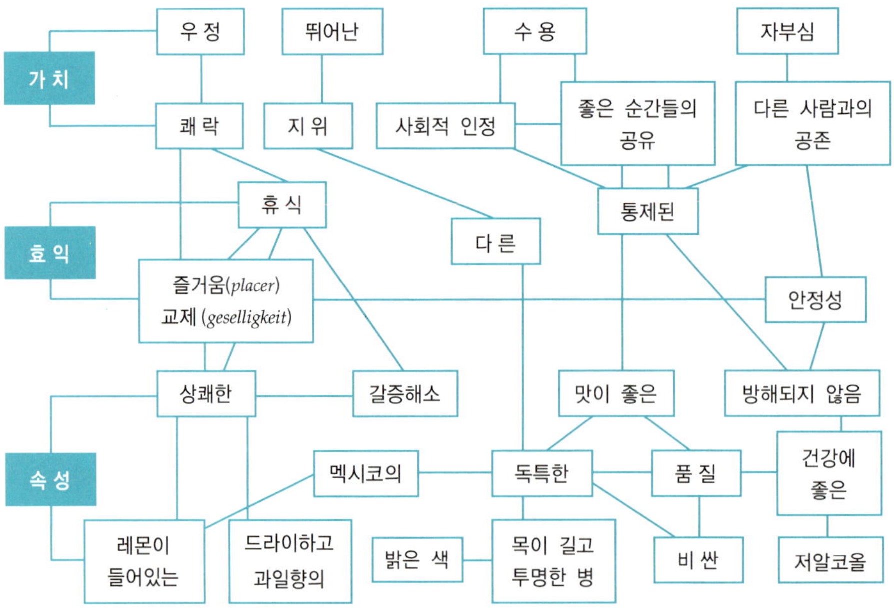

임없이 몰두하는 것과는 대조적인 것이다. 가치와 라이프스타일을 연구하는 이들은 새로운 라이프스타일은 일반적으로 문화의 표현과 관련된다는 사실을 인지해야 한다. 이는 새로운 가치에 기반을 둔 것이 아니라, 이미 존재하는 가치의 새로운 형식에 기반을 둔다. 좀더 높은 수준에서 상표를 차별화하는 데 유용한 핵심가치는 안정적이다. 어떤 환경에서 개발된 조사를 환경이 매우 다른 곳에 적용한다면 효과적 전략을 이끌어낼 수 없다. 사람들의 가치는 문화에 따라 다양하며 조사자의 가치 역시 문화에 따라 상이하게 나타난다. 만일 연구모형에 반영된 문화와 이 모형을 적용시킬 문화 간에 연결이 제대로 안 된다면 그 결과는 아무런 의미가 없을 것이다. 상표를 포지셔닝하기 위해 상이한 문화적 배경을 가진 국가에 자신의 문화적 기준을 적용하는 것은 흥미롭기는 하지만 매우 효율적인 방법은 아닐 것이다. 한 문화의 가치가 다른 문화에 무차별적으로 적용될 수 없다는 것을 이해해야만 글로벌 마케팅과 광고전략을 개발하는 데 더욱 세련된 가치연구를 이끌어낼 수 있다. 국제광고 담당자들에게 도움이 될 만한 브랜드와 관련된 문화적 가치를 측정하는 여러 새로운 모델들이 개발되고 있다. 가치구조도는 기업이 표준화된 제품을 개발할 때뿐만 아니라 민족문화의 핵심가치를 활용하여 가치를 추가시킴으로써 차별화하는 데 매우 유용한 도구이다.

주

1) Rokeach, M. (1973). *The nature of human values*. New York : Free Press, p.5.
2) Rokeach (1973). *The nature of human values*. p.10.
3) Rokeach (1973). *The nature of human values*. p.28.
4) Herch, J. (1994). "Measuring social values : A multi-item adaptation to the list of values." *MSI Report Summary* (Report No.94-101). Marketing Science Institute, 1000 Massachusetts Ave., Cambridge, MA 02138 ; tel.(617) 491-2060.
5) Roland, A. (1988). *In search self in India and Japan*. Princeton, NJ : Princeton University Press, p.94.
6) Yankelovich, D. (1994). "How changes in the economy are reshaping American values." In H. J. Aaron, T. E. Mann, & T. Taylor (eds.), *Values and public policy*. Washington, D.C. : Brookings Institution, pp.23~24.
7) Roland (1988). *In search of self in India and Japan*. pp.90~93, 102~103, 131.
8) Hofstede, G. H. (1984). *Culture's consequences : International differences in work-related values*. Beverly Hills, CA : Sage, pp.232~251.
9) Kahle, L. R., & Goff Timmer, S. (1983). *A theory and method for studying values and social change : Adaptation to life in America*. New York : Praeger.
10) Halman, L. (2001). *The European Values Study : a third wave*. WORC Tilburg University. PO Box 90153, 5000 LE Tilburg, The Netherlands. E-mail evs@kub.nl.
11) Inglehart, R., Basanez, M., & Moreno, A. (1998). *Human values and beliefs*. Ann Arbor : University of Michigan Press.
12) 이 연구는 23개의 유럽 국가들을 망라한 것이다 : 오스트리아, 벨기에, 체코, 덴마크, 핀란드, 프랑스, 독일, 그리스, 헝가리, 아일랜드, 이스라엘, 이탈리아, 룩셈부르크, 네덜란드, 노르웨이, 폴란드, 포르투갈, 슬로베니아, 스페인, 스웨덴, 스위스, 터키 그리고 영국. (http://ess.nsd.uib.no)
13) Reader's Digest Surveys : A Survey of Europe Today, 1970 ; Eurodata, 1991 ; Reader's Digest Surveys : Trusted Brands, 2001, 2002, 2003, 2004 ; European Media and Marketing Surveys (EMS), 1995, 1997, 1999 (부록 B 참조).
14) Rokeach (1973). *The nature of human values*, p.90.
15) Grunert, K. G., Grunert, S. C., & Beatty, S. E. (1989, February). "Cross-cultural research on consumer values." *Marketing and Research Today*,

pp.30~39.

16) Kamakura, W. A., & Mazzon, J. A. (1991). "Value segmentation : A model for the measurement of values and value systems." *Journal of Consumer Research*, 18, pp.208~218.

17) Rokeach (1973). *The nature of human values*, p.15.

18) Vyncke, P. (1992). *Imago-Management : Handboek voor Reclamestrategen*. Ghent, Belgium : Mys & Breesch, Uitgevers & College Uitgevers, p.134.

19) Vyncke (1992). *Imago-Management*, pp.133~135.

20) Oppenhuisen, J. (2000). *Een Schaap in de bus? Een onderzoek naar waarden van de Nederlander* [A sheep in the bus? A study of Dutch values]. Unpublished doctorial dissertation, University of Amsterdam, The Netherlands.

21) Roland (1988). *In search of self in India and Japan*, p.240.

22) Shunglu, S., & Sarkar, M. (1995, May). "Researching the consumer." *Marketing and Research Today*, p.124.

23) Doi, T. (1985). *The anatomy of self*. Tokyo : Kodansha International, pp.147~156.

24) 1996년 별세한 가즈아키 우시쿠보(Kazuaki Ushikubo)는 일본의 R&D 대표였다. 그는 다음의 연구에서 일본인들의 가치에 관한 모델을 개발하였다. Kazuaki Ushikubo (1986). "A method of structure analysis for developing product concepts and its applications." *European Research*. 이 장에 인용된 부분은 저자와 우시쿠보 간의 1995년 대화 내용이다. R&D는 본문은 R&D의 독특한 라이프스타일 분석인 CORE의 전체 개념을 단지 부분적으로만 나타낸다는 단서와 함께 우시쿠보의 진술과 모델을 사용할 수 있는 권리를 주었다.

25) Benedict (1974). *The chrysanthemum and the sword, Patterns of Japanese culture*. Rutland, VT : Charles E. Tuttle, p.129.

26) Eurobarometer Survey no.55, 2001 (부록 B 참조).

27) Benedict (1974). *The chrysanthemum and the sword*, p.192.

28) Benedict (1974). *The chrysanthemum and the sword*, p.183 ; Roland (1988). In *search of self in India and Japan*, pp.109~110, 262.

29) 1996년 10월 2일 서부 시베리아에서 온 러시아 학생들을 위한 마케팅과 문화에 관한 세미나 중에서의 학생들의 대답을 브뤼셀의 핀란드 마케팅연구소(Finnish Marketing Institute)에서 재구성한 것임.

30) Doi (1973). *The anatomy of self*, pp.84~86.

31) Roland (1988). *In search of self in India and Japan*, pp.131, 203 ; Benedict (1974). *The chrysanthemum and the sword*, p.290.

32) "Letters : A failing role model? [Letter from Mike Dunn of Bamberg, Germany]" (1996, April 16). *Newsweek*.

33) Hansen, F. (1998). "From life style to value systems to simplicity." *Advances in consumer Research*, p.25, 181~195.

34) Holman, R. H. (1984). "A values and lifestyles perspective on human behavior." In R. E. Pitts, Jr., & A. G. Woodside (Eds.), *Personal values and consumer psychology* (pp.35~54). Lexington, MA : Lexington Books, D.C. Heath.

35) www.sric-bi.com/VALS, August 8, 2004.

36) RISC International. (1995). *Why people buy* [Brochure]. Paris (www.risc-int.com).

37) Callebaut, J., Janssens, M., Lorre, D., & Hendrickx, H. (1994). *The naked consumer : The secret of motivational research in global marketing*. Antwerp : Censydiam Institute, p.106.

38) Wijman, E. (2001, June). *Autostudies van Censydiam gaan alleen over Belgen : Turnhout is geen Tilburg* [Car studies by Censydiam are about Belgians only : Turnbout is not Tilburg]. Adformatie, p.28, 36~38.

39) Hansen, 1998.

40) De Mooij (1994). *Advertising worldwide* (2nd ed.), London : Prentice Hall International, pp.178~183.

41) 1995년 11월 히로에 스즈키(Hiroe Suzuki)로부터 받음. 먼저 나왔던 서술의 출처 : Suzuki, H. (1990, June 18~20). "Japanese Lifestyle, Life Models and Applications to Creative Concepts." ESOMAR Conference on America, Japan and EC '92 : The Prospects for Marketing, Advertising and Research, Venice.

42) The Public Pulse. (1997, October/November). Roper Reports Worldwide Survey.

43) TGI, "European woman report." (n.d.). Retrieved November 4, 2004, from www. bmrb.co.uk.womensreportch2.htm

44) Young & Rubicam의 연구에 대한 정보는 2004년 7월 25일 www.4Cs.yr.com에

서 검색함.

45) Marks, R., & Evans, C. (2001, July/August). Probing the subconscious using Semiometrie, *Admap*, p.25.

46) 이 책의 저자는 이 연구에서 가치문항을 제공하고 문화적 분석을 수행하는 데 기여하였다. 보다 자세한 정보는 info@mariekedemooij.com으로 연락하면 된다.

47) Vinson, D. E., Scott, J. E., & Lamont, L. M. (1977). "The role of personal values in marketing and consumer behavior." *Journal of Marketing*, 41, p.44~50.

48) Olson, J. C., & Reynolds, T. J. (1983). "Understanding consumers' cognitive structures : Implications for advertising strategy." In *Advertising and consumer psychology*. Lexington, MA : Lexington Books.

49) Gutman, J. A. (1982). "Means-end chain model based on consumer categorization processes." *Journal of Marketing*, 46(2), pp.60~72.

50) Reynolds, T. J., & Gutman, J. (1988, February-March). "Laddering theory, method, analysis, and interpretation." *Journal of Advertising Research*, p.29~37.

제 6 장

문화와 소비자행동

어떻게 사람들이 행동하는가와 무엇이 사람들의 동기를 유발하는가 하는 것은 대부분 문화에 관련된 문제이다. 구매과정에서 소비자들이 자신을 어떻게 인식하며 남들과 서로 어떻게 관련이 있는가 그리고 그들의 의사결정이 개인 의사결정인가 또는 그룹 의사결정인지와 그들이 어떻게 정보를 처리하는지는 모두 그들이 속해 있는 문화의 영향을 받는다. 결국 소비자행동에 관련된 이론들은 문화의 구속을 받을 수밖에 없다. 다른 문화에서 사용될 때에는 마케팅과 소비자행동에 관련된 미국식 개념은 수정되어야만 한다. 이 장은 문화와 관련있는 소비자행동 이론에 관련된 주제들의 총괄적인 면을 다룰 것이며 문화의 영향을 설명할 것이다.

소비자 행동

소비자 행동(론)은 개인이나 집단이 욕구나 욕망을 충족시키기 위해서 상품, 서비스, 아이디어나 경험 등을 선택하고 구매하며 이용하기도 하고 때로는 폐기하기도 하는 과정에 대한 연구라고 정의[1]할 수 있다. 이러한 정의하에서 소비자 행동은 구매의

〈그림 6-1〉 비교문화 소비자 행동 모형

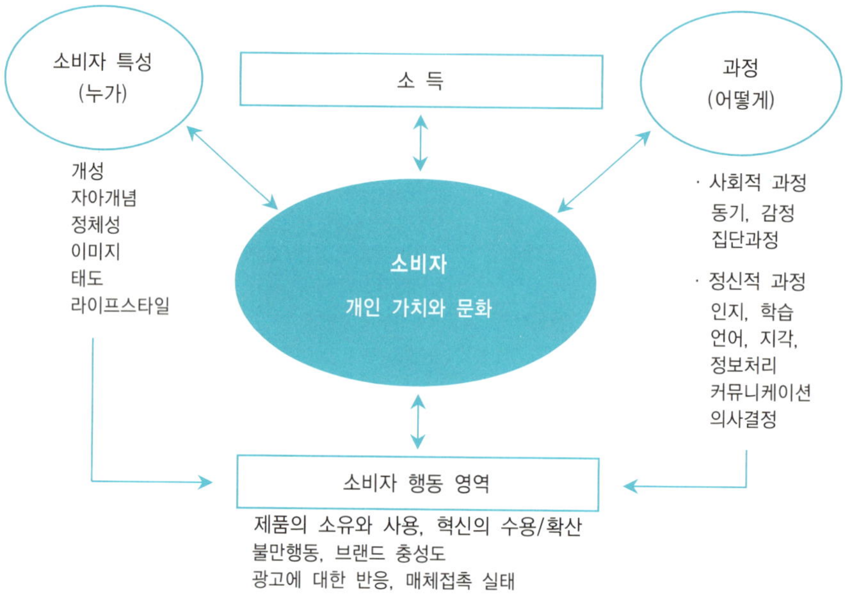

전, 후 그리고 구매 와중에 영향을 미치는 사안들을 포함하는 과정이라고 볼 수 있다. 이 과정에는 인간행위의 다양한 요소들이 관련되어 있다. 이러한 요소들은 '나는 누구인가'(자아와 개성), '어떻게 느끼는가', '어떻게 생각하고 학습하는가', '무엇을 하는가' 등의 질문에 대한 답들로 요약될 수 있다. 느낌, 생각, 행위에 관한 사회과학용어는 각각 정서, 인지, 행동이다.

〈그림 6-1〉의 모형[2)]은 우선 개인의 문화적 요소를 소비자 특성과 과정이라는 용어를 통해 정리하였고, 소비자 행동의 문화적 구성요소는 소비자 행동영역이라는 용어로서 표현하였다. 여기에 소득도 포함시켰다. 소득이 없으면 소비란 거의 불가능하기 때문에 소득은 다소 독립적 영역으로 표현하였다. 개인의 특성은 '나는 누구인가'라는 질문과 연관되어 있으며 과정이라는 용어는 '무엇이 사람들을 움직이는가'라는 질문에 관한 것으로서 이 둘은 '누가 어떻게 행동하는가'에 관한 것이라고 할 수 있다. 여전히 중심이 되는 질문은 '나는 누구인가?'인데 이는 어떻게 자신과 남들을 규정짓는가에 관한 개성과 정체성에 관한 질문이다. 소비자 과정이란 사람들의 사고방식과

소비자들을 움직이는 요소들(행동으로 이어지는 소비자의 여러 특성)을 말한다.

소비자 특성

서구 마케팅은 소비자의 자아를 타인과 구분지을 수 있는 혜택과 가치 등 상품의 속성에 초점을 맞추는 경향이 있다. 또 다른 경향은 실제적 자아와 이상적 자아를 구분하는 것이다. 소비자들은 자신의 자아 이미지에 부합하는 상품을 구매하려고 하거나 이상적 이미지를 향상시키는 상품을 선호한다. 이런 경험에서 보았을 때 자아개념이란 스스로를 어떤 사람으로 여기는지 혹은 어떤 사람이 되고자 하는지에 대한 사고방식을 담은 이미지라고 할 수 있다. 이상적 자아와 관련되었다고 자주 언급되는 동기는 자아존중욕구, 자아실현욕구 등이 있다. 개성, 정체성, 이미지 등과 같이 자아나 이상적 자아와 관련된 개념들은 앵글로색슨과 북서유럽문화권에서는 전형적이지만, 다른 문화권에서는 이 개념들이 수정되어야 한다.

자아 개념 (*The Concept of Self*)

소비자심리학 용어로서의 자아개념은 개인주의에 기반을 둔 서구중심적 정신분석학에서 기원한다. 자아개념은 개인에 대한 다음과 같은 관념을 내포하고 있다. 개인은 차별적인 특성, 특질 혹은 과정을 가진 자율적 주체를 말한다. 이러한 내적 특성이나 과정들의 구성이 행위를 유발시킨다. 개인의 행위는 상이하며 이러한 차이는 긍정적이다. 사람들의 특성과 사고방식은 모든 상황에서 일관적 행동으로 드러나야 하며 이러한 일관성은 긍정적으로 평가된다. 상황에 따라 다른 행동은 위선적이거나 병적인 것이다.

자아에 대한 집단주의적 모형에서는 개인들은 근본적으로 서로에게 상호의존적 존재라고 본다. 자아는 타인으로부터 그리고 주변을 둘러싼 사회적 맥락으로부터 분리될 수 없는 것이다. 아시아, 남미, 러시아, 중동, 아프리카, 남부 유럽 등에서 이러한 자아개념을 볼 수 있다. 인간본성이 상호의존적이라는 시각은 인간에 대한 다음의 관점으로 이어진다. 개인은 상호의존적 주체로 주위의 사회적 관계의 일부로서 존재하는 대상이다. 행위는 의존하고 있는 타인에 대한 반응의 결과이며 관계의 특성이 반영되어 결정된다. 개인의 행위는 상황에 의해 결정되며 시간과 공간에 따라 다양하게 변하게 된다. 사회적 맥락에 민감하게 반응하는 것이 긍정적이다.[3)]

개인주의 문화권에서 젊은이들은 가족 외의 다양한 사회적 집단들로부터 독립적으로 활동할 수 있는 방향으로 정체성을 개발해야 한다. 이러한 과정에서 실패하면 정체성에 혼란이 일어날 수도 있다. 집단주의적 문화권에서 청년들은 복잡한 가족 위계질서에서 요구되는 의존성에 맞춰가며 성장한다. 집단의 목표는 차이보다는 동질성을 강조한다.[4)]

개인주의 문화에서 중요한 것은 자립, 자기주장, 자아실현 그리고 높은 수준의 언어적 자아표현이다. 집단주의적 문화권의 구성원들은 자신이 속한 그룹을 통해서 자아를 인식한다. 결과적으로 집단주의적 문화권에서 자존심이란 자신보다는 타인과의 관계에 의해 보다 더 좌우된다. 자아는 추상적 특성에 의해서 규정되기보다는 사회적 개인적 관계망을 통해서 규정된다. 일본에서 '자기 자신을 존중하기'는 항상 자기 자신을 사려깊은 사람으로 보이게 노력하는 것을 의미한다. 이것은 품행에 대한 가치있는 기준에 의식적으로 순응하는 것을 의미하지는 않는다. 인도에서 '우리 자아 존중'(*we-self-regard*)이란 인간의 내면적 자존심이 자신에 대해서 뿐 아니라 더 넓게는 가족이나 공동체 속에서의 '우리'라는 관점을 포함하고 있다.[5)] 이러한 그룹들을 외집단에 대한 상대적 개념으로 내집단이라고 부른다.

개인주의 다음으로 남성주의(*masculinity*)도 자아개념에서 드러나는 차이를 설명할 수 있다. 가족의 가치 등 관계에 대한 관심은 집단주의적 문화권만의 것은 아니고 개인주의적이지만 여성주의적인 문화권에서도 관찰되는 특성이다.[6)] 여성주의 문화권에서 겸손과 관계유지가 중요한 덕목인 반면 남성주의 문화권에서는 자기 고양(*self-enhancement*)이 자존심으로 이어지며 이것이 정신적 건강의 척도가 된다. 개인주의와 남성주의가 결합된 문화권(앵글로-색슨 문화권)에서는 자기고양이 가장 두드러지는데 이는 〈사진 6-1〉에 제시된 Discover Card의 TV 광고 속에서 찾아볼 수 있다.

〈사진 6-1〉 디스커버 카드, 미국

〈그림 6-2〉 타인으로부터 존경받는 것의 중요성

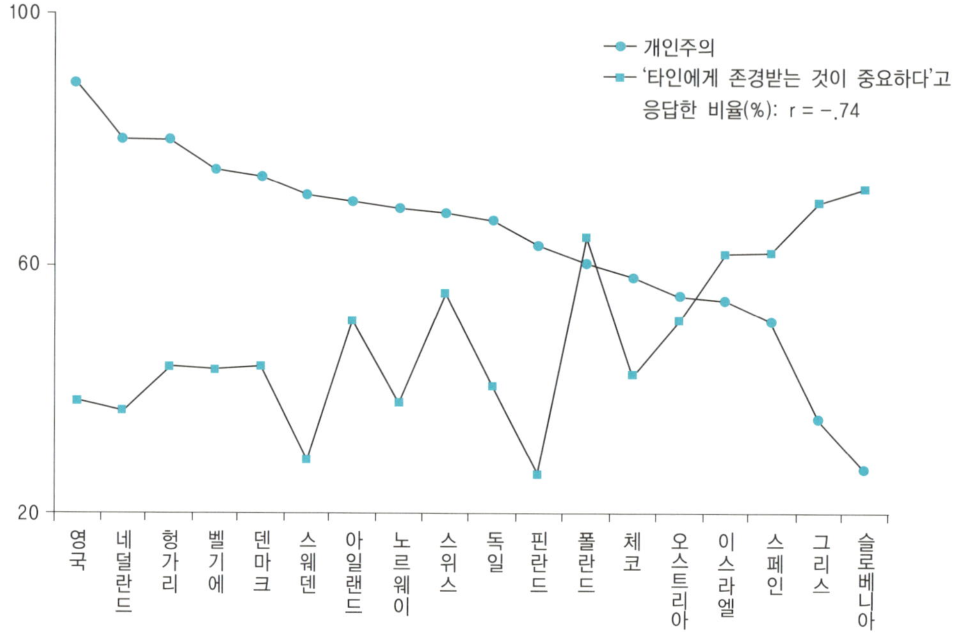

이 카드는 크리스마스 장식을 구매하는 데 사용되는데, 주인공이 집을 꾸미기 위해 어떠한 장식을 사더라도 이웃은 더 많은 장식을 가지고 있다. 주인공은 이것을 참지 못하고 집 전체를 조명으로 덮어버리게 되는데 이 모든 것은 카드로 구매한 것이다.

남성주의의 영향은 유럽사회조사(*European Social Survey*)[7]가 수행한 몇 가지 설문에서도 볼 수 있다. 이 설문은 동서 유럽인들에게 다른 사람으로부터 받는 존경이 얼마나 중요한지 물었다. 집단주의는 47%의 변량(*variance*)을 설명했고 남성주의에 의해선 13%의 변량이 설명되었다. 타인으로부터의 존경과 집단주의 간의 상관관계는 〈그림 6-2〉에 표현되어 있다. 이 그림은 또한 여성주의 문화권 국가들(스웨덴, 노르웨이, 핀란드 등)의 점수가 남성주의 문화권(아일랜드, 스위스, 폴란드)보다 낮음을 보여주기도 한다.

집단주의적 문화권에서의 상호의존적 자아라는 용어 외에 가족적 자아(*familial self*)[8]라는 용어가 사용되기도 한다. 가족적 자아는 '우리' 자아('*we*' *self*)로, 상황에 영향을 받는다. 이것은 사적 자아(*private self*)와 공적 자아(*public self*)를 포함하고 있다. 사적 자아는 한 개인 속에 있는 또 다른 모습의 배타적 소집단 또는 내(內)집단과의 상호의존 관계 속에서 작용한다. 여기에는 다른 사람들에 대한 감정적 연결, 공감, 포용이 존재한다. 한편 공적 자아는 이를 통해 다양한 인간관계에서 외부집단과의 관계와 관련된 사회적 기본예절이 유지되도록 해준다.

자아의 문화적 측면을 이해하려는 마케팅 담당자들은 서구의 자아개념을 다른 문화권에 적용하려 할 때 주의를 기울여야 한다. 이러한 자아개념으로는 자존심, 자기 확신, 자아 일관성, 자아실현, 인식, 현시, 지배성, 독립성, 성취욕구 등이 있다.

개 성 (*Personality*)

일반적으로 개성이란 개인주의적 문화권에서 한 사람이 지니는 속성과 특징의 합으로 정의할 수 있다. 이러한 문화권에선 개인은 독특한 내적 속성들을 포함하거나 이러한 속성들이 유발하는 행동을 하는 독립적이고 자의적인 주체로 정의된다.[9] 이러한 개성은 독특한 속성이며 상황에 무관하게 일관성을 보인다. 즉, 다른 상황에서 일관적 행동을 보일 것으로 예측할 수 있는 것이다. 개성이라는 것은 자율성과 사회성이라는 속성으로 묘사되기 마련이다. 사회적 영향으로부터 독립적인 자율적 주체가 지닌 개성을 언급하는 것은 개인주의 문화의 독립적 자아의 특성을 포함하는 것이라고 할 수 있다. 집단주의 문화에서 사람들이 생각하는 이상적 개성은 사회적 역할에 따라 다르다. 동아시아의 사고방식은 개인과 상황 간에 명료한 구분을 짓기보다는 이러한 경계를 무시한 보다 포괄적인 관념을 제시한다. 동양인들은 상황의 영향에 따라 개성이 적절히 모습을 바꾼다고 믿는다.[10]

일본인들은 주위사람들이 어떤 통합적 개성을 가지고 있다고 보진 않는다. 대신 행동이란 그것이 나타날 수 있는 상황에 관련된 것으로 본다. 이러한 상황을 맥락이라고 하며 따라서 개성이란 맥락에 좌우되는 것이다. 서구적 개성이란 일관성을 말하며 자신의 특성에 의하여 행동함을 말한다. 사람들은 자신을 특정한 개인으로 묘사할 뿐 상황에 따라서 다른 사람이 될 수 있다고 말하지 않는다.[11]

개성 특질 (*Personality Traits*)

자신과 타인을 추상적 개성으로 묘사하려는 서구인의 경향으로 인해 개인 특질에 대한 특징적 시스템을 개발하게 되었다. 이러한 대표적 특질은 "예민함"(*nervous*), "열정"(*enthusiastic*), "독창성"(*original*) 등이 있다. 특질을 묘사하는 수천 가지의 영어단어가 있지만 이들은 주요한 몇 가지 그룹으로 나눌 수 있다. 가장 유명한 어휘들은 5요인 모델에서 볼 수 있다. 이는 코스타와 맥크래(Costa and McCrae)의 최신 모형으로서 NEO 개성목록(NEO-PI-R, *Neo Personality Inventory*)이라고 불린다.[12] 이 모형은 다음의 다섯 가지 요소로 구성된다 ; ① 신경증(N, *Neuroticism*), ② 외향성(E, *Extraversion*), ③ 개방성(O, *Openness to experience*), ④ 상냥함(A, *Agreeableness*), ⑤ 성실성(C, *Conscientiousness*) 등이 그것이다. 다섯 가지의 각 요소들은 여섯 가지의 특정한 특질로 정의된다. 예를 들어 성실이란 능력, 질서, 의무감, 성취추구동기와 숙고 등의 속성에 의해서 표현된다. 심리학자들은 개성을 구성하는 속성들이 일부는 생물학적으로 유전되고 또 일부는 문화적으로 구성된다고 믿는다. 문화와 개성 간의 관계는 홉스테드가 제시한 문화적 변수와 NEO-PI-R 모형이 제시한 5가지 개성요소들에 대한 36개국 소비자들의 문화권별 평균값 간의 상관관계에서 드러나기도 한다. 모든 다섯 가지 개성요인들은 최소한 하나의 문화적 차원과 연관되어 있다. 예를 들어 신경증은 불확실 회피성향이 강하고 남성주의의 수준이 높은 지역에서 보다 높이 드러난다. 외향성은 자율성과 다양성이 의무와 안정보다 중요시되는 개인주의 문화권에서 보다 높게 나타난다.

정체성과 이미지

정체성이란 자신과 자신의 특징 그리고 자기 신체에 대한 생각을 말하며 아울러 스스로 중요하다고 여기는 가치들에 관한 생각을 말한다. 이미지란 한 사람에 대한 타인의 관점이나 판단을 말한다.[13] 정체성은 독립적인 개인적 자아를 말한다. 집단주의적 문화권에서의 정체성은 특정 사회의 구성원들과의 관계에서 규정되는 반면 개인주의적

〈그림 6-3〉 정체성과 문화

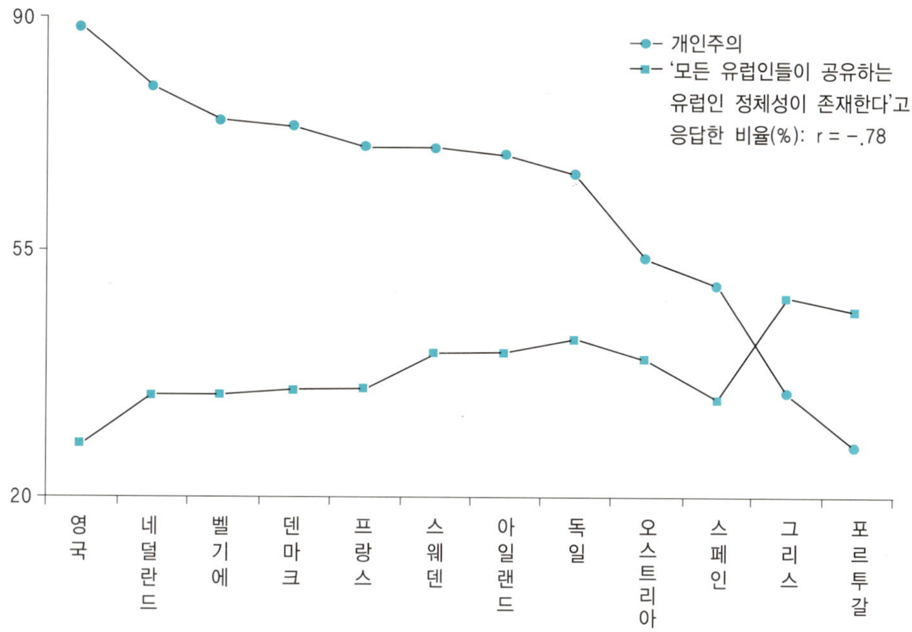

문화권에서 정체성은 자신이 가진 것과 경험에 기원하게 된다. 정체성에 관한 질문을 받으면 사람들은 바람직하다고 여기는 가치를 통해 자신을 묘사하는데, 이때 자신을 사회적 집단의 구성원(아버지, 학생)이나 개성 특질(야망있는, 명랑한)로 표현한다.[14]

개인주의적 성향의 사람에게 고유한 정체성이 얼마나 중요한지는 유로바로미터(*Eurobarometer*) 조사를 통해 알 수 있다. 유로바로미터의 조사에서는 응답자들에게 '공유되는 문화적 정체성의 존재를 얼마나 믿는가'를 물었다.[15] 동의하는 비율은 개인주의와 부적 상관관계를 보인 반면 반대하는 응답자의 비율은 개인주의와 정적 상관관계를 보였다. 〈그림 6-3〉은 유럽 내 12개국에서 드러난 상관관계를 제시한다.

대부분의 유럽 문화권에선 자신과 타인의 정체성을 개인적 속성이나 연령과 직업 등 개인적 특징 그리고 물질적 조건으로 평가하는 경향이 있다.[16] 반면에 집단주의적 문화권의 사람들은 타인과 얼마나 조화로운 관계를 유지하느냐에 따라서 사람을 평가한다.

개인들은 자신의 실제 정체성을 구성하는 개인적 특질에서 만족을 느끼기도 하지만 자기가 원하는 이미지를 가짐으로써 자신을 변화시키고 싶어 하기도 한다. 이러한 성향은 정신분석학자들이 말하는 '이상적 자아'를 연상시킨다. 만약에 실제적 자아와 이상적 자아 간의 차이가 너무 크다면 둘 사이의 간격을 줄이는 노력을 하게 된다. 개인주의 문화에서는 물질적 소유가 그 역할을 담당한다. 개인주의 문화에서 브랜드가 이상적이고 고유한 정체성을 추구하는 데 도움을 준다면 집단주의적 문화권의 브랜드는 조화 속에서 남들과 동화하려는 필요를 충족시켜준다.

마케팅에서의 개성과 정체성

현대 서구의 마케팅 실무와 이론에서 브랜드 정체성과 브랜드 개성은 브랜드의 포지션을 정의하는 은유(*metaphor*)로서 사용된다. 그러나 이러한 개념들은 개인주의 문화의 사고방식이기 때문에, 집단주의 문화에서는 공감하기 어렵고 따라서 덜 유용하다.

중국어와 일본어에는 정체성과 개성이라는 개념을 나타내는 정확한 어휘가 존재하지 않는다. 일어에는 물론 정체성(*identity*)이라는 영어를 번역한 어휘가 있다. 하지만 그 단어의 중요성은 자신에 대한 인식이 타인과의 관계에서 규정된다는 점에서 중요할 뿐이다. 외래어를 표기하는 일어체계인 가타카나로 아이덴티티라는 영어단어를 표시한다. 그러나 개념적 이질성을 완전히 메우지는 못한다.

한 문화권에서 인식되고 인기있는 브랜드 개성이 다른 문화권에서는 인식조차 되지 못하거나 관심을 끌지 못하는 경우가 있는데 이는 개인주의적 문화권들 간에도 마찬가지다. 결과적으로 강한 브랜드 개성을 이용하여 성공을 거둔 광고가 다른 문화권에서 성공을 거두지 못하는 경우가 생긴다. 브랜드는 오랜 시간에 걸쳐 개성을 가지게 되는데, 이 브랜드 개성은 그 브랜드의 모국시장의 상황에 의해서 좌우된다. 모국시장을 형성하는 일련의 특성들은 그 브랜드가 진출하고자 하는 다른 시장에서는 다르게 형성되어 있다.[17] 사람의 개성을 구성하는 요소가 문화에 의해 규정된다면 브랜드 개성도 그러할 것이다.

제니퍼 아커(Jennifer Aaker)[18]는 몇몇 연구를 실시하여 다양한 문화권을 아우르는 브랜드 개성의 다양한 차원을 정의했다. 아커는 미국에서 볼 수 있는 다섯 가지 브랜드 개성요소(진실, 정열, 능력, 세련, 강인함)를 정리했다.

앞의 세 가지 개성은 인간의 개성을 묘사하는 세 가지 요소인 상냥함, 외향성, 성실과 유사하다. 일본과 스페인에서 유사한 연구를 했는데 여기선 추가적인 그리고 특정 문화권에 제한적으로 적용할 수 있는 요소들이 발견되었다. 일본과 스페인에서는 '평화'가 발견되었고, '열정'이라고 명명된 요인은 스페인에서만 적용이 가능한 것으로 나타났다.

브랜드 개성이라는 개념은 일반적으로 집단주의 문화보다는 개인주의 문화에서 보다 영향력을 발휘하는 것으로 여겨진다. 집단주의 문화에서 그러하듯이 사람들이 자신을 추상적 단어로 묘사하는 데 익숙하지 않다면 소비자들은 브랜드에게도 마찬가지일 것이다. 집단주의 문화에서는 브랜드 콘셉트가 너무 추상적으로 받아들여지기 때문에 개인주의 문화에서처럼 논의되기는 어렵다. 〈리더스 다이제스트〉의 2002년 브랜드 신용도 조사[19]는 18개국의 유럽 소비자들을 대상으로 알려지지 않은 브랜드를 구매할 가능성에 대해서 물었다. "몰랐던 브랜드 구매할 가능성 매우 높음"이라는 응답은 개인주의와 유의미한 상관관계를 보였다($r = .82^{***}$). 특정한 문화적 맥락에서 벗어난 브랜드는 집단주의적 문화권의 구성원들에게 비교적 덜 영향을 미친다.

미국기업들은 특성을 중심으로 제품 브랜드를 구축한 반면 일본회사들은 기업의 브랜드를 줄곧 강조했다. 본질적으로 일본기업들은 기업에 대한 신뢰를 추구하며 결과적으로 그들의 상품을 구매하게끔 설득하는 방법을 택하는 것이다.

이러한 성향으로 인해 개인주의 문화의 브랜드는 일관된 특성과 함께 독특하고 차별적인 것이 되어야 했고 반면에 집단주의적 문화권에서 브랜드는 신뢰받는 기업의 일부로서 보여지는 방법을 택해야 했다.

태 도

서구의 소비자행동 연구가들은 태도를 '사람, 사물, 광고에 대한 지속적이고 일반적인 평가'로 정의한다.[20] 태도에는 정서적 요소와 인지적 요소가 모두 포함된다. 정서적 요소는 대상에 대해 개인이 가지는 느낌과 감정을 포함한다. 인지적 요소에는 대상의 속성과 기능이 포함된다.[21]

태도에 대한 서구적 정의는 태도는 정보적 기능을 하며 이는 환경을 조직하고 구성하며 선호도의 틀을 일관성 있게 구성하는 데 도움을 준다는 것이다. 개인주의적 사고방식을 가진 사람들은 그들의 감정과 태도, 그리고 행위들이 일관성 있게 맞물려 돌아가기를 바란다.[22] 태도와 행위 간의 일관성은 (개인주의적 문화권 같은) 특정한 상황에서 소비자의 행동이 그들의 태도에 의해서 예측이 가능할 수도 있음을 암시한다. 하지만 집단주의 문화에서는 자신의 사회적 정체성이 갖는 기능을 만족시키는 태도를 형성하고자 하며 태도와 미래의 행위 간의 일관성이 존재하지 않는다. 개인주의적 문화권에서도 태도와 행위 간에 불일치가 있을 수 있지만 타인의 기대 같은 주변상황에 민감한 집단주의적 문화권의 경우 그 불일치의 정도가 더하다.

광고효과를 측정하기 위해서는 광고에 대한 태도가 측정되곤 하는데 이것이 구매의도에 대한 예측기준으로 사용되기도 한다. 이러한 사례는 개인들이 태도와 행위 간의 일관성을 원하는 개인주의 문화권에서는 타당할 수 있다. 하지만 상황적 요소가 태도와 행위 간의 함수에 영향을 미치기 마련인 집단주의 문화권에서의 이러한 관례는 개인주의 문화에서 만큼의 타당성을 갖지 못한다.

태도와 행위 간의 상관관계를 가장 유명한 모형은 피시바인(Fishbein)의 행위의도 모형인데 합리적 행위이론이라고도 불린다. 피시바인은 사람들의 행위의도는 태도(혹은 개인)적 요소와 규범(혹은 사회)적 요소로 결정된다고 본다. 개인적 혹은 태도적 행위요소는 행위에 대한 개인적 판단을 말하며 규범적 사회적 요소는 타인으로부터의 기대 같은 사회적 압력을 말한다.[23] 서구의 용어로 사회적 압력으로 불리는 변인은 개인주의적 성향을 가진 이들에게는 그다지 큰 영향을 미치지 못한다. 이들은 개인의 구매행위를 결정한 것으로 개인적 성향을 지적할 것이다.[24] 개인주의적 사회에서의 규범이란 집단주의적 문화권에서 다른 차원의 것인데 이는 그것이 '체면'이라는 요소를 외면하고 있기 때문이다. 집단주의적 성향을 지닌 이들은 체면 때문에 자신의 사회적 지위에 부합하게끔 행동하게 된다. 사회적 지위에 어긋나는 행위를 하게 되면 인격에도 문제가 있다고 여겨진다.[25] 따라서 집단주의적 사회에서 규범이란 자신의 사회적 위치에 부합하며 살아가는 것을 말하지만, 피시바인 모델은 사회적 규범의 구성요소는 타인의 의견에 대한 지각을 측정한다.

라이프스타일

라이프스타일은 소비행위 패턴에서 드러나는 공유된 가치 혹은 취향으로 설명된다. 개인적 특성은 고유한 라이프스타일의 원천요소로 여겨진다. 경제학적으로 라이프스타일은 개인이 소득을 분배하는 방식으로 이해되겠지만, 이 개념은 주로 실제 행위와 일치하지는 않지만, 그를 설명하는 데 도움을 주는 정신적 요소라고 파악할 수 있다.[26]

라이프스타일은 한 국가 내에서는 유용하게 적용될 수 있지만, 이러한 면 때문에 다양한 문화권을 두루 분석하는 데는 별 도움을 주지 못한다. 아직까지는 어떤 연구도 라이프스타일의 동질성이 문화 간 차이보다 더 강력한 영향력을 발휘한다는 주장을 뒷받침하는 실증적 기반을 구축하진 못했다. 반대로 점점 더 많은 증거들이 문화의 영향력이 라이프스타일을 넘어설 수 있음을 보여주고 있다. 다양한 문화의 다양한 소비자 행위들을 이해하려면 라이프스타일에 대한 관심을 넘어서 상품군에 따른 가치의 차이를 구별할 필요가 있다. 다양한 문화권에서 특정집단의 사람들이 자신들이 구매한 상품들에 의해서 구분되지만 그러한 상품을 구매하는 동기는 매우 다르기 때문에, 국제광고를 제작하는 데 있어 라이프스타일로 소비자들을 구분하는 것은 유용하지 않다(제 5장의 가치와 라이프스타일 연구를 참조).

사회적 과정

사회적 과정은 소비자 행위가 어떻게 구성되는지를 다루며 동기, 욕구, 동인, 감정, 집단과정을 포함한다. 이러한 모든 과정이 행위를 이끈다. 몇 가지 감정은 내적이지만 많은 것들이 사회적 환경과의 상호작용에 의해 좌우된다.

욕구

소비는 개인적 혹은 사회적 요구에 의해 시작된다. 의복은 기능적 욕구를 충족시키고 패션은 사회적 욕구를 채워준다. 자동차는 기능적 욕구를 만족시켜줄지 모르지만 차의 종류는 사회적 욕구를 충족시킬 수 있다. 구매의도를 완전히 내적 동인으로 볼 수는 없는데 이것이 사회적 욕구와 밀접하게 연관되기 때문이다. 글로벌한 이미지를 갖고 있는 많은 브랜드들은 문화권별로 각기 다른 이유 때문에 선택된다. 한 문화권에서 기능적 욕구인 것이 다른 문화권에서는 사회적 욕구일 수 있다. 많은 중국인들에게 자전거는 교통수단으로서 기능적 욕구를 하지만 대부분의 미국인들에게 자전거란 운동이나 취미활동으로 여겨지기 때문에 사회적 욕구를 충족시키는 것으로 여겨진다.

특정한 상품의 속성과 다양한 구매의도에 대한 민감성에서 드러나는 차이는 잠재적인 문화적 가치에 의해서 설명될 수 있다. 이러한 문화적 가치는 상품군별로 다양하다. 예를 들어 불확실 회피성향이 높은 문화권에서 생수에 대한 일반적 구매동기는 순수함이지만 불확실 회피성향 수치가 낮은 문화권에서 이 변수는 그다지 중요하지 않다. 남성주의 문화에서 탄산음료나 주류는 지위를 나타내지만 여성주의 문화권에서는 그렇지 않다. 위스키 소비는 권력거리 수치가 높게 나타나는 문화권에서 사회적 지위와 연관성을 나타낸다. 자동차에 대한 욕구는 안전, 지위, 디자인 그리고 환경친화 정도에까지 다양하며 이는 모두 상이한 문화적 가치와 관련되어 있다.

매슬로(Maslow)[27]는 중요성의 위계에 따라 인간의 욕구를 정리하였다. 생리적 욕구, 안전성 욕구, 사회적 욕구, 자아존중의 욕구, 자아실현 욕구로 정리한다. 그가 제시한 욕구의 위계개념은 개인의 행동이 욕구충족과 직접적으로 연관되어 있고, 어떤 욕구들은 개인이 어떤 욕구를 충족시킬지 선택해야 하는 순간이 왔을 때 우위를 차지할 것이라는 가정에 바탕을 두고 있다. 생리적 욕구는 안전이나 집단 소속감, 자아존중 욕구보다 우선할 것이다. 궁극적 욕구는 자아실현이다. 〈그림 6-4〉는 그가 제시한 위계를 보여준다.

이 순서는 인간에게 보편적인 것으로 제안되지만 몇몇 이론가들은 이 순서에 문화적 요소를 가미하려 한다. 생리적 욕구와 무관한 목표들에서도 보편적 위계를 발견할

〈그림 6-4〉 매슬로의 욕구 위계

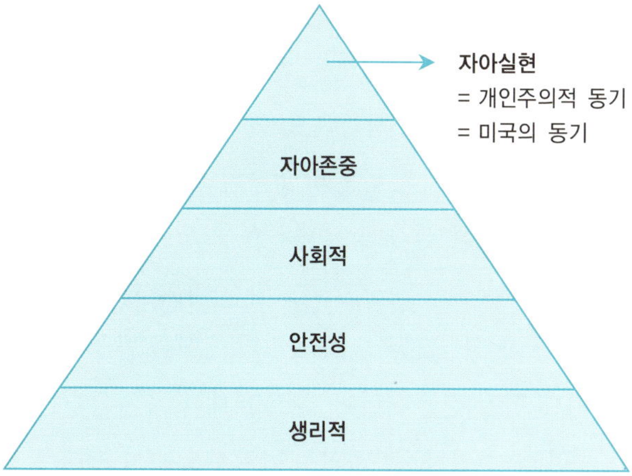

다른 문화 : 안전과 소속이 더 중요함

수 있다는 매슬로의 주장을 뒷받침하는 근거는 희박하다. 보편적인 인간의 양식은 생리적 욕구가 다른 높은 위계의 욕구보다 선행할 수도 있지만, 비생리적 욕구의 위계 관계는 문화에 따라 달라진다.

자아실현은 매우 개인주의적이고 미국적인 동기이다. 집단적 문화에서는 자아가 실현되는 것이 아니라 그 집단의 이익과 명예가 실현된다. 집단적 문화에서는 소속감과 안전이 하나로 수렴될 것이다. 개인을 집단으로부터 구분시키는 것은 매우 위험하기 때문이다. 불확실 회피성향이 높은 문화에서는 안전감이 그 중요도에서 다른 욕구를 넘어설 것이다. 여성주의 문화권에서 소속감은 자아존중보다 더 우세하겠지만 남성주의적 문화권에서는 반대의 현상이 나타날 것이다.[28)]

동기유발

동기유발(*motivation*)란 특정행동을 하도록 하는 유기체의 내부적 상태로 정의할 수 있다. 동인(*drive*)은 개인이 능동적으로 어떤 목표를 향해서 움직일 수 있도록 하는 동기적 힘이다. 개인의 마음속의 바람, 욕구 그리고 욕망의 복합체인 동기유발에 관한 연구는 행동을 이해하는 데 가장 중요한 것 중 하나로 여겨진다. 동기유발 연구는 우리 행동의 근본적 이유를 찾으려고 노력한다. 그것은 태도, 신념, 동기 그리고 우리의 구매결정에 영향을 미치는 다른 요인들을 파악하려고 노력한다. 1950년대 어네스트 디히터(Ernest Dichter)와 같은 연구자들은 프로이트(Freud)의 정신분석이론을 이용하여 무의식적 동기유발을 바탕으로 행동을 설명하려 했다. 동기유발이론들은 특히 프로이트의 불안(*anxiety*)에 관한 생각에 기반을 두고 있다.

많은 소비자행동 교재에서 인용된 프로이트의 자아와 관련된 개념은 문화적으로 결정된다. 본능, 자아, 초자아(*id*, *ego*, *superego*)의 개념을 발전시킨 프로이트는 오스트리아-헝가리 문화의 전형적 산물이었다. 오스트리아와 헝가리는 권력거리가 낮고 불확실 회피성향은 높다. 높은 불확실 회피성향은 부모들이 자녀를 양육하는 과정에서 인생은 위협적이고 위험하다는 메시지를 전달하고 따라서 자녀들은 위협에 대응할 수 있는 구조를 형성해야 한다는 것을 의미한다. 만약 높은 권력거리와 결부된다면 이러한 태도는 부모들이 그러한 구조를 자녀들에게 형성해 줄 것이기 때문에 자녀들에게 문제가 되지 않을 것이다. 부모들은 자녀를 보호하고 안내한다. 그러나 낮은 권력거리에서는 자녀들이 어린 나이에 독립하고 자신들 스스로 현실을 구성해 나가야 한다는 것을 의미한다. 이러한 과정은 욕구불만을 가져올 수 있다. 프로이트의 초자아는 본능을 조절하기 위한 것이기 때문에 부모의 역할을 한다. 초자아는 내부의 불확실성 흡수기관으로서 작용한다.[29] 한 가지 결론을 내리자면 만약 프로이트의 이론이 사실이고 유용하다면 비슷한 문화권의 윤곽을 가진 사람들보다 오스트리아인이나 헝가리아인들에게 더 유용할 것이다. 영국이나 스칸디나비아 국가들과 같이 불확실 회피성향이 낮은 사람들이나 프랑스와 대부분의 아시아 문화와 같이 높은 권력거리가 있는 문화권에게는 덜 유용할 것이다.

구매동기

소비자들이 구매하는 동기를 연구하는 것은 상이한 시장에서 브랜드의 포지셔닝을 결정하는 데 중요하다. 브랜드 충성도, 브랜드 선호도, 브랜드 이미지, 고급 브랜드

〈그림 6-5〉 고급 브랜드 구매동기

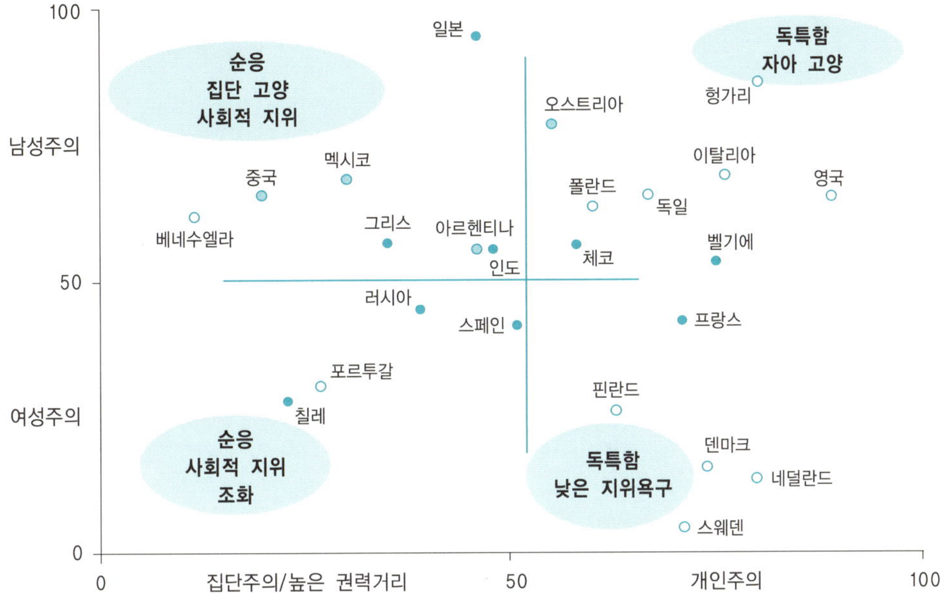

의 중요성 등을 결정하는 것도 구매동기이다. 〈그림 6-5〉를 보면 개인주의와 남성주의에 따른 고급 브랜드의 상이한 역할을 보여준다.

권력거리가 높게 나타나며 집단주의적인 좌측의 두 사분면에 위치하는 문화에서 사람들은 순응하려는 성향을 보이며 고급 브랜드는 사회적 지위를 보장하는 역할을 한다. 높은 권력거리와 집단주의 성향을 보이는 러시아인들은 사회적 지위에 매우 민감하다. 좌측 사분면에서 남성주의가 낮게 나타날 때는 조화와 관계지향성이 두드러지며 고급 브랜드는 주로 사회적 기능을 담당하게 된다. 반면 남성주의가 강하게 나타나는 문화에서는 지위를 과시하려는 욕구가 강해지는데 이는 특정집단의 정체성을 향상시키려는 의도에 의한 것이라고 할 수 있다. 고급 브랜드를 가진다는 것은 자신이 중요한 사회계층에 소속되어 있음을 보여주는 것이다. 우측 사분면은 개인주의적 문화권을 나타내는 것인데 남성주의적 성향이 강할 때 고급 브랜드는 독특한 자아를 고양한다. 개인주의적이며 여성주의적인 문화에서는 지위에 대한 욕구가 줄어든다. 그

〈그림 6-6〉 자동차 구매동기

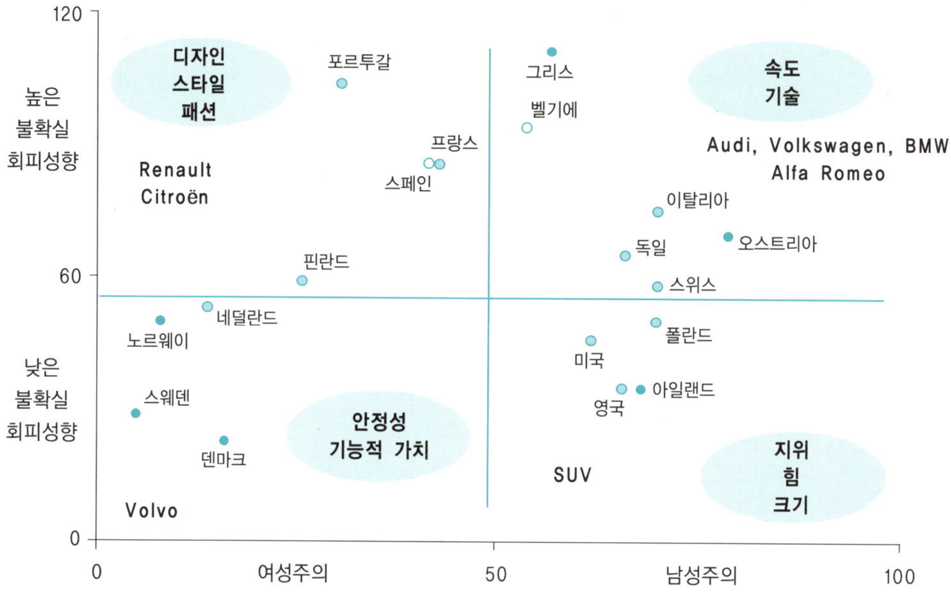

들은 자신만의 독특성을 가지고 싶어 하지만 그를 위해서 반드시 고급 브랜드를 필요로 하지는 않는다.

구매동기는 광고에서 어떤 부분이 소구되는지를 파악하면 알 수 있다. 광고학자들이 광고분석을 통해서 소비동기의 목록을 발전시켜왔다. 폴레이(Pollay)의 광고에서 발견한 가치목록은 중요한 선행연구 중 하나이다. 어떤 동기는 범문화적으로 존재할 수도 있지만 그 중요성은 문화에 따라 달라질 수 있다.[30] 몇 가지 동기들은 문화보다는 품목에 의해서 좌우된다(예를 들어, 생수의 청결함). 하지만 다른 품목의 경우에 동기는 문화권별로 천차만별일 수도 있다. 자동차 구매동기에 대한 경우를 예로 들 수 있다.

〈그림 6-6〉은 홉스테드의 남성주의와 불확실 회피성향으로 자동차 구매동기를 정리해 본 것이다. 이러한 동기들은 시장에서 성공을 거둔 자동차 브랜드의 디자인과 광고 소구 요소들을 통해 구분되었다.

좌측 하단에 위치한 문화권들은 남성성과 불확실 회피성향에서 낮은 점수를 기록한다. 이러한 문화에서는 가족을 지켜주는 안전을 선호한다. 여성주의적 문화권에서 엔진의 크기나 다른 기술적 특징에는 별로 관심이 없다. 지위에 대한 욕구는 낮다. 스웨덴의 자동차 브랜드인 볼보(Volvo)가 추구한 전략은 안전에 초점을 맞춘 것으로 이 문화권에 해당한다. 몇 가지 연구에 따르면 남성주의적 문화권의 소비자들과는 달리 이들은 자동차 엔진의 성능을 알지 못한다.

우측 하단은 남성성과 낮은 불확실 회피성향을 그 특징으로 한다. 이러한 문화권에서는 물질적 성공을 과시하고 싶어한다. 기술력에도 관심이 있다. 크고 힘 좋은 엔진의 자동차를 선호한다. 미국의 SUV가 이러한 기호에 가장 부합한다.

우측 상단 사분면은 남성성과 높은 불확실 회피성향의 문화권을 나타낸다. 불확실 회피성향 정도가 높은 문화권에서는 과속하는 경향이 있고 급가속되는 차량을 선호한다. 이 문화권에서는 안전추구동기인 위험 혐오감이 나타날 것으로 기대되기 때문에, 이러한 현상은 역설적으로 보인다. 그러나 그렇지 않다. 불확실 회피성향이 강한 문화에서는 스트레스가 많고, 그 스트레스를 풀기를 원한다. 감성적 안전가치로서의 빠른 주행기능이다. 남성성이 강한 소비자 역시 거칠게 운전하는 성향이 강하다. 그래서 자동차는 기술적으로 진보하여야 하고 디자인이 좋아야 하며 검사도 완벽해야 한다. 이 영역에 가장 적합한 것은 이탈리아의 알파로메오(Alfa Romeo)이고 폭스바겐(Volkswagen)도 "앞선 기술력"을 주장하고 있다. 아우디(Audi)도 독일제품임을 강조하면서 소비자들이 자신의 제품을 독일식 디자인에 기반한 탁월한 제조력과 기술력이라는 이미지와 연결시키기를 은연중에 강조하고 있다. 좌측 상단 사분면의 낮은 남성성과 높은 불확실 회피성향의 사람들은 스포티한 운전과 급가속을 즐기지만 반드시 거칠게 운전하는 것은 아니다. 이런 성향의 소비자들은 예술과 패션에서나 접할 수 있는 만족을 가져다 줄만한 디자인에 보다 관심을 보인다. 프랑스의 자동차인 시트로엥(Citroen), 르노(Renault), 푸조(Peugeot)가 이러한 소비자들의 기호를 만족시킬 수 있다.

감정이란 인간의 인지적 측면과 생리적 측면의 상호작용과 관련된 심리적 작용이라고 설명되곤 한다. 감정은 서로 밀접히 연관된 경험, 표정, 생리적 반응 등의 요소로 구성되며, 학습되는 정서적 반응이다. 감정의 이러한 요소로 인해 감정을 문화적 현상으로 규정할 수 있다. 모든 문화권의 사람들이 같은 방식으로 자신의 감정을 표현하거나 타인의 감정을 이해할 것으로 보긴 힘들다. 하지만 감정을 연구하는 심리학자들은 감정의 요소들이 사회 심리학적으로 구성되고 환경에 의해서 그 의미가 구성된다고 할 수 있음에도 불구하고 많은 감정들이 보편적인 성격을 지니고 있다고 주장해 왔다.

이러한 관점을 지지하는 근거 중의 하나는 대부분의 언어에는 보편적으로 나타나는 감정을 묘사하는 제한적 감정표현 어휘들이 존재한다는 것이다. 그러한 어휘들에 대한 예로는 분노, 공포, 슬픔, 기쁨 등이 있다. 보편적 감정의 존재를 주장하는 다른 근거로는 다른 문화권 출신의 사람들이 표정을 유사한 방식으로 이해한다는 얼굴표정 인식에 대한 연구결과가 있다. 이로부터 표정을 드러내는 데 있어 공통점이 있다는 결론을 도출할 수는 있지만 이러한 표정들이 여러 문화권에서 실제로 나타나는지에 대한 근거는 없다. 여기서 제기될 수 있는 질문은, 어떤 문화권에서는 표정 없이 감정이 나타나기도 하고 반면 어느 문화권에선 감정 없이 표정을 드러내기도 하는데 과연 얼굴표정을 감정의 지표로서 이해해도 되느냐는 것이다.[31] 표정을 보면 상황에 대해서 유추해 볼 수는 있지만 하나의 표정이 반드시 하나의 감정에 연관되어있는 것은 아니다. 예를 들어 웃음이란 일반적으로 행복의 지표라고 여겨지지만, 친구를 만났을 때 짓는 미소가 반드시 행복함을 나타내는 것이라고 할 수는 없는 것이다. 실제는 외롭거나 슬플지도 모르기 때문이다.

심리학자인 메스키다와 프리자(Mesquita and Frijda)[32]는 다양한 문화권에서의 여러 가지 감정요소들을 분석한 뒤 문화권 간의 차이를 아우르는 감정의 일반성에 대한 보편적 주장이나 문화의 결정력에 대한 일반적 설명은 적합하지 않다는 결론을 내렸다. 전부는 아니지만 감정의 일부 요소는 문화와 연관을 맺고 있다. 예를 들어 개인적이고 독립적인 사람들에겐 자아중심적 감정(분노, 짜증, 자신감)들이 보다 자주 드러나는 반면 집단주의적 문화권의 상호의존적인 사람들에겐 타인중심적 감정(동정, 수치, 개인적 교감)이 보다 드러난다.

감정의 의미와 농도는 다양하다. 예를 들어 감정이란 위계를 중시하며 높은 권력거리를 특징으로 하는 집단주의적 문화권에서는 보다 억제된다.[33] 감정을 표현하는 정도와 방식은 문화적으로 규정된다. 동아시아의 집단주의자들은 긍정적 감정만을 표현하고 부정적 감정은 억제하는 경향이 있다.[34] 유럽에서 낮은 불확실 회피성향의 사람들은 불확실 회피성향이 강한 사람들보다 감정을 덜 표현하는 경향이 있다. 영국인들의 입술을 꾹 다문 모습이 그 예가 될 수 있다.

같은 표현이 다른 의미로 전달되기도 한다. 서구사회의 어린이들은 경멸을 표현하기 위해 혀를 내밀지만 중국인들에게는 놀라움을 의미한다. 미소는 모든 곳에서 기쁨이나 다정함을 나타내는 표정이겠지만 동아시아 집단주의 문화권의 사람들은 긍정적 감정만을 표현하고 부정적 감정은 억제하는 경향이 있고, 불쾌함의 감정을 억제하는 대신 서구인들이 미소로 인지할 가능성이 있는 정중한 친교를 표시할 것이다. 개인적 대면에서 저자는 중국인이나 인도인들이 부끄러움을 숨기기 위해서 미소짓거나 큰 소리로 웃는 것을 본 경험도 있다. 이러한 종류의 미소는 분명 행복의 표현은 아니다.

광고에서의 감정

미국에서 시작된 광고에서의 감정의 사용은 역사적으로 논쟁, 설득 그리고 정보의 사용에만 광고의 초점이 맞추어져 왔던 것에 대한 반작용이다. 1980년대 초기 미국 광고업계는 주로 제품속성과 혜택 수준에서 광고를 사용하게 되면 경쟁자와 구별되지 않는 유사광고(*parity advertising*)가 되어버린다는 것을 깨달았다. 제품속성상의 우위를 주장하는 제조업체는 짧은 시간 내에 동일하거나 심지어 더 나은 주장으로 경쟁자들이 대응한다는 것을 알게 되었다. 1980년대에 광고에서 감정을 사용한 것은 점점 더 군집화되는 광고환경으로부터 차별화하고자 하는 문제와 욕구에 대한 반응이었다.[35] 그러나 사실에 대한 신뢰와 감정에 대한 불신이 공존하는 미국에서 광고업자들은 감정적 광고를 염려하는 경향이 있다. 감정은 사용될 수 있지만 오직 주장하는 바와 연관이 있어야 한다. 혐오감은 불결함과 행복감은 청결함과 연관되어 있다.

1980년에 광고대행사 사치 앤 사치(Saatchi & Saatchi)에 의해 도입된 전세계적으로 표준화된 글로벌 광고라는 개념은 행복이나 사랑이 보편적 감정일 것이라는 사고에 기반하고 있다. 이러한 개념에 의존하여 많은 광고들이 특정 브랜드와 웃음을 짓는 사람들을 연관시키곤 하였다. 감정을 드러내는 방식이 문화권별로 상이하므로 글로벌한 광고에서 감정을 담는 것은 그다지 추천할 만한 일이 아니다. 다양한 브랜드를 시각화하고자 이른바 감정 게시판에 의존하려는 사람들은 문화권이 달라지면 다른 시각이미지를 사용해야 함을 경험했다. 글로벌 광고대행사인 BBDO에 의해서 개발된 감정측정시스템이 있다. 이 방법은 포즈를 잡은 표정들을 이용하여 브랜드를 위치시킨다. 하지만 유럽의 BBDO에서 행해진 실험을 통해 미국에서 생산된 표정의 사진 묶음은 유럽에서는 적용되지 않는다는 사실을 알려주었다. 유럽의 응답자들은 미국배우들이 특정 감정을 표현한 것을 인식할 수 없었다. 이러한 현상은 유럽 내에서도 나타났다. 결국 유럽 전체를 위한 하나의 "사진 묶음"은 개발될 수 없었다.

집단적 단계

개인의 행동은 한편으로는 개인의 특징과 다른 한편으로는 한 집단의 일원으로서의 특징에 바탕을 둔다. 그러나 개인이 소속된 다른 집단은 모두 동일하게 중요한 것은 아니다. 개인이 속한 집단의 준거역할(*reference function*)과 집단 내에서 개인의 위치와 역할은 문화권에 따라서 다르다.

서구의 소비자행동 이론은 행동이나 결정에 영향을 미칠 수 있는 공식적 집단(단체)과 비공식적(가족이나 친구) 집단을 구분한다. 소비자행동에 영향을 미칠 수 있는 것으로 구분되는 다른 집단으로는 준거집단이 있다.

집단의 영향

서구의 개인주의적 문화권에선 집단 소속감은 선택할 수 있는 것이라고 본다. 개인이 다른 이들을 선택하고 자신의 정체성을 강화하는 집단을 고를 수 있는 것이다. 집단주의적 문화권에서 내부집단에 속한다는 사실이 개인 정체성의 일부가 된다. 이 경우 집단은 선택되지 않는다. 대신 개인이 그 일부가 될 뿐이다. 개인주의적 문화권에서 개인적 활동인 구매과정에 영향을 미치는 주변인물들이 거의 존재하지 않지만, 일본 가정주부들은 그들의 의사결정을 위해 평균적으로 8명 정도의 다른 가정주부에게 문의한다.[36] 이것은 집단주의 문화에서 네트워크 마케팅의 성공을 설명해 준다.

집단의 구성원들이 소비결정을 내리는 데 다른 구성원들에게 의존하는 정도는 각각 다르다. 집단적이고 권력거리가 높은 문화권의 다른 구성원에 대한 의존도는 개인주의적이고 권력차이가 낮은 문화권보다 높다. 중국과 미국 광고를 비교한 내용분석에서는 개인적 선택보다 집단동의와 가족을 선호하는 경향이 미국에서보다 중국에서 더 많이 나타나는 것으로 밝혀졌다.[37] 개인주의 문화의 사람들도 가족이나 친구들이 의사결정에 영향을 미친다고는 하지만 집단주의적 문화권의 내집단이 미치는 영향과는 분명한 차이가 있다. 내집단의 영향력이란 능동적 정보수집 과정이라기보다는 집단 내의 자연스러운 대인 커뮤니케이션으로 여겨진다.

남성주의적 문화권보다는 여성주의적 문화권에서 배우자가 구매의사에 더 큰 영향을 미친다. 이러한 차이가 얼마나 강력하게 광고에 영향을 미치는지에 대한 실례로 1996년 르노 메간(Renault Mégane) 자동차에 대한 텔레비전 광고를 들 수 있다. 이 광고는 짧은 제동거리를 보여줌과 동시에, 아내를 신형 르노 메간으로 놀라게 해주기를 원하는 한 남자를 보여준다. 그는 그가 생각하기에 그의 집이라고 생각하는 곳의 앞에 차를 멈춘다. 그리고 "여보! 내가 르노 메간을 샀어!"라고 외친다. 그러나 그가 이 차의 짧은 제동거리에 익숙하지 않았기 때문에, 그가 그의 집이라고 착각하고 들어선 집은 그의 이웃집이었음을 보여준다. 이 벨기에의 광고는 비록 벨기에의 일부 지역과 네덜란드가 같은 언어를 쓰기 때문에 광고 역시 같은 언어로 되어 있었지만, 네덜란드에서는 근본적으로 바뀌었다. 분명히 벨기에에서는 남편이 아내와 상의없이 차를 살 수

있지만 네덜란드에서는 그렇지 않다

준거집단은 개인의 평가나 소망, 행동에 영향을 미치는 실제로 존재하거나 상상적인 개인이거나 집단으로 정의된다.[38] 준거집단과 열망집단(*aspirational group*)은 사회적 단서를 제공하는 외부적 영향력을 느슨하게 묘사하는 데 사용되는 용어라고 할 수 있다. 준거집단의 중요성은 문화적 차원에 따라서만이 아니라 상품의 유형에 따라서도 달라진다. 어떤 상품이 개인적으로 소비가 된다면(생필품) 공공적으로 사용되는 상품(고가제품)보다 다른 사람들의 견해가 상대적으로 덜 중요한 것으로 받아들여진다. 개인적 문화의 핵가족에서는 개인적 상품보다는 공공적으로 사용되는 상품에 대해서 가족구성원의 영향력이 더 강하며, 이는 대가족에서는 다르게 나타난다. 이는 핵가족에서는 가까운 가족 구성원의 수나 그들의 중요한 정도는 매우 제한적인 반면 대가족에서는 개인의 의사결정 과정에서 영향력을 미칠 수 있는 가족구성원 수가 매우 많기 때문이다. 따라서 집단적 문화권 내의 대가족에서는 타인, 집단 내외 구성원들의 영향력이 매우 작아진다. 개인주의 문화에서는 가족 바탕의 영향력이 개인적 상품에 제한되고 동료들은 눈에 띄는 결정사항에 대해서 상대적으로 높은 정도의 영향력을 끼친다.

의견선도자 (*Opinion Leaders*)

서구 의사결정이론에서 특정 개인은 어떤 상품 카테고리 내에서 구두 커뮤니케이션의 과정을 통해 의사결정과정에 영향을 미치는 것으로 가정된다. 의견지도자들은 상품정보에 대한 강력하지만 비공식적인 정보원으로 작용한다. 의견 선도자의 위치는 기술적 경쟁력이나 사회적 접근성을 통해서 얻어진다. 이들은 역할모델(*role model*)로 행동하며 새로운 기술확산과정에 중요한 역할을 한다. 의견 선도자 개념은 새로운 농업기술이 확산되는 속도와 유형에 대한 조사에 대한 결과로 나타난 로저스(Rogers)[39]의 개혁확산이론으로부터 도출된 미국적 개념이다.

의견 선도자의 역할은 문화권마다 다르다. 기술적으로 경쟁력을 가진 사람이나 전반적으로 경쟁력이 있는 사람의 경우는 대부분 강한 불확실 회피성향을 보이는 문화권에서 선호된다. 남성적 문화권에서는 성공한 사람에 대한 신뢰가 크다. 권력의 차이가 큰 문화권에서는 특히 권력을 갖고 있는 사람이 의견 지도자로서 중요한 역할을 할 수 있다.

또 다른 중요한 차이점은 의견 지도자들이 정보를 획득하는 방식의 차이이다. 개인주의 문화의 의견 선도자들이 미디어를 통해서 정보를 얻는 반면, 집단적 문화에서는 사회적 연결망을 통해서 정보를 획득한다. 이 경우 개인주의 문화권과는 달리 정보전달 과정은 암시적이고 비공식적이다.

정신적 과정

사람들이 사물을 어떻게 보고, 무엇을 보고 무엇을 보지 못하는지, 어떻게 생각하며, 언어가 사람들의 사고를 어떻게 구조화하는지, 어떤 방식으로 학습하고 커뮤니케이션하는가 등이 모두 정신적 과정이다. 심리학에서 인지적 과정(*cognitive process*)으로 불리는 이러한 과정은 행동양식에 대한 이해와 관련된 것이다.

인지(*cognition*)란 주변환경을 이해하고 이에 상응하는 적합한 행동을 결정하는 주된 내적 심리과정을 포함한다. 이러한 내적 심리과정은 사고와 추론은 물론 자극과 사건에 대한 이해와 해석, 주의, 지각, 학습, 기억, 언어 문제해결 등을 포함한다. 이 중 일부는 이미 앞서 다루어졌다.

언어, 지각, 기억

언어의 구조(문법, 글쓰기 체계)는 지각과 기억 등 기본적인 소비자 정보처리과정에 영향을 미친다. 인도-유럽계열의 언어와 아시아 언어들의 활자체(*script*) 같은 구조적 차이는 정신적 재현(*mental representation*)에 차이를 주며 결과적으로 기억에도 영향을 준다. 중국인들은 시각적 재현에, 영어사용자들은 음성적 재현에 의존한다고 할 수 있다. 영어권에서는 음성적 언어를 통해서 광고 메시지를 작성하여 기억을 조장한다. 언

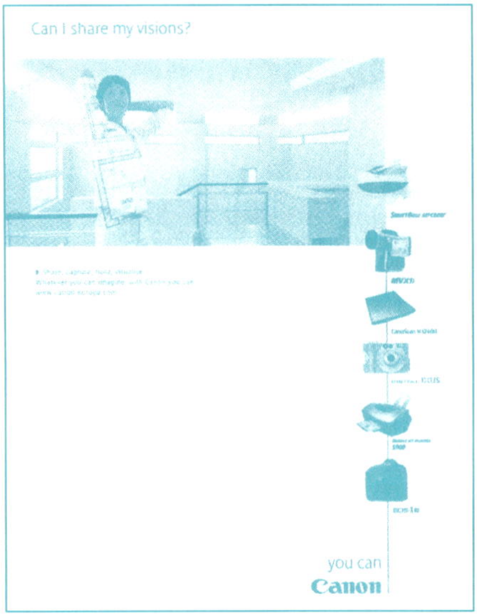

〈사진 6-2〉 캐논, 국제광고

어를 두드러지게 반복하면 소비자들은 쉽게 부호화하여 잘 기억하게 된다. 예를 들어 캐논(Canon)의 영국광고는 'can'이라는 음성을 반복하는 "If anyone can, Canon can"(남이 하면 캐논은 다 합니다)라는 문구로 광고의 핵심을 전달하고자 했고 최근에는 〈사진 6-2〉에서 보듯 "You can, Canon"(당신도 캐논 할 수 있습니다)라는 문구를 통해 전 유럽에 어필하려고 한다.

서양인들은 소리와 발음에 치중하기 때문에 서구의 기업들은 소리와 발음을 강조하면서 시각적 방법보다는 청각적 방법으로 해외시장에 자신들의 브랜드를 정착시키려는 경향이 있다. 중국 소비자들은 음성적 단서보다는 시각적 단서에 의하여 보다 잘 회상한다. 중국인들은 말할 때보다 글로 쓸 때 브랜드를 더 잘 기억한다.[40] 마케터들은 서양의 브랜드를 소리로 바꾸려고 하기보다는 시각적 재현에 익숙한 중국인들의 습성에 부합하는 전략을 수립하는 것이 좋다. 중국에서는 시각적으로 독특한 브랜드명 글씨체나 서예체 그리고 그러한 글씨체를 강조하는 로고 디자인이 보다 효과적일 것이다. 반면 영어권에서는 브랜드명이 징글(*jingle*)이나 제품을 잘 표현할 수 있는 의성어에 실려서 제시되어야 한다.

통제의 소재

귀인과 연관된 현상 중 하나는 줄리안 로터(Julian Rotter)가 제시한 통제의 소재(*locus of control*)이다.[41] 내적 통제와 외적 통제는 행동의 결과가 개인의 행위와 성향에 의해서 좌우된다고 보는지(내적 통제), 혹은 운명이나 다른 권위자에 의해서 좌우되고 그 결과가 예측 불가능한 것이라고 파악하는지(외적 통제)를 말하는 것이다.[42] 통제의 소재는 문화권 별로 달라서 한 문화권의 사람들은 삶의 질을 향상시키기 위해서 스스로 사회적 행동을 취하는 반면(시민적 능력) 다른 문화권의 사람들은 정부나 다른 권위있는 기관에 의존하게 된다. 서구인들은 통제의 소재가 개인에게 있으며 행위란 개인행동의 결과라는 믿음을 가지고 의사결정이론을 발달시켜왔다. 하지만 집단주의적 문화에서 사람들은 타인이 그들에 대한 혹은 그들을 위한 결정을 내린다는 사실을 익숙하게 받아들이기 때문에 통제의 소재가 외부에서 작동한다고 할 수 있다. 여기에 높은 수준의 권력거리가 더해져 권력을 지닌 이가 최종적 결정을 내리게 된다. 높은 수준의 권력거리와 불확실 회피성향 그리고 집단주의가 특별히 통제의 소재를 외부에 위치시킨다. 유럽 12개국의 국민들에게 '세계화를 어떻게 통제해야 하는가'라는 질문을 했을 때 권력거리가 높게 나타날수록 더 많은 사람들이 정부가 개입해야 한다고 응답했다.[43] 〈그림 6-7〉에 통제의 소재의 종류에 따라서 국가들을 구분해 놓았다.

구매행위의도 모델과 같이 내적 통제 소재가 소비자 행동의 기본가설이 되기 때문에 내적 통제 소재와 외적 통제 소재의 차이를 이해하는 것이 중요하다.

정보처리

정보처리이론은 행동을 결정하기 위해서 정보를 습득하고, 조직하고, 이용하는 과정을 분석하는 심리학적 접근방식이다. 누구나 문제를 해결하기를 원하고 문제해결방법을 이성적으로 선택하기를 원한다는 가정이 정보처리이론의 배경에 자리잡고 있다. 이러한 가정에 대한 반론은 서구사회에서마저 지속적으로 제기되었으며, 이 이론은 비서구문화권으로 일반화하기 어렵다. 개인주의 정도에 따라 정보습득 방식은

〈그림 6-7〉 권력거리-불확실 회피성향 : 통제의 소재

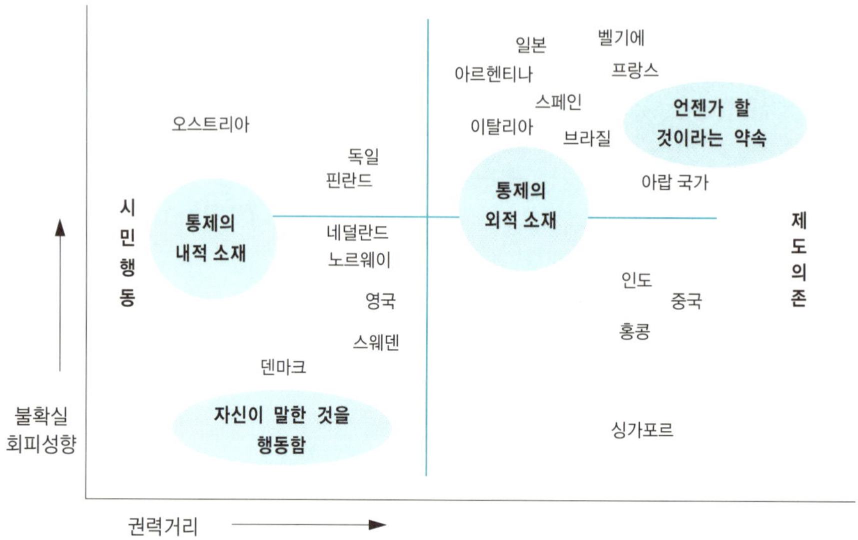

다양하게 나타난다. 집단주의 문화권에서 정보는 암시적이고 대인적인 커뮤니케이션에 의해서 주로 습득되고 기업에 대한 감정과 신뢰로 구매결정을 하는 반면, 개인주의적 문화권에서는 구매를 결정하기 전에 미디어나 친구들의 의견을 참조한다.

유로바로미터[44)]는 설문을 실시하여 응답자들에게 스스로를 얼마나 정보를 갖춘 소비자로 여기는지를 물었다. 유럽 내 14개국의 소비자들의 대답은 정보에 대한 민감성과 개인주의가 상관관계를 보임을 나타냈다. 개인주의는 변량의 53%를 설명했다. 사람들이 무엇을 정보로 여기는지도 다르게 나타날 것이다.

정보화 이론에 따르면 습득된 정보가 기억되기 위해서는 조직화 과정을 거쳐야 한다. 인간의 기억은 사물, 사건, 사람, 현상에 대한 지식을 구조화하는 도식(*schemata*)에 의해 정리된다. 습득된 정보가 기억되려면 기존의 도식에 맞게 부호화되어야 한다. 하나의 상품에 대한 한 사람의 고유한(*generic*) 도식에는 그 상품으로 무엇을 할지, 사용 후의 결과, 사용해야 할 환경 등에 대한 정보가 포괄적으로 담겨있다.[45)] 개인주의 문화권의 독립적 자아는 맥락에서 독립적 도식을 형성해가는 반면 집단주의 문화권의 상호의존적인 자아는 맥락의존적 도식을 구성한다.[46)] 따라서 동아시아 사

람들은 제시된 맥락을 통해서 정보를 해석하지만 서구인들은 다양한 요소들을 개별적으로 인식한다.

광고는 도식에 맞게 정보를 제시하기도 하고 새로운 도식을 만들기도 한다. 습득된 정보의 대부분은 기억에 이미 자리잡고 있는 도식 내에서 조직화된다. 때때로 오직 활성화된 도식과 중요한 연관성을 가진 정보만이 선별되고 나머지는 무시되기 마련이다. 그리고 선별된 정보들은 기존의 도식에 부합하도록 해석된다. 마지막으로 도식에 의해서 저장된 정보는 판단, 평가, 선택을 하는 데 이용될 수 있다. 그러나 사용되기 전에 기억에서 꺼낼 수 있도록 일단 기억에 남아야 한다.

서구의 정보처리이론은 일반적으로 특이한 정보가 보통의 정보보다는 더 잘 기억된다고 한다. 매우 중요한 정보는 덜 중요한 정보보다 잘 기억된다.[47] 이러한 과정에는 여러 가지 장애물이 존재할 수 있다. 우선 각자의 문화적 배경이 다른 문화적 배경에서 나온 정보를 이해하는 데서 오는 장애다. 둘째, 의도했던 것과는 다른 해석이다. 셋째, 평가와 의사결정과정이 다양할 수 있다.

의사결정

서구의 의사결정이론의 기본적 가정에 따르면 결정이란 이루어지는 것이 아니라 사람들이 만드는 것이다. 이러한 서구의 관점에 비해서 일본인들은 사건 자체가 필요한 여하의 행위를 규정해주길 선호한다. 그들은 의사를 결정하여 사건을 통제하기보다 사건으로부터 한 발짝 물러서려는 성향을 보인다.[48] 개인주의와 집단주의적 문화권의 가장 근본적인 차이는 의사결정과정에 있다. 집단주의적 문화권에서는 개인이 결정한다고 하더라도 이는 집단의 의견에 부합해야 하는 것이므로 결과적으로 개인적인 것이라고 볼 수는 없다. 합의를 찾는 것은 여성적 문화권에서도 중요한 특성이며 이는 또한 직관적인 것이다.

정보에 대한 욕구와 바라는 정보의 형태는 저상황적 문화와 고상황적 문화의 경우 서로 다르게 나타난다. 정보원천의 중요도와 그에 대한 신뢰도는 권력거리, 개인주의, 그리고 불확실 회피성향 정도에 따라 달라진다. 고상황적 그리고 집단주의 문화에서 소비자들은 저상황적 그리고 개인주의 문화의 소비자들보다 더 사회적인 정보를 탐색한다. 강한 불확실 회피성향은 좀더 구조화되어 있고 자세한 정보에 대한 욕구를 야기한다. 클럽 메드(Club Med)는 일본인 관광객들은 그들의 여행계획에 대해 굉장히 상세한 정보까지도 요구한다는 것을 알게 되었다. 그래서 클럽 메드는 관광객들이 방문하게 될 마을에 대한 안내책자와 활동스케줄과 함께 그들에게 여행의 기착지와 종착지가 되는 공항에 대해 화장실과 세관 시설물 등을 나타내주는 세부 공항지도를 보냈다.[49)]

미국인과 일본인 사이에 존재하는 뚜렷한 차이는 시간의 통제(마감시간의 관리)와 인간관계의 통제 사이에 존재하는 차이점이다. 정도는 덜하지만 이것은 유럽 국가들 중 예를 들면 독일인과 스페인인 사이의 차이점과 유사하다. 구어적으로 '내일증후군'(*mañana syndrome* : 의사결정의 지연)이라 불리는 것은 의사결정에 영향을 끼칠 수 있다. 시간에 대한 성향에서 드러나는 또 다른 차이는 결정이나 표현된 구매의사가 얼마나 실제 행동으로 옮겨지느냐에 따라서 결정된다. 행위지향적 태도를 지닌 사람들은 행위를 이어가지만 반응지향적 태도를 지닌 사람들은 새로운 상황이 생길 때까지 행동을 멈추고 기다린다. 이러한 행동이 반드시 표현된 의사와 상관있는 것은 아니다.

또 다른 차이는 잘 기술된 행동강령을 포함한 분명하고 구체적인 계획을 세우는 사람들과 특정 행동지침이 없는 매우 추상적이고 철학적인 계획을 세우는 사람들 사이에서 나타난다. 이러한 차이점은 구매의도 측정치에 대해 잘못된 예상을 야기할 수 있다. 만약 이탈리아에서 새로운 제품을 시험해 본 사람들 중 55%가 그 물건을 분명히 사겠다고 말한다면 그 제품은 아마 실패할 것이다. 그러나 일본에서 그 물건을 분명히 사겠다고 5%의 사람이 말했다면 그 제품은 성공할 가능성이 높다.[50)] 가톨릭과 라틴어 문화권의 구성원들은 그들의 구매의도를 과장하는 경향이 있는 반면 개신교 문화권에서는 덜 그러하다는 사실을 설명하기 위해서 홉스테드(Hofstede)의 문화의 차원들과 시간지향에서의 차이점을 이용해 보려 한다. 유교의 영향을 받은 문화들은 중용을 따르고 "나는 그것을 확실히 살 것이다"와 같은 극단적인 대답은 피하는 경향이 있다. 이러한 현상은 양극척도에의 반응상의 차이와 내부적/외부적 통제의 정도에 관련이 있다. 만약 운명이나 본인의 의사를 실현하는 데 간섭하는 권력소유자들에 대해 익숙하다면, 그리고 취소된 약속들을 받아들일 수 있다면, 이러한 것은 일상생활의 일부분이 되고, 결국은 본인의 가치의 일부분이 된다. 극단적 반응 스타일(*Extreme Response Style*, ERS) 또는 양극 척도상에서 극단적으로 평가를 하는 성향은 똑같은 근원을 가지고 있을 수 있다. 집단주의 문화에서 사람들은 "아니오"라고 말하는 것을 좋아하지 않는다. 그리고 큰 권력거리의 문화에서는 남들의 비위를 맞춰줘야 할 필요가 있으며, 그 결과 '아첨꾼'(*yesmanship*)이라는 말이 나온다.

소비자 의사결정 스타일

소비자 의사결정 스타일은 "의사결정 방식을 특징짓는 소비자의 정신적 성향"이라고 정의할 수 있다.[51] 서구의 소비자 의사결정모형은 소비자들이 이성적 구매양식과 브랜드, 가격, 품질에 관한 고려를 포함하는 기본적 의사결정모형 혹은 스타일을 가지고 있다고 가정한다. 다양한 문화권의 소비자 특성을 아우르는 보편적 의사결정구조를 밝히는 것에는 다소 문제가 있는 것 같다.

스프롤스와 켄달(Sproles and Kendall)은 의사결정에서 소비자의 성향을 고려하는 접근방법을 제안했다.[52] 이들은 개성에 대한 개념과 유사한 CSI(*consumer style inventory*)라는 척도를 개발하여 소비자의 의사결정 스타일을 측정하였다. 다음은 CSI가 제시하는 소비자 의사결정에서의 8가지 정신적 특성이다. ① 완벽주의 혹은 고품질에 대한 고려, ② 브랜드에 대한 고려, ③ 새로운 형식에 대한 고려, ④ 유희적 구매에 대한 고려, ⑤ 가격과 비용대비효용에 대한 고려, ⑥ 충동성, ⑦ 브랜드, 상점, 소비자 정보에 대한 오해, ⑧ 소비에서의 습관성과 브랜드 충성도 등이다.

이러한 접근을 거쳐 다양한 문화권에서 상이한 결과가 도출되었다. 예를 들어 한국인들에게는 완벽주의 성향과 브랜드에 대한 고려가 가장 많이 발견되었다.[53] 가격과 비용대비효용에 대한 고려는 인도와 그리스에서 찾아볼 수 없었다.[54]

비즈니스 의사 결정 스타일

비즈니스와 산업적 의사결정과정에서 의사결정단위(*Decision Making Unit*, DMU) 구성원들의 수는 다양하다. 개개 구성원들의 중요성도 그러하다. 유럽연합 내에서의 의사결정단위의 평균크기는 프랑스 10명에서, 독일 8명, 이탈리아 6명, 스웨덴 10명 그리고 영국 9명까지 다양하다.[55] 또한 의사결정단위의 구성원들은 다르게 행동하는데, 이는 국가의 관리스타일과 문화에 관련이 있다. 영국에서는 전문가의 지식을 높게 간주하지 않는다. 의사결정은 중간 매니저들 사이의 회의, 토론과 사무실 밖 접촉 등에서 비롯된 비공식 의견일치에 의해서 발생한다. 최고경영자는 일반적으로 공급업자들과의 일상적 접촉은 거부한다. 이것은 작은 권력거리 문화의 특징 중 하나인 높은 수준의 권한위임과 관련이 있다. 프랑스에서는 비록 중간 또는 특별 매니저들과 상의할 수 있지만 결국 최고경영자의 허가가 있어야만 한다(이는 큰 권력거리에 따른 행동이다). 네덜란드에서 사업관계는 좀더 유연성이 있고 비공식적인 것처럼 보인다(여성주의 문화에서의 가입의 욕구에 영향을 받음). 이탈리아에서 사업은 산업관계 문제들을 처리하기 위해서 비교적 많은 시간과 자원이 필요하다. 성공적인 매니저들은 유연한 임기응변가이어야 한다. 권위는 특정한 직위를 지닌 사람보다 신뢰받는 개인에게 위임되며, 그래서 적당한 의사결정자를 찾는다는 것은 하나의 기술과도 같다. 대인접촉은 매우 중요하다. 사업적 관계들은 상호의존과 상호의무감에 기반을 두고 있다. 특별히 큰 권력거리이며 집단주의적인 스페인 기업은 강한 리더, 즉 대담함과 카리스마적 기질을 가진 독재적 기업가를 갖는다. 좋은 인간관계를 구축하는 것은 중간관리자가 접근을 방해하는 것을 방지하는 데 필요하다. 그리고 중요한 것은 어떠한 것이든 최종승인을 위해서는 최고경영자에게까지 전달되어야 한다.

큰 권력거리의 문화에서는 최고경영자가 결정을 내리고 그 아래에 있는 관리자들의 영향력은 작은 권력거리의 문화에서보다 덜 중요하다. 작은 권력거리의 문화에서는 비서들이 사무기구에 대한 의사결정과 같은 그들의 업무와 관련된 의사결정에서 중요한 영향력을 행사한다. 트럭 운전사들은 회사의 운송수단에 대한 투자에 관한 의사결정에서 조언을 해줄 수 있다. 의사결정과정은 또한 남성주의의 정도에 따라서 달라진다. 의견일치를 이루는 것이 중요한 여성주의 문화에서는 관련자 모두가 자신들의 의견을 내놓을 수 있다. 반면에 남성주의 문화에서는 결단성이 의사결정과정을 좀더 촉진시키는 미덕으로 생각된다.

의사결정과정에 타인이 미치는 영향을 측정하는 것은 쉽지 않다. 문화의 영향이 사람들이 스스로 체감하는 영향력에 영향을 미치기 때문이고 체감하는 영향력이 실제 영향력과 차이가 있을 수 있기 때문이기도 하다. 낮은 권력거리 문화권에선(평등주의에 대한 신념 때문에) 높은 권력거리의 문화권의 사람들보다 많은 사람들이 구매행위에 있어 자신의 영향력을 높게 평가하는 경향이 있다. 덴마크에선 상관의 구매를 위한 정보를 수집하는 비서들은 자신이 관여하고 있다고 여기겠지만 프랑스에선 같은 일을 하는 사람이 모든 명시적 결정은 자신의 상관이 한다는 이유로 스스로가 결정에 관여하지 않는다고 생각할 지도 모른다.[56)]

소비자행동 영역(*Consumer Behavior Domains*)

행동이란 소비자의 육체적 움직임으로 곧바로 관찰되고 측정될 수 있는 것을 말한다. 또한 행동은 정신적 활동과는 구별되는 명백한 행동을 가리킨다. 상점방문, 상품이용, 상품에 대한 주인의식 등은 행동과 연관된다. 동기, 감정, 인지, 감정 등과 같은 모든 과정이 행동과 연관되지만, 이러한 요소들은 상품획득과 소유 및 이용, 쇼핑과 구매행동, 불만표출 행동, 브랜드 충성도, 혁신의 수용 등과 같은 다양한 소비자 행동영역에서 다르게 작용한다.

상품 획득, 이용 그리고 소유

상품의 획득과 이용에 관해서는 국가 간에 상당한 차이가 존재하는데, 아마도 이 차이들의 많은 부분은 문화로 인한 것으로 설명할 수 있을 것이다. 사람들의 가치는 상품소유에 직·간접적으로 영향을 끼친다. 하나의 상품은 기능적 혹은 심리적 중요성이나 혜택을 줄 수 있는 고유의 물질적 특징을 가지고 있으며, 또한 소비자가 추구하는 가치를 표현할 수 있다. 자동차는 단순한 교통수단일 뿐 아니라, 소유자에 관한 어떤 것을 말해주는 것이다. 각 제품군은 그 시장이 존재하는 문화권과 일련의 관계

를 갖고 있다. 이번 장에서 몇 가지 예를 제시하려 한다.[57)]

식품소비는 기후, 역사, 경제, 문화의 요소에 따라 다양하게 이루어지며, 따라서 식품은 문화적 의미를 가진다고 할 수 있다. 음식의 상징적 기능은 개인주의적 문화권에서보다는 집단주의적 문화권에서 더 강한 영향력을 발휘하며 음식의 다양성이 중요하다. 집단주의적 문화권에선 불쑥 찾아오는 손님들을 위해서 항상 음식이 준비되어 있어야 한다.

높은 수준의 불확실 회피성향 문화권에서 청결은 모든 음료에서 매우 중요한 기준이다. 제 4장에서 판매용 식수 소비에 대한 예를 들었다. 불확실 회피성향과 생수 간의 관계는 시간이 지나도록 일관적으로 이어진다. 유럽 전 지역에서 수돗물의 질이 지난 30년간 향상되었음에도 불구하고 국가 간의 차이는 1970년대와 비슷하거나 심지어는 더 커졌다. 1970년 이후 높은 불확실 회피성향이 44%에서 53%의 변수 설명력을 가져왔다. 탄산음료와 문화와 맺는 관계도 상이하여 남성주의적 문화권에서 보다 높은 소비가 이루어진다. 수십 년 동안 앵글로색슨 브랜드가 독점한 탄산음료 시장은 남성주의적 가치와 연관이 되어있다. 아마도 이 때문에 여성주의적 문화권에서는 탄산음료가 인기가 없다.

불확실 회피수준이 높고 집단주의적 문화권에서 의류와 신발에 대한 지출의 비율이 높다. 이에 관한 차이들은 집단주의와도 연결된다. 체면을 때문에 외출할 때 잘 꾸미고 나가야 하기 때문이다. 선진국에서는 높은 불확실 회피성향과 지속적 관계를 유지했다. 일반적으로 높은 불확실 회피성향의 문화권에서는 잘 꾸미고 다닌다. 그것이 위협적인 세상에 대처하는 한 방법이기 때문이다. 옷과 신발에 돈을 쓰는 것은 자아존중과 자기발전의 욕구에 대한 것이기도 하다. 권력거리가 높은 문화의 사람들은 상황에 맞는 옷차림에 보다 신경을 쓰는 경향이 있다.

영상 및 음향 전자제품의 소비는 개인주의적 다양성과 자극의 욕구와 관련되어 있다. 세계적으로 TV는 개인주의와 연관성이 깊다. 어떤 프로그램을 얼마나 자주 시청하느냐는 문화적 차원에 달려있다. 텔레비전이 가지는 사회적 역할이 다양하기 때문이다. 현대의 중국에서 텔레비전은 사람들의 행위 중 가장 상징적인 구매행위일 것이다. 대부분의 중국인들에게 자동차를 구매하는 것은 아직 가능하지 않으므로 전자제품, 특히 텔레비전은 개인의 경제적 이미지와 성공을 나타내는 데 중요한 역할을 한다. 즉, 개인이 소유하는 텔레비전은 그 개인의 이미지를 제대로 투사해주어야만 하는 것이다.[58] 중국 같은 나라에서 텔레비전은 가라오케와 같은 사회적 욕구를 충족시키기 위해서도 아주 중요하게 사용된다.

PC 보유는 부의 상징이지만 그 보유행태를 설명하는 중요한 변수는 불확실 회피성향이다. 불확실 회피성향은 혁신적 기술을 얼마나 잘 받아들이는지를 설명하므로 인터넷 같은 기술의 도입에 중요한 설명력을 더한다. 제 7장에서 인터넷 보급에 대해서 논하였다.

국가적 부와 개인주의는 인구 1천 명당 자동차 보유율을 설명하는 주요 변수들이다. 원래 부유한 국가의 국민일수록 자가용을 소유할 능력을 가지고 있다. 1998년에 개인주의는 개인당, 차 1대의 이동거리에 관하여 50%의 설명력을 가졌다. 개인주의 사회에서의 높은 이동성은 자동차 이용률을 높인다.[59] 1998년에 개인주의는 개인당, 차 1대의 이동거리에 관하여 50%의 설명력을 가졌다. 남성적 문화에서는, 예를 들어 이탈리아, 독일, 영국에서는, 여성적 문화를 가진 네덜란드나 스칸디나비아 국가들보다 2대 이상의 자동차를 가진 가구수가 많다. 여성주의 문화의 나라에서는 2대 이상의 차량을 소유할 수 있음에도 불구하고 한 대로 충분하다고 생각한다. 여성주의 문화에서는 남성주의 문화에서보다 높은 비율의 사람들이 자신은 "자동차를 원하지 않는다"라고 대답했다.[60]

비록 세계적으로 국가적 부가 레저부분에 대한 지출을 설명하지만, 선진국에서는 문화가 설명력을 가진다. 유럽에서는 개인주의적이고 낮은 권력거리 문화이며 불확실 회피성향이 낮은 나라에서 레저부분에 대한 지출이 가장 높았다. 레저부분에 가장 많이 지출한 두 국가는 스웨덴과 영국이었고, 가장 적게 지출한 두 나라는 여성적 문화배경을 가진 사람들은 자유시간을 가족과 친지들과 보내는 반면, 개인주의적이고 낮은 권력거리이며 낮은 불확실 회피성향을 가진 사람들은 자신의 자유시간에 돈을 내고 레저시설을 즐긴다는 것이다. 레저 상품과 서비스에 대한 지출을 설명하는 낮은 불확실 회피성향의 요소들은 낮은 불안감, 혁신성, 운동문화이다. 적절한 개인주의적 가치는 기쁨, 자극, 다양성, 모험심 등이며, 따라서 여행이나 놀이공원 그리고 극장이나 오페라와 같은 문화적 이벤트를 통해 "기쁨"을 파는 레저산업은 집단주의적 문화에서 보다 개인주의적 문화에서 판매 성과가 더 좋다.

불만 표출행동

소비자의 불만행동은 세 가지로 나누어 볼 수 있다. ① 불만사항과 직접 관련된 곳에 음성으로 표출하기, ② 부정적 소문을 내거나 브랜드 바꾸기, ③ 법적 대응이 그것이다.[61] 자아개념, 타인인식, 사회활동의 수준에 따라 이 세 가지 반응 사이에서 소비자들은 다양한 대응의 방식을 보여준다. 조화로움에 대한 요구로 인해 집단주의적 소비자들은 개인주의적 소비자에 비해 구매 후 발생하는 문제에 대해 불만을 말하지 않고 상대적으로 브랜드에 충성도가 높은 편이다. 저들은 불만의 경우 자신의 집단 안의 구성원들에게 부정적 소문을 내는 방법을 택하는 경향이 개인주의적 소비자보다 강하다.

유로바로미터의 자료에 따르면 개인주의자들이 소비자 정보선택에 보다 열정적이고 자신들의 권리가 보다 잘 보호받고 있다고 여긴다.[62] 집단주의적 소비자는 소문을 통해서 브랜드를 택하고 또한 버리기도 한다. 이는 호주인에 비해 중국인들이 하자제품에 대해 불만을 토로하기 위해 시간을 할애하지 않는 경향을 보아도 알 수 있다.[63] 더구나 집단주의적 소비자가 한번 이탈하면, 공급자는 그 고객들을 다시 돌아오게 하기란 매우 어렵다.[64]

미국문화에서 자주 사용되는 방법이 법적 대응이다. 이는 사람들이 자신의 생을 통해 최대한의 것을 얻어내고자 하는 남성성과 개인주의의 태도가 혼합된 결과일지도 모른다. 이러한 경향은 미국의 높은 소송건수를 설명해준다. 따라서 소비자는 더 많은 법적 행동을 취할 것이다. 지난 수년간 담배회사들은 담배로 인해 건강을 해친 사람들로부터 소송을 당했다. 2002년에 미국에서 비만자들이 패스트푸드 기업을 상대로 자신의 비만에 대한 책임에 대하여 소송을 제기하기에 이르렀다.

브랜드 충성도

순응과 조화하려는 욕구 때문에 집단주의자들은 브랜드에 충성심을 갖게 된다. 집단 구성원에게 잘 알려진 제품을 구입하는 것이 구매결정에 대해 내집단 구성원들로부터 인정받는 것에 대한 불확실성을 줄여주기 때문이다.[65] 여타의 브랜드를 고르면 자신을 다른 구성원들로부터 구별짓는다. 유명하거나 유명하다고 여겨지는 브랜드를 고르는 것이 안전할 것이다. 불확실 회피성향이 이러한 선택의 안정성을 뒷받침한다. 새로운 제품이나 브랜드를 시도하는 것은 어느 정도 위험이 따르는 일이기 때문에 다양성을 추구하는 사람들에게는 만족스러운 동기일 것이다. 다양성의 추구와 자극은 개인주의 문화의 측면이다.[66]

큰 권력거리는 기존의 지위를 존중하므로 파워브랜드, 즉 시장에서 높은 점유율을 지닌 브랜드를 선호하는 것이다. 아시아에서는 큰 시장점유율의 브랜드들은 그들 브랜드의 세계에서는 왕이나 마찬가지이며, 아시아의 소비자들은 그런 브랜드들을 내면적으로 신뢰한다.[67] 이것이 바로 코카콜라(Coca-Cola), 네스카페(Nescafé), 산 미구엘(San Miguel)과 같은 브랜드가 아시아시장에서 그렇듯 높은 시장점유율을 유지하는 이유이다. 규모가 크다는 것은 자동적으로 신뢰를 제공한다. 집단주의 사회에서 순종의 욕구와 결합된 이 신뢰는 높은 상표충성도를 유발한다. 상표충성도는 불확실 회피성향의 문화에서는 더욱 강화된다. 결과적으로 이러한 시장에서는 새로운 진입자들이 시장점유율을 얻는 것은 매우 어렵다.

개혁의 확산

소비자의 개혁성향의 정도는 새로운 제품을 시도하려는 성향에 영향을 끼친다. 개혁성향은 모호함과 도전적 생각에 대한 수용과 관련되기 때문에, 문화 역시 개혁성향에 중요한 역할을 하며 약한 불확실 회피성향 문화의 구성원들은 강한 불확실 회피성향 문화 구성원들보다 더 개혁적일 수 있다. 문화에서 개혁성향이 어떻게 작용하는지는 다른 차원들과의 상대적 배열에 달려 있다. 권력거리와 개인주의는 문화에서의 개혁

〈그림 6-8〉 개혁의 수용, 미국

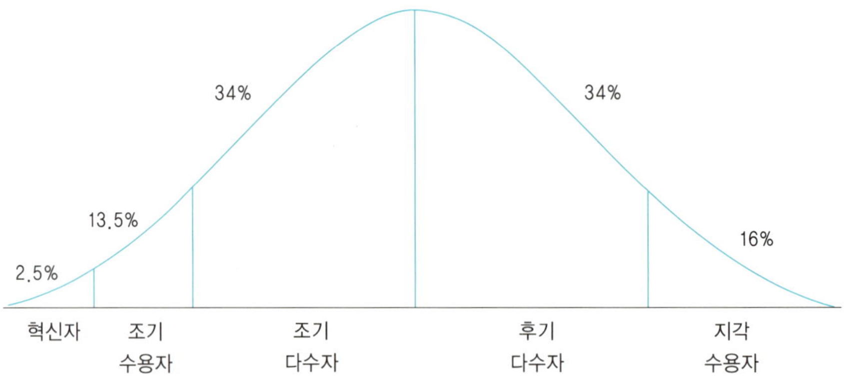

성에 대해서 다른 방식으로 영향을 미친다. 작은 권력거리와 개인주의 문화에서는 개혁성이 사람들에게 내부화되는 것과는 달리, 큰 권력거리와 집단주의 문화에서는 개혁성이 외부화된다. 큰 권력거리와 집단주의 문화에서는 혁신성의 정도는 권력소유자들과 집단의 의사결정과정에 달려 있다. 이러한 것은 중국이 비록 상대적으로 약한 불확실 회피성향 문화이고 먼 과거에는 극도로 개혁적이었다는 것이 증명되었을지라도 중국보다도 영국이 더 많은 노벨상 수상자들을 만들어낸다는 사실을 설명할 수 있다. 중국인들은 천 년 이상이 지난 후에도 서양에서는 발견되지도 또 인정되지도 않았던, 수많은 과정과 기구들을 고안해 내었다. 이러한 것들의 실례는 다음과 같다. 원석으로부터 철강을 만들어내는 과정(2, 000년 전), 천연가스를 추출하기 위해 깊이 굴착하는 과정(1, 900년 전), 혈액 순환(1, 800년 전), 그리고 바퀴수레(1, 300년 전) 등이 그것이다.[68] 중국에서 발명의 동기는 개인적 야심이 아니라 군주나 황제에 대한 봉사였다.

로저스(Rogers)는 (미국) 소비자들을 새로운 상품에 대한 수용 정도에 따라 5가지로 분류하였다. 수용자의 5가지 유형은 〈그림 6-8〉에서 나타난 것처럼 정규분포로 표현된다. 수용자의 다섯 가지 유형은 ① 혁신자(*innovator*), ② 조기수용자(*early adopter*), ③ 조기다수자(*early majority*), ④ 후기다수자(*late majority*), ⑤ 지각수용자(*laggards*) 등이다.[69] 혁신자는 (미국) 사회의 2.5% 정도에 해당한다. 그들은 위험을 감수할 의지를 지닌 모험적 개인들이다. 조기수용자(13.5%)들은 그들에게 역할모델로 제시되는

〈표 6-1〉 개혁의 확산과 문화

	혁신자(%)	조기다수자(%)	후기다수자(%)	지각수용자(%)
미국	16.0	34.0	34.0	16.0
영국	23.8	43.4	26.4	6.4
프랑스	15.1	25.5	35.6	23.8
독일	16.8	26.1	34.2	22.9
스페인	8.9	34.1	43.9	13.1
이탈리아	13.4	30.8	41.0	14.8
상관계수				
개인주의	.75*		-.74*	
불확실 회피성향	-.83*		.83*	

출처: Rogers, 1962 and Steenkamp, 2002.

혁신자들이 선택한 아이디어를 받아들이는 사람들이다. 조기다수자(34%)는 위험회피 성향을 가진 사람들이고, 후기다수자(34%)는 새로운 아이디어에 대해 신중하고 의심 많은 사람들이며, 지각수용자(16%)의 경우 아주 보수적인 사람들이다.

수용속도뿐만 아니라 수용비율도 문화에 따라서 달라질 수 있다. 좀더 혁신적인 문화들은 덜 혁신적인 문화들보다 조기수용층의 비율이 더 클 것으로 예상된다. 집단주의는 또 다른 역할을 수행한다. 특히 일본에서는 일단 받아들인 후에는 새로운 제품의 확산이 빠르다. 반면에 변화는 선호되지 않아서 새로운 아이디어와 제품에 대한 수용까지는 더 오래 걸린다. 그러나 순응에 대한 욕구로 인해 의견선도자가 일단 혁신을 받아들인 후에는 수용은 신속하게 이루어진다. 개인주의와 강한 불확실 회피성향 문화에서는 수용과정이 더 오래 걸린다. 왜냐하면 새로운 것은 위험하며 수용이란 것은 개개인과 관련된 것이기 때문이다.

스틴캠프(Steenkamp)는 유럽의 다섯 개 나라를 대상으로 생필품의 수용집단의 비율을 산출하였다.[70] 이는 239개의 새로운 생필품을 대규모의 샘플고객에게 소개 한 후 52주 동안 이들 상품의 첫 구매시점을 각 가구 패널들을 대상으로 조사한 자료에 바탕하고 있다. 문화적 변수들과의 상관관계는 불확실 회피성향과 개인주의의 관계를 확증해주었다(〈표 6-1〉).

대상 5개국의 혁신자에 해당하는 사람들과 미국의 경우는 낮은 불확실 회피성향과 개인주의와 상관관계를 보여주었다. 반면에 후발 대중은 높은 불확실 회피성향과 집단주의와 상관관계를 이루고 있었다. 또한 높은 불확실 회피성향을 보이는 남미에선 조기수용자의 비율이 미국에서보다 낮게 나타낸다. 칠레의 소비자들을 대상으로 한 표적그룹 인덱스 연구에 따르면 혁신적 기술에 대한 조기 수용자로 여겨지는 이들은 전체 인구의 7.5%에 불과했다.[71)]

결 론

소비자 행동에 관한 다양한 이론과 개념들은 서구중심적 경향이 강하다. 자아, 정체성, 개성이라는 개념들은 소비자 심리학의 중요한 요소들이며 이들 역시 서구중심적 사고에 의해 만들어진 용어이다. 이러한 용어들과 개념들은 이론, 실무, 연구, 광고 전략 등에서 실제 사용되는 것들이다. 이들을 제대로 사용하려면 변화를 반드시 거쳐야 한다. 무엇을 왜 사는지는 소비자들이 지닌 문화적 가치에 의해서 영향을 받는다. 이 장에서는 소비자 행동에 관한 다양한 저서들에 공통적으로 등장하는 이론들에 관해서 논해보았다. 정신적이고 사회적인 과정 모두 문화권 별로 다양하며 이러한 다양성이 의사결정과 선택행위에 영향을 미친다. 구매동기는 지역마다 그리고 지역 내에서도 차이를 보일 수 있다. 국경을 접하는 나라들도 구매동기에선 천양지차일 수도 있다. 실제 구매행위와 문화적 차원 간의 관계를 규명하는 것은 언제나 흥미로운 일이다. 가치에 관한 대부분의 연구는 사람들이 자신의 가치에 대해서 어떤 의견을 가지고 있는지를 묻는다. 실제 구매행위와 측정된 가치의 차이가 지닌 상관관계를 연구하다 보면 필수 불가결한 문화의 영향에 관한 강력한 증거를 찾을 수 있으며, 문화권 별로 특성화된 마케팅 전략을 수립하는 데 핵심적인 통찰력을 얻게 된다.

주

1) Solomon, M., Bamossy, G., & Askegaard, S. (1999). *Consumer behaviour : A European perspective*. London : Pearson Education, p.8.

2) This model is based on Manrai, L. A., & Manrai, A. K. (1996). "Current issues in cross-cultural and cross-national consumer research." In L. A. Manrai & A. K. Manrai (Eds.), *Global perspectives in cross-cultural and cross-national consumer research*. New York : International Business Press/Haworth Press, p.13.

3) Markus, H. R., & Kitayama, S. (1991). "Culture and the self : Implications for cognition, emotion and motivation." *Psychological Review*, 98(6), pp.224~253.

4) Roland, A. (1998). *In search of self in India and Japan*. Princeton, NJ : Princeton University Press ; Triandis, H. C. (1995). *Individualism and collectivism*. Boulder, CO : Westview Press.

5) Roland, 1988, p.242.

6) Watkins, D., Akande, A., Fleming, J., Ismail, M., Lefner, K., Regmi, M., et al. (1998). "Cultural dimensions, gender, and the nature of self-concept : A fourteen-country study." *International Journal of Psychology*, 33, pp.17~31.

7) Jowell, R., et al. (2003). *European social survey 2002/2003* (technical report). London : Centre for Comparative Social Surveys, City University.

8) Roland, 1988, pp.3~13.

9) Markus, H. R., & Kitayama, S. (1998). "The cultural psychology of personality." *Journal of Cross-Cultural Psychology*, 29, pp.63~87 (see p.68).

10) Norenzayan, A., Choi, I., & Nisbett, R. E. (2002). "Cultural similarities and differences in social influence : Evidence from behavioral predictions and lay theories of behavior." *Personality and Social Psychology Bulletin*, 28, pp.109~120.

11) Benedict, R. (1974). *The chrysanthemum and the sword*. Rutland, VT : Charles E. Tuttle, p.195.

12) Hofstede, G., & McCrae, R. R. (2004). "Personality and culture revisited : Linking traits and dimensions of culture." *Cross-Cultural Research*, 38(1), pp.52~88.

13) Antonides, G., & Van Raaij, W. F. (1998). *Consumer behaviour. A European*

perspective. Chichester, UK : Wiley, pp.162~163.

14) Camilleri, C., & Malewska-Peyre, H. (1997). "Socialization and identity strategies." In J. W. Berry, P. R. Dasen, & T. S. Saraswathi (Eds.), *Handbook of cross-cultural psychology*. Boston : Allyn & Bacon, p.48.

15) European Commission Directorate. (2000, September). *How Europeans see themselves* (Eurobarometer report). Brussells : Author (see Appendix B).

16) Belk, R. W. (1984). "Cultural and historical differences in concepts of self and their effects on attitudes toward having and giving." In T. C. Kinnear (Ed.), *Advances in consumer research*. Provo, UT : Association for Consumer Research, pp.159~167.

17) Campana, C., & Paulo, R. (1999, November). "Evaluating the value of global brands in Latin America." *Marketing and Research Today*, pp.159~167.

18) Aaker, J. L., Benet-Martinez, V., & Garolera, J. (2001). "Consumption symbols as carriers of culture : A study of Japanese and Spanish brand personality constructs." *Journal of Personality and Social Psychology*, 81, pp.492~508.

19) Belgium, Czech Republic, Denmark, Finland, France, Germany, Hungary, Italy, the Netherlands, Norway, Poland, Portugal, Russia, Slovakia, Spain, Sweden, Switzerland, and the United Kingdom.

20) Solomon, Bamossy, & Askegaard, 1999, p.121.

21) Cervellon, M.-C., & Dubé, L. (2002). "Assessing the cross-cultural applicability of affective and cognitive components of attitude." *Journal of Cross-Cultural Psychology*, 33, pp.346~357.

22) Gudykunst, W. B., Matsumoto, Y., Ting-Toomey, S., Nishida, T., Kim, K., & Heyman, S. (1996). "The influence of cultural individualism-collectivism, self construals, and individual values in communication styles across culture." *Human Communication Research*, 22, pp.510~543.

23) Antonides & Van Raaij, 1998, pp.202~205.

24) Lee, C., & Green, R. L. (1991). "Cross-cultural examination of the Fishbein behavioral intentions model." *Journal of International Business Studies*, 22, pp.289~305

25) Malhotra, N. K., & McCort, J. D. (2001). "A cross-cultural comparison of behavioral intentions model." *International Marketing Review*, 18, pp.235~269.

26) Grunert, K. G., Bruns ø, K., & Bisp, S. (1997). "Food-related lifestyle : Development of a cross-culturally valid instrument for market surveillance." In L. R. Kahle & L. Chiagouris (Eds.), *Values, lifestyles and psychographics*. Mahwah, NJ : Lawrence Erlbaum, p.343.

27) Maslow, A. H. (1954). *Motivation and personality*. New York : Harper & Row.

28) Hofstede, G. (1991). *Culture and organizations : Software of the mind*. London : McGraw-Hill, p.126.

29) Hofstede, G. (2001). *Culture's consequences* (2nd ed.). Thousand Oaks, CA : Sage.

30) Pollay, R. W. (1984). "The identification and distribution of values manifest in print advertising 1900-1980." In R. E. Pitts Jr. & A. G. Woodside (Eds.), *Personal values and consumer psychology*. Lexington Books, D. C. Heath, pp.111~135.

31) Russell, J. A. (1995). "Facial expressions of emotion: What lies beyond minimal universality?" *Psychological Bulletin*, 118, pp.379~391.

32) Mesquita, B., & Frijda, N. H. (1992). "Cultural variations in emotions : A review." *Psychological Bulletin*, 112, pp.179~204.

33) Kagitçibasi, C. (1997). "Individualism and collectivism." In J. W. Berry, M. H. Segall, & C. Kagitçibasi (Eds.), *Handbook of cross-cultural psychology* (Vol. 3). Boston : Allyn & Bacon, p.23.

34) Triandis, 1995.

35) Holman, R. H. (1986). "Advertising and emotionality." In R. A. Peterson, W. D. Hoyer, & W. R. Wilson (Eds.), *The role of affect in consumer behavior : Emerging theories and applications*. Lexington, MA : Lexington Books, D. C. Heath.

36) Interview with K. Ushikubo, November 1995.

37) Lin, C. (2001). "Cultural values reflected in Chinese and American television advertising." *Journal of Advertising*, 30, pp.83~94.

38) Solomon, Bamossy, & Askegaard, 1999, p.296.

39) Rogers, E. M. (1962). *Diffusion of innovations*. New York : Free Press.

40) Schmitt, B. H., Pan, Y., & Tavassoli, N. T. (1994). "Language and consumer memory : The impact of linguistic differences between Chinese and English."

Journal of Consumer Research, 21, pp.419~431.

41) Rotter, J. B. (1996). "Generalized expectancies for internal versus external control of reinforcement." *Psychological Monographs*, 80, No.609.

42) Rotter, J. B. (1990). "Internal versus external control of reinforcement." *American Psychologist*, 45, pp.489~493.

43) *Globalisation*. (2003, October). Flash Eurobarometer No.151b.

44) *Consumers Survey*. (2002, January). Flash Eurobarometer No.117.

45) Domzal, T. J., Hunt, J. M., & Kernan, J. B. (1995). "Achtung! The information processing of foreign words in advertising." *International Journal of Advertising*, 14, pp.95~114.

46) Kühen, U. (2001). "The semantic-procedural interface model of self : The role of self-knowledge for context-dependent versus context-independent modes of thinking. *Journal of Personality and Social Psychology*, 80, pp.397~409.

47) Domzal, Hunt, & Kernan, 1995.

48) Stewart, E. C. (1985). "Culture and decision making." In W. B. Gudykunst, L. P. Stewart, & S. T. Ting-Toomey (Eds.), *Communication, culture, and organizational processes*. Beverly Hills, CA : Sage, pp.177~211.

49) Toy, S. (1995, October 16). "Storm, terrorists, nuke tests : Why is Club Med smiling?" *BusinessWeek*, p.20.

50) *Nielsen SRG News Asia Pacific*. (1996, February). No.80.

51) Lysonski, S., Durvasula, S., & Zotos, Y. (1996). "Consumer decision-making styles : A multi-country investigation." *European Journal of Marketing*, 30, pp.10~21 (see p.11).

52) Sproles, G. B., & Kendall, E. L. (1986). "A methodology for profiling consumer decision making styles." *Journal of Consumer Affairs*, 20, pp.267~279 ; Lysonski, Durvasula, & Zotos, 1996.

53) Hafstrom, J. L., Jung, S. C., & Young, S. C. (1992). "Consumer decision-making styles : Comparison between United and korean young consumers." *Journal of Consumer Affairs*, 26, pp.146~158.

54) Lysonski, Durvasula, & Zotos, 1996.

55) Wolfe, A. (1991, May). "Stalking Euro-buyers in their lairs." *Business Marketing Digest*, pp.87~94.

56) De Mooij, M. (2003). *Consumer behaviour and culture*. Thousand Oaks, CA : Sage, p.224.

57) For a more in-depth description and evidence of relationship between culture and various product categories, see de Mooij, 2003.

58) Brewer, D. K. (1997). "Symbolic consumption in China : The color television as a life statement." *Advances in Consumer Research*, 24, pp.128~131.

59) Office for Official Publications of the European Communities.(2001). *Consumers in Europe*, Luxembourg : Author, p.23.

60) Office for Official Publications of the European Communities, 2001, p.143.

61) Chelminski, P. (2001, December). "The effects of individualism and collectivism on consumer complaining behavior." *Proceedings of the Eighth Cross-Cultural Research Conference*, Association for Consumer Research and American psychological Association. Kahuku, Oahu, Hawaii.

62) *Consumer Survey*. (2002, January). Flash Eurobarometer 117.

63) Lowe, A., Chun-Tung, A., & Corkindale, D. R. (1998). "Difference in 'cultural values' and their effects on response to marketing stimuli : A cross-cultural study between Australians and Chinese from the People's Republic of China." *European Journal of Marketing*, 32, pp.843~867.

64) Watkins, H. S., & Liu, R. (1996). "Collectivism, individualism and in-group membership : Implications for consumer complaining behaviors in multicultural contexts." In L. A. Manrai & A. K. Manrai (Eds.), *Global perspectives in cross-cultural and cross-national consumer research*. New York/London : International Business Press/Haworth Press.

65) Lee, J. A. (2000). "Adapting Triandis' model of subjective culture and social behavior relations to consumer behavior." *Journal of Consumer Psychology*, 2, pp.117~126. Countries studied were Australia, the United States, Hong Kong, Singapore, and Malaysia.

66) Baumgartner, H., & Steenkamp, J. -B. E. M. (1996). "Exploratory consumer buying behavior : Conceptualization and measurement." *International Journal of Research in Marketing*, 13, pp.121~137.

67) Robinson, C. (1996). "Asian culture : The marketing consequences." *Journal of the Market Research Society*, 38, pp.55~66.

68) Temple, R. (1986). *China*. London : Multimedia Publications.

69) Rogers, 1962.

70) Steenkamp, J. -B. E. M. (2002, November 17). *Global consumers.* Presentation at Tilburg University. Based on *Consumer and market drivers of the trial probability of new consumer packaged goods* (Working paper). Tilburg University, Tilburg, The Netherlands.

71) TGI Chile. (2003). "Early adopters of technological innovations." Retrieved November 5, 2004, from www.zonalatina.com/Zldata99.htm

제 7 장

광고와 미디어

마케팅과 광고기법이 미국에서 탄생했기 때문에 미국 외의 다른 지역에서도 미국적 문화의 전제들이 광고가 작용하는 방식을 이해하는 이론적 근간이 된다. 다양한 문화권에서 광고가 전달되는 방식을 이해하려면 우선 커뮤니케이션 자체가 어떻게 이루어지는가를 알 필요가 있다. 커뮤니케이션 스타일은 문화권별로 다양하다. 가장 뚜렷한 경계를 긋는 기준은 커뮤니케이션에서의 맥락성이다. 이러한 차이는 커뮤니케이션의 처리방법 및 커뮤니케이션의 역할 · 목적 · 효과에 대한 사람들의 기대와 관련이 있다. 글로벌 광고를 수행하기 위해선 광고가 다른 문화권에서 어떻게 작용하는지를 파악해야한다. 조직과 공중 간의 관계에 초점을 두는 PR의 철학과 실무 역시 문화와 연관이 되어 있다. 커뮤니케이션 형식은 미디어 선호도를 변화시키며, 이는 또한 문화와 연관되어 있다.

커뮤니케이션과 문화

커뮤니케이션 이론에서는, 커뮤니케이션을 넓은 의미에서 하나의 마음이 다른 것에게 영향을 미칠 수 있는 모든 과정을 포함한다. 모든 커뮤니케이션은 설득적인 것으로 간주된다. 커뮤니케이션의 전통적 모델은 〈그림 7-1〉처럼, 메시지의 출처 혹은 발신자(사람, 조직, 회사, 브랜드), 메시지 그 자체(이야기, 그림, 광고), 수단(메시지를 전달하는 수단 : 이야기 전달자, 신문, 텔레비전) 그리고 수신자(사람, 소비자)를 포함한다.

이러한 커뮤니케이션 과정에서, 메시지는 선별되고, 의미전달을 위해 부호화된다. 수신자는 반드시 매체를 통해 메시지를 받을 수 있어야 하고, 그것을 해독할 수 있어야 한다. 일반적으로 메시지의 발신자는, 메시지가 전달되었고 제대로 이해되었는지 알기 위해 피드백을 받고 싶어 한다. 이러한 과정에서 많은 오류가 발생할 수 있다는 것을 쉽게 알 수 있다. 특히 대인간의 커뮤니케이션보다 매스 커뮤니케이션에서는 그 과정을 통제하기 힘들다. 부호화하고 해독하는 과정에서 오류가 발생할 수 있다.

송신자(기업)는 메시지를 구성하는 데 있어 자신의 문화적 배경에 의존하게 된다. 문화적 프레임은 내용에 반영되고 메시지로 전달되기 마련이다. 마찬가지로 미디어는 내용과 형식 두 가지 측면에서 문화를 구성하는 사람들에 의해서 그 틀을 갖추게 된다. 메시지를 해독하는 과정에서 선택적 지각이 발생하고 사람들은 자신의 지적 도식에 부합하는 메시지를 가장 잘 이해할 것이다. 이러한 현상은 메시지의 내용과 형식 그리고 스타일에 관계된 것이다. 매스 커뮤니케이션의 스타일과 형식에 문화가 미치는 영향을 이해하려면 우선 문화별 대인 커뮤니케이션이 보여주는 차이를 파악해야 한다.

〈그림 7-1〉 전통적 커뮤니케이션 모델

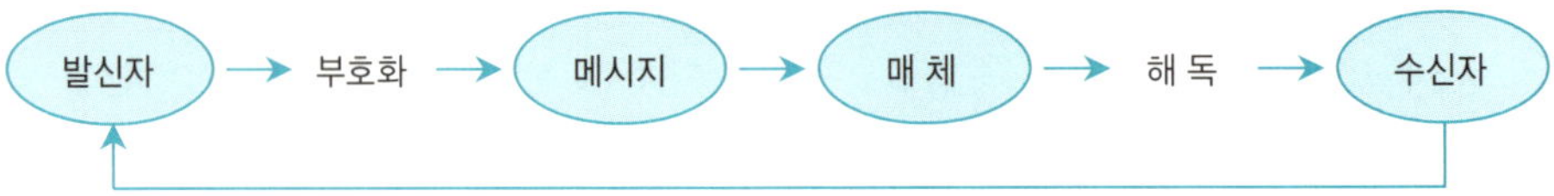

여러 문화적 차원들은 다양한 문화권에서 나타나는 커뮤니케이션에서의 차이점을 설명한다. 개인주의와 집단주의의 차원은 대인 커뮤니케이션과 매스 커뮤니케이션에서 드러나는 차이점을 가장 잘 설명해주는 변수이다. 대인 커뮤니케이션 스타일은 자아의 개념과 함께 문화에 따라 다양하다. 독립적인 사람들은 다른 사람에 대해 생각할 때, 관계적 혹은 전후 맥락적 사실보다는 다른 사람들의 개별적 성격과 태도를 고려한다. 상호의존적인 사람들은 지위나 역할, 관계 그리고 누군가가 적합한 위치에 속하는지, 적합한지, 그것을 차지하는지에 중점을 둔다.[1] 고상황과 저상황으로 구분된 커뮤니케이션의 두 유형은(제 4장 참고) 집단주의 문화의 상호의존적 자아들과 개인주의 문화의 독립적 자아들의 커뮤니케이션 행동에서의 차이에 부합한다. 저상황적 커뮤니케이션에서 정보는 말 속에 있다. 고상황적 커뮤니케이션에서 정보는 이미지, 상징 그리고 그것에 연관된 관계들에 있다. 고상황적 커뮤니케이션의 경우, 메시지의 의미는 외부인에 의해서 이해되기 어렵기 때문에 그러한 커뮤니케이션은 접근 불능하다고 여겨진다. 개인주의적이고 저상황적 소통을 하는 문화에서는 더욱 언어지향적이 된다. 반면에 집합적인 문화에서는 더욱 시각지향적이 된다.

개인주의적이고 불확실 회피성향이 낮은 문화 구성원들이 지닌 언어지향적 경향은 독서량에도 반영된다. 시차를 두고 여러 설문조사들은 사람들에게 책을 읽는 정도에 대해 조사했다. 유럽에서는 1970년대 이후로, 두꺼운 책을 읽는 것은 개인주의, 낮은 권력거리 그리고 낮은 불확실 회피성형과 관련되었다.

다양한 요인들이 커뮤니케이션 스타일의 차이를 설명한다. 예를 들어, 빠른 말 속도는 미국인들에게는 신뢰를 주지만 한국인들에게는 느린 말투가 신중함의 상징으로 읽힌다.[2]

대인 커뮤니케이션 스타일

대인 커뮤니케이션 스타일은 언어와 비언어적 스타일로 나뉜다. 구디쿤스트와 팅-투미(Gudykunst & Ting-Toomey)는 문화가 언어적/비언어적인 커뮤니케이션에 미치는 영향을 다양한 차원에서 분석하였다.[3] 언어적 커뮤니케이션 스타일은 언어 개인적(*verbal personal*)이거나 언어 상황적(*verbal contextual*)일 수 있다. 이 두 가지 형식은 개인적 특질과 상황(혹은 지위)을 대립항으로 세운다. 언어 개인적 형식은 개인 중심적 언어이지만 언어 상황적 형식은 역할 중심적 언어라고 할 수 있다. 언어 개인적 스타일은 '나'(*I*)의 정체성을 중시하고 개인이 중심이 된 언어구사 형식이라 할 수 있다(영어처럼). 언어 상황적 형식은 상황에 따른 역할정체성을 중시하고(일어와 중국어처럼), 각기 다른 사람을 그들의 지위와 연관시켜 다른 방식으로 호명한다. 예를 들어, 일본어는 자신보다 (지위가) 높은 사람인지 낮은 사람인지에 따라서 말하는 방법이 다르다.

언어 개인적 형식은 낮은 권력거리(즉, 평등)와 개인주의(저상황)와 밀접하며, 언어 상황적 형식은 높은 권력거리(즉, 위계화된 인간관계)와 집단주의(고상황)와 연관성을 지닌다.

또 다른 구분은 만연체(*elaborate*), 간결체(*exacting*), 압축체(*succinct*) 등으로 나뉜다. 만연체는 풍부하고 다양한 표현을 사용하는 스타일을 말한다. 간결체는 정확히 필요한 만큼의 이야기를 하는 것을 말한다. 압축체에는 곡언법(*understatements*, 완곡하게 낮추어 말하기), 멈추기(*pause*), 침묵(*silence*) 등의 기술이 포함된다. 대화중의 침묵 역시 의미를 가지고 있다. 중간에서 강한 정도의 불확실성 회피를 보이는 고상황 문화권의 사람들은 만연체를 사용하는 경향을 보인다. 아랍 문화권에서는 은유는 물론이고 형용사, 화려한 표현들, 비유나 속담을 포함하는 긴 문장을 사용하는 만연체가 두드러지는 언어커뮤니케이션의 형태를 보여준다. 낮은 불확실성 회피의 저상황 문화권(영국과 미국)에서는 간결체를 주로 쓰는 경향을 보인다. 압축체는 강한 불확실성 회피에 고상황이 문화가 상호 작용하는 일본과 같은 문화권에서 두드러진다. 침묵은 불확실

〈그림 7-2〉 대인 커뮤니케이션 스타일

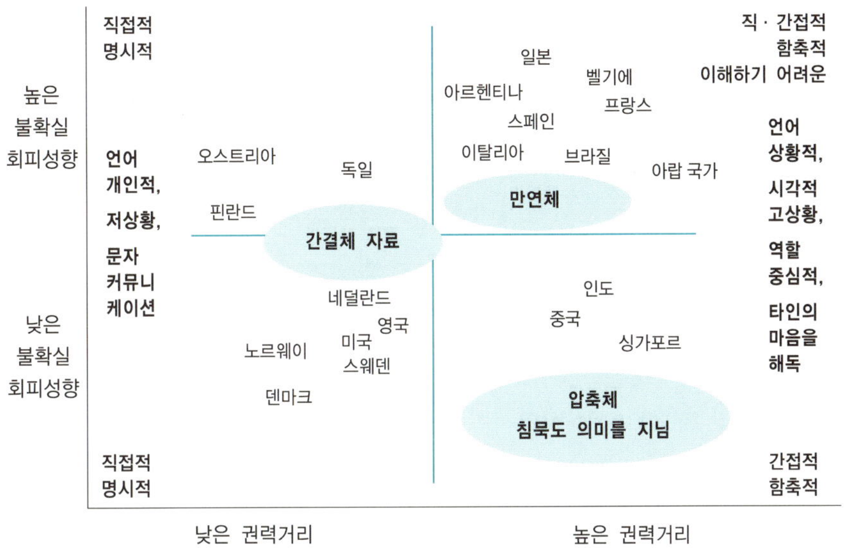

하고 예측하기 어려운 사회적 관계의 맥락에서 적합한 소통전략일 수 있다.

비언어적 커뮤니케이션은 ① 개성적-명시적(*unique-explicit*), ② 개성적-함축적(*unique-implicit*), ③ 집단적-명시적(*group-explicit*), ④ 집단적-함축적(*group-implicit*) 등 4가지로 구분된다. 이는 개인주의의 자아지향성 대(對) 집단주의의 집단지향성 그리고 외부인에 대한 개방성/폐쇄성을 강조하는 내부 환경의 정도를 의미하는 이해가능성-이해 불능성(*accessibility-inaccessibility*)을 반영한 것이다. 불확실성 회피 정도가 강한 이들은 그 정도가 약한 이들보다 외부인들을 더 위협적으로 평가하는 경향이 있고 권력거리는 이러한 성향을 강화한다.

언어적 커뮤니케이션과 비언어적 커뮤니케이션의 형식을 알면 모든 문화권의 소통형태를 이해하기가 쉬워진다. 〈그림 7-2〉는 위에 구분한 형식으로 국가들을 구분한 것이며 상이한 커뮤니케이션 스타일을 요약한 것이다.

좌측 두 사분면의 문화권이 보여주는 커뮤니케이션 스타일은 직접적이고 명시적이며 언어 개인적이며 문어체를 좋아한다. 사업할 때 전화보다는 이메일을 선호하며 간결체를 원하고 데이터를 존중한다. 송신자가 커뮤니케이션의 효과에 책임을 져야한다. 집단주의적 성향을 보이는 우측 사분면의 문화권들에서는 보다 함축적인 커뮤니케이션이 두드러진다. 개인주의적 성향을 보이는 프랑스와 벨기에는 예외의 경우가 되는데 이들 문화권의 커뮤니케이션은 함축성과 명시성을 동시에 담는다. 커뮤니케이션은 역할중심이며 이러한 문화권에 해당하는 아시아에서 어린이들은 타인의 마음을 헤아리도록 교육받는다. 남들이 제시하는 미묘한 소통의 단서들을 이해해야 하는 것이다. 이 경우 커뮤니케이션의 효과는 수신자의 부담이 된다. 우측 상단의 문화권에서는 압축체가 두드러진다.

가장 대조되는 커뮤니케이션 스타일은 직접적 커뮤니케이션과 간접적 커뮤니케이션의 짝이다. 이 둘의 차이는 메시지의 송신자가 자신의 의도를 명료한 언어적 커뮤니케이션으로 얼마나 전달하는가에 달려있다. 직접적 커뮤니케이션의 경우 필요, 욕구, 욕망은 명료하게 드러난다. 간접적 언어소통의 경우는 화자의 실제 의도를 숨긴 언어메시지가 전달된다. 확고한 구매의도를 보여주기 위한 '절대로'나 '확실히' 같은 어휘들을 직접적 커뮤니케이션의 예로 들 수 있고, '아마도', '다소' 등은 간접적 스타일의 예로 볼 수 있다.

매스 커뮤니케이션 스타일

매스 커뮤니케이션 스타일은 내용, 형식, 스타일이라는 세 가지 측면에서 결정된다. 매스 커뮤니케이션의 형식과 스타일에서의 차이는 대인 커뮤니케이션 스타일을 반영한다.

이러한 세 가지 요소가 문화에 미치는 영향은 문학, 미디어 프로그램, 광고, PR에서 모두 관찰될 수 있다. 예를 들면 미국의 텔레비전 프로그램은 액션 위주의 제작물이 많다. 이에 비해 핀란드의 국내 비디오 드라마는 정적 내용이 지배적이며, 액션과 문답형식 그리고 화면의 지나친 클로즈업(*close-up*)을 지양한다.[4] 러시아나 일본의 소설들이 권태를 그리는 데 비해 미국 소설은 그렇지 않다. 모스크바의 사회학자인 마리아 졸로투키나(Maria Zolotukhina)는 "러시아인들의 소양이 즐거움을 추구하는 데 있지 않다"며 미국의 인기 어린이 프로그램인 〈세서미 스트리트〉(*Sesame Street*)의 러시아판 각색이 안고 있는 고충을 털어놓았다.[5] 미국의 대중관객들이 '해피엔딩'을 열망하는 데 반해 일본의 소설이나 연극에는 이러한 요소가 아주 드물게 등장한다. 이 점은 미국의 텔레비전 드라마나 광고에도 반영되어 있다. 개인주의적인 서구문학의 정수는 주인공의 끝날 줄 모르는 사투이다('사느냐 죽느냐'). 중국의 수필가 빈신(Bin Xin)은 중국인들은 심적 갈등이 적기 때문에 중국문학에서는 비극을 찾아보기 힘들다고 설명한다.[6] 문학 속 주인공들의 행동과 그 조건들에는 문화적 가치가 담기기 마련이다. 이탈리아 출신 카를로 콜로디(Carlo Collodi)의 피노키오는 순종적이고 의존적이지만 디즈니 도날드 덕(Donald Duck)의 조카들은 독립적이고 어른들의 말을 잘 듣지 않는다. 프란츠 카프카(Franz Kafka)의 《성》(*The Castle*)은 주인공 K가 관료주의에 영향을 받는 장면을 통해서 체코의 강한 불확실성 회피가 드러난다. 《이상한 나라의 앨리스》에는 가장 이상한 일들이 벌어지는데 이는 영국의 약한 불확실 회피성향이 가장 잘 표현된 형태의 작품이라고 할 수 있다. 《해리 포터》류의 소설이 영국에서 나왔다는 사실은 놀랄만한 것이 아니다. 미국 PR대행사의 보도자료를 보면 미국의 문화가 그에 반영되어 있음을 알 수 있다. 이 자료들은 간결하고 대개 정곡을 찌른다.

광고 스타일

광고란 한 문화의 전통으로부터 구성된 상징적 산물이다. 송신자는 특정 문화권의 관습에 의존하여 수신자로부터 기대되는 반응을 얻어내기 위한 메시지를 꾸민다. 수신자도 같은 지식을 사용하여 메시지를 독해하며 송신자의 의도를 파악하려하고 응답하게 된다. 문화적 지식이 소통의 근간이 된다. 하나의 광고가 문화권의 장벽을 넘게 되면 공유된 지식에 의존하기 어려워진다. 형식, 스타일, 내용 모두에 대인 커뮤니케이션 스타일이 반영되지만 이들은 또한 상이한 문화권의 광고에서 차별적 역할을 하게 된다.

광고 스타일의 네 가지 요소는 다음과 같이 구분될 수 있다. 각각은 문화권마다 상이하다.

① 소구 (동기와 가치 등을 반영)
② 커뮤니케이션 스타일 (예 : 명시적, 암시적, 간접적, 직접적 등)
③ 광고의 기본형식 (예 : 증언, 드라마, 엔터테인먼트 등)
④ 제작 (예 : 옷 입는 방식)

불확실성을 강하게 거부하는 문화권에서 볼 수 있는 전형적인 소구의 예는, 독일 생수 게롤슈타이너(Gerolsteiner)의 광고에서 볼 수 있듯, 깨끗함이다(〈사진 7-1〉). 개인주의적 소구는 개인에 초점을 맞춘 보더폰 광고(〈사진 7-2〉)에서 볼 수 있다. 보더폰에 의해서 인수된 스페인의 에어텔은 집단주의적 소구를 사용하는데 〈사진 7-3〉에서 보듯 집단정체성을 표현한 광고의 예로 제시할 수 있다. 제 8장에서는 광고에서의 소구점과 문화 간의 연관성을 드러내고자 하였다. 광고에 반영된 기본적 요소들이 어떤 방식으로 문화의 영향권 아래에 놓이는지는 9장에서 다룰 것이다. 제작(*execution*)은 광고모델 섭외나 그들의 연기 그리고 배경까지를 묶어서 칭하는 것이다. 영국과 독일의 부엌은 분명한 차이점을 보인다. 이번 장에서는 광고에 사용된 커뮤니케이션 스타일에 초점을 두려 한다.

개인주의 문화의 직접적 커뮤니케이션과 집단주의 문화의 간접적 형식 간의 차이가 가장 크다고 볼 수 있다. 직접적 커뮤니케이션에서 광고는 개인적 대명사 "당신"(*you*)이나 "우리"(*we*)를 사용하는 반면 간접적 스타일의 광고는 사람들을 직접 호명하기보다는 드라마나 은유(*metaphor*) 같은 간접적 방법을 사용한다. 하지만 집단주의 문화권 간에도 간접적 표현방식에 차이가 존재한다. 싱가포르에 거주하는 중국인들은 대만인들보다 더 직접적이다.[7)] 커틀러(Cutler)와 그의 동료들[8)]은 미국, 영국, 프랑스, 인도, 일본, 터키, 대만/홍콩, 한국 등 총 8개국의 광고를 대상으로, 개인주의와 연관되어 있는 직접적이고 인격화된 헤드라인의 사용여부를 측정하였다.

직접적 형식의 광고는 영국에서 제작된 센트룸과 프로비바(〈사진 7-4, 7-5〉) 그

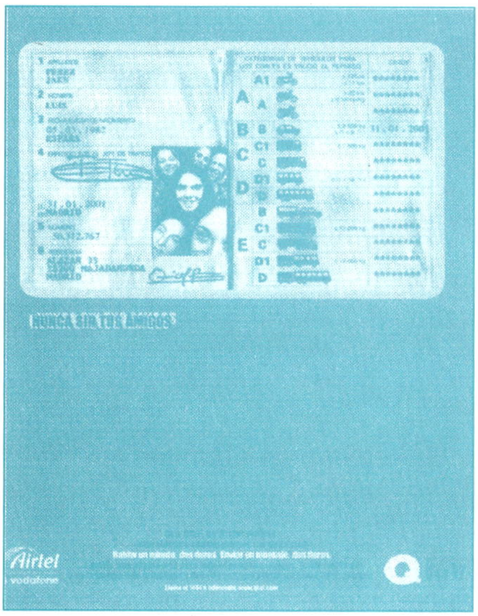

①|②
③|④

① 사진 7-1 게롤슈타이너(Gerolsteiner), 독일
② 사진 7-2 보더폰 인터내셔널 (Vodafone International)
③ 사진 7-3 에어텔(Airtel), 스페인
④ 사진 7-4 센트룸(Centrum), 영국

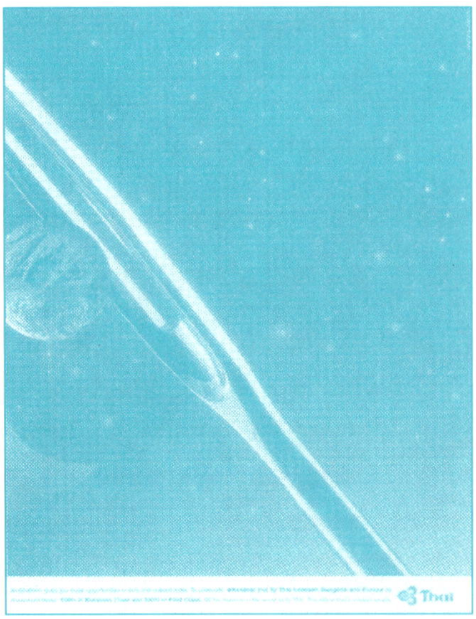

①②
③④

① 사진 7-5 프로비바(ProViva), 영국

② 사진 7-6 ZDF, 독일

③ 사진 7-7 타이 항공(Thai Airlines), 국제 광고

④ 사진 7-8 하이네켄(Heineken), 스페인

리고 독일의 ZDF(〈사진 7-6〉)를 예로 들 수 있다. 간접적 접근의 방식은 다양한 국가의 매체에 게재된 타이 항공의 광고(〈사진 7-7〉)가 그 예가 될 수 있다. 이 광고는 작아진 지구를 상징하기 위해서 바늘귀를 사진에 담았다. 스페인의 하이네켄 광고도 마찬가지인데(〈사진 7-8〉) 모두가 모여 즐기는 금요일의 정취를 간접적 방식으로 전달하고 있다.

브라질의 '사라 리 필라오 커피'(Sara Lee Pilaó coffee)의 TV 광고는 남미에서 볼 수 있는 간접적 스타일의 예가 된다. 강한 맛을 가진 커피임을 전달하려는 이 광고의 메시지는 글이나 말로 전달되지 않는다. 잔에는 끊임없이 우유가 쏟아져 들어가는데 커피는 전혀 묽어지지 않음을 보임으로써 필라오 커피의 강한 맛을 시각적으로 전달하려 한다.

직접적 커뮤니케이션은 보다 언어적 경향을 보이고 간접적 커뮤니케이션은 보다 시각적 성향을 지닌다. 미국의 광고는 카피문구를 보다 많이 사용하고 일본광고는 시각적 요소에 의존하는 편이다. 시각 혹은 언어적 요소로 나뉘는 문화권들의 차이는 기업 이미지, 브랜드 명, 포장디자인, 광고형식 등 마케팅 커뮤니케이션의 다양한 부분에 반영된다. 중국 소비자들은 음성적 단서보다는 시각적 단서에 의하여 브랜드 명을 평가한다. 반면 영국인들은 브랜드 명을 소리가 내는 매력을 바탕으로 평가한다. 아시아에서 시각적 상징은 기업 아이덴티티(*corporate identity*)를 결정하는 중요한 요소이다.[9)]

7개국을 대상으로 포장디자인에 대해서 비교연구가 이루어졌는데 포장은 입체로 되어있는지 그래픽 디자인으로 어떤 메시지를 전달하는지에 따라 구분된다.[10)]

커뮤니케이션 스타일과 마찬가지로 광고형식에 따라 문화권들을 구분할 수 있다(〈그림 7-3〉). 좌측 두 사분면에 있는 광고는 직접적이고 명시적이다. 직접적이고 명시적인 각각의 광고스타일 내에도 차이점이 존재한다. 좌측 상단에 위치하고 높은 불확실성 회피를 특징으로 하는 문화권에서 광고는 보다 진지하고 더 잘 구조화된다. 시각적 효과는 상품의 작동과정이 포함되기도 하며 상세하게 전달되는 경향을 보인다. 추천인은 전문가여야 한다. 이러한 형태는 불확실성을 잘 참아내는 문화권보다는 독일 문화권에서 자주 접할 수 있는 것인데 이 경우 시각 이미지는 보다 간결하다. 미국이나 영국 같은 남성적 문화권에서 추천인은 보통 일반인이거나 유명인이 맡게 되

〈그림 7-3〉 광고 스타일

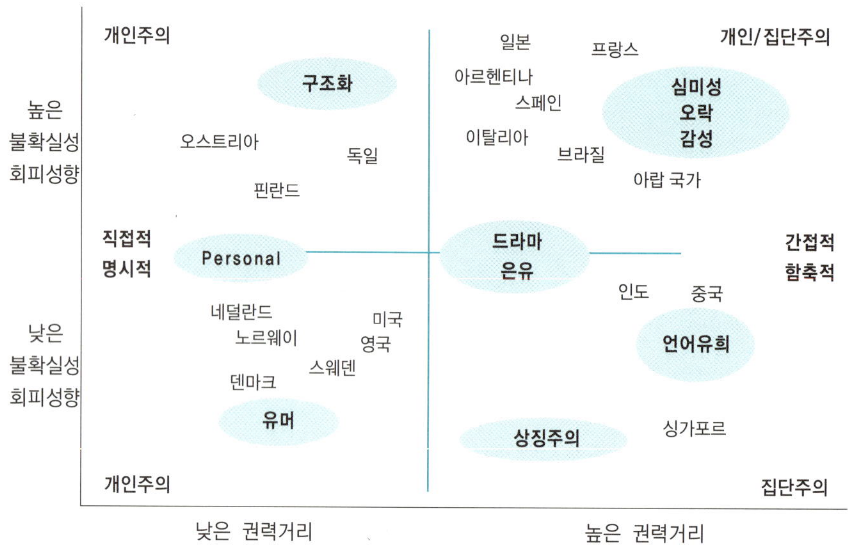

지만 스칸디나비아 반도나 네덜란드의 여성주의적 문화권에서 추천인은 경시되기 쉽다. 불확실성 회피가 낮다면 모호함은 그다지 문제가 되기 않고 유머가 자주 광고에 쓰이는 경향을 볼 수 있다. 청소 관련 상품군에 대한 영미의 TV 광고는 주로 사람들의 증언에 의존하는 형식을 택해왔다. 이러한 경우 광고는 추천인의 특성에 집중하게끔 세심하게 제작되곤 하며 암시적인 비언어 행위는 포함되어서는 안 된다. 미국의 경우 전형적인 추천인들을 쓴다면 소비자들은 쉽게 회상할 수 있을 것이다.[11)]

우측의 두 사분면은 암시적이고 간접적인 스타일을 포함한다. 우측 상위의 사분면은 여러 가지 스타일을 포함한다. 이 영역은 고-중 단계의 개인주의와 높은 권력거리 및 불확실성 회피가 드러나는 문화권까지(프랑스 등) 포함하는데, 여기에서는 개성(*uniqueness*)과 이해불능 정도(*inaccessibility*)를 동시에 표현하는 개성적-함축적 비언어적 커뮤니케이션 스타일이 드러날 수도 있다. 이해불능 정도라는 것은 그 광고 내에서 영화, 예술, 혹은 다른 광고 등 다른 형태의 미디어를 얼마나 참고했느냐에 의해서 나타나는 것이다. 우측 상단의 사분면에는 높은 권력거리와 불확실성 회피가 집단주의와 결합된 문화권들이 제시되었는데 이 역시 개성적-함축적 비언어 커뮤니케이션 스타일이 드러나는 영역이다. 이탈리아, 브라질, 일본 등의 국가는 집단-함축적이고 간접적인 커뮤니케이션에 보다 익숙하다. 커뮤니케이션은 완곡하고(*indirect*) 덜 공격적이며 보다 체면을 차리게 된다. 의미란 맥락에서 나오는 것이다. 커뮤니케이션은 약화되고 선호도에 좌우된다. 광고형태로서 오락을 선호하는 것도 커뮤니케이션 스타일이 반영된 것이다. 유명인사가 등장하는 광고는 소비자를 직접 대하기보다는 상징적 역할을 할 것이고 직접적으로 상품의 장점을 보여주기보다는 상품과 자신의 이미지 간의 연상작용을 시도하게 된다. 영화형식 광고, 시각적 은유, 상징기호들은 주로 맥락을 만들어 내기 위해서 그리고 권력거리가 먼 집단주의적 문화권에서 적합하게 상품이나 브랜드를 "적재적소"(*proper place*)에 위치시키기 위해서 사용된다.

드라마(제 9장 참고)는 간접적 커뮤니케이션 스타일로서 스페인, 이탈리아는 물론이고 남미에서도 자주 사용되는 광고형식이다. 드라마도 문화권의 남성주의/여성주의에 따라서 다양해진다. 남성주의 성향이 강한 이탈리아에서는 쇼 형식이 강조되고 드라마 형식의 광고는 실제적이라기보다는 극적(*theatrical*, 劇的) 성향을 보인다. 스페인에서 드라마 광고는 부드러움을 특징으로 하고 은유적 스토리를 통해서 상품을 그 의미가 제공되는 맥락에 위치시키려고 한다. 미국에서도 드라마 형식의 광고가 사용되기는 하지만 우측 상단의 사분면에 위치한 국가들에서 그러한 광고형식이 보다 두드러지는 것도 사실이다. 미국광고의 드라마는 생활의 단면을 묘사하는 데 보다 집중하는 반면 우측 사분면들에 위치한 문화권들에서 드라마적 광고는 즐거움을 주기 위한 목적이 크다. 이는 소비자와 브랜드 간의 관계를 구축하기 위함이다.

집단주의적 문화권은 중간에서 높은 정도의 권력거리 성향을 보이고 아래에서 중간 정도의 불확실성 회피를 나타낸다. 광고는 집단의 규범과 체면을 유지할 수 있는 것이어야 한다. 은유와 드라마 형식 다음으로 시각적 이미지, 시각적으로 언어유희, 노래 그리고 상징기호들이 이러한 광고에서 중요하지만 소비자들을 직접 호명하는 광고 또한 가능하다. 홍콩, 싱가포르, 인도의 광고가 여기에 속한다. 이들 문화권은 직접적 커뮤니케이션을 하는데 이는 낮은 불확실 회피성향 때문이다. 중국인들은 이미지가 포함된 시각적이고 직설적인 생생한 광고를 좋아한다. 롤랜드(Roland)가 인도인들의

사진 7-9 바운티(Bounty), 미국

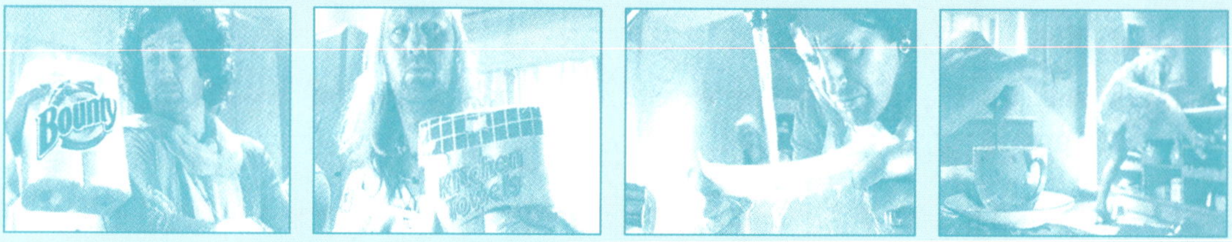

사진 7-10 바운티(Bounty), 영국

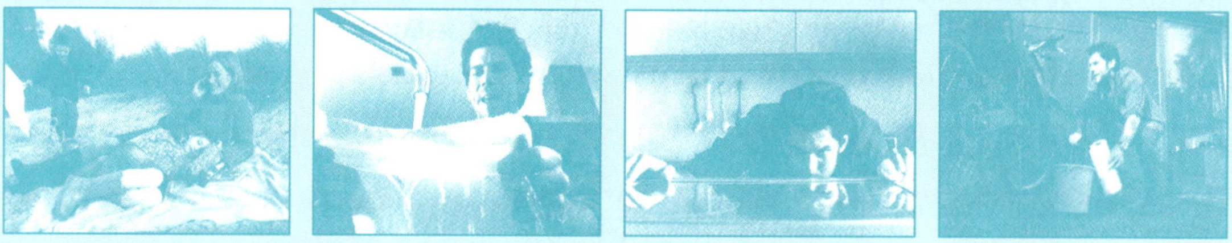

사진 7-11 바운티(Bounty), 스위스

직접적 커뮤니케이션 스타일을 밝혀냈는데 그는 "인도인들의 커뮤니케이션 양식이 일본인들의 그것보다 더 많은 수준에서 더 명백함을 드러낸다."고 주장했다.[12)]

〈사진 7-9, 7-10, 7-11〉은 글로벌 브랜드를 위해서 국가별로 상이한 광고 스타일이 접목됨을 보여준다. 모두 드라마 형식을 취하지만 다음의 미국과 영국의 광고는 보다 경쟁적인 형식이다(〈사진 7-9, 7-10〉). 두 광고 모두 브랜드 바운티(Bounty)를 다른 브랜드와 비교하지만 미국의 광고는 경쟁 브랜드를 보다 직접적으로 비교한다. 반면 영국의 바운티 광고는 광고의 남성모델에게 여성들의 옷을 입혀 광고를 진행시키며 보다 유머로 소구한다. 바운티를 사용하는 남자는 차를 마시고 있지만 그 경쟁자는 여전히 빨래에 집중하고 있다. 제시된 스위스 버전의 바운티 광고는 미국광고처럼

바운티의 사용 자체에 집중을 한다. 광고에 나온 여자는 휴식을 취하며 남편에게 세탁을 해야 한다고 말하지만 그는 바운티가 오토바이를 닦는 데 좋다는 사실을 알고는 빨래는 뒤로 미룬다. 이는 보다 적극적인 광고전략이며 남성주의적 문화권의 차이점을 적극적으로 반영한 것이다.

마케팅 커뮤니케이션의 목적

광고의 작동방식에 대한 학자들의 이해는 서양 심리학에서 도출된 이론에 의존하고 있다. 예를 들어 정보처리이론은 도표나 그 밖의 비언어적 자극을 무시한 채 문자나 언어행위에 편중된 인지심리학을 토대로 한다.[13)]

미국인은 커뮤니케이션을 통제를 위한 메시지 전달과정으로 파악한다. 그들은 커뮤니케이션이 사람들을 설득하고, 태도를 변화시키고, 행동에 영향을 미치는 수단이라고 본다. 이러한 관점은 광고가 작동하는 방식에 관한 이론에 반영되었다. 마케팅 커뮤니케이션의 목적은 문화마다 차이가 있는데 이는 개인주의 문화와 집단주의 문화 간에 더 두드러진다. 개인주의 문화에서 광고는 설득에 집중하지만 집단주의 문화에서는 판매자와 구매자 간에 관계와 신뢰를 구축하는 것을 목적으로 삼는다. 일본 소비자들은 기업과 그 상품에 대해서 신뢰를 구축하여 내집단 구성원과 유사한 관계를 가지려 하는데 이 때문에 일본의 광고는 정보를 제공하기보다는 긍정적 감정을 이끌어내려는 경향을 보인다.[14)] 상이한 목표는 광고에서 브랜드 명을 언제, 얼마나 자주 시각적 또는 언어적으로 묘사하느냐에서 나타나는 차이를 들 수 있다.[15)] 전형적인 일본 TV 광고에서는 미국에 비해 상표, 회사명, 상품 등이 늦게 등장한다. 일본의 광고인들은 신뢰감, 상호이해와 의존도의 구축을 위해 광고시간을 더 많이 할애한다. 일본에서는 상표명이 미국에 비해 더 오랜 시간동안 시각적으로 화면에 나타나며, 미국에서는 일본에 비해 상표명이 언어적으로 더 빈번하게 거명된다.

광고는 미국인에게 설득 커뮤니케이션과 다를 바 없다. 설득, 반복, 경성판매 등은 “광고와 소비자는 서로 반대편에 위치하며 한편은 다른 한편의 태도와 행동을 바꾸거나 설득하려는 대결양상을 지닌다"는 일종의 개념적 모델에서 연유한다.[16] 광고효과를 측정하기 위해 자주 사용되는 설득력 테스트는 바로 이런 사고방식을 근거로 하고 있다. 기본절차는 디지털식, 인과적 사고방식을 나타내는 광고노출 전후의 구매의도를 측정하는 것이다.

광고가 지닌 설득 커뮤니케이션 기능은 이성적 주장, 소비자의 직접 증언, 또는 경성판매에 치우쳐 있는 것으로 간주되는 듯하다. 광고의 모든 요소, 단어, 도표 등은 판매과정에서 각각이 미치는 설득적 효과에 따라 평가된다. 어떤 문화권에서나 광고의 최종목표는 판매에 있지만 판매과정에서 드러나는 광고의 역할은 명백히 다르다. 집단주의 문화에서 경성판매의 사용 또는 소비자의 직접 증언의 형태는 설득 효력이 없다.

제 6장에서 접한 바와 같이, 미국의 설득 커뮤니케이션은 정보습득과정에 대한 미국의 정보이론에 의존하고 있다. 사람들이 어떻게 정보를 얻고 체계화하며 이용하는가는 그들이 어떻게 정보처리 과정을 제대로 학습했는가에 달려 있다. 이것은 그들에게 익숙한 정보유형과도 연관이 있다. 상징, 기호, 간접적 커뮤니케이션에 익숙해진 고상황적 문화의 사람들은 설명적이거나 설득적이면서 화려한 문체에 길들여진 저상황적 문화의 사람들과는 다른 방식으로 정보를 처리할 것이다.

그림을 인식하는 데에도 문화 간 차이는 매우 크다. 이미지는 과거 언어적 커뮤니케이션에 대한 지나친 강조로 인해 그 연구가치를 인정받지 못했으나 광고에서는 중요한 요소로 평가된다. 비주얼을 포함한 광고의 효과를 테스트하는 데 이용되었던 '카피 리서치'와 '카피 테스팅'이라는 용어들은 카피를 언어물로만 생각해야 한다는 일종의 편견을 가지게 한다.

광고가 지닌 헤어나올 수 없는 딜레마는 특정한 문화권의 특정한 상품군의 관습을 따를지 아니면 주목을 끌어 사람들의 기억에 남도록 차별적 전략을 택할 것이냐는 것이다. 다양한 국가들에서 공통적으로 광고에 대한 관심을 끌기 위해서 차별적이고 익숙하지 않은 정보를 끌어들이는 것은 때로 소비자의 도식과 어긋나서 광고 자체가 무시될 수도 있는 위험한 전략이 될 수도 있다. 이러한 전략은 한 문화권 내에서보다는 광고가 문화권의 장벽을 넘나들 때 보다 큰 위험에 처하게 되는데 이 경우 사람들의 도식이 보다 다양하기 때문이다.

정보적 소구와 감성적 소구

광고의 주된 역할이 설득과정의 하나로서 정보를 제공하는 것이어야 한다는 미국인들의 주장은 오히려 광고의 다른 요소들을 과소평가하는 결과를 낳고 말았다. 소비경험이 감정적 요소를 아울러 포함하고 있다는 사실을 깨닫기 시작한 것은 그리 오래 전 일이 아니었다. 소비자의 감성은 구매와 소비결정에 중요한 영향을 미치는 것으로 나타났다. 그 결과 감정적, 변형적, 평가적, 감각적 메시지는 합리적, 정보적, 사실적, 사고적 소구방식과 종종 대조를 이루곤 했다. 이는 감성은 정보를 전달하지 못하는 것을 시사한다. 상품의 실제 모양이 지닌 논리적이고 객관적으로 입증될 수 있는 사실과 상품의 막연한 관점에서 본 감정적이고 주관적인 느낌은 상호 대조를 이룰 수밖에 없다.

감성에 관한 논의는 이성적 개념 및 욕구, 필요, 애정 등의 비이성적 개념과 감성이 어떻게 다른가에 대한 의견차이로 인해 진전을 보지 못했다. 광고에서의 감성에 대해서 논할 때는 반드시 광고내용에 의한 자극과 소비자의 감성적 반응을 구분해야 한다. 퍼시, 로시터, 엘리엇(Percy, Rssiter, and Elliot)[17)]은 감성을 광고에 대한 네 가지 정보처리과정의 일부로 본다. 그 네 가지는 제시되는 정보에 대한 주의, 학습, 신뢰와 광고에 의해 자극되는 감성을 말한다. 감성적 반응은 학습된 내용과 특정한 관점을 받아들일지의 여부를 중재하는 역할을 한다. 일반적으로 나타나는 감성들은 특정 동기와도 연관되어 있다. 일례로 문제해결 뒤 휴식과 함께 찾아오는 또 다른 형태의 고민이나 소비자에게 아첨하는 브랜드인 줄을 알면서도 결국 사용하고 마는 사회적 분위기 등이다.

감성에 대한 위의 설명은 주로 미국광고의 내용에 관한 것이라고 할 수 있으며 이것을 유럽의 경우에 그대로 적용할 수는 없다. 미국에서 감성이란 주장의 일부로 간주되는 반면(불결함은 역겨움, 청결함은 안도와 기쁨), 남부 유럽 등 다른 문화권에서 광고는 주장없이 소비자와 브랜드 간의 순수한 감성적 관계가 형성되는 것을 돕는다. 일부 문

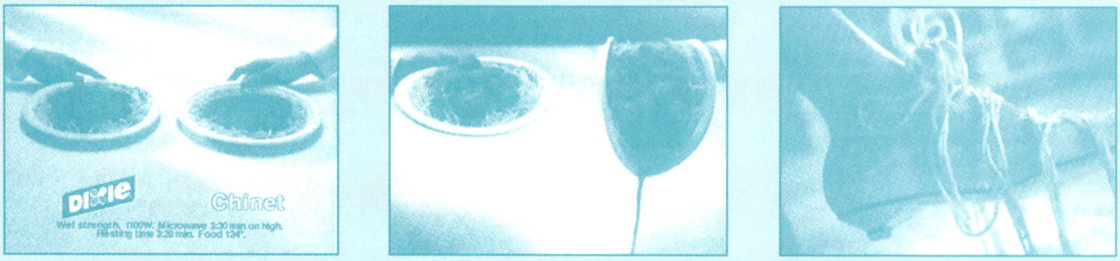

사진 7-12 딕시(Dixie), 미국

사진 7-13 켈로그(Kelloggs), 프랑스

사진 7-14 알파 로메오(Alfa Romeo), 이탈리아

화에서 감성이라는 단어 자체가 광고에서 자주 쓰인다. 예를 들어 스페인 자동차 시트 업체는 Auto emoción이라는 문구를 사용했고 미국의 경우 딕시(Dixie) 일회용 접시의 경우도 마찬가지이다(〈사진 7-12〉). 프랑스의 경우 켈로그(〈사진 7-13〉)를, 이탈리아의 경우 알파 로메오(〈사진 7-14〉)를 대표적 예로 꼽을 수 있다. 미국의 딕시 접시의 경우 전자레인지에서 버텨내지 못하는 경쟁 브랜드의 불결함을 이용했다. 녹아버린 경쟁사의 접시 때문에 스파게티가 바닥에 떨어지고 신발도 더럽히게 되었다.

프랑스의 켈로그 광고에서 연기자는 우유통을 놓치고 이내 우유가 흐르게 된다. 그는 시리얼을 먹을 수가 없어서 울어버리고 만다. 이탈리아산 자동차 알파 로메오의 광고에선 그 차를 본 청년이 흥분하여 따버린 샴페인 때문에 주위의 모든 이들이 젖어 버린다.

비록 많은 연구에서 기쁨과 슬픔 등 국제적으로 통용되는 감성이 있음을 지적하고 있으나 감성을 나타내는 원칙은 문화마다 나름대로 특징을 지니고 있다. 표현적 행동은 문화에 따라 다르게 나타난다. 이 점은 특정 문화의 사람들이 지니고 있는 감성적 행동을 타문화의 사람들이 때때로 이해하지 못하게 하는 구실을 한다. 미국인들이 말하는 '감성'(*emotional*)이란 때로 타문화 사람들에게 '감상'(*sentimental*)으로 인식되기도 한다. 몇몇 연구자들이 광고에 적용되는 감성적 요소와 이에 대한 반응을 분류하려는 시도를 이어왔다. 홀브룩과 바트라(Holbrook and Batra)[18]의 고전적 연구는 미국의 광고에서 볼 수 있는 다양한 차원의 감성적 내용을 정리하고 이것을 감성적 반응들과 연관시켰다. 다양한 문화권에서 드러나는 상이한 감성의 역할을 이해하기 위해서 이 연구의 결과가 다른 문화권에서도 반복될 수 있어야 한다. 감성적 내용의 유형은 다른 나라가 아닌 자기 나라의 감성적 소구효과를 측정하는 데 이용된다.

특히 저상황적 문화의 경우 언어 커뮤니케이션을 중시하는 까닭에 광고인들은 이성적 요소를 '내용'(*content*)으로, 감성적 요소를 제작(*execution*)으로 여기는 경향이 많으며 이 둘을 각기 다른 실체로 취급한다. 그러나 본질적으로 집행이 곧 광고의 내용이다. 무엇을 말하는가(*What is said*)와 어떻게 말하는가(*How it is said*)는 분리될 수 없다. 이 점이 바로 광고를 다른 문화에 전용하는 데 가장 핵심적인 문제인 것이다.

광고의 작동방식에 대한 연구는 사람들이 적극적으로 정보를 추구하며 합리적인 소비자는 스스로의 문제를 해결하길 원할 것임을 전제한다. 정보성과 비정보성 간의 차이를 조작적으로 정의하기 위해 레스닉과 스턴(Resnik & Stern)[19]의 정보유형론이 종종 적용된다. 이들은 광고가 정보성이 있다고 말할 수 있는 기준은 소비자들이 현명한 소비결정을 내리는 데 정보적 단서가 중요한 역할을 하는가에 달려 있다고 주장한다. 사람들이 실제로 적극적 정보추구를 하지 않을 가능성 외에도 한 문화권에서 정보적인 광고가 다른 문화권에서는 정보적이지 않을 수도 있다는 것을 알아야 한다.

〈그림 7-4〉 정보 행동

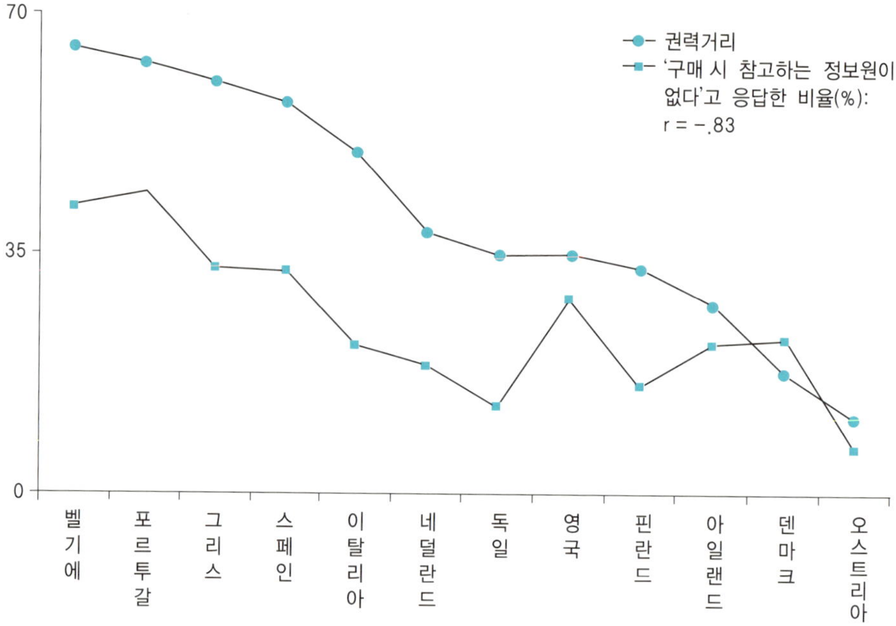

정보수집 행태는 문화별로 다양하다. 유로바로미터는 소비자들에게 TV, 신문, 인터넷 등과 같은 정보원들 중에서 구매에 도움이 되는 미디어가 무엇인지 물었다.[20] 스스로 정보를 추구하는 정도는 개인주의와 권력거리에 상관관계를 보였다. 제 6장의 정보처리에 관한 내용에서 스스로를 얼마나 정보를 갖춘 소비자라고 인식하느냐의 여부는 개인주의와 상관관계를 갖는다고 정리하였다. '보통 정보원을 찾지 않는다'는 대답은 높은 권력거리와 연관성이 있으며 56%의 변량을 설명한다. 주장 혹은 문제해결에 초점을 맞춘 광고는 대부분의 소비자들이 구매 전에 그다지 정보를 추구하지 않거나 정보보다 감정 중심적으로 구매를 행하는 경우에는 실망스러운 결과를 초래할 수도 있다. 〈그림 7-4〉는 12개국 간의 상대적인 점수를 비교한 것이다.

광고측정 : 설득과 호감도

위의 관점을 취한다면 이성적이고 선형적인 방식으로 광고효과를 측정하는 방식을 모두에게 적용하는 것은 바람직하지 않아 보인다. 하지만 다양한 문화권의 광고효과를 측정하는 기준으로 설득을 취하기도 한다.

서구세계의 경우 광고효과 조사에서 설득력의 측정이 커뮤니케이션과 소비자의 사고 및 행동 간에 존재하는 주요 연계관계를 파악해내지 못한다는 사실을 최근에 들어서야 알게 되었다. 이 연계관계란 곧 광고가 소비자 개인에게 어느 정도 중요한가에 관한 것이다. 사람들은 광고를 접할 때 브랜드의 메시지에 대해 수동적이거나 객관적인 수용자의 입장을 취하지 않는다. 그들은 광고를 자기 나름대로 해석하고 해석력 있는 여과기로서 그들 자신만의 '세계관'을 이용한다. 이때 필요하다면 다른 정보도 함께 연관시킨다.[21] 설득 다음으로 판매를 예측하는 데 중요한 잣대가 바로 호감도(*likability*)이다. 광고의 호감도에 영향을 미치는 요소들로는 다음과 같은 것들이 있다.[22]

- 의미있는 (기억할 만하거나, 믿을 만하며, 진솔한 삶의 모습을 투영해 주는, 효과적인, 그러면서도 초점이 흐트러지지 않는)
- 비위를 거스르지 않는 (기분 나쁘게 하지 않는, 진부하지 않은, 허위적이지 않은)
- 따뜻한 (점잖은, 온화한, 섬세한)
- 마음을 기쁘게 하는 (오락적인, 심미적인)

소비자가 광고를 어떻게 받아들이는가에 대한 이러한 관점은 국제광고를 운용할 때 오히려 설득모델보다 더 나은 접근이 될 것으로 보인다. 특히 소비자를 즐겁게 하는 일이 광고의 주요 목적 가운데 하나로 여겨지는 일본에서는 더욱 효과적인 측정방법일 것이다. 기업과 소비자 간의 신뢰를 구축하는 것이나 브랜드와 소비자 간에 감정적 관계를 설정하는 것을 주된 목적으로 삼아 광고를 제작하는 문화에선 호감도가 설득보다 더 좋은 목표로 작용할 수 있고 따라서 광고의 효과를 측정하기 위한 더 좋은 기준이 될 수도 있다.

광고는 어떻게 효력을 발휘하는가

광고가 어떤 경로를 통해 효력을 발휘하는가에 관한 대부분의 모델들은 광고의 위계효과나 단계적 사고에 근거하고 있다. 학계에서는 위계효과 모델을 끊임없이 수정하였으나, 단계적 사고방식은 여전히 광고가 어떻게 효력을 발휘하는가에 대한 사고의 근거로 남아 있다는 것이다.

위계효과

광고효과이론에 관한 기본입장은 광고가 소비자를 일정단계에서 다른 단계로 이동시킨다는 것이다. 이러한 선형적, 단계적 또는 이동 모델들은 모두 논리적이고 이성적인 정보처리 과정에 기초를 둔다.[23] 이러한 위계효과 모델은 미국광고 스타일의 강한 영향을 받았고 이런 스타일은 미국 광고인들에 의해 각 지역에서 이용되어 왔다. 후속모델인 FCB 매트릭스는 제품을 관여도와 인지적-감성적 태도의 구성요소로 범주화했으나 이 역시 다중위계의 개념에서 비롯된 것이다.[24]

관여도

광고효과 과정에서 초기단계의 하나는 사람들은 먼저 상품이나 브랜드에 대해 정보를 습득하고 난 후 태도나 느낌을 정리하여 물건을 구입하거나 최소한 구매의향을 가지고 상점으로 향하는 행동을 보인다는 것이다.

이것을 도식화하면 학습-느낌-구매행동의 순서로 표현한다. 이러한 방식은 후에 판단과정이 고도로 이성적인, 예컨대 자동차 같은 고관여 제품에서 자주 이용되었다. 이른바 고관여 모델이라는 것은 소비자가 정보수집과 판단의 과정에서 적극적으로 참여한다는 것을 말한다. 이에 비해 세탁비누나 비교적 빨리 소모되는 소비재(FMCG)와 같은 저관여 제품은 상품에 대한 흥미가 적어 관여도가 낮아진다는 것이다. 저관여라는 개념은 허버트 크루그만(Herbert Krugman)의 이론에 근거하는데 이 이론에 따르면 텔레비전이 브랜드 인지도는 형성하나 소비자의 태도형성에는 그다지 영향을 미치지 못하는 저관여 매체라는 것이다.[25] 저관여 수준에서의 위계적 과정은 학습-구매행동-느낌의 순으로 나타난다. 다시 말해 정보습득이 선행된 후 구매를 하고 제품을 사용해 본 후 그에 대한 느낌 또는 태도가 형성된다는 것이다.

FCB 기획 모델은 광고가 소비자에게 미치는 영향의 과정을 네 가지 유형으로 제시하고 있다. 이들은 ① 학습-느낌-구매행동, ② 느낌-학습-구매행동, ③ 구매행동-학습-느낌, ④ 구매행동-느낌-학습 등이다. ①, ②는 고관여와 관련이 있고 ③과 ④는 저관여와 관련된 것이다. 고든 미라클(Gorden E. Miracle)[26]은 일본의 소비자에게 적용되는 또 다른 형태의 과정을 느낌-구매행동-학습이라고 설명한다. 일본광고는 기업과 소비자 간 신뢰구축을 통한 관계형성을 바탕으로 한다. 일본광고의 목적은 소비자를 즐겁게 하고 의존성[27]을 구축하는 데 있으며 이는 간접적 접근법에 의해 이루어진다. 결과적으로 일본 소비자에게 느낌이란 상점에 들러 물건을 구입하기 전에 일어나는 최초의 반응이 된다. 학습은 느낌 이후에 이루어지는 단계이며 미라클은 이 과정이 한국과 중국에도 동일하게 적용될 것이라고 주장한다. 아마도 이러한 과정은 모든 집단주의 문화에 효과적으로 적용될 것으로 보인다.

미라클은 두 가지 상이한 방식의 광고의 논리를 정리하였다. 서구 광고의 논리는 수용자들에게 말하는 것으로 다음과 같은 특징을 가지고 있다.

① 당신 혹은 당신의 브랜드가 어떻게 차별적인지를 말한다.
② 왜 소비자의 제품이 최고인지를 분명한 정보나 효용을 강조하면서 제시한다.
③ 이제 구매를 위한 명백한 이유가 있기 때문에 소비자들은 구매하려 할 것이다.
④ 소비자들이 만족하면 소비자들은 기업과 상품을 믿고 좋아하게 될 것이며 구매를 반복하게 될 것이다.

반면 대부분 아시아의 집단주의 문화에도 적용가능 할 것으로 보이는 일본광고 논리는 완전히 반대의 방향을 보인다.

① 목표고객과 친구가 되어라.
② 그들의 감정을 이해한다는 것을 입증하여라.
③ 당신이 좋은 사람인 것을 주어라.
④ 그러면 소비자들은 당신을 믿고 공감하기 때문에 구매하려 할 것이다.
⑤ 소비자들은 구매한 연후에 그 제품이 좋은지, 편익이 무엇인지를 알게 된다.

광고 콘셉트는 인과적 사고방식에 이어 고전 수사학자들이 말하는 '결과에서 비롯되는 논쟁'이라는 가정을 따르는 후속모델이 계속해서 등장한다. 페티와 카시오포(Petty & Cacioppo)[28]의 정교화 가능성 모델(*Elaboration Likelihood Model*, ELM)은 광고효과 이론 가운데 가장 진보된 모델의 하나이다. 관여도의 역할을 고려할 때, 설득은 중심경로(*central route*)나 주변경로(*peripheral route*) 또는 이 두 경로를 모두 거치게 된다고 할 수 있다. 중심경로 안에서 소비자들은 메시지의 이슈 관련정보(예컨대, 논쟁)에 대해 심사숙고하게 된다. 따라서 메시지에 관해서 적극적으로 사고하는 경우는 중심경로를 따르는 것이라고 할 수 있다. 광고에 제시된 주장에 대해서 적극적으로 사고하도록 동기부여되지 못한 경우는 주변경로를 따르게 된다. 이론적으로 주변경로는 포장, 그림, 메시지의 맥락 등을 포함하는 것이다.

말하고자 하는 바를 그림으로 표현하려는 서구광고가 이런 이론들의 영향을 받았다고 할 수 있다. 많은 연구들이 광고에서의 그림을 중심경로 혹은 주변경로로서 상정하고 설득 정도를 가늠하였다. 이를 위해서 정서적 반응이 측정되었다. 광고를 총체적으로 해석하고 그림들이 맥락을 제시하는 집단주의적 문화의 소비자들에게 이러한 연구들이 제시하는 결과는 적용하기 힘들지도 모른다.

각기 다른 문화권의 소비자들이 인쇄광고의 시각적 이미지를 어떤 방식으로 소비하는지에 대해서 알려진 것이 거의 없다. 광고의 문구(*copy*)는 보통 다른 언어권으로 가면 번역이 필요한 반면 시각이미지는 '읽기'(*read*)에 제약이 없으리라는 가정 때문에 시각적 이미지는 세계적으로 동일한 인쇄광고를 제작할 때 주로 이용되었다. 하지만 이렇게 고도로 표준화된 시각이미지를 사용한 광고들도 수용자들이 동일한 해석을 하지는 못한다. 한 예로 들어보면 베네통(Benetton)의 광고 중 흑인여성이 백인아이를 보살피고 있는 이미지를 담은 것이 있었다. 이 광고는 그 통합과 평등의 이미지로 유럽에선 많은 상을 받았지만 미국에서는 논란을 일으켰다. 미국에선 많은 사람들이 그 광고가 노예로서 아이를 돌보는 흑인 보모를 그린 것이라고 보았기 때문이다.29) 시각적 이미지가 모든 문화권에 걸쳐서 동일하게 이해될 것이라는 것은 착각이다. 사진은 사람들이 지닌 도식에 맞고 이러한 도식은 문화권 별로 다르다. 한 문화권에서는 자유를 상징하는 이미지(사자 등)가 다른 문화권에서는 권력을 상징할 수도 있는 것이다.30) 맥락을 통한 독해에 익숙해진 사람들은 메시지 작성자가 의도한 것 이상의 의미를 도출해내는 데 익숙하기 때문에 같은 의미에서 다양한 의미가 생성될 수 있다. 고상황문화권의 수용자들은 맥락이 중요한 메시지에 익숙하기 때문에 이미지들을 보다 자세히 보게 되고 숨겨진 의미를 찾으려고 할 것이다. 명시적 의미만을 담은 간단한 이미지에서조차 고상황문화권의 수용자들은 숨겨진 은유적 이미지들을 찾아내려고 할지도 모른다.

시각이미지에 대한 지각과 정보처리에서의 차이가 광고사진의 선정에 영향을 미친다. 인쇄광고의 차이에 대한 영국, 미국, 한국, 프랑스, 인도에 대한 다국적 비교연구에 따르면 광고에 사용되는 주된 시각적 요소란 이미지의 크기, 사진사용의 빈도, 상품의 모습과 크기, 은유의 사용, (주로 아동과 여성) 인물 사용의 빈도를 들 수 있다.31)

광고에 대한 일반적 수용

광고효과에 대해 논함에 있어 광고에 대한 일반적 평가의 변수들도 중요한 역할을 한다. 일반적 광고에 대한 인식은 정치적 여건이나 문화, 그 나라의 광고에 대한 환경 등 여러 가지 요인의 영향을 받는다. 작은 시장에서 국제적 광고주들이 광고를 주도하지만 소비자들의 문화와 맞지 않아서 거대한 시장에서보다 소비자들의 호감을 얻지 못한다. 예를 들어, 미국학생들이 덴마크나 그리스의 학생들보다 광고에 훨씬 더 영향을 많이 받은 반응을 나타냄을 볼 수 있다.32)

보편적 사항은 광고는 경제적 효과 때문에 찬사받는 반면, 사회적 효과 때문에 비평받는다.[33] 경제가 발전하는 과정 중에는 광고가 어떻게 작용하는지에 대한 지식이 부족하기 때문에, 경제적 효과에 대한 기대가 선진국에 비해 높을 수 있다. 1994년의 조사에 의하면 당시 러시아 사람들은 광고를 매우 호의적으로 보았으며 "거래의 엔진"으로 보았다.[34]

특정한 광고에 대한 선호도와 수용하는 정도 또한 수용자들의 문화와 연관이 있다. 네덜란드와 스칸디나비아 반도 국가의 수용자들은 광고에 대해서 삐딱한 태도를 보이는 것으로 유명하지만 영미와 일본의 소비자들은 광고를 그들 삶의 일부로 본다. 이것은 남성주의와 연관되어 있다. 여성주의적 문화의 특징은 비판적 태도로서 그들은 무엇을 좋아한다고 쉽게 이야기하지 않는다. 남성주의 문화권에서 광고는 쇼 비즈니스의 일부와 같다.

광고에 대한 평가는 미디어 이용행태와 연관이 있다. 다양한 국가들의 수용자들을 대상으로 행한 연구는 높은 신문 열독률과 신문광고를 제품에 대한 유용한 정보원으로서 여기는 것 사이에는 긍정적 상관관계가 있음을 보여준다.[35] 텔레비전에서도 유사한 관계를 볼 수가 있다. TV시청을 많이 하는 사람들은 TV광고에 대한 긍정적 태도를 가지고 있는 경향이 있다. TV시청을 많이 하는 사람들의 비율과 텔레비전 광고가 상품정보를 획득하는 유용한 자료라고 대답한 사람들의 비율은 상관관계를 보여주었다($r = .66^{***}$).[36]

따라서 특정한 문화적 배경 때문에 일단의 사람들은 다른 집단에 비해서 광고를 보다 더 일상적 현상으로 여긴다. 다른 국가에서 전달되는 광고의 효과를 비교하려면 이러한 관점을 적용해야 할 필요가 있다.

광고효과이론 모델

프란젠(Franzen)[37]은 광고효과이론에 관한 일곱 가지 모델을 설명하였다. 이들은 ① 판매-반응 모델, ② 설득적 모델, ③ 관여도 모델, ④ 인지도 모델, ⑤ 감정적 모델, ⑥ 호감도 모델, ⑦ 상징주의 모델 등이다. 이들 모델은 광고효과론과 관련하여 각기 다른 사고방식을 토대로 하며, 상이한 문화 속에서 광고가 어떻게 기능하는지를 설명해 줄 수 있을 것이다. 각각의 모델이 어느 문화에 어울릴 것인가에 대한 몇 가지 가설을 덧붙이기로 한다.

판매-반응 모델은 단순 자극-반응 모델에 근거하고 있다. 메시지는 매우 직접적이며 직접적 판매목표를 가진 판촉전략이다. 이는 단기적 효과에 기초하고 있는 앵글로색슨식 모델이다. 이 모델은 권력거리나 불확실 회피성향이 낮거나 개인주의, 남성주의 또는 단기적 사고가 지배하는 문화에 적합하다.

설득적 모델은 커뮤니케이션 효과이론의 피하주사이론에 비유될 수 있다. 그 목적은 논증제시를 통하여 태도, 구매의향, 브랜드 선호도를 단기적으로 변화시키는 데 있다. 시범, 입증 또는 증언을 이용하는 강의식 광고가 이 모델에 속한다. 이 모델은 광고는 모름지기 설득력이 있어야 하고 직접적이어야 한다는 가정을 바탕으로 한다. 이 모델은 개인주의, 남성주의, 낮은 권력거리를 가진 미국, 영국, 독일, 스위스와 오스트리아 문화에 적합하다.

관여도 모델은 감정적 친밀성을 자극해 소비자와 브랜드 간의 관계형성을 목적으로 한다. 이 모델은 기본적으로 브랜드는 인간적 특징을 부여하는 개성이 되어야 한다는 것이다. 광고를 통해 연상적 관계가 브랜드에서 소비자로 전이되어야 한다. 이 모델은 간접적 광고효과를 토대로 하며 대체로 여성적이고 개인주의 문화인 네덜란드, 스칸디나비아와 프랑스에 적합한 모델이다.

인지도 모델은 한 브랜드가 경쟁 브랜드와의 차별화를 위해 인지도를 창출하는 내용을 토대로 한다. 연상법, 은유법, 유머와 그 밖의 간접적 광고의 형식은 이 모델을 바탕으로 한다. 이 모델은 집행방법에 따라 문화 간 전용도 가능하다. 이 모델은 신뢰구축의 한 방편으로서 인지도를 필요로 하는 문화권, 예컨대 스페인, 아시아, 라틴아메리카 등에 적합하다. 그러나 이 모델은 설득성향이 부족하므로, 남성주의적이고 개인주의적인 국가 — 예컨대 미국, 영국, 독일 — 에는 어울리지 않다.

감정적 모델의 목적은 브랜드에 대한 긍정적 태도와 상표 충성도를 창출하는 데 있다. 이는 브랜드와 감정 간에 관계를 구축한다. 감정의 형태는 종종 제품의 종류와 관련이 있다. 이 모델은 관계와 신뢰구축을 위한 집단주의적이며 여성주의 문화에 적합한 것이다. 이러한 감정과 그 강도는 불확실성의 회피수준에 따라 문화 간에 다양하게 나타난다.

호감도 모델은 광고의 선호도가 제품의 선호도를 이끈다는 이론을 바탕으로 한다. 직접적 접근방식에 익숙하여 논증과 설득방식이 기대되는 국가에서는 이 모델이 그리 탐탁하지 않으며 주로 집단주의 문화에서 광고효과를 측정하기 위해 이용된다. 이 모델은 불확실 회피성향이 낮은 문화에서 가장 효과가 있으나 제작형태에 따라 차이가 크다. 광고의 표현양식은 오락의 유형을 결정한다. 호감도는 일본광고에서 가장 중요한 효과기준이며 이는 광고의 목적이 소비자를 친구로 만들고 그들이 기업을 신뢰하고 의지할 수 있도록 하는 데서 비롯된다. 이런 목표는 소비자에게 속삭이듯 즐겁게 하여 좋은 무드를 조성하고, 급기야는 이에 관한 정보나 제품이 있는 상점으로 발길을 향하게 자극함으로써 성취된다고 본다.

상징주의 모델의 목적은 브랜드를 상징화하거나 코드화하여 특정 소비자를 다른 소비자들과 구별할 수 있도록 하기 위한 것이다. 이 방법은 하위문화에 응집력을 준다. 또한 이 모델은 극히 문화지향적이다. 상징은 문화를 반영한다. 지위, 성공, 자기 표현, 안정성 또는 그 밖의 문화의 반영물들이 상징화될 수 있다. 상징은 권력거리가 크고 불확실 회피성향이 강하거나 집단주의와 결부된 문화의 커뮤니케이션 방식으로 아시아, 프랑스, 남부 유럽 등지에서 찾아볼 수 있다.

P R

PR은 공중과 조직 간의 관계를 다룬다. PR를 통해서 조직과 그 조직과 연관된 공중이 서로에게 적응하게 된다.

PR은 커뮤니케이션적 대화로 여겨지기도 한다.[38] PR은 앵글로색슨 사회에서 가장 발달되어 있다. 앵글로색슨 계열 기업들은 명료한 정보를 전달하려고 하는데 이는 그들의 겨냥하는 표적집단이 정보를 원한다고 생각하기 때문이다.

PR을 통해서 대중과 만나기 위해 다양한 방법으로 미디어를 이용한다. 직접 보도자료를 배포하기도 하고 행사를 개최하여 언론에 노출되기도 한다. 서구의 개인주의적 기원을 가지고 있는 PR은 언론보도를 중요시한다. 다양한 문화권에서 PR을 하려면 미디어 사용에 대한 차이점을 반드시 고려해야 한다. 문화권에 맞는 미디어 채널을 선택해야 한다. PR의 커뮤니케이션적 특징을 고려해야 하므로 다양한 커뮤니케이션 스타일에 민감할 필요가 있다. 광고에 적용될 만한 문화적 규칙을 국제적 PR업무에도 적용할 수 있다. 개인주의적 문화권에서 보도자료는 간결하기 마련이지만, 집단주의적 문화권에서는 다른 형식이 더 효과적이다. PR은 사람들에게 정보에 대한 욕구가 있으리라고 가정하지만, 앞 장에서 살펴본 대로 모든 문화권에서 같은 규칙을 적용할 수 있는 것은 아니다. 높은 권력거리의 문화권에서는 권력을 가진 이가 스스로 적합하다고 여기는 정보를 분배한다. 이 경우 개방적인 낮은 권력거리의 문화권과는 달리 PR은 정보전달을 위해서라기보다는 설득을 위한 것이다. 개인주의적 문화권에선 문제가 생기면 기업들은 PR에 엄청난 노력을 기울여 피해를 최소화하려고 하지만, 집단주의적 문화권에서는 잘못을 시인하는 것을 꺼려하며 문제 자체를 수치로 여기는 경향이 있다.

국제적 PR에서는 전달되는 모든 메시지가 지역적 특성을 반영하지 않으면 무시되기 쉽다. 이는 자신의 스키마에 어긋나는 것은 사용하지 않는 저널리스트의 경우에도 마찬가지다. 특정한 지역의 특성이 반영된 메시지를 전달하지 않는다면 관련된 미디어의 종사자들과 지속적인 관계를 유지하는 것은 매우 어렵다. 모든 저널리스트들이

PR 담당자의 메시지에 담긴 본질을 파악할 만큼 외국어에 능통한 것은 아니기 때문에, 기자의 능력에 맡기기보다는 직접 번역해주는 것이 좋다.

국제 광고와는 달리 국제 PR업무에 대한 연구 및 조사는 충분하지 않다. 비교 연구는 주로 법적 측면을 조명하는 데 집중되었다.

미디어

세계적으로 다양한 형태의 미디어가 존재한다. 주요한 미디어는 신문, 잡지, 텔레비전, 라디오이다. 이들 미디어는 그 콘텐츠만이 아니라 수용자들의 이용행태도 천차만별이다. 이번 절에서는 텔레비전, 신문, 라디오 그리고 중요한 뉴미디어인 인터넷을 가르는 차이점에 대해서 정리해본다.

텔레비전

텔레비전 보급률이 국가 간 동질화의 모습을 보이지만 시청시간의 차이는 나라별로 상당하다. 1998년의 연구에 따르면 세계적으로 19개의 시청시간이 많은 나라들은 강한 남성주의 성향과 큰 권력거리와 관련이 있었다.[39]

2001년 유사한 연구결과가 동 · 서유럽 24개국의 소비자들에서도 확인되었다.[40] 강한 남성주의 성향이 37%의 설명변수였고 높은 권력거리는 14%의 설명력을 지녔었다. 텔레비전은 여성주의 문화보다 남성주의 문화에서 더 매력적으로 느껴진다. 〈사진 7-15〉의 CNN 광고가 이것을 보여준다. 텔레비전은 남성주의적 문화권에서 보다 일상적 미디어가 된다. 남미에서 다른 일을 하며 텔레비전을 켜놓는 것을 좋아한다는 응답은 남성주의와 상관관계를 보였다.[41]

유럽 사람들은 다른 나라의 프로그램을 거의 보지 않았는데 이는 아마도 언어 장벽이 주된 이유일 것이다. 심지어는 같은 나라에서조차도 사용하는 언어에 따라 시청하는 프로그램이 다를 것이다. 독일과 스위스의 세 문화 지역에 대한 시청률 조사 분석에

사진 7-15 CNN, 국제 광고

따르면 텔레비전 시청에서 상당한 차이가 있음을 보여주었다.[42]

1997년 모든 유럽의 모든 나라에서 가장 인기있는 텔레비전 프로그램은 각 지역 프로덕션의 프로그램이었다. 프랑스 액션 드라마인 〈나바로〉(*Navarro*)는 시장점유율이 33% 밑으로는 절대 내려가지 않았다. 1998년 독일에서는 연간 35억 달러에 달하는 매출의 48%를 지역업체가 차지했으며 이는 5년 전보다 2배에 이르는 수치이다. 스페인에서는, 총 음악매출 10억 달러 중 58%가 스페인과 라틴아메리카 음악인들로부터 창출되었다.[43] 1998년의 로스 메이도스 이 메르카도스 데 라티노아메리카(Los Medios y Mercados de Latinoamerica) 연구에 따르면 대부분의 사람들은 미국문화보다는 자국의 문화에 보다 관심을 가지고 있는 것으로 드러났다.[44]

결과적으로 많은 국제적 텔레비전 채널들이 언어와 콘텐츠를 지역화하였다. CNN 인터내셔널의 경우도 2001년에는 전 유럽을 대상으로 하는 채널이었으나 영어, 독일어, 터키어, 스페인어로 방송하고 있고, 또한 스칸디나비아와 독일에 대해서는 지역광고를 실을 수 있도록 하였다. 카툰네트워크(Cartoon Network) 역시 영어, 불어, 덴마크어, 스위스어, 네덜란드어, 스페인어, 이탈리아어, 폴란드어로 방송되며, 영국, 프랑스, 덴마크, 스웨덴, 이탈리아, 스페인, 폴란드에서 지역광고가 집행되고 있다. 유로스포츠(Eurosport)는 18개 국어로 방송되며 독일과 스칸디나비아에서는 지역광고를 송출한다. MTV는 독일어, 네덜란드어, 프랑스어, 이탈리아어, 노르웨이어, 폴란드어, 스페인어, 영어로 된 프로그램을 송출하며, 폴란드어, 스페인어, 영어 등으로 16개국에서 지역광고를 송출한다.[45] 2002년 현재 MTV는 세계적으로 35개의 채널을 보유하고 있는데 그중 15개가 유럽채널이었고, 대부분의 콘텐츠가 지역화된 것이었다. 이탈리아 MTV 콘텐츠 경우, 80%가 이탈리아인이 제작한 것이었다.[46]

TV를 어떻게 보느냐, 즉 혼자 보느냐, 친구와 보느냐, 가족과 보느냐의 문제는 문화와 연결되어 있다. 많은 나라에서 어린이들이 자신의 방에 TV를 가지고 있는 추세가 증가되고 있지만 프랑스 어린이들은 스웨덴 어린이들보다 텔레비전을 덜 시청하는 것으로 나타났다. 프랑스에서는 텔레비전을 보는 것이 하나의 가족활동이며 주로 거실에서 이루어진다. 또한 부모가 자녀들에게 무엇을 볼지에 대한 자유를 주는 것에도 상당한 차이가 있다.[47] 남미에서도 선호하는 TV 프로그램은 다양하다.

연속극은 미국에서 탄생한 장르이긴 하지만 남미에서는 연속극의 남미 버전인 '텔레노벨라'[1]가 유행이다. 1998년 조사에 따르면 12세에서 64세까지의 남미인 중 53%가 정기적으로 텔레노벨라를 시청했다. 하지만 각국은 고유한 형태를 발달시켰기 때문에 텔레노벨라의 교역은 쉬운 일이 아니다.[48]

신 문

국가적 부와 권력거리가 국가 간에서 나타나는 신문 이용행태의 차이를 설명하는 반면, 전반적으로 동질적 집단인 유럽에서는 권력거리와 불확실성 회피의 상호작용이 설명력을 지닌다. 광고주들에게 발행부수보다도 중요한 것은 열독률이다. 1996년 세계 31개국에서 발간되는 신문에 대해 "어제 신문을 보았는가"를 묻는 매캔에릭슨(McCann Erickson)의 조사에서 변량의 26%가 낮은 권력거리로 설명되었고 낮은 불확실 회피성향으로 15%정도가 설명되었다.[49] 높은 권력거리와 높은 불확실성 회피문

1 역자주 : 텔레노벨라란 텔레(텔레비전)와 노벨라(소설)란 스페인어가 합쳐진 것으로 중남미와 스페인 등에서 방송되는 여성 취향의 TV 연속극을 말한다.

〈그림 7-5〉 신문구독과 권력거리 (유럽)

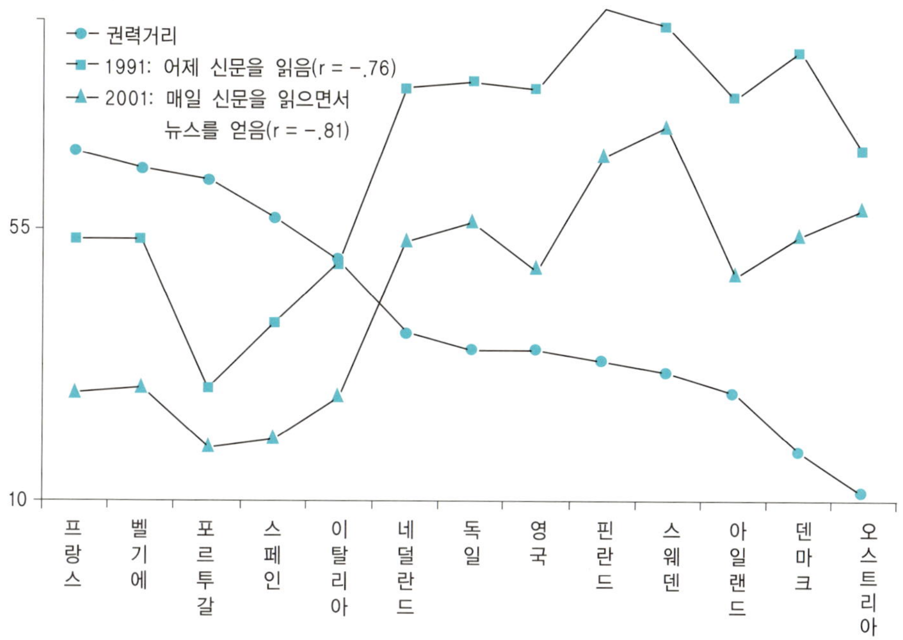

화의 경우 반대의 경우보다 더 적은 수의 신문을 보는 것으로 나타났다. 후자의 국가들은 보다 민주적 정치체제를 지니고 있고 사람들은 정보를 얻기를 원한다. 몇몇 데이터들은 권력거리와의 관계를 확인하였다. "매일 신문을 읽으면서 뉴스를 얻는다"라는 항목으로 유로바로미터(*Eurobarometmer*)는 해마다 조사를 실시하였는데, 언제나 낮은 권력거리와 상관관계를 갖는 것으로 나타났다. 2001년에 낮은 권력거리는 68%의 설명력을 가졌다. 유럽에서 EU 후보국을 포함한 24개 국가의 그룹 중에서 낮은 불확실 회피성향이 57%를 설명했고 낮은 권력거리가 11%를 추가로 설명하였다. 〈그림 7-5〉는 신문 열독률과 권력거리의 관계에 대한 유럽 내 13개국의 데이터를 보여준다.

1991년의 데이터는 〈리더스 다이제스트〉에서 나온 것으로 '어제 신문을 읽었다'는 질문에 대한 답의 비율이다. 이는 2001년 유로바로미터의 조사에서 물은 질문('매일 신문을 읽는다')보다 더 일반적인 질문이다.

유럽에서 나타나는 국가 간 열독률의 차이는 반세기 이상 지속되었으며, 점차 사라지는 추세이다. 집단주의 문화에서는 텔레비전이 신문보다 더 중요한 매개체로 유지될 것이다. 다른 인쇄매체들(잡지와 책)의 이용에 대한 차이점들은 개인주의-집단주의와 주로 관련 있는 것으로 나타났다.

인터넷

인터넷은 선진국에 집중되어 있다. 불확실 회피성향이 강하지 않은 국가에서는 인터넷을 신속히 받아들였다. 2002년의 20개국을 대상으로 행한 조사에 따르면 인터넷 접근성(집이나 학교 혹은 직장 어디에서든)의 차이는 불확실성 회피와 연관되어 있었고 변량에 대한 설명력은 46%에 달했다.[50] 이러한 관계는 〈그림 7-6〉에 제시되었다.

불확실 회피성향 다음으로는 남성주의가 여러 가지 정보기술 이용에서 드러나는 차이를 설명하는 변수인 것으로 드러났다. 예를 들어 남성주의가 강한 국가에서 사람들은 경쟁력을 갖추기 위해서 인터넷을 사용하지만 여성주의적 문화권에서는 삶의 질을 높이기 위해서 인터넷을 이용한다.

낮은 가정용 컴퓨터 보급률로 인해 인터넷의 보급 역시 지연되었다. 인터넷은 모바일 폰의 인터넷 서비스 시작과 같이 새로운 형태를 띠면서 더욱 대표적인 것이 되어갔다. 일본에서 넷폰(Net phone)이 소개되었을 때, 핸드폰은 인터넷에 접속하기 위한 도구가 되었다.[51] 로퍼 스타치 월드와이드(Roper Starch Worldwide)의 조사는 컴퓨터 사용에서 나타나는 이러한 차이를 확증해준다.[52] 미국인들이 컴퓨터를 자녀들의 교육과 관련된 목적으로 많이 사용하는 반면, 아시아의 선진국들은 아이들이나 교육 및 학교와 관련된 일에서 인터넷을 덜 사용하는 경향을 나타내었다. 또한 이탈리아인들은 아이들과 관련하여 인터넷을 거의 사용하지 않는 것으로 나타났다.

인터넷은 기존의 미디어나 활동들보다 시간이 필요한 새로운 매체로 여겨질 수 있다. 2000년 각 문화의 사람들은 인터넷으로 인해 대체될 활동들이 무엇인가에 대해 다양한 견해를 가지고 있었다.[53] 다양한 국가들에서 그러한 활동들은 이미 사람들이 다른 활동에서 보다 더 적은 시간을 보내고 있는 활동들인 것으로 드러났다. 어쨌든

〈그림 7-6〉 인터넷 사용과 불확실 회피성향

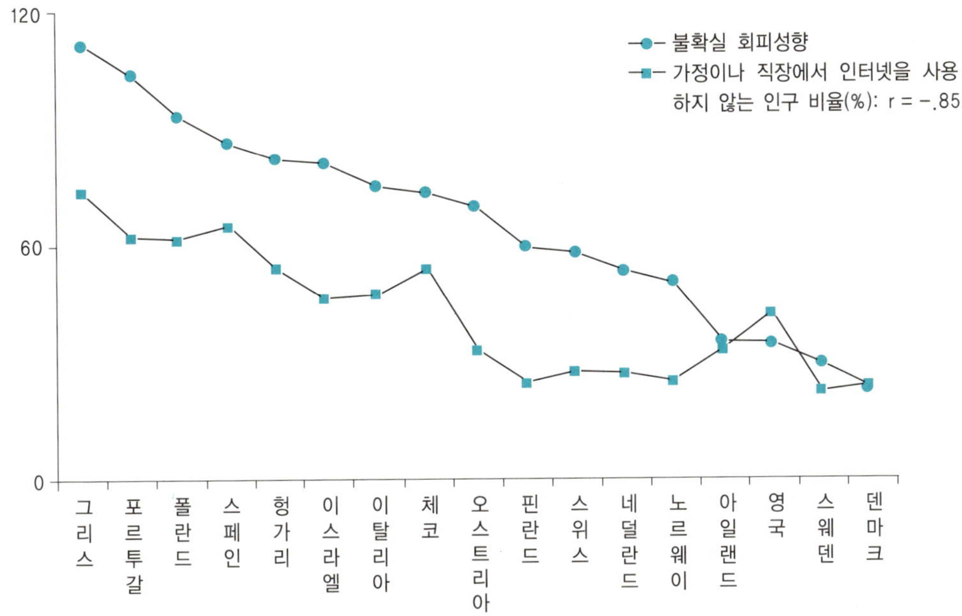

개인주의 사회보다 책을 덜 읽는 집단주의 문화에서는 독서가 하나의 예가 될 수 있을 것이다. 활동적인 스포츠에 덜 참여하는 성향을 가진 집단주의 문화의 사람들은 인터넷이 육체적 활동이나 활동적 스포츠에 소비할 시간을 줄여줄 것이라고 기대했다. 전통적으로 신문과 잡지를 읽어온 미국과 영국은 인터넷 이용시간은 신문이나 잡지를 읽는 시간보다는 TV를 보는 시간을 잠식하리라는 지적들이 있었다.[54] 대개 집단주의적이고 한 번에 여러 가지 일을 동시에 하는 복합형인 남미에서는 컴퓨터와 TV는 나란히 배치되며 사람들은 두 가지를 동시에 본다. 이는 멀티태스킹(*Multi Tasking*) 혹은 수평적 정보처리라고 일컬어진다.[55]

인터넷은 이메일, 커뮤니케이션, 교육 및 과학적 목적, 비즈니스 레저, 금융, 전자상거래 등과 같은 다양한 방식으로 활용될 수 있다. 다양한 자료들을 통해 인터넷 활용에 있어서의 차이는 대개 낮은 불확실 회피성향과 낮은 남성주의 성향으로 설명될 수 있음을 알 수 있었다.[56] 낮은 수준의 불확실성 회피는 이메일을 위해 인터넷을 사용하는 것을 설명하는 주요 변인이다. 여가와 개인적인 이유로 컴퓨터를 사용하는 것은 낮은 남성주의 성향에 의해서 주로 설명된다.

웹사이트 디자인

인터넷이 처음으로 전세계에 보급되기 시작했을 때 이용자들은 유사한 관심을 가진 지구촌의 식구가 될 듯처럼 보였다. 하지만 앞서 살펴 본 대로 사람들은 이내 각기 상이한 목적으로 인터넷을 이용하기 시작했다. 결과적으로 다른 문화권의 사용자들을 끌어들이려면 웹사이트들은 차별화되어야 한다. 인터넷을 글로벌 미디어로 도입한 기업들은 우선 외국의 명칭, 우편번호, 화폐형태, 도량형, 국제전화에 대해서 이해하는 것이었다. 그 다음 단계는 언어였다. 제 6장에서 정리한 대로 많은 사람들이 영어를 사용하지만 외국어로서의 영어를 접할 때 경험하는 이해의 한계는 웹사이트 이용과 매력에 영향을 미칠 수 있다.

다양한 나라의 사람들을 위한 웹사이트 디자인은 글로벌 광고와 비슷한 과정을 겪었다. 우선 사람들은 웹사이트가 보편적 커뮤니케이션 수단이라고 생각했지만 다른 미디어의 경우와 유사한 법칙이 적용되어야 함을 알게 되었다. 다양한 문화권의 사람들은 다양한 방식으로 불리길 원한다. 가치와 동기는 커뮤니케이션 스타일처럼 다양하다. 예를 들어 여성주의 문화에 있는 대학 웹사이트는 보다 부드럽고 인간중심적인 방식으로 접근하지만 남성주의 문화의 대학은 보다 성취 중심적이다.[57)]

정보가 제시되는 방식에도 차이가 있다. 정보제시방식은 사용된 데이터의 양, 극단적인 주장의 사용, 수사학적 스타일, 정보가 얼마나 명료하며 간결하고 직접적인지 등의 기준에 의해 구분된다. 또 다른 문화적 요소는 관계자들과 접촉할 수 있는 방식이다. 스페인의 웹사이트들의 경우 이는 아주 제한적이다.[58)] 웹사이트와 관련있는 사람들과 접촉할 수 있는 기회를 제공하는 것은 낮은 권력거리의 문화권의 특징인 평등성을 의미하는 것인데 이는 권력거리가 높다면 매우 제한되는 것이다.

결 론

커뮤니케이션의 효과와 관련하여 광고효과 역시 문화에 따라 차이가 있다. 어떤 문화에서는 광고가 자연스럽게 설득적 성향을 나타내는가 하면 또 어떤 문화에서는 기업과 소비자 간 신뢰를 형성하는 방향으로 기능하기도 한다. 따라서 한 문화의 효과모델이 다른 문화에도 적용될 수 있다는 가정은 위험하다. 기본적인 차이는 결국 커뮤니케이션 스타일에 있다. 제각기 다른 언어 또는 비언어 커뮤니케이션 스타일들은 대인적 또는 매스 커뮤니케이션 상황에서 나타나며 문화집단은 각각의 스타일로 규정된다. 이러한 차이가 정보처리의 방식을 결정한다. 어떤 경우에는 그림이 언어보다 더 많은 정보를 함축하기도 하며 어떤 경우에는 언어만이 의미를 전달하는 유일한 수단이 되기도 한다. 앞서 밝힌 바와 같이 여러 문화권의 학자들은 광고효과에 관한 서로 다른 이론에 대해 논의하고 있다. 다른 문화의 시각에서 본다면 그 이론이 분명 맞거나 또는 틀릴 수도 있다. 사람들은 자기 문화를 기준으로 광고의 메커니즘을 판단한다. 이는 당연히 다른 문화권의 사람들의 판단과는 다를 수밖에 없는 것이다. 문화 전반에 걸쳐 광고가 상이한 역할을 한다는 사실은 한마디로 글로벌 광고주들은 광고효과를 전세계적으로 측정하고자 할 경우 하나의 표준화된 잣대만을 이용해서는 안 된다는 것이다. 문화적 차이가 국제적 PR 업무에 미치는 영향에 대한 연구는 아직 미미한 수준이다. 이 장에서는 관련된 가정을 정리하였다. 광고는 메시지를 전달하기 위해서 미디어에 의존한다. 다양한 문화권의 사람들은 상이한 미디어를 이용하기 때문에 오래된 미디어나 인터넷 같은 뉴미디어에 문화가 어떤 영향을 미치는지에 대한 이해가 중요하다.

주

1) Singelis, T. M., & Brown, W. J. (1995). "Culture, self, and collectivist communication." *Human Communication Research*, 21, pp.354~389.

2) Oyserman, D., Coon, H., & Kemmelmeier, M. (2002). "Rethinking individualism and collectivism : Evaluation of theoretical assumptions and meta-analyses." *Psychological Bulletin*, 128, pp.3~72.

3) Gudykunst, W., & Ting-Toomey, S. (1998). *Culture and interpersonal communication*. Newbury Park, CA : Sage, pp.99~116.

4) Levo-Henriksson, R. (1994, January). *Eyes upon wings : Culture in Finnish and US television news*. Unpublished doctoral dissertation. Oy. Yleisradio Ab., Helsinki, p.84.

5) "Perspective." (1996, September 9). *Newsweek*, p.11

6) Li, Z. (2001). *Cultural impact on international branding : A case of marketing Finnish mobile phones in China*. Academic dissertation, University of Jyväskylä, Finland.

7) Bresnahan, M. J., Ohashi, R., Liu, W. Y., Nebashi, R., & Liao, C. -C. (1999). "A comparison of response styles in Singapore and Taiwan." *Journal of Cross-Cultural Psychology*, 30, pp.342~358.

8) Cutler, B. D., Erdem, S. A., & Javalgi, R. G. (1997). "Advertiser's relative reliance on collectivism-individualism appeals : A cross-cultural study." *Journal of International Consumer Marketing*, 9, pp.43~55.

9) Schmitt, B. H. (1995). "Language and visual imagery : Issues of corporate identity in East Asia." *Columbia Journal of World Business*, 3, pp.28~37.

10) Van den Berg-Weitzel, L., & Van de Laar, G. (2001). "Relation between culture and communication in packaging design." *Brand management*, 8, pp.171~184.

11) Laskey, H. A., Fox, R. J., & Crask, M. R. (1994, November/December). "Investigating the impact of executional style on television commercial effectiveness." *Journal of Advertising Research*, pp.9~16.

12) Roland, A. (1998). *In search of self in India and Japan*. Princeton, NJ : Princeton University Press.

13) Scott, L. M. (1994). "Images in advertising : The need for a theory of visual

rhetoric." *Journal of Consumer Research*, 21, p.269.

14) Watkins, H. S., & Liu, R. (1996). "Collectivism-individualism and in-group membership : Implications for consumer complaining behaviors in multicultural a contexts." In L. A. Manrai & A. K. Manrai (Eds.), *Global perspectives in cross-cultural and cross-national consumer research*. New york : International Business Press/Haworth Press.

15) Miracle, G. E. Taylor, C. R., & Chang, K. Y. (1992). "Culture and advertising executions : A comparison of selected characteristics of Japanese and U.S. television commercials." *Journal of International Consumer Marketing*, 4, pp.89~113.

16) Lannon, J. (1994). "Mosaics of meaning: Anthropology and marketing." *Journal of Brand Management*, 2, p.160.

17) Percy, L., Rossiter, J. R., & Elliott, R. (2001). *Strategic advertising management*. Oxford, UK : Oxford university Press, pp.167~180.

18) Holbrook, M., & Batra, R. (1987). "Assessing the role of emotions as mediators of consumer responses to advertising." *Journal of Consumer Research*, 14, pp.404~420.

19) Resnik, A., & Stern, B. L. (1997). "An analysis of information content in television advertising." *Journal of Marketing*, 41, pp.50~53 ; stern, B. L., & Resnik, A. J. (1991, June/July). "Information content in television advertising : A replication and extension." *Journal of Advertising Research*, pp.36~46.

20) *Consumer Survey*. (2002, January). Flash Eurobarometer 117.

21) Blackston, M. (1996). "Can advertising pre-tests predict the longevity of advertising effects?" *Marketing and Research Today*, 24, pp.11~17.

22) Biel, A. L. (1990, September). "Love the ad. Buy the product?" *Admap*.

23) Lannon, J. (1992, March). "Asking the right questions : What do people do with advertising?" *Admap*, pp.11~16.

24) Vaughn, R. (1980, June 9). "The consumer mind: How to tailor ad strategies." *Advertising Age*.

25) Krugman, H. E. (1965). "The impact of television advertising : Learning without involvement." *Public Opinion Quarterly*, 29, pp.349~356.

26) Miracle, G. E. (1987). "Feel-do-learn : An alternative sequence underlying Japanese consumer response to television commercials." In F. Feasley (Ed.),

The Proceedings of the 1987 Conference of the American Academy of Advertising, USA, R73-R78.

27) Doi, T. (1973). *Amae No Kouzou* [The Anatomy of Dependence]. Tokyo : Kodansha. 아마에란 다음과 같이 설명할 수 있다. 일본인은 그들의 삶을 내적 영역과 외적 영역으로 구분한다. 각각은 나름대로의 차별화할 수 있는 기준을 가지고 있다. 내적 영역에서 개인은 자동적으로 수용된다. 여기에는 상호의존성과 자연스런 따뜻함, 사랑, 또는 수동적 사랑이나 의존성으로 풀이되는 아마에가 존재한다. 내적 영역 속의 사람들은 상호간 아마에를 경험한다. 그러나, 이들은 외적 영역에는 존재치 않는다. 만약 당신이 외적 영역으로 이동한다면 당시에게 아마에는 더 이상 없다.

28) Petty, R. E., & Cacioppo, J. T. (1986). "The elaboration likelihood model of persuasion." In L. Berkowitz (Ed.), *Advances in experimental social psychology* (vol.19). New York : Academid Press ; *Communication and persuasion : Central and peripheral route to attitude change* (1986), New York : Springer.

29) Callow, M., & Schiffman, L. (2002). "Implicit meaning in visual print advertisement : A cross-cultural analysis." *European Journal of Marketing*, 26, pp.7~20.

30) Müller, W. (1998). "Verlust von Werbewirkung durch Standardisierung" [Loss of advertising effectiveness through standardization]. *Absatzawirtschaft*, 9, pp.80~88.

31) Cutler, B. D., & Javalgi, R. (1992). "The visual components of print advertising : A five-country cross-cultural analysis." *European Journal of Marketing*, 26, pp.7~20.

32) Andrews, J. C., Lysonski, S., Durvasula, S. (1991). "Understanding cross-cultural student perceptions of advertising in general : Implications for advertising educators and practitioners." *Journal of Advertising*, 20, pp.15~28.

33) Ramaprasad, J. (2001). "South Asian students' beliefs about and attitude toward advertising." *Journal of Current Issues and Research in Advertising*, 23, pp.55~70.

34) Andrews, J. C., Durvasula, S., & Netemeyer, R. G. (1994). "Testing the cross- national applicability of U.S. and Russian advertising belief and attitude measures." *Journal of Advertising*, 23, pp.71~82.

35) Data from Eurobarometer, 1997~1999 (see Appendix B).

36) European Media and Marketing Survey, 1999 (see Appendix B).

37) Franzen, G. (1994, September 16). "Reclame : Geloofshandeling of verkoopinstrument?" [Advertising, an act of belief or sales instrument?] Unpublished Inaugural Lecture as Professor of Advertising, University of Amsterdam, the Netherlands.

38) Elements of the definition by the Public Relations Society of America, 1988.

39) Austria, Belgium, Denmark, Finland, France, Germany, Greece, Ireland, Italy, Japan, the Netherlands, Norway, Portugal, Spin, Sweden, Switzerland, Turkey, the United Kingdom, the United States. Source : Initiative Media, 1998 (www. initiativemedia.com).

40) Eurostat. Cinema, TV, and Radio in the EU. Statistics on audiovisual services. Data 1980-2002 (see Appendix B).

41) Soong, R. (1998, December 31). Television as companion. Message posted to TGI Latina (http://www.zonalatina.com/Zldata47.htm).

42) Krotz, F., & Hasebrink, U. (1998). "The analysis of people-meter data : Individual patterns of viewing behavior and viewers' cultural background." *The European Journal of Communication Research*, 23, pp.151~174.

43) "Culture wars." (1998, September 12). *Economist*, pp.99~103.

44) Soong, R. (2000, May 11). Television program preferences by national origin. Message posted to TGI Latina (http://www.zonalatina.com/Zldata113.htm).

45) M&M pocket guide on pan-European television (5th ed.). (2001, October). London : Media and Marketing Europe.

46) "Think local. Cultural imperialism doesn't sell." (2002, April 13). *Economist*, p.13.

47) Pasquier, D., Buzzi, C., d'Haenens, L., & Sjöberg, U. (1998). "Family lifestyles and media use patterns : An analysis of domestic media among Flemish, French, Italian and Swedish children and teenagers." *European Journal of Communication*, 13, pp.503~519.

48) Soong, R. (1999, November 8). Television in Latin America. Message posted to TGI Latina (http://www.zonalatina.com/Zldata70.htm).

49) Coen, R. J. (1997). *The insider's report*. New York : McCann-Erickson.

50) European Social Survey, 2003 (see Appendix B).

51) Kunii, I. (1999, July 12). "The company thar got Japan to log on." *BusinessWeek*, pp.40~41.

52) *The public pulse*. (1997). 12(10/11), p.5.

53) *Measuring information society*. (2000). Eurobarometer report (see Appendix B).

54) Mareck, M. (1999, December). "Research watch." *M & M Europe*, p.47.

55) Soong, R. (1999, September 4). The impact of internet on television viewing. Message posted to TGI Latina (http://www.zonalatina.com/Zldata57.htm).

56) *Measuring information society*. (2000). Eurobarometer report (see Appendix B).

57) Dormann, C., & Chisalita, C. (2002, September 8~11). *Cultural values in Web site design*. Paper presented at the 11th European Conference on Cognitive Erogonomics, ECCEII Catania, Italy.

58) Husmann, Y. (2001). Localization of website interfaces. Cross-cultural differences in home page design. Wissenschaftliche Arbeit zure Erlangung des Diplomgrades im Studiengang Sprachen-, Wirtschafts- und Kulturraumstudien (Diplom-Kulturwirt). Universität Passau, Germany.

제 8 장

광고소구에 나타난 가치 패러독스

광고는 다음의 세 가지 측면에서 문화의 영향을 받는다. 첫째는 광고소구(*appeal*), 즉 핵심 메시지에 포함된 가치와 동기, 둘째는 광고의 기본형식, 셋째는 캐스팅, 모델의 연기, 무대장치 등과 같은 광고 제작(*execution*)이다. 이 장에서는 광고에 나타난 소구방법에 초점을 맞추고자 한다.

광고소구

광고소구는 포괄적 개념이다. 광고소구는 핵심 메시지를 정의하는 가치와 동기를 포함한다. 웰즈, 버넷, 모라이어티(Wells, Burnett, & Moriarty)[1)]는 소구를 "소비자에게 상품에 대하여 특별한 매력을 느끼게 하거나 흥미를 갖게 하는 어떤 것"이라고 정의하였다. 이들은 광고소구의 예로 안전, 존경, 두려움, 성(性), 감각적 즐거움 등을 들었다. 또한 소구는 광고의 일반적 크리에이티브 전략이라고도 할 수 있다. 가격에 대한 강조는 경제 소구방식이다. 지위 소구방식은 고품질이나 고가제품에 사용되곤 한다.

소구, 광고형태, 실제제작 등이 종합적으로 광고 스타일을 만들어낸다. 이 장에서는 광고소구에 문화의 핵심가치가 어떻게 반영되는지를 살펴보고, 광고소구를 사례로 들어 홉스테드의 문화적 차원이 광고의 문화 종속성을 설명할 수 있음을 설명하고자 한다. 광고소구가 반드시 문화의 규범을 따르는 것은 아니다. 때로는 광고소구가 문화규범을 거스르기도 한다. 이러한 현상을 이해하기 위해서 우리는 먼저 가치 패러독스를 점검하는 것부터 시작해야 할 것이다.

가치 패러독스 : 바람직한 가치와 바라는 가치

어떤 가치는 문화가 반영된 것임을 쉽사리 알 수 있다. 자아실현, 이기심, 자아존중 등과 같은 가치가 그 예이다. 이러한 가치들은 개인주의 문화와 일치한다. 성취욕구는 남성주의를 반영한 것이다. 자기 방식대로 하는 것, 자기 혼자서 하는 것은 개인주의 문화의 가치를 표현한 것이다. 그러나 소속감도 개인주의 문화의 강력한 가치이다. 이것은 모순처럼 보인다. 그러나 하나의 가치 안에서 종종 상반되는 요소가 공존한다. 그러므로 광고소구는 가치에 대한 두 가지 상반되는 진술을 동시에 담아낼 수 있다. 이것은 바람직한 가치(*the desirable*)와 바라는 가치(*the desired*), 즉 사람들이 바람직하다고 생각하는 것과 실제로 행동하는 것, 이 세상이 어떻게 되어야만 한다고 생각하는 것과 스스로를 위해서 원하는 것 사이에 차이가 있는 것과 관련이 있다.[2)] 바람직한 가치와 바라는 가치가 항상 일치하는 것은 아니다. 바람직한 가치는 사회의 일반적 규범으로 절대적 의미에서 옳고 틀린 것이다. 바라는 가치는 우리가 원하는 것으로 우리 스스로에게 중요하다고 여기는 것들이며 한 국가 안에서 실제로 다수가 행동하고 있는 것이다.

또 다른 모순은 '말'과 '행동', 즉 사람들이 그렇게 할 것이라고 말하는 것과 실제 행동 간의 괴리이다. 바라는 가치는 바람직한 가치보다 행동에 가깝다. 바람직한 가치, 바라는 가치 그리고 실제 행동 간의 괴리 때문에 행동과 바람직한 가치는 일치하지 않을 수도 있고, 바람직한 가치를 위한 규범은 행동과 괴리가 있을 수 있다.

우리는 집단구성원들이 공통적으로 준수하는 것을 규범이라 부른다. 바라는 가치

〈표 8-1〉 바람직한 가치와 바라는 가치

바람직한 가치	바라는 가치
해야만 하는 규범	자기를 위해서 원하는 것
말	행동
용인, 불용인	선택
선하고 옳은 것	매력적이고 선호되는 것
일반적인 사람들을 위한 것	나와 너를 위한 것
이데올로기	실용주의

에서 규범은 통계적 의미, 즉 다수에 의해 실제로 지지되는 가치를 지칭한다. 반면에 바람직한 가치에서 규범은 절대적인 것이고 윤리적으로 옳은 것이다. 바라는 가치는 실용적 이슈와 더 밀접하고, 바람직한 차기는 이데올로기와 더 밀접하다. 바라는 가치는 선택하는 것, 중요한 것, 선호되는 것으로 '나'와 '너'에 해당되는 문제이다. 반면 바람직한 가치는 용납되는 것, 용납되지 않는 것과 선하고 옳은 것, 해야만 하는 것, 동의될 수 있는 것으로 모든 사람들에게 해당되는 것이다(〈표 8-1〉 참조).[3)]

바람직한 가치와 바라는 가치 사이의 차이는 한 문화 안에서 모순된 가치처럼 보인다. 심지어 이런 모순된 현상이 공존하기 때문에 여러 문화들은 유사하고 비슷한 방향으로 이동하는 것처럼 보이기도 한다. 그래서 사람들은 문화가 점점 동질화된다고 착각한다. 예를 들어 일본인의 경우 행동이나 커뮤니케이션에서 점점 개인주의를 강조하기 때문에 개인주의화하고 있다는 결론을 내리는 것이다. 그러나 실제로 일본에서 개인주의는 성취와 경쟁의 필요성을 반영하는 것일 뿐이다.

개인주의는 "자기 방식대로 행동하고, 혼자서 행동하는 것"을 의미한다. 이것은 개인주의 사회의 규범이다. 그러나 회사 내의 모든 개인들이 자신의 방식으로만 행동한다면 일을 할 수가 없다. 그러므로 개인주의 사회에서는 팀워크를 대단히 중요시한다. 또한 개인주의가 지나치다 보면 고독하게 되므로 개인주의 사회에서 바람직한 것과 반대되는 가치인 소속감이 중요한 가치가 되는 것이다. 소속감은 미국인에게는 중요한 가치이다. 반대로 일본에서는 개인주의가 중시되고 이것이 바라는 가치이다. 집단주의 사회에서 그룹 내 소속감이라는 것은 문화의 내면적인 부분, 즉 바람직한 가치이다. 그러나 기업주에게는 개개인이 다른 구성원들과 다를 필요가 있다. 기업정신과 관련된 가치는 개인주의적 가치이다. 그러므로 일본문화에서는 이것이 바라는 가치이다. 경쟁을 위해서 일본인들은 더 개인적일 필요가 있다. 일본에서 개인주의가 강조되는 이유가 이 때문이고 그룹의 구성원들의 모습에서 지나친 복종이 줄어드는 경향은 이러한 가치를 반영한 것이다.

효과적인 광고도구로서 가치 패러독스

종종 모순되게 보일지라도 광고에 나타나는 문화의 상반된 가치는 사람들의 생활의 중요한 측면과 연관되어 있기 때문에 효과적이다. 소속감은 미국광고에 널리 퍼져 있는 가치이고, 특히 정서적이고 감성적인 형태의 광고에 많다. 이 가치는 귀소(*home-coming*) 콘셉트에 포함되어 있다. 그러나 이것은 일본광고에서는 잘 사용되지 않는 소구이다.

바라는 가치와 바람직한 가치는 사람들의 행동과 다른 사람과의 관계 설정에서도 나타난다. 바라는 가치와 바람직한 가치 모두 광고소구로 인식되지만, 이들은 정반대로 표현되기도 한다. 그러므로 자신의 문화와 다른 문화의 가치를 나타내는 단어와 콘셉트를 이해하기 어렵다. 그 한 예가 영어에서 공유(*sharing*)의 개념이다. 이것은 피상적으로 비개인주의적, 여성적, 돌본다는 개념적 의미로 "어떤 것을 자신만을 위해 가지지 않는 것"을 의미한다. 그러나 남성주의적이고 개인주의적인 문화에서는 이것은 승리, 다른 사람에게 자신의 성공과 성취를 말하고 커뮤니케이션하는 것을 의미한다. 즉, "자신의 긍정적인 면이나 성공만을 공유하고 자신의 실패는 공유하지 않는 것"이다. 이러한 개념은 애매하기 때문에 매우 조심해서 사용할 필요가 있고, 다른 언어로 번역했을 때 본래 의미는 절반 정도 상실될 수도 있다. 번역된다면 긍정적 의미가 부정적 의미로 변할 수도 있다는 것이다.

모순된 가치는 다음의 세 가지 진술방식으로 표현될 수 있다.

① 일반적 신념과 반대되는 진술. 예를 들어 일본인이 개인주의화되고 있다고 하지만, 실제로 그들의 행동은 집단적이다. 일본은 점점 부유한 국가가 되면서 개인주의를 강조하지만, 그들의 행동은 서구사회에 비하여 집단주의적이다. 개인주의화된다고 생각하게 되는 것은 경쟁적 행동방식으로 변화되고 있기 때문이다.

② 반대되는 듯이 보이지만, 실제로는 사실인 진술. 개인주의 문화 안에 '소속감'과 '혼자서 행동하는 것'처럼 하나의 문화 안에서 상반된 가치처럼 보이는 것이 공존하는 것이 그 예이다.

③ 패러독스 유형. ②에서 볼 수 있는 것처럼 하나의 문화차원에서는 상반되는 것처럼 보이지만 다른 차원의 문화와 결합됨으로써 설명할 수 있는 것이 있다. 예를 들어 '평등'의 가치와 '큰 임금 격차'가 동시에 존재할 수 있는 것은 권력거리가 작은 문화와 남성주의 문화가 결합되어 나타나는 모순이다.

종종 젊은 세대가 받아들이는 어떤 '경향' 혹은 한 사회의 일시적 행동방향은 바람직한 가치를 지나치게 강조하는 것에 대한 반발에서 나타나는 것일 수 있다. 코쿠닝(*cocooning* : 사회적 접촉이나 승진과 같은 외부세계의 일에는 무관심하고 가정과 친구와 같은 내적 세계에 중심을 두는 생활)은 미국사회에서 이러한 경향을 반영하는 예이다. 개인주의와 남성주의 사회에서 지나치게 개인주의와 경쟁을 강조함으로써 이에 대한 반향으로 나타난 것이다. 이러한 가정 위주의 생활양식은 여성주의 문화에서는 중요한 것이 아니고, 집단주의 문화에서는 나타나지 않는 부분이다. 이 외에도 더 많은 패러독스 사례가 존재한다.

평등 패러독스

평등은 미국문화의 바람직한 가치이다. 그러나 미국인들의 실제 행동은 그다지 평등한 것 같지는 않다. 미국인의 행동은 공평, 즉 능력이 있고 열심히 일하면 사람들에게 그만한 대접을 해주어야 한다는 것과 연관되어 있다. 이러한 가치는 불평등 가치이다. 만약 당신이 열심히 일한다면 다른 사람과는 달라야 하고 돈도 더 많이, 그것도 어떤 때는 정말 많이 벌 수 있다는 것이다. 미국회사의 중역들은 일반 생산근로자보다

40배 정도 많이 벌 수 있다. 1994년 수입격차가 가장 많이 증가한 나라가 미국, 영국, 뉴질랜드이다. 대부분의 유럽국가들의 임금격차는 이보다 작다.[4] 1994년 이후로 앵글로색슨 계열 국가들 간의 임금격차는 줄어들지 않았다. 유럽 대륙에서는 상위 관리자들의 임금이 높아지자 항의가 빗발쳤고, 최고경영자들은 이들에 대한 임금삭감 압박을 받았다.

> 미국에서 평등은 가난한 사람들도 부자가 될 수 있다는 동등한 권리를 의미한다.
> 유럽 대부분 국가들에서 평등은 부자가 똑같이 '가난'해져야만 한다는 것을 의미한다.

의존과 자유 패러독스

또 다른 패러독스는 의존과 독립에서 발견할 수 있는데, 이것은 권력거리와 개인주의에 관련된 상반된 가치이다. 권력거리가 큰 문화와 집단주의 문화에서는 권력거리가 작은 문화와 개인주의 문화에서보다 어린이가 부모에게 의존적이다. 반면 권력거리가 작고 개인주의적인 문화에서는 어린이는 자기 방식대로 행동하고 자기에 대한 믿음이 있고, 어린 나이에 스스로 결정한다. 미국에서는 이것이 매우 강하게 나타난다. 일례로 1996년 세계에서 가장 어린 비행조종사의 기록을 세우기를 원했던 7살의 어린 여자아이가 추락사한 사건이 있었다. 그 아이의 어머니는 "그것은 그 아이의 결정이었다"라고 말하였다. 독립은 서구광고에서 광범위하게 사용되는 콘셉트이며, 일본에서도 자주 사용된다. 광고소구에서 독립은 의존과 반대의미로 사용되는데, 이것은 일본문화에서도 그러하다.

자유도 의존과 관계된 상반된 가치이다. 권력거리가 작은 문화에서 자유는 독립을 의미한다. 집단주의 문화에서 자유는 조화와 반대되는 가치이다. 그룹에 순응하는 것이 바람직한 가치인 집단주의 문화에서는 자유는 부조화를 의미한다. 자유와 소속감은 여성주의 문화에서는 상반된 가치이다. 여성주의 문화에서는 친화(*affiliation*)가 필수적이기 때문에 소속감은 내면적 가치이며 이것은 순응, 일치와 관련이 있다. 그러나 성공을 위해서는 사람들은 자신을 표현하기를 원하며 남과 다르기를 원한다. 이것은 여성주의 문화의 바람직한 가치규범과는 상반된다. 이 문화에서 자유는 바라는 가치이다. 불확실 회피성향이 강한 문화에서는 너무 많은 자유는 혼돈을 양산하게 된다고 생각하고, 혼란스런 상태는 용인해 줄 수 없는 것이므로 이 문화에서 자유의 반대 가치는 질서이다. 불확실 회피성향이 강한 문화에서는 자유는 불확실성을 만들게 되는 것으로 인식되는 반면, 불확실 회피성향이 약한 문화에서는 자유는 성공을 일구어 내는 것으로 인식된다. 불확실 회피성향이 강한 문화의 사람들은 실패를 피하기 위하여 위험에 대비하는 반면, 불확실 회피성향이 약한 문화에서는 성공을 위해 위험을 감수한다. 이처럼 자유 패러독스는 문화에 따라 다양하게 나타난다.

자유/의존 (프랑스), 자유/조화 (일본), 자유/소속감 (네덜란드), 자유/질서 (독일)

성공 패러독스

남성주의 문화에서 바람직한 가치는 돋보이는 것이고, 성공한 것을 자랑하는 것이다. 남성주의 문화에서 자랑하는 것은 자연스러운 것이기 때문에 성공은 다른 사람과 공유하며 남에게 과시해야 하는 것이다. 그러나 이런 것은 여성주의 문화에서는 바람직한 가치가 아니다. 어떤 사람이 무엇인가를 성취했을 때 인정해 주는 것은 당연하지만, 여성주의 문화에서는 성공을 본인이 직접 과시해서는 안 된다. 자랑하는 것은 규범을 거스르는 것이므로, 성공을 자랑하는 것은 간접적으로 해야만 한다. 영국(남성주의 문화)의 경우 브리티시 텔레컴(British Telecom)의 "우리는 최상의 감(感)으로 통화할 수 있도록 합니다"라는 광고카피에서 볼 수 있듯이 자신이 최고라는 것을 직접적으로 말할 수 있는 반면, 네덜란드, 덴마크, 스웨덴(여성주의 문화)에서는 그렇지가 않다. 패러독스는 "당신이 눈으로 볼 수 있는 것 이상의 것이 있습니다", "진정한 세련미는 내면으로부터 나옵니다"(볼보, 스웨덴)와 같은 광고소구에서 볼 수 있다. 남성주의 문화에서는 "당신의 이웃에게 보여주십시오"라고 말한다면, 여성주의 문화에서 광고는 "당신의 이웃에게 보여주지 마십시오"라고 말한다. 이러한 패러독스는 "단순함 속에 있는 찬란함"(오메가 시계, 네덜란드)과 같은 광고에서 발견할 수 있듯이 한편으로는 자랑하는 것은 금지된 가치(바람직한 가치)이지만, 다른 한편으로는 성공한 것에 대해서는 인정받기(바라는 가치)를 원한다. 이는 회사의 사훈을 요약하는 태그라인(*tag line*)을 통해서도 짐작해 볼 수 있다.

마즈다 미아타, 미국 : "세계에서 가장 잘 팔리는 차"
칼스버그, 덴마크 : "아마도 이것이 이 세상 최고의 맥주일 것"
스위스에어, 스위스 : "이 업계에서 최고"
필립스전자, 네덜란드 : "더 나은 것을 만들자"

혁신 패러독스

전통과 혁신 패러독스는 서유럽과 미국에서 가장 많이 발견되는 것이다. 새로운 것이라는 개념을 포괄하는 혁신은 불확실 회피성향이 약한 문화에서는 내재적 가치이다. 불확실 회피성향이 강한 문화에서는 변화에 대해 거부감이 있고, 안정을 추구한다. 불확실 회피성향이 강한 문화에서는 새로운 것을 받아들이는 것이 바람직한 가치이지만, 변화를 거부하는 것은 바라는 가치이다. 그러므로 광고소구에는 이러한 패러독스가 나타난다. 프랑스나 독일은 불확실 회피성향이 강한 문화임에도 불구하고 영국과 마찬가지로 새로운 것(*nouveau or neu*)은 중요한 소구이다. 프랑스나 독일에서는 혁신은 바람직한 가치이며 사회의 규범이지만, 소비자들의 실제행동은 보수적이고 혁신보다는 전통을 선호한다.[5)] '새로움'이라는 단어는 광고에서 자주 볼 수 있지만, 실제 구매행동에서는 그렇게 혁신적이지 않다. 특히 스페인의 경우에는 혁신 패러독스가 강하게 나타난다. 예측할 수 없는 다른 요인들이 많이 있지만, 광고에 반영된 스페인의 생활방식은 대부분 따뜻하고 다른 사람을 돌보고 독특하고 독창적이다. 스페인인들은 한편으로는 현대적이고 혁신적인 것을 원하고, 다른 한편으로는 모호한 것에 대응하는 것이 힘들다고 생각하기 때문에 안정을 바람직한 가치로 생각한다.

예전처럼 해야 한다.
새로운 것이 좋은 것이다.

문화적 차원에 따른 소구방법의 실례

지금부터는 광고에서 발견할 수 있는 소구사례들을 문화적 차원으로 설명하고자 한다. 텔레비전 광고에 나타난 사람들의 행동과 등장인물 간의 상호작용은 단지 연기일 뿐이라고 종종 여겨지지만, 사실은 문화적 가치의 반영이다

권력거리

권력거리(*power distance*)가 큰 문화에서는 신분상징에 의한 광고소구 방식을 많이 사용한다. 예를 들면 골프와 같은 어떤 특정한 신분을 나타내는 스포츠나 골프공 같은 관련된 상징물의 사용이다. 권력이라는 가치에 호소하는 것은 "더 나은 업무를 위해 힘을 아끼세요"(싱가포르의 렉서스 자동차 광고)라는 카피처럼 언어적이고 직접적일 수도 있고, 포르투갈 광고에서처럼 특권계급을 의미하는 혈통이나 요트와 같은 언어적 시각적 은유를 활용하기도 한다(〈사진 8-1〉). 권력거리는 사람들이 상호작용하는 방식이나 등장하는 사람들의 유형(연장자와 연소자)에 의해서 드러난다. 권력거리가 큰 문화에서는 연장자(어머니나 숙모)가 젊은이(딸이나 조카)에게 조언하는 장면을 볼 수 있다. 에이스(ACE)라는 브랜드와 세정제 브랜드인 드레프트(Dreft)와 예스(Yes)의 광고에서 볼 수 있듯이 P&G는 이러한 문화적 차이를 반영하여 차별적 광고를 추진하였다. 권력거리가 작은 문화에서의 P&G 광고는, 스웨덴의 예스와 네덜란드의 드레프트의 광고에서 볼 수 있듯이, 젊은이가 연장자에게(딸이 엄마에게) 조언한다.

전형적으로 권력거리가 큰 문화인 일본 신코 산교(Shinko Sangyo)의 세더리아 홈(Saideria Home) 광고에서는 동승한 사람 가운데 비록 가까운 곳에 사는 다른 사람이 있더라도 보스나 상사를 먼저 내려주는 관습을 그대로 반영하고 있다. 이 광고에서는 이러한 관습으로 인해 동승자들이 상사의 멋진 집을 보게 되고 경탄하는 모습을 보여준다.

또 다른 예로는 캔 커피 보스(Boss)의 광고를 예로 들 수 있다. 선후배 관계를 소재

사진 8-1 알파 33, 포르투갈

사진 8-2 아자로, 국제광고

로 다룬 이 광고에는 유명 록 가수 야자와 에이키치(Yazawa Eikichi)가 직장 선배 역할을 한다. 비 오는 날 후배가 선배의 자동차를 대신 가지러 가면서 선배가 비에 젖지 않게 된다는 이 광고의 설정은 평등이라는 가치가 강한 낮은 권력거리 문화에선 좀처럼 찾아보기 힘든 것이다.

높은 권력거리의 문화권에서 연장자는 존경받으며 광고에서는 그 브랜드를 아버지나 할아버지가 사용했음을 언급하는 경향이 있다. 〈사진 8-2〉의 아자로(Azzaro) 광고에도 삼대가 등장한다. 이러한 문화에서 젊은이처럼 차려입은 연장자는 성숙하지 못하다는 이야기를 듣게 된다.

까레라(Carrera) 선글라스의 국제광고에는 헐크 호간이라는 가명을 쓰는 미국 프로레슬러 테리 볼레아(Terry Bollea)가 연장자로 등장하는데, 그는 젊은 히피처럼 차려입고 있다(〈사진 8-3〉). 높은 권력거리의 문화에서는 그러한 사람을 미숙하다고 판단해 버리기 때문에 그다지 효과적인 전략은 아니다.

독립은 권력거리가 작은 문화에서 바람직한 가치의 광고소구이다. 권력거리가 큰 문화에서는 독립은 바라는 가치이다. 일본의 혼다 광고에서는 "나는 독립적이다"라는 카피를 사용한다. 권력거리가 큰 문화에서는 권력거리가 작은 문화에서보다 어린이는 더욱 보호를 받아야 하는 대상이고, 나이가 더 든 다음에 독립해야 하는 것으로 여겨진다. 네덜란드의 블루밴드(Blue Band) 마가린 텔레비전 광고에는 어린아이가 혼자서 자전거를 타고 건물 안으로 들어가고자 애

쓰는 장면이 나오는데 이것은 권력거리가 큰 문화에서는 받아들여질 수 없는 광고이다(〈사진 8-4〉). 네덜란드에서는 그 아이는 진취적이고 독립적인 아이로 보이는 반면, 다른 문화에서는 혼자 남겨졌기 때문에 동정의 대상이 된다. 이와는 대조적으로 그라나롤로(Granarolo) 우유의 이탈리아 텔레비전 광고에서는 대저택에서 하인을 거느린 고위층의 버릇없는 아이가 등장한다. 온갖 쿠키를 줘도 우유마시기를 거부하던 아이는 그라나놀로 우유를 보자 마시기 시작하고 모든 사람들은 박수를 친다(〈사진 8-5〉).

텔레비전 광고에서 묘사된 어린이들의 학교에서의 행동은 권력거리 정도에 따라 달라질 것이다. 학교에서 학생들 때문에 미칠 지경이 다 된 선생님의 모습은 권력거리가 작은 문화에서는 가능하지만, 선생님에게 존경을 표하는 권력거리가 큰 사회에서는 적합하지 않다. 이 때문에 벨기에 전화회사인 모비스타(Mobistar)는 아이들이 방과후에만 전화를 쓰도록 방과후 특별요금제를 만들게 하기도 했다.

이것은 상사와 부하의 관계에서도 마찬가지 모습을 나타낸다. 덴마크의 립톤차 광고에서는 "보스가

사진 8-3 카레라, 국제광고

사진 8-4 블루 밴드, 네덜란드

사진 8-5 그라나롤로, 이탈리아

사진 8-6 립톤, 덴마크

이 차를 마시고 싶어 미치도록 만들어라"라는 카피가 있는데, 이러한 광고는 프랑스, 스페인, 이탈리아에서는 사용되지 않는다(〈사진 8-6〉). 작은 권력거리 문화는 패러디와 유머광고의 권위에 대항하는 모습에 반영되어 나타난다.

권력거리가 작은 문화에서는 "당신 스스로 결정하라"와 같은 카피에서 볼 수 있는 것처럼 "권위가 부여된 소비자"의 개념을 사용하거나 회사의 역할을 소비자에게 어떤 생각을 강요하거나 의존적인 관계보다는 소비자의 판단을 도와주는 역할로 설정한다.

개인주의 / 집단주의

개인주의(*individualism*) 문화의 커뮤니케이션 스타일은 저상황적이고, 집단주의(*collectivism*) 문화에서는 고상황적이다. 저상황적 커뮤니케이션 스타일은 직접적이고 분명하다. 사람들에게 주로 직접적이고 개인화된 방법(예컨대, 이름을 붙인다든지 지칭하는 따위)으로 말하고 너, 나, 우리와 같은 단어와 명령어법을 자주 사용한다. 그 예들이 미국 광고에서 등장하는 "당신이 어렸을 때 … "(더블민트 검), "당신이 스위치를 올릴 때 … "(디트로이트 에디슨), "당신 스스로 똑바로 처리하라"(크리스털 라이트), "꿈을 가져라. 바라는 대로 될 것이다"(리복) 등이다. 개인주의 문화에서 광고는 대중을 직접 호명하지만 집단주의 문화에서 유명인을 모델로 사용하는 이유는 소비자들에게 친밀감을 제공하기 위해서이다. 개인주의적 문화에서는 나이키와 럭키 스트라이크 광고(〈사진 8-7, 8-8〉)에서 보듯이 일인칭 대명사가 자주 사용된다. 럭키 스트라이크의 광고는 스페인에서 쓰였는데, 이러한 접근법이 스페인에서는 별로 호소력이 없다. 스페인의 경우 〈사진 8-9〉에서 볼 수 있는 L&M 담배광고가 바람직한데, 이 광고의 문구는 "더 나은 우정을 위해"이다.

독립적이고 상호의존적인 자아 간의 차이는 광고소구에 중요한 영향을 미친다. 집단주의적 소구와 개인주의적 소구에 대해서 각 문화권들은 상이한 반응을 보인다. 중국이나 한국 같은 집단주의적 문화에서는 내집단에서의 혜택과 조화, 가족 등으로 소구하는 것이 보다 효과적이지만 개인주의적인 문화권에서는 개인적 혜택과 기호, 개인적 성취, 독립이라는 가치로 소구하는 것이 효과적이다.[6] 집단의 구성원들이 생각해보지 못한 일을 하며 튀는 행동을 하는 이들이 등장하는 광고는 서구의 개인주의적 문화권에서는 긍정적인 것으로 여겨지지만, 아시아의 집단주의적 문화권에서는 부정적인 것으로 여겨진다.[7]

집단주의 문화에서는 베풀기를 좋아하지만 개인주의적 문화에서는 좋은 것을 혼자 간직하고 싶어 한다. 아이스크림 브랜드인 매그넘(Magnum)의 광고에는 이것이 잘 드러나는데 독일에서 만들어진 광고에 담긴 문구는 다음과 같다. "나는 많은 것을 나눈다. 하지만 모든 것을 나누진 않는다"(〈사진 8-10〉).

시간과 관련하여 개인주의 문화에서는 단원적 시간개념(*monochronic*)을 취하지만, 집단주의 문화에서는 다원적 시간개념(*polychronic*)을 취한다. 단원주의 문화에서는 시계가 효율성의 상징이지만, 다원주의 문화에서는 이러한 개념이 이해되지 않는다.

집단주의 사회의 사람들은 혼자 있는 것이나 혼자 식사하는 것을 좋아하지 않는 반면, 개인주의 사회의 사람들은 사생활을 소중히 여긴다. 집단주의 문화에서 혼자 있다는 것은 친구가 없다는 것을 의미하고 이것은 곧 정체성이 없다는 것을 의미하게 된다. 혼자 있게 되었다는 것은 그가 자신이 속한 그룹에서 이탈했다는 것을 뜻한다. 1994년 9월 12일 〈비즈니스위크〉(*BusinessWeek*)의 글에 다음과 같은 내용이 실렸다. "모래같

① ②
③ ④

① 사진 8-7 나이키, 스페인
② 사진 8-8 럭키 스트라이크, 스페인
③ 사진 8-9 L&M, 스페인
④ 사진 8-10 매그넘, 독일

사진 8-11 예버, 독일

사진 8-12 마우, 스페인

이 흩어지고 독립적이고 최신정보를 좇는 분위기를 나타내는 리바이스 청바지의 텔레비전 광고는 젊은 소비자들을 끌어들이는 매력을 가지고 있지만, 리바이스 회사의 라틴계 종업원들과 소비자들에게는 그것이 이해되지 않는다." 그들은 '왜 혼자서 거리를 걸어야만 하는가', '왜 친구가 없는 거야?'라고 반문한다.[8] 결과적으로 리바이스는 라틴계 시장을 대상으로 개인주의적 분위기를 제거하는 식으로 광고를 바꾸었다. 독립적인 것, 혼자 있는 것처럼 보이는 것과 그룹의 일부분으로 보이는 것의 차이는 명백하고 직접적으로 표현될 수도 있고, 암시적이거나 간접적으로 표현될 수도 있다. 개인주의적 문화에서 사람들은 맥주를 홀로 즐기며 혼자 지내는 것은 휴식과도 같지만, 집단주의 문화권에선 맥주를 모여서 즐긴다. 독일의 예버(Jever) 맥주와 스페인의 마우(Mahou) 맥주의 TV광고를 비교해보면 이 차이를 알 수 있다(〈사진 8-11, 8-12〉).

집단주의를 반영하는 콘셉트는 극단적인 개인주의적 접근보다 국경을 초월하여 성공할 가능성이 있다. 말보로(Marlboro)는 캐멀(Camel)보다 아시아에서 더 성공적이었다.

캐멀 맨은 고독하고 남성적인 개인주의를 상징하는 반면, 말로로 카우보이는 매우 남성적이기는 하지만 집단의 일부라는 것이 암시되어 있다. 그는 때로 혼자인 듯이 보일 수도 있지만, 그는 항상 모닥불로, 그의 동료들에게로 돌아간다. 개인주의 문화에서 광고에 출연하는 추천인은 혼자일 수 있고 또 자주 혼자이지만, 집단주의 문화에서는 흔히 한 명보다는 많은 추천자가 등장한다. 소속/독립이라는 가치 패러독스는 일본광고에서 볼 수 있는데 이들 광고에서는 여러 무리의 사람들이 자주 등장하는 한편으로 유명인은 흔히 혼자 묘사된다. 이것은 집단에 대한 순응에 대비되는 것으로서 개인적인 성취라는 또 다른 세계에 대한 꿈, 곧 바라는 것을 반영한다.

개인주의 문화에서는 개성화된 자아를 분명하게 드러내는 방식으로 소구할 수 있다. "자신을 자유롭게 하라. 당신이 원하는 것을 하고, 당신이 원하는 것을 입어라"라는 탬팩스(Tampax) 광고의 바디카피가 한 예이다. 개인주의적인 소구방법의 다른 예로는 "한 사람만을 위한 디자인"(Mitsubish), "나를 위한 연주회"(Privat 담배, 덴마크), "판박이 세상(*conformity*)에 아직도 한 사람을 위해 만들어지는 것이 있다"(Herblein 시계), "네 방식대로 하라"(Ford Probe), "나의 열정적인 삶, 당신 자신이 되어라. 당신 열정의 주인의 되어라."(Chrysler PT Cruiser, 영국) 등이 있다. 집단주의적 문화의 광고에 담긴 주장의 예는 일본 치요다 은행 국제광고의 "함께 성장합시다"(〈사진 8-13〉)나 포르투갈의 J & B 위스키에 삽입된 "우리와 함께 해요", 그리고 스페인의 발렌타인 광고에서 볼 수 있는 "최고의 순간" 등이다.

집단주의와 개인주의 사회의 상이한 광고소구 방식의 예는 "다른 사람과 함께 나누는 것이 좋은 것"(Hermesetas, 포르투갈)과 "당신만의 것을 가지기를 원하는 것은 얼마나 멋진 일인가"(Evers, 제과점, 덴마크)와 같다. 스페인에서의 필립스 전자의 광고 슬로건은 "우리 함께 당신의 삶을 더 멋지게 만듭시다"이다. 이와는 반대로 필립스는 독일에서 "더 좋은 것을 만들자"(*Let's make things better*)라는 광고 슬로건을 사용하고 있는데, 여기에는 "함께 일하자"라는 주장이 빠져 있다. "Tchibo Privat Kaffee"라는 브랜드 네임은 개인주의를 반영하는데, "세상 어느 곳에서나"와 같이 커피를 마시는 세

사진 8-13 치요다, 국제광고

상의 모든 사람들은 동일하다는 느낌을 주는 보편주의적 소구방법을 사용한다. '전세계', '이 세상' 등의 단어는 개인주의적 사회에서 비중있는 단어들이다.

집단주의 문화의 구성원들은 손님접대에 대해서 개인주의 문화의 구성원들과는 다르게 생각한다. 집단주의 문화에서는 예기치 않은 손님에게도 음식을 대접해야 하므로 항상 음식을 넉넉하게 준비한다. 그러므로 네덜란드의 파티음식 광고처럼 "Duyvis, 파티를 위해서"와 같은 카피는 집단주의 문화에 효과적이지 않다. 왜냐하면 이런 종류의 음식은 단지 파티를 위해서 준비하는 것이 아니라 항상 준비되어야 하는 것이기 때문이다.

집단주의적 문화권에서는 '현대적' 혹은 '세계적'인 문구가 인기있는데, 보다 커다란 세계에 속하고자 하는 욕구를 해소해줄 것으로 여겨지기 때문이다. 리더스 다이제스트는 독자 조사에서 드러나는 개인적 속성에 관한 데이터를 발표한다.[9] 이러한 속성 중 하나는 개인이 얼마나 현대적인지 혹은 전통적인지에 의해 측정된다. 스스로를 현대적이라고 묘사하는 비율은 집단주의와 상관관계가 나타나는 것으로 밝혀졌다.

집단주의 문화권에서 상황을 중시하고 자아개념에서 관계를 중시하는 것이 일본광고에서 유명인사들이 자주 등장하는 이유를 깨닫게 해준다. 광고에서 유명인사를 이용하는 방식은 나라마다 다르다. 이러한 차이가 남성주의의 정도(성공에 대한 욕망)와 연관성이 있다는 사실이 함의하는 바가 있을 것이다. 그리고 이 사실이 미국에서 어떤 이유로 개인숭배와 유명인사에 대한 집착이 유난히 드러나는지를 설명해 줄 것이다. 집단주의 문화에서 유명인사를 받아들이는 정도는 보다 낮을 것으로 예상해볼 수 있는데 이는 일상에서 남보다 두드러지는 것은 권장할 만한 일로 여겨지지 않기 때문이다. 하지만 집단주의 문화권인 일본에서는 미국보다 광고 유명인사를 더욱 많이 활용한다. 일본에서 국제 마케팅을 강의하는 네덜란드출신 학자 카롤루스 프라엣(Carolous Praet)[10]은 일본에서의 유명인사 선호경향에 대해서 분석하며 집단주의의 두 가지 양태를 제시하는데, 그것은 관계적 자아와 상황이다. 다른 나라와는 달리 일본에서는 유명인사는 유명한 배우, 가수, 운동선수, 코미디언 등에 한정되는 말이 아니다. 광고는 기존의 유명인사들에게 자신의 유명세를 상업화할 수 있는 장으로서 기능하며 모델과 야망이 가득한 배우들에게 유명세를 얻게 되는 디딤돌이 되기도 한다. 일본에서 "탤런트"(*talent*)라는 말은 연예산업에 종사하는 대부분의 유명인사를 의미하는 용어이고 "스타"라는 말은 비교적 꾸준히 유명세를 유지하는 사람들을 위한 용어이다. 이러한 탤런트들 중 많은 수는 귀여운 외모에 의해서 선발된다. 이러한 현상은 가족이나 직장에서와는 달리 광고와 연예계에서 차별의 문제를 일으키는 것 같지는 않다. 그러한 탤런트를 사용하게 되면 브랜드는 비슷한 제품속성을 지닌 경쟁 브랜드들 사이에서 고유한 "얼굴"을 가지게 된다. 상품에 추상적인 인간적 속성을 부여하려는 것이라기보다는 실제 인물과 상품을 연관짓는 것이다. 이는 광고대행사의 광고 크리에이티브 부서의 업무수행에서 잘 나타난다. 이 부서의 담당자들은 광고주에게 추상적인 광고 크리에이티브 콘셉트를 설명하기보다는 광고캠페인의 중심에 있는 유명한 탤런트를 제시함으로써 그들의 광고전략을 설명하는 것을 선호한다.

대략 지구촌의 70%의 인구들이 다소 집단주의적인 성향을 지니고 있으며 (대개 런던이나 뉴욕에서 만들어지는) 글로벌 광고들이 개인주의적 가치를 표방한다는 사실을 반영할 때 대부분의 광고는 극히 일부의 수용자들에게만 소구하고 있다고 생각해볼 수 있다. 렉서스의 글로벌 광고처럼 대부분 글로벌 광고들은 소비자를 직접 호명하고 혼자 있는 사람들을 보여주며 자기 표현력 등을 강조하는 개인주의적 주장을 담고 있다.

남성주의 / 여성주의

'승리'는 남성주의(*masculinity*) 문화의 특징을 나타내는 개념으로 흔히 미국광고에서 찾아볼 수 있다. 특히 개인주의와 남성주의가 결합된 문화(앵글로-독일계의 결합문화)에서는 승리하고, 성공하고 그것을 자랑하는 것은 필수적이다. 그 예가 "최고의 것", "세상에서 하나뿐인 것", "최고가 되어라"라는 식의 것들이다. 과장, 설득, 비교광고는 남성주의의 반영이다. "우리는 클라이언트/서버 장치 설치에서(SAP 통합 소프트웨어) 첫 번째 기록을 남기고 싶습니다"와 같은 표현방법은 남성주의 문화의 전형이고 경쟁의식을 반영한 것이다. 또 다른 예는 "문서전문 기업(*document company*)과 경쟁한다"(제록스)와 같은 광고이다. 니콘 카메라 광고(〈사진 8-14〉)는 "초당 더 많은 승리자"(*more winners per second*), 속옷 브랜드 스키니(Skiny)의 독일광고는 "최고 그 자체"라는 카피를 담고 있다(〈사진 8-15〉).

공격적인 방법과 레이아웃은 경쟁심을 표현하는 또 다른 방법이다. 꿈과 부푼 기대는 남성주의 문화의 한 부분이다. "꿈이 실현된다", "한계없는 세계"와 같은 것은 '정복'을 반영하는 것이고, 이것은 열심히 노력하는 한 누구든지 모든 것을 할 수 있음을 의미한다. 4장에서 이것이 미국의 타이레놀광고에서 어떻게 드러나는지를 보았다. 미국문화에서 전형적인 남성주의가 반영된 것은 크기에 대한 민감성이다. 미국에선 자아, 자동차, 햄버거, 사고방식 모두가 거대한 나라이다.[11] 〈사진 8-16〉은 타코벨(Taco Bell)의 텔레비전 광고이다.

개인주의와 남성주의 문화가 결합된 미국광고에는 과장광고가 많이 등장한다. "세상의 어떤 화장품도 우리를 흉내낼 수 없다", "레놀드의 힘을 가진 유일한 플라스틱 랩", "플라스틱 정원의자 중에서 가장 편안한 의자", "당신은 새로운 노던 울트라 화장지보다 더 부드러운 화장지를 찾을 수 없을 것이다", "병원에서 가장 많이 사용하는 진통제", "전세계 1등 콘택트렌즈"(아큐브) 등이 그 예이다.

미국과 영국이 남성주의 문화지수가 똑같이 높을지라도 표현방법에서는 다르게 나타난다. 미국이 영국보다 불확실 회피성향 지수가 높아서 과장과 절제 정도에서 차이가 나타난다. 영국사람들도 성공에 대해서 말하기를 원하기는 하지만, 이는 종종 조

① 사진 8-14 니콘, 국제광고
② 사진 8-15 스키니, 독일
③ 사진 8-16 타코 벨, 영국

롱거리가 된다.

여성주의 문화는 보살핌, 부드러움, 작은 것에 대해서 호감을 가진다. 러시아의 노릴스크 니켈(Norilsk Nickel)의 글로벌 광고는 아이를 등장시켜 약자에 대한 그들의 사랑을 표시하려 했다(〈사진 8-17〉). 여성주의 문화는 과장법 대신 절제된 표현을 좋아한다. 예를 들어 칼스버그의 광고는 "아마도 세상에서 최고의 맥주"(〈사진 8-18〉)에 그러한 성향을 반영했다. 가장 여성적 문화를 지닌 스웨덴 볼보의 대부분 광고는 가족의 안전을 강조한다. 여성주의 문화에서 과시는 부정적이다. 〈사진 8-19〉의 볼보 광고는 "내면에서 나오는 진정한 섬세함"이라는 문구를 제시하는데, 이는 스스로

① ②
③

① 사진 8-17 노릴스크, 국제광고
② 사진 8-18 칼스버그, 국제광고
③ 사진 8-19 볼보, 국제광고

과시할 필요가 없음을 의미하는 것이다.

겸손의 또 다른 예로는 네덜란드의 아우디100 광고를 들 수 있다. 내용은 다음과 같다. "당신은 작은 집과 작은 차를 가지고 있지만, 당신의 이웃은 멀리 살고 있어 눈에 띄지도 않습니다. 더군다나 눈에 볼 수 없는 것 중에 가장 중요한 것이 자동차 보닛 밑에 숨어 있습니다." 이와 반대로 이탈리아의 시트 광고는 유리문으로 된 차고 안에 있는 차를 보여주면서 "항상 눈에 띌 수 있고, 항상 볼 수 있습니다"라고 표현하고 있다.

남성주의와 여성주의적 접근방법의 가장 중요한 차이점은 과장과 절제이다. 아우디 중에 가장 비싼 모델인 아우디 A4 아반트의 스페인 광고에는 다음과 같이 쓰여 있다.

> 가족용 차라고 사람들에게 속여라. 이것이 새로운 아우디 A4 아반트이다. 절대로 공공연하게 자동차의 파워에 대해서 말하지 마라. 만약 어떤 사람이 실린더당 5밸브라는 것에 대해서 언급하면 화제를 돌려 비가 올 것 같다고 말하라. 150 hp라고? — 당신은 그것에 대해서 아무 것도 모른다 — 콰트로 견인력?(*Quattro-traction*) — 그게 뭐야? 차 내부공간과 변화적응력으로 화제를 돌려라. 그리고 어떤 사람도 당신이 진짜로 그 디자인을 좋아하고 있다는 것을 눈치채지 못하게 하라. 친구와 함께 여행할 때 당신이 지루하게 생각하는 것처럼 보이도록 하고, 가끔씩 하품도 하라. 모든 사람들이 아우디 A4 아반트를 오직 가족용 차라고 생각하도록 하라. 결국 많은 사람들이 스포츠카도 아닌 다른 차를 스포츠카라고 속여 말하면서 타고 다니게 될 것이다.

위의 문구에서는 집단주의, 여성주의, 강한 불확실 회피성향이 결합된 문화가 반영되어 있다. 당신은 공개적으로 파워에 대해서 말하는 것이 허용되지 않으며, 단지 소유하기만 할 뿐이다. 대립을 피하기 위해서는 어떤 것에 대해서 직접 말하지는 않지만, 간접적으로 기술적인 측면의 중요한 세부사항에 대해서 언급하고 있다. 이러한 광고는 여성주의 패러독스를 반영하는 것이다. 이는 겸손과 조화를 반영한 것이다.

앵글로색슨 문화에서 유명인사가 추천하는 방식은 효과적인 광고방식이지만, 여성주의 문화에서는 그렇지가 않다. 여성주의 문화에서 유명인사나 회사 사장은 너무 알려져 있고 별로 대접받지 못하며 심지어 놀림감이 되기도 하기 때문에 광고모델의 역할을 제대로 수행하지 못한다. 그러므로 패러디 형식이 자주 활용된다. 네덜란드의 한스 앤더슨(Hans Anderson) 안경 체인점 광고에는 파멜라 앤더슨(Pamela Anderson)과 비슷하게 생긴 사람의 우스운 몸매를 보여주면서 '이는 안경이 의안과 같다고 하는 것과 같다'는 것을 말하고 있다. 스페인의 안경체인점 광고에는 드라마 〈SOS 해상구조대〉(*Baywatch*)의 주인공이 급하게 뛰어가다가 통나무집에 부딪히는 모습을 보여주면서 시청자로 하여금 그가 안경을 썼어야 했다는 생각을 하도록 유도하였다.

성역할의 차이 또한 광고에 반영된다. 성역할의 차이는 "당신도 그의 벽걸이 사진 속 여자가 될 수 있다"라는 문구와 제시된 제쓰로(Jethro) 청바지의 멕시코 광고에서 강하게 드러난다(〈사진 8-20〉). 반면 덴마크의 마타스(Matas) 광고에 등장하는 남자들은 앞치마를 입었다(〈사진 8-21〉).

사진 8-20 제쓰로, 멕시코

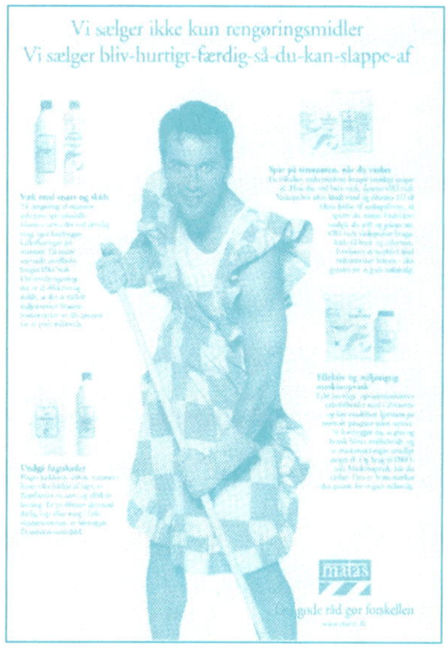

사진 8-21 마타스, 덴마크

강한 성역할 차이는 일본의 광고에서 잘 드러난다. 예를 들어 에너지 드링크 구론산(Guronsan)의 광고에는 샐러리맨이 등장하여 일하는 모습과 동료들과 회식하는 모습을 보여주며 집에서 기다리고 있는 부인의 모습과 대조된다. 그는 많은 활동을 위해서 에너지 드링크가 필요하다.

앞치마를 입고 요리를 하며 아이들을 보살피는 남자들의 모습은 갈린나 블랑카(Gallina Blanca) 광고처럼 스페인에도 등장한다(〈사진 8-22〉). 프랑스 광고에서는 매기(Maggi) 광고처럼 아버지는 아이들과 시간을 보내는 모습으로 등장하고(〈사진 8-23〉), 스웨덴의 아약스(Ajax) 텔레비전 광고의 이미지는

사진 8-22 갈린나 블랑카, 스페인

사진 8-23 매기, 프랑스

사진 8-24 아약스, 스웨덴

즐겁게 바닥을 쓰는 남성의 이미지를 보여주는데, 그는 청소도구를 골프채처럼 다룬다(〈사진 8-24〉).

남성주의 문화의 광고에서 가사일을 하는 남자들은 여자에 비해서 무식하게 그려진다. 여자는 전문가로서 역할하고 제품의 사용법을 알려준다. 여자들은 능력있는 주부가 되고 싶어하고 그럼으로써 남자를 지배하려고 한다. 속옷 트라이엄프(Triumph)의 광고에서 "통제할 수 있는 무기"로 소개하고 있다(〈사진 8-25〉).

이탈리아 카사모데나(Casa Moderna)의 광고의 장면에서 여자는 가족을 위해 봉사한다(〈사진 8-26〉). 남성이 아기와 무엇을 하고 있다면, 그것은 그들 자신의 목적을 위한 것일 가능성이 높다. 혼다의 미국광고는 한 남자와 그의 차로 다가가는 아이가 등장한다(〈사진 8-27〉). 차에서 얼룩을 발견한 그는 닦으려고 아이의 기저귀를 사용한다. 남성주의 문화권에서 여성은 터프하게 그려지기도 하고, 여성주의 문화에서 남성은 부드러운 이미지로 등장하기도 한다. 〈사진 8-28〉은 광고 영화제에서 수상한 일본의 히다치 진공청소기 광고로, 여자가 파리와 싸우는 내용이다. 〈사진 8-29〉의 태국광고 수상작에서는 자상하게 대화를 나누는 아버지와 딸의 모습이 화상전화를 통해서 보인다.

남성주의 문화에서 광고소구는 일과 성공지향적인 반면, 여성주의 문화에서 광고소구는 친화적이고 관계지향적이다. 독일의 세제광고에서는 첫 장면에 더러운 빨래와 지저분한 아이들을 보여주고 다음 장면에 깨끗한 빨래와 깨끗한 옷을 입은 아이들을 보여줌으로써 세제의 효능을 강조한다. 또한 여성 광고모델은 유능한 주부의 역할

사진 8-25 트라이엄프, 영국

사진 8-26 카사모데나, 이탈리아

사진 8-27 혼다, 미국

사진 8-28 히타치, 일본

사진 8-29 아시아 텔레콤, 태국

에 초점을 맞춘다. 네덜란드와 같은 여성주의 문화에서는 아이와 함께 행복한 표정을 짓고 있는 다정한 엄마의 역할에 초점을 맞춤으로써 관계지향적인 접근방법을 사용하는 것이 효과적이다. 깨끗한 아이는 엄마와의 관계를 보여주는 셈인 것이다. 이 두 가지는 매우 다른 접근 방식이다.

국제적 비즈니스 잡지인 〈비즈니스위크〉나 〈뉴스위크〉를 보면 많은 수의 광고들이 미국에서 제작된 것이다. 남성적 가치가 강한 이런 광고에서 여성들이 자주 등장하기는 하지만 배경으로만 사용되거나 메시지와 관련없는 작은 역할만을 할 뿐이다. CA(Computer Associates)의 광고가 그 예이다(〈사진 8-30〉).

불확실 회피성향

불확실 회피성향(*uncertainty avoidance*)이 강한 문화에서는 설명, 구조, 긴 카피, 실험, 전문가 증언 등의 방법뿐만 아니라, 기술과 디자인도 세심하게 고려한다. 〈사진 8-31〉의 이탈리아 자동차 브랜드 란시아의 광고를 예로 들 수 있다. 광고는 잘 구조화되고 상세한 표현을 하는 경향이 있다. 상세한 광고의 예로는 '순수한 라인'을 뜻하는 러시아의 얼굴크림 브랜드의 광고를 들 수 있다(〈사진 8-32〉). 이 광고는 많은 정보와 실험실의 사진과 과학적 증거들까지 제시한다.

불확실 회피성향이 높은 문화에서의 광고는 제품의 장점을 드러낼 수 있어야 한다. 기술적인 세부묘사를 더하며 제품의 사용과 작용방법을 보여주는 것이 중요하다. 이것은 결과를 보다 중시하는 약한 불확실성 회피문화와는 대조적이다. 두 치약 광고가 이러한 차이점을 드러낸다. 〈사진 8-33〉의 엘멕스(elmex)와 아로날(aronal) 광고에서 두 치약은 모두 치아 건강의 전문가들이 만든 제품임을 강조하며 동시에 제품의 작용방식을 제시한다(〈사진 8-34〉).

독일광고가 기술적인 측면에 초점을 맞추고, 이탈리아 광고가 외양에 초점을 맞춘다는 차이가 있지만, 독일과 이탈리아 모두 디자인이 중요한 요소이다. 프랑스와 스페인은 예술과 패션 지향적이다.

광고 표현방식이 다를지라도 불확실 회피성향이 강한 문화에서는 실험과 실험결과를 발표하는 것이 효과적인 방법이다. 독일에서 인기있는 표현은 "실험결과 최고", "비교실험에서 승리" 등이다. 〈사진 8-35〉에 제시된 아리엘이란 브랜드의 독일광고는 "실험해 보라"고 "실험결과 최고의 제품"이라고 말한다. 상품의 기술에 대한 설명은 자동차나 치약 그리고 샴푸 등의 모든 상품에서 상세하게 이루어진다.

불확실 회피성향이 높은 문화에서 사람들은 불확실 회피성향이 낮은 문화보다 더 옷 입기에 신경 쓰는 경향이 있다. 서유럽과 독일광고에 등장하는 모델은 북유럽 모델보다 옷을 잘 차려 입는다. 잘 차려입는 것은 제대로 색상을 맞추고 액세서리들을 어울리게 착용함을 의미한다. 혼다의 스페인광고(〈사진 8-36〉)는 사람들에게 차의 색상과 신발, 선글라스, 핸드폰 등의 색깔을 어울리게 맞춰보라고 제안한다. 반면 꾸미

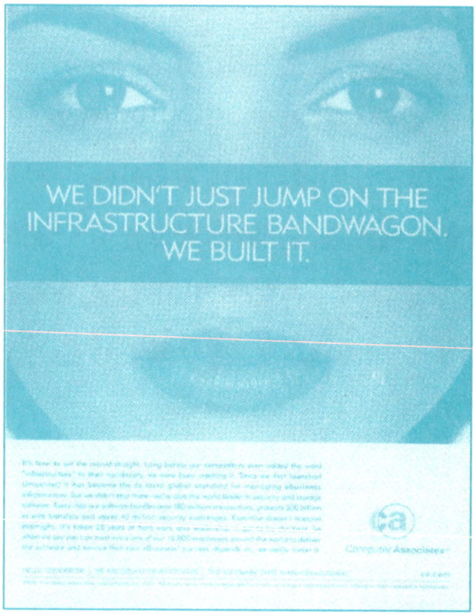

① ②
③ ④

① 사진 8-30 CA, 국제광고

② 사진 8-31 란시아, 이탈리아

③ 사진 8-32 퓨리티 라인, 러시아

④ 사진 8-33 엘멕스 & 아로날, 독일

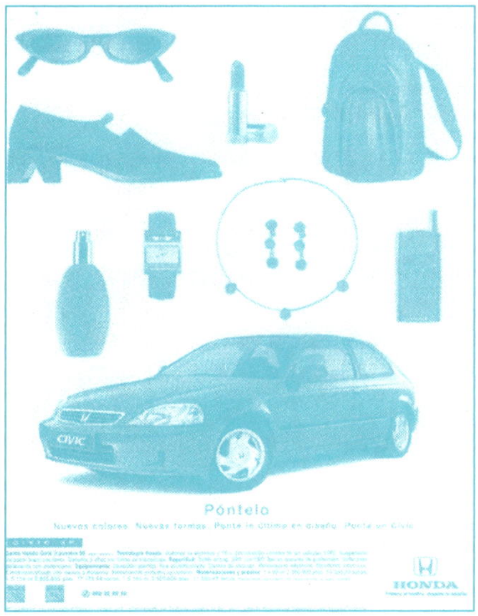

① ②
③

① 사진 8-34 크레스트, 영국
② 사진 8-35 아리엘, 독일
③ 사진 8-36 혼다, 스페인

지 않는 것의 극단적인 예시는 스텔라 아토이스(Stellar Artois) 맥주의 호주 광고이다(〈사진 8-37〉). 아침식사 장면이 담긴 두 광고를 비교해보자. 〈사진 8-38〉의 사코티노 광고에는 잘 차려입은 이탈리아 부모가 등장하고 다음 그림에는 속옷을 입은 아버지의 모습을 담은 네덜란드의 블루 밴드 후더 스타트(Blue Band Goede Start)의 광고를 볼 수 있다(〈사진 8-39〉).

불확실 회피성향이 높은 문화의 광고에서 등장하는 제품의 추천인은 그 방면의 직업전문가나 사장과 같은 전문인이나 능력 있는 교수, 혹은 믿을 만한 상사이고 이들은 아마도 대부분 흰 가운을 입고 있기 마련이다. 낮은 권력거리와 불확실 회피성향의 문화권에서는 전문가를 패러디하는 장면이 선호된다.

불확실 회피성향이 높은 문화권에서 감정은 종종 광고에 표현되며 감정이라는 단어는 매력적으로 여겨진다. 그 사례로는 스페인의 시트 브랜드의 "오토 이모션"(*auto emoción*)이 있다.

불확실 회피성향이 강한 문화의 광고에서는 두려움과 긴장을 완화시키는 방법으로 휴식이 고려된다. 불확실 회피성향이 강한 문화에서는 두려움을 완화시키는 방법으로 휴식이 있다는 것을 명확하게 표시하는 반면, 불확실 회피성향이 약한 문화에서는 이것을 암시적으로 표시한다. 불확실 회피성향이 강한 문화에서는 안정이 중요한 가치이고 변화는 별로 좋은 것으로 생각되지 않는다. 새로운 것에 대한 두려움은 "타협은 없다"라는 표현에서 발견할 수 있다.

장기지향성

장기지향과 단기지향 두 문화에서는 "내일을 위해 저축하라"와 "지금 구입하고 나중에 지불하라"라는 반대된 가치를 가지고 있다. 단기지향성 문화의 가치는 미국광고에서 잘 나타나는데, 이것은 급하다는 단어로 나타난다. 예를 들어 "서둘러라", "기다리지 않는다" 혹은 "클라이드(Clyde)는 지금 50%를 할인합니다. 현금은 없어도 되고 2년 기한의 신용카드만 있으면 됩니다. 지금 당장 오십시오" 등의 문구이다. 단기지향적 사고는 〈사진 8-40〉의 하겐다즈 아이스크림에서 볼 수 있는 '순간의 기쁨'에서 드러

① 사진 8-37 스텔라 아토이스, 호주
② 사진 8-38 사코티노, 이탈리아
③ 사진 8-39 블루 밴드 후더 스타트, 네덜란드

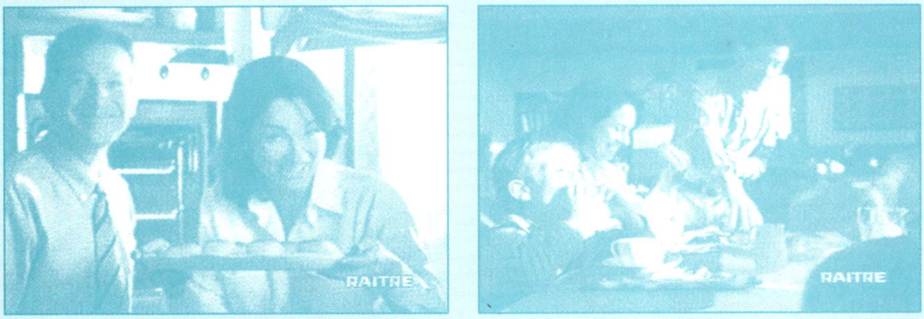

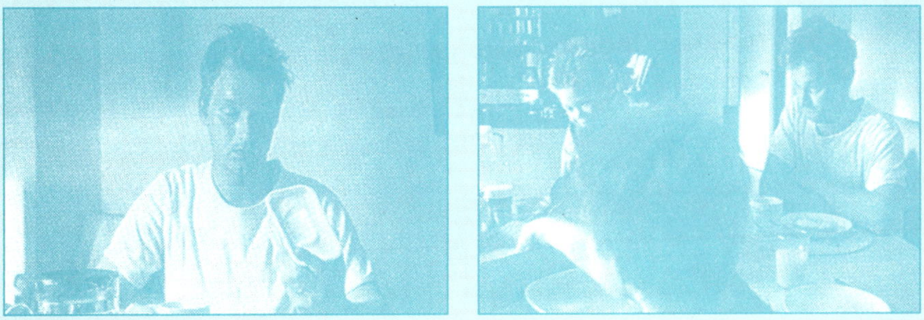

① ②
③ ④

① 사진 8-40 하겐다즈, 영국

② 사진 8-41 CK, 스페인

③ 사진 8-42 NTT 도코모, 국제광고

④ 사진 8-43 LG, 국제광고

난다. 〈사진 8-41〉의 "좋게, 나쁘게, 있는 그대로"라는 문구를 담은 CK의 광고에서 보듯 미래에 대해서 생각하기보다 현재를 살아가라는 문구에서 잘 드러난다.

장기지향성의 상징은 두꺼운 나무나 미래 세대에 대한 명시적 언급에서 드러난다. 〈사진 8-42〉의 일본 통신회사 NTT 도코모의 국제광고는 이러한 대표적 예이다. 한국기업 LG는 글로벌 광고에서 장기지향성을 드러냈는데 〈사진 8-43〉의 광고는 '노인이 끝내지 못한 일을 아기가 해낼 것'이라는 메시지를 담고 있다. 이 광고는 자연과 조화를 이루는 인간의 모습을 상징화하고 있기도 하다.

아시아 광고에서는 자연과 인간의 조화가 중요한 가치이다. 이것은 기업이 신뢰를 쌓기 위한 간접적인 방식의 일환이라고 할 수 있다. 대부분의 광고는 순수한 재미를 위한 것이고, 시각적 요소들은 눈을 즐겁게 하기 위해 주로 대나무, 꽃, 낙엽, 계절 상징물 등 자연과 관련된 것들을 사용한다. 대부분의 서구인들은 컴퓨터 광고에 나비가 등장하는 것, 광고에 다른 자연적인 요소들이 나타나는 것을 이해하지 못한다. 집단주의와 장기지향문화가 결합되면 자연과의 조화라는 가치가 나타나게 되고, 이러한 가치는 광고가 소비자의 생활을 침해하는 것이 아니라 소비자에게 즐거움을 주는 것이라는 광고 스타일로 표현된다.

광고 콘셉트에 대한 영향

서로 다른 문화적 차원이 결합하게 되면 광고 소구의 효과에 중요한 영향을 미친다. 광고 소구나 개념은 2차원의 지도에서 그 소구방법의 효율성에 따라 문화적 군집을 구분해볼 수 있다. 한 예는 권력거리와 남성주의의 영향을 받게 되는 신분 또는 지위 상징의 사용 여부이다. 권력거리가 큰 문화에서는 신분은 권력을 의미하고, 남성주의 문화에서는 성공을 의미한다. 여성주의 문화 — 특히 동시에 권력거리가 작은 문화(스칸디나비아나 네덜란드) — 에서는 신분상징은 부정적인 소구방법이다. 여성주의 문화는 겸손과 질투의 특성을 지니고 있으므로 신분상징의 이용은 역효과를 낳게 된다. 남성주의와 권력거리의 문화지수에서 높은 점수를 나타내는 문화에서는 신분이

〈그림 8-1〉 지위 욕구

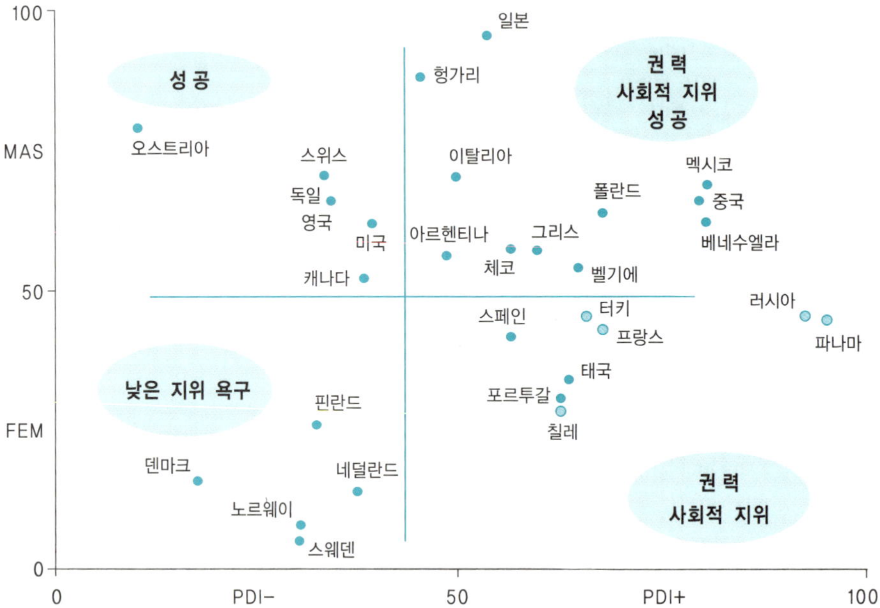

라는 동기에 매우 민감하게 반응한다.

〈그림 8-1〉은 30개국을 대상으로 신분이라는 광고소구에 민감하게 반응하는지에 관해 2차원의 지도에서 문화적 군집 형태로 분류해서 나타낸 것이다. 좌측 하단에는 스칸디나비아와 네덜란드 군이 있는데 이들 문화에서는 신분소구가 별로 효과적이지 않다. 좌측 상단은 앵글로-독일계 문화군으로 이들 문화에서는 성공과 연결한 신분이 가장 효과적으로 사용될 수 있다.

우측엔 유럽, 남미, 아시아 문화권 국가가 혼합되어 있다. 우측 하단 문화에서는 권력과 연관된 신분상징이 효과적이다. 우측 상단은 신분이라는 소구가 가장 효과적으로 적용되는 문화로 권력과 성공 양쪽과 연결되어 광고에서 사용될 수 있고, 멕시코, 베네수엘라, 일본이 여기에 해당된다.

위대한 아이디어는 보편적인가?

위대한 콘셉트와 아이디어가 다양한 가치들에 근거를 두고 있다면 이것들은 소비자의 마음을 울리는 것이다. 만약 핵심적인 콘셉트가 자국의 가치를 반영하고 있다면 지극히 제한된 나라에서만 유효할 수 있다. 국제 광고세계는 전용될 수 없는 콘셉트의 사례들로 가득 차 있다. 그중 하나가 브리티시 텔레컴이 사용하는 '선택의 자유'라는 개념이다. 이것을 네덜란드어로 번역한 "Vrijheid om te kiezen"이라는 말은 네덜란드 사람들에게 원어의 의미만큼 따뜻한 느낌을 주기보다는 아무런 관련성도 없게 된다(〈사진 8-44〉). 자유로운 국가에 사는 소비자가 어째서 선택의 자유를 갖지 못한다는 말인가? 〈사진 8-45〉에서 보듯이 캐논도 "선택의 자유"라는 콘셉트를 이용했다. 네덜란드어로는 "네게 주어진 자유에서 최고의 것을 고를 수 있는가?"라는 문구로 전환되었지만 이는 네덜란드인들에게 그다지 의미가 있는 것은 아니다.

집단주의 사회보다 업무와 가정생활의 경계가 불분명한 개인주의 문화에서는 무선통신 기술에 가장 전형적인 광고 콘셉트는 "당신이 어디에 있든지 일할 수 있다"는 것이다(〈사진 8-46〉). 4장의 개인주의/집단주의에서 가정용 PC의 도입에 개인주의가 미치는 영향에 대해서 논하였다. 개인주의 사회에서는 집, 공원이나 심지어는 해변에서 업무를 보는 것에 대해서 개방적이지만 집단주의 사회에서 직장이란 가정과 마찬가지라서 업무를 마치려고 동료들과 함께 머무를 때가 많다. 〈사진 8-46〉의 도시바 광고와 같은 종류의 광고는 특정한 문화권의 특성을 반영한 것이기에 북유럽이나 앵글로색슨 문화권을 넘어 전파되기는 힘들다. 해변에서 노트북과 함께 있는 남자의 모습을 담은 광고의 문구는 "사무실 밖에서도 일할 수 있다."고 말하고 있다.

많은 글로벌 광고는 지구적으로 다양한 수용자의 가치보다는 제작자의 문화적 가치를 반영하고 있다. 이 장에서는 〈뉴스위크〉나 〈비즈니스위크〉 등 국제적 잡지에 실린 문화종속적인 국제광고 사례들을 제시하였다. 이러한 광고들이 오직 제작자의 문화적 가치를 공유하는 수용자들에게만 접근하려 한다면, 국제적인 미디어에 의존하려는 이유는 뭘까? 이러한 광고들은 상이한 문화의 차이점을 잘 반영한다면 보다

①②
③

① 사진 8-44 BT, 네덜란드
② 사진 8-45 캐논, 네덜란드
③ 사진 8-46 도시바, 네덜란드

효과적일 것이다. 최근의 인쇄기술은 다양한 지역과 국가의 차이점을 반영한 상이한 버전의 광고제작을 가능하게 했다.

왜 유머는 전용되지 않는가

어떤 문화에서는 광고에 유머가 많이 사용되지만 어떤 문화에서는 거의 사용되지 않는다. "유머는 전용되지 않는다"라는 말을 종종 들을 수 있다. 왜 그런가? 유머는 관습과 기존의 생각들을 파괴하기 때문이다. 즉, 금기시되는 것을 깨는 것에 근거한다. 코미디는 관습, 즉 마땅히 해야만 하는 것, 문화의 바람직한 가치를 깨는 것으로부터 시작한다. 유머는 문화의 관습에 바탕을 두고 있기 때문에 오직 그 문화를 공유하는 사람들만이 이해할 수 있는 것이다. 고골리의 희곡 〈The Revisor〉 단편이 그 예이다. 이 연극에서는 Revisor의 하녀가 침대에 누워 있는 것을 볼 수 있다. 고골리(1836)가 살았던 러시아에서 하녀는 마루에서 자야 한다. 따라서 하녀가 침대에 누워 있다는 것은 주인의 침대에 누워 있다는 것을 의미하고 이것은 상상조차 할 수 없는 행동을 의미하기 때문에 이는 흥미로운 것이다.[12] 이것은 여전히 권력거리가 큰 러시아의 문화에 적합한 것이다. 하녀의 행동은 권력거리가 작은 문화의 사람들에게는 이해될 수 없는 것이고, 그러므로 재미있지도 않다.

문화는 사용되는 유머의 유형에도 영향을 미친다. 풍자는 권위있는 자의 목소리를 위장하는 것이기 때문에 권력거리가 작은 문화에 적합하다. 애매한 것을 기꺼이 수용하는 불확실 회피성향이 약한 문화에서는 풍자나 절제되고 좀더 미묘한 유머방법을 사용한다. 불확실 회피성향이 강한 문화에서는 좀더 직접적인 희극적 유머방법을 사용한다. 독일에서 훈계하는 방식의 유머를 자주 사용하는 것은 완벽주의 때문이고, 그러므로 반어적 기법을 자주 사용한다.[13] 벨기에의 유머는 대부분 직선적인데 이것은 권력거리가 큰 문화라는 것을 의미한다. 벨기에에서는 피해를 당하는 사람이 스스로 입장을 밝히는 식의 유머기법을 많이 사용한다.[14] 유머는 부조화, 즉 예상한 것과 예상하지 않는 것, 가능한 것과 그럴듯한 것, 불가능한 것과 그럴듯하지 않은 것 간의 대립이다. 놀라는 것은 유머에서 중요한 부분이다. 이야기나 사건에서 예기치 않은 전환은 사람들을 웃게 만들고 긴장을 풀어준다.

광고에서 유머의 사용은 경영자의 결정에 따른 것이다. 어떤 나라의 광고에서 더 많은 유머가 사용되는 것은 경영자의 문화적 가치와 관련이 있다. 즉, 이는 광고수용자의 유머감각을 반영하는 것이 아니라는 의미이다. 광고에서 유머는 영국, 덴마크, 스웨덴, 네덜란드와 같이 권력거리가 작고 불확실 회피성향이 약하거나 중간 정도인 문화에서 자주 사용된다. 결과적으로 두 가지 문화적 차원이 결합된 문화에서는 경영자가 광고에서 유머를 기꺼이 사용하도록 하지만, 불확실 회피성향이 강한 문화에서는 경영자가 그렇게 하지 못하도록 한다.

광고에 나타난 유머에 관한 연구에서는 많은 유머를 다음과 같이 구분한다. 말장난(*puns*), 단어게임(*word games*), 절제된 표현(*understatement*), 재담(*joke*), 익살(*ludicrous*), '코믹', 코미디, 희극(*slapstick*), 풍자(*satire*), 패러디(*parody*), 경멸조의 유머(*black humor*) 등이 그것이다. 영국과 미국의 연구결과에서 '절제된 표현'이 유머기법으로 사용되고 있음이 밝혀진 것만 제외하고, 독일에는 유머가 없을 것이라는 고정관념과는 반대로 유머의 종수는 비슷하다는 연구결과(Hillebrand,[15] Merz[16] 참조)가 나왔다. 독일연구에서는 앵글로색슨 문화에서 한 번도 나타나지 않은 유머기법인 샤덴프로이데(*Schadenfreude* : 남이 잘 안 되는 것을 보고 즐거워하는 것)가 사용되고 있다는 것이 밝혀졌다. 독일보다 영국에서 유머광고가 덜 이용된다는 것이 독일인들이 유머감각이 떨어진다는 것을 의미하진 않는다. 그보단 위험을 회피하며 다른 것보다는 설득에 집중하려는 독일 광고업계의 관습을 반영하는 것으로 보는 것이 옳을 것이다.

와인버거와 스포트(Weinberger & Spott)[17]는 영국과 미국의 텔레비전 광고에서 사용한 유머기법을 비교 연구하였다. 그들은 유머를 말장난, 절제된 표현, 재담, 익살, 풍자, 반어적인 것(*irony*) 등 6개로 구분하여 비교하였다. 연구 결과 영국광고에는 익살이, 미국광고에서는 풍자가 더 많이 사용되었다는 것을 발견하였다. 이것은 두 나라의 불확실 회피성향 지수가 다르기 때문에 나타나는 현상이라고 설명할 수 있다. 알덴, 호이어, 리(Alden, Hoyer, & Lee)[18]는 4개국을 대상으로 유머의 사용에 관해서 비교연구하였다. 한국, 독일, 타이, 미국의 유머러스한 텔레비전 광고를 비교분석한 결과 부조화가 공통된 유머의 종류라는 것을 발견하였다. 4개국의 텔레비전 광고의 60%가 부조화에 의한 대조를 나타내고 있었고, 그 정도는 4개국 간에 차이가 있었다. 독일과 타이가 한국과 미국보다 대조식 유머를 유발하는 광고를 많이 포함하고 있었다. 홉스테드(Hofstede)의 문화적 차원에 대한 개념은 각 국가들 간의 차이점을 설명하는데 유용하다. 집단주의 문화인 타이와 한국에서는 3명 이상의 사람들이 모여 있는 그룹과 관련된 유머가 많은 반면, 개인주의 문화인 미국과 독일에서는 3인 이상이 등장하는 광고 자체가 적다. 권력거리가 큰 문화(타이, 한국)에서는 권력거리가 작은 문화(미국, 독일)에 비해 등장인물들 간의 관계가 동등하지 않은 사례가 많았다. 미국과 독일광고의 대부분은 동등한 관계의 인물들이 등장한다. 셰이지그라운드와 볼커(Scheijground & Volker)[19]는 네덜란드와 플라망(벨기에에 속해 있으며 네덜란드어를 사용하는 지역)의 텔레비전 광고에 나타난 유머에 대해 비교연구하였다. 두 지역 모두 같은 언어를 사용하기 때문에 많은 광고주들은 두 지역 사람들의 문화가 비슷할 것이라고 추정했다. 네덜란드와 플라망 간의 문화적 차이는 네덜란드와 왈론(벨기에 영역 안에서 프랑스어를 사용하는 지역) 간의 차이보다는 약간 작았지만, 그 차이는 컸다. 공동국경을 가지고 같은 언어를 사용하는 두 국가가 문화적으로 많은 차이를 나타내는 국가는 없다. 네덜란드는 권력거리, 남성주의, 불확실 회피성향 지수가 낮다. 벨기에는 위의 세 차원에서 지수가 높다. 네덜란드와 플라망의 텔레비전 광고를 두 지역의 젊은 남녀를 대상으로 한 심층인터뷰를 통해서 실험하였는데 차이점이 뚜렷이 나타났다. 유머의 종류를 ① 익살, 일화(재미있는 사건), 희극과 같은 단순하고 명확한 유머, ② 말장난, 단어게임과 같은 언어와 관련된 유머, ③ 풍자(*satire*), 반어적 유머(*irony*), 패러디, 절제된 표현, 부조리주의(*absurdism*)와 같은 복잡한 유머로 구분하였다. 연구결과 명백한 익살은 네덜란드보다 벨기에에서 더 많이 나타났는데 이것은 두 지역의 문화가 불확실 회피성향 측면에서 다르기 때문이다. 언어와 관련된 유머는 네덜란드보다 플라망에서 적게 나타났다. 일화 유형의 유머는 국가와 연관있는 상황에 따라 의미가 많이 달라지므로 문화에 따라 민감하게 달라진다. 전형적인 슬랩스틱(*slapstick*) 광고는 네덜란드보다는 벨기에에 많았다. 슬랩스틱은 보통 어느 한쪽의 희생을 요구하는 것이기 때문에 여성주의 문화보다는 남성주의 문화에 더욱 적합하다. 이와 같이 특별한 경우, 어떤 슬랩스틱은 네덜란드 문화에서 금지되는 음식을 던지는 따위의 내용을 포함하고 있다. 음식을 낭비하는 것은 검소한 네덜란드 문화에서 해서는 안 되는 일이다. 부조리, 패러디, 빈정거림, 전문가를 진지하게 대접하지 않는 풍자 등은 플레망의 문화에서는 받아들여지지 않는 반면, 네덜란드에서는 받아들여진다.

결 론

각각의 개별적 문화 속에는 외관상으로는 모순된 것처럼 보이는 가치들이 존재한다. 각 문화 내 바람직한 가치와 바라는 가치 사이에서 대립이 발생한다. 문화가치의 패러독스를 이해하지 못하는 사람들은 전세계의 가치가 점점 하나로 통합되고 있다고 생각할지도 모른다. 그러나 이것은 사실이 아니다. 각 문화는 모순된 가치를 지니고 있고, 이것은 다른 문화의 모순된 가치와는 다르다. 이러한 현상들은 다섯 가지 문화적 차원을 통해서 설명될 수 있다.

문화의 상반된 가치를 인식하는 것은 그것이 문화의 가장 의미있는 요소들이기 때문에 광고에서 중요한 것이다. 바라는 가치와 바람직한 가치는 광고에서 의미있는 소구로 사용되곤 한다. 특히 문화의 모순된 가치는 사람들의 감정을 움직이게 할 수 있다.

때때로 어떤 문화 안에서 바라는 가치는 다른 문화의 바람직한 가치와 비슷해 보인다. 예를 들면 독립은 미국에서는 바람직한 가치이고 일본에서는 바라는 가치이다. 그러나 같은 단어 뒤에 다른 세계가 있다. 그것은 하나의 개념이 아니다.

집단주의 문화의 광고에서 혼자 있다는 것은 친구가 없다는 의미로 해석된다. 더 나아가 자기의 정체성이 사람들 안에서 이루어지는 것이므로 그것은 자신의 정체성이 없다는 의미일 수도 있다. 지구상의 70% 이상이 집단주의 문화이므로 광고에 더 많은 사람을 등장시켜야 한다. 광고에 많은 사람이 등장하는 것이 개인주의 문화의 사람들에게는 아무런 영향을 미치지 않지만, 집단주의 문화의 사람들에게 광고에 외롭게 한 명만이 등장하는 것은 부정적이다.

미국광고의 지배적 성향 때문에, 국제광고에는 남성주의 성향이 약한 문화권의 사람들이 생각하는 것보다 훨씬 과장된 내용이 많다. 예를 들어 유럽대륙의 대부분의 국가들이 여성주의적인 문화라는 것을 고려해 본다면 유럽을 겨냥한 국제광고에서는 과장되고 경쟁적인 광고를 자제해야 할 것이다.

마지막으로 문화의 가치를 이해하는 것은 왜 유머가 전용되지 않는지를 설명하는 데 도움이 될 것이다. 유머는 문화를 공유하지 않은 사람은 이해할 수 없는 문화의 관습에 바탕을 두고 있는 것이다.

주

1) Wells, W., Burnett, J., & Moriarty, S. (1992). *Advertising : Principles and practice* (2nd ed.). Englewood Cliffs, NJ : Prentice Hall, p.249.
2) Hofstede, G. (1991). *Cultures and organization : Software of the mind*. New York: McGraw-Hill, p.9.
3) Hofstede, G. (2001). *Culture's consequences* (2nd ed.). Thousand Oaks, CA : Sage, pp.6~7.
4) "Inequality : For richer, for poorer" (1994, November 5). *The Economist*, p.19.
5) Maleville, M. (1993). "How boringly respectable can you get? A study of business slogans in three countries." *Toegepaste Taalwetenschap*, 2.
6) Ham, S.-P., & Shavitt, S. (1994). "Persuasion and culture: Advertising appeals in individualistic and collectivistic societies." *Journal of Experimental Social Psychology*, 30, pp.326~350 ; Zhang, Y., & Gelb, B. D. (1996). "Matching advertising appeals to culture : The influence of products' use condition." *Journal of Advertising*, 25, pp.29~46.
7) Bowman, J. (2002). "Commercials rise in the East." *M & M Europe : Pocket Guide on Asian TV*. London : Emap Media, p.8.
8) Mitchell, R., & Oneal, M. (1994, September 12). "Managing by values." *Business Week*, pp.38~43.
9) These surveys are conducted each year, Data are avaliable for 2001, 2002,

and 2003 (www.rdtrustedbrands.com) (see Appendix B).

10) Praet, C. L. C. (2001). "Japanese advertising, the world's number one celebrity showcase? A cross-cultural comparison of the frequency of celebrity appearances in TV advertising." In M. Roberts & R. L. King (Eds.), *Proceedings of the 2001 Special Asia-Pacific Conference of the American Academy of Advertising* (pp.6~13). Kisarazu, Japan.

11) "Land of the big." (1996, December 21). *Economist*, p.68.

12) Van den Bergh, H. (1996, November 14). "Lachen als bevrediging." *NRC Handelsblad*, p.33.

13) Bik, J. M. (1996, November 14). "Variant op ernst." *NRC Handelsblad*, p.35.

14) Camps, H. (1996, November 14). "Ondertoon van schuld." *NRC Handelsblad*, p.35.

15) hillebrand, k. (1992). *Erfokgsvoraussetzungen und Erscheinungsformen des Humors in der Werbung-Dargestellt am Beispiel von Low-Involvement-Produkten* [Effect hypotheses and manifestations of humor in advertising : Described for low involvement products]. Prüfungsamt Für wirtschaftswissenschaftliche Prüfungen der Westfälischen Wilhelms-Universität Münster. Unpublished.

16) Merz, G. (1989). *Humor in der Werbung*. Freie Wissentschaftliche Arbeit zur Erlangung des akademishen Grades Dipomkayfmann und der Wirtschaftsend Sozialwissenschaftlichen Fakultät der Friedrich-Alexander-Univerität Erlangen-Nürnberg, Nürnverg. Unpublished.

17) Weinberger, M. C., & Spotts, H. E. (1989). "Humor in U.S. versus U.K. TV commercials : A comparison." *Journal of Advertising*, 18, pp.39~44.

18) Alden, D. L., Hoyer, W. D., & Lee, C. (1993, April 1). "Identifying global and culture-specific dimension of humor in advertising : A multinational analysis." *Journal of Marketing*, 57, pp.64~75.

19) Scheijgrond, L., & Volker, J. (1995). *Zo dichtbij, maar toch ver weg*. Unpublished study for the Hogeschool Eindhoven, studierichting Communicatie.

제 9 장

제작 스타일과 문화

광고의 제작방식이나 기본형식은 광고 메시지의 맥락을 드러낸다.[1] 각기 다른 제작방식에 따라 다양한 광고 기본형식들이 이용된다. 대부분의 국제 광고인들은 문화에 구별없이 통용될 수 있는 일률적 형식을 사용했다. 세계에서 널리 사용되는 P&G의 증언기법이 그 예이다. 그렇다고 이 기법이 모든 문화에서 최선의 방법이라는 의미는 아니다. 비교기법 또한 고려해 볼 만하다. 어떤 광고형식들은 특정 문화권에서 더욱 효과를 보기도 한다. 미국이 아닌 일본에서만 효과적인 오락기법이 그 좋은 보기이다. 어떤 문화권에서는 다른 문화권에서는 찾아볼 수 없는 그들만의 기본형식을 사용하기도 한다. 국제광고에서는 어떤 기본형식이 보편적이고 어떤 기본형식이 지역적인가를 판단할 필요가 있다. 한 문화의 형식이 다른 문화에서 어떤 상대적 효과를 거둘지에 대한 연구가 부족한 것이 현실이다. 이 장에서는 기본광고에 대해 보편적 형식과 문화적으로 차별화된 기본형식에 대해 알아보기로 한다. 광고 스타일에 대해서도 포괄적 설명과 함께 다룬다.

광고 스타일의 분류

문화에 따른 광고의 특성을 비교하기 위해 많은 유형의 분류체계가 개발되어왔다. 어떤 분류체계는 광고 스타일의 모든 측면을 다루기 때문에 내용상 너무 광범위하기도 하고, 다른 분류체계는 몇 가지 측면만을 다루기도 한다. 여기에서는 지면광고나 텔레비전 광고의 다양한 측면을 분류하기 위한 체계에 대해서 다루기로 하겠다.

선행연구들에서 발견되는 분류방식은 광고의 두 가지 요소, 전략과 메시지를 혼합하는 경향이 있다. 광고의 분류에서 가장 자주 사용되는 메시지 전략은 광고가 얼마나 정보적(정보적-비정보적)인지에 의해서 결정된다.[2)]

모라이어티(Moriarty)[3)]는 이를 두 가지 주요 메시지 전략이라고 언급한 바 있다. 정보광고(*Informational Advertising*)는 메시지 위주의 명시적 내용을 다루고, 변환광고(*Transformational Advertising*)[1]는 이미지를 다룬다. 독일학자 크로버릴(Kroeber-Riel)[4)]은 기능적 광고와 감성적 광고로 분류하였다. 비슷한 분류방법이지만 다른 용어를 사용한 다른 예로는 뮬러(Mueller)[5)]가 제시한 경성판매와 연성판매를 들 수 있다. 이 분류방법은 비교광고와 무드광고를 구분한 것이다. 또 다른 유사한 분류는 제품정보와 제품 이미지로 구분한 것이 있다.[6)] 제 7장에서 언급한 바와 같이, 이러한 유형의 분류는 미국 중심의 사고에서 나오는 것인데 미국에서는 정보와 감정을 이분법으로 나누는 것에 익숙하다.

광고형식의 가장 기본적인 분류방식은 웰즈, 버넷, 모라이어러티(Wells, Burnett & Moriarity)[7)]에 의한 것으로, 이들은 드라마기법과 강의기법을 구분하였다. 이들에 의하면, 드라마기법에서 등장인물은 영화나 연극처럼 관객이 아닌 서로에게 이야기하는 간접 대화방식이라는 것이다. 이에 반해 강의기법은 등장인물들이 텔레비전 화면이나 글을 통해 시청자나 독자에게 직접 말하기 때문에 직접 대화방식이라는 것이다.

---

1 역자주 : 변환광고(*Transformational Advertising*)란 사용 경험을 변화시키는 브랜드 연상을 만드는 광고를 의미하는 것으로, 소비자의 사용 경험을 변화시켜서 고객이 느끼는 가치를 증대시키는 것을 목적으로 함.

강의기법에서 등장인물들은 증거물(자료)을 제시하고, 수용자를 납득시키기 위한 논쟁기법을 이용한다.

다른 몇몇 연구자들은 기본형식을 다음과 같이 나누었다. 그 예들은 생활의 단면, 상품에 관한 이야기, (전문가, 스타 또는 보통 사람의) 증언, 해설, 제품과 연관된 캐릭터, 실연, 제품의 실제 이용, 만화, (제품, 사람, 사용상황 등과 연관된) 라이프스타일, 인격화(*personalization*), 제품 이미지(상징적 정보), 기술(그 브랜드가 무엇처럼 보이는가), 비교(경쟁자 지목), 연상(라이프스타일이나 상황), 상징(은유적, 구술적, 미학적) 등이다.[8] 이러한 분류로 대부분 미국광고들이 구분된다.

일부 프랑스 연구가들은 프랑스의 전문 광고인들을 위한 분류방식을 제시했다.[9] 유혹방식(*la Séduction* : 프랑스 광고는 그들이 팔려는 물건으로 소비자를 유혹한다), 스펙터클 방식(*le Spectacle* : 프랑스 광고는 영화, 드라마, 쇼를 방불케 한다), 애정방식(*l'Amour* : 연애, 성애, 욕망, 애정의 표출), 유머 방식(*l'Humomr* : 우스운 연상, 재치있는 언어사용, 익살) 등이 그것들이다. 이러한 분류방식은 미국 연구자들에 의해 개발된 분류방식과 매우 다른 광고 스타일을 가지고 있음을 보여주고 있다.

가장 종합적인 광고형식 분류는 모라이어티(Moriarty)[10]에 의해 이루어진 것으로, 그는 미국에서 일반적으로 사용되는 14가지 제작방식을 정리하였다. ① 뉴스 방식, ② 문제해결 방식, ③ 제품을 영웅시하는 방식, ④ 실연 방식, ⑤ 성능 테스트, ⑥ 가무적 흥미 방식, ⑦ 특수효과 방식, ⑧ 사용 전후 및 병렬 비교방식, ⑨ 경쟁 비교방식, ⑩ 발표자 방식, ⑪ 문답/인터뷰/대화 방식, ⑫ 생활의 단면 방식, ⑬ 대변인 방식, ⑭ 삽화 방식 등이 그것이다. 미국광고 형식 중에서 가장 많이 사용되고 있는 6가지 형식은 비교 방식, 발표자 방식, 문답/대화 방식, 생활의 단면 방식, 증언 방식, 삽화 방식이다.

세계적인 7가지 기본 광고형식 분류

이 장에서 여러 문화간에 광고형식을 비교하기 위해 제시한 분류방법은 저자가 프랜젠(Franzen)의 기본분류모델을 이용해 수정한 것이다.[11] 프랜젠은 광고효과에 영향을 미치는 광고의 특성을 연구하기 위해 이 모델을 사용하였는데, 몇 가지 기본형식과 제작방식은 광고효과에 차이를 가져온다는 것을 알아냈다. 프랜젠이 8가지로 나눈 광고의 분류방식은 문헌에 의거하고 유럽에서 평생 쌓아온 그의 광고경험을 바탕으로 연구된 것이다. 이 분류방식은 112가지 변인에 대한 광범위한 코딩목록을 이용하여 네덜란드 광고에 대한 내용분석과 통계분석으로 검증되었다. 저자가 수정한 내용은 11개 이상의 다른 문화권의 텔레비전 광고분석을 바탕으로 이루어진 것이다. 이 모델은 7개의 주요 그룹[12]과 이에 따른 많은 소그룹으로 구성되어 있다. 7개 주요 그룹은 공개기법, 연상전이기법, 레슨기법, 드라마기법, 순수오락기법, 상상기법과 특수효과기법이다.

비교문화 광고분석에 따르면 광고의 분배와 실행의 방식이 차이점을 보이긴 하지만, 프랜젠이 제시한 기본형식이 모든 문화권에 존재하고 있음을 알 수 있다. 프랜젠의 모델 중 수정된 부분을 이번 장에서 다루어보고자 한다(〈표 9-1〉). 여기에서는 위에서 언급한 기본형식 및 문화적 연관성도 설명할 것이다. 광고형식에는 7개의 주요 그룹이 있고 각 그룹은 여러 개의 보조그룹을 두고 있다. 기본형식들은 상호 배타성이 없으므로, 한 광고 안에 한 개 이상의 주요형식이나 보조형식이 나타날 수도 있다. 그러한 광고형식들은 여러 층으로 나타날 수도 있다. 즉 지배적인 형식이 있으면서도 광고의 저변에 흐르는 어조는 또 다른 형식을 표현할 수도 있다. 어떤 광고형식의 조합은 다른 조합에 비해 훨씬 자주 나타난다.

〈표 9-1〉 7가지 기본 광고형식

기본 기법	보조 기법
1) 공개기법 (*announcement*)	① 순수제시 방식 (*pure display*) ② 상품 메시지 방식 (*product message*) ③ 기업설명 방식, 다큐멘터리 방식 (*corporate presentation, documentary*)
2) 연상전이기법 (*association transfer*)	① 라이프스타일법 (*lifestyle*) ② 은유법 (*metaphor*) ③ 환유법 (*metonymy*) ④ 유명인을 통한 전이방식 (*celebrity transfer*)
3) 레슨기법 (*lesson*)	① 추천인 (*presenter*) ② 증언/추천 (*testimonial/endorsement*) ③ 실연 (*demonstration*) ④ 비교 (*comparison*) ⑤ 방법 (“*how to*”)
4) 드라마기법 (*drama*)	① 생활의 단면 기법 (*slice-of-life*) ② 문제해결기법 (*problem-solution*) ③ 비네트 (*vignettes*) ④ 연극기법 (*theater*)
5) 오락기법 (*entertainment*)	① 유머 (*humor*) ② 제품 중심의 연기 (*play or act around product*)
6) 상상기법 (*imagination*)	① 만화 기법 (*cartoons*) ② 움직이는 영화 소도구 (*film properties in action*) ③ 그 밖의 비현실적인 연기 (*other, unrealistic acts*)
7) 특수효과기법 (*special effect*)	① 움직이는 상품, 애니메이션 (*product in action, animation*) ② 영화, 비디오 기술, 예술적 자극법 (*film, video techniques, artistic stimuli*)

공개기법

공개기법이란 사람을 이용하지 않고 이루어지는 사실(*facts*)의 발표를 의미한다. 사실이나 모양 그 자체로 제품을 설명하는 것이다. 이 기법은 가장 기본적인 광고방식으로 제품과 제품정보를 제공하는 역할을 한다.

사진 9-1 클리니크(Clinique), 국제광고

순수제시 방식

이 방식은 순수하게 제품을 제시하는 형식이다. 상품이 광고의 주인공이다. 이것은 다소 문화의 영향력에서 자유로운 형식이기에 국제광고에서 유용한 형식이다. 패션 아이템, 보석류, 향수 등을 위한 광고에서 찾아볼 수 있다. 〈사진 9-1〉의 클리니크(Clinique) 국제광고는 이의 대표적인 예이다.

상품 메시지 방식

이 방식은 제품속성의 제시를 기본으로 한다. 이 경우 시각적 표현이나 상품 혹은 브랜드 관련 사실의 설명을 포함한다. 사실적이고 논리적인 설명은 개인주의의 특성이므로 저상황적 문화권에서 가장 많이 찾아볼 수 있다. 이 방식은 신상품이나 서비스, 또는 카메라, 인쇄기, 복사기, 컴퓨터 그리고 발명제품 등에서 대표적으로 사용된다. 메시지는 상품의 성분이나 효용, 상품이나 서비스에 관한 뉴스들, 할인, 판매, 위치, 영화 등에 대한 것들이다. 이러한 형식의 예들은 소매광고에서 종종 볼 수 있다. 국제광고에서는 설명을 전달하는 성우의 목소리나 문구들이 번역된다.

드레멜(Dremel) 국제 TV광고의 독일판이 그 사례라고 할 수 있다(〈사진 9-2〉).

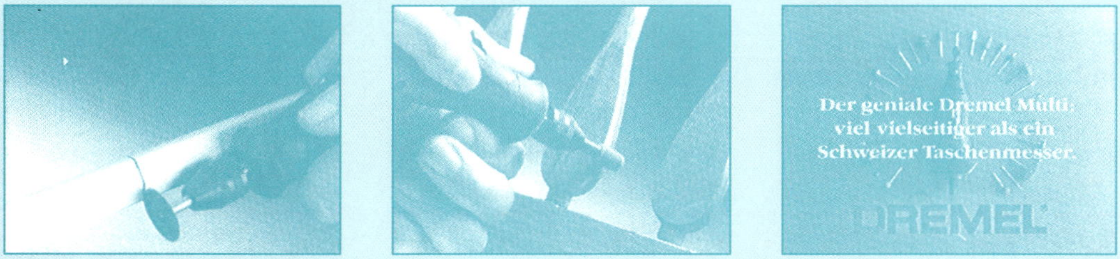

사진 9-2 드레멜(Dremel), 독일

기업설명 방식

이 방식은 주로 기업광고에서 많이 찾아볼 수 있다. 다큐멘터리 방식과 비교되기도 하며 시각적으로 기업이나 상품을 나타내는 것과 관련이 있고 때로는 기업과 관련있는 사람들이나 상품의 기능에 대한 설명을 포함하기도 한다. 국제광고에서는 세계 각지의 사람들이 등장한다. 시각적인 것은 그 기업의 스테이크홀더나 상품, 또는 두 가지 모두와 관련이 있다. 기업의 메시지는 해설이나 노래를 통하여 표현된다. 이것은 사실을 전달하는 해설을 번역함으로써 쉽게 국제적으로 적용할 수 있는 형식이다. 정보의 양은 문화에 따라 다른데, 저상황문화에서는 정보의 양이 많고 고상황문화에서는 정보가 적다. 기업설명 방식에 적용되는 스타일은 그 기업이 속한 문화권의 특징과 관련되어 있다. 즉, 미국의 기업광고는 보다 직접적이고 개인화되어 있으며 사실 중심인 반면, 아시아의 기업광고는 보다 간접적이고 아시아의 가치를 담고 있다. 이러한 특성은 한국의 LG 광고에 반영되어 있는데, 이 책의 제 3장(〈사진 3-6〉)과 제 8장(〈사진 8-43〉)에서 사례로 든 바 있다. 이와 다른 형식의 광고는 쉘(Shell)(〈사진 9-3〉)과 프랑스 기업인 빈치(Vinci)의 광고에서 접할 수 있다(〈사진 9-4〉). 쉘(Shell)의 광고는 굴착의 환경적 영향을 조사하는 자사 여직원의 모습을 보여준다. 빈치의 프랑스 광고는 제품을 간접적으로 보여주는데 이는 프랑스인들의 예술적 소양을 반영하는 것이다. 이 광고에서는 시청자들의 시선을 모나리자 그림으로 끄는데, 카메라가 줌인되면서 그림 속에서 길과 다리가 드러나게 된다. 광고는 휴대전화를 사용하며 모

사진 9-3 쉘(Shell), 국제광고

사진 9-4 빈치(Vinci), 프랑스

나리자의 그림을 감상하는 사람의 모습을 비추며 마무리된다.

연상전이기법

연상전이기법은 상품을 다른 사물, 사람, 상황 또는 환경과 결부시키는 것을 의미한다. 사물이나 사람과 연관짓는 것은 브랜드로 그 이미지를 전이시키는 것을 의도한 것이다. 세부형식으로는 라이프스타일법, 은유법, 환유법 그리고 유명인을 통한 전이 방식 등이 있다.

라이프스타일법

라이프스타일 콘셉트는 젊고 성공한 사람들에 대한 연상을 브랜드로 전이하는 것을 목적으로 한다. 라이프스타일의 유형은 문화에 따라 차이가 있다. 남성적 문화는 성공적이고 부유한 사람들과, 여성적 문화에서는 착하고 친절한 사람들과 관련되길 바랄 것이다. 권력거리가 높은 문화권의 사람들은 사회적 지위가 높은 이들과 지내고 싶어 한다. 사람들은 서로 행동을 주고받는 것으로 묘사되므로 이 방식에서의 제작은 그 문화에 따라 차이가 있다. 묘사되는 라이프스타일의 전형은 상품군에 따라서 다양하다. 〈사진 9-5〉는 티오 페페(Tio Pepe)의 스페인 광고를 보여주는데 핵심은 상류층의 삶에 있다. 〈사진 9-6〉은 맥도널드의 국제광고인데 여기에서는 '젊은 라이프스타일'을 볼 수 있다. 〈사진 9-7〉은 20대의 활동적인 라이프스타일을 강조하는 독일맥주 벡스(Beck's)의 광고이다.

은유법

은유법은 대비를 통하여 사물이나 동물 또는 추상적인 생각의 특징을 브랜드로 전이하는 데 사용된다. 은유법은 모든 종류의 상품에서 많이 사용되고 있다. 이 방법은 언어적이면서 시각적이고, 구체적이면서 추상적이다. 언어적 은유법은 주로 저상황적 문화에서 많이 이용되고, 시각적 은유법은 고상황적 문화에서 이용된다. 〈사진 9-8〉은 푸조 206의 스페인 광고를 보여주는데 안전을 강조하기 위해서 황소의 뿔을 내세웠다.

환유법

환유법은 사물의 본질적인 의미를 브랜드로 전이하는 방법이다. 예를 들면 꽃이 향수로, 과일이 시럽으로, 또는 딸기가 잼으로 전환된다. 이 방식은 국경을 초월하여 이용될 수 있다. 이는 순전히 상품지향적이며 가치를 포함하지 않는다. 이 방식의 간접적이고 시각적인 설명 때문에 저상황 문화보다는 고상황 문화에서 더 많이 사용된다. 렌페 철도(Renfe, 스페인)의 텔레비전 광고에서는 여성의류의 지퍼가 철도로 변화한다(〈사진 9-9〉).

사진 9-5 티오 페페, 스페인

사진 9-6 맥도널드, 국제광고

사진 9-7 벡스, 독일

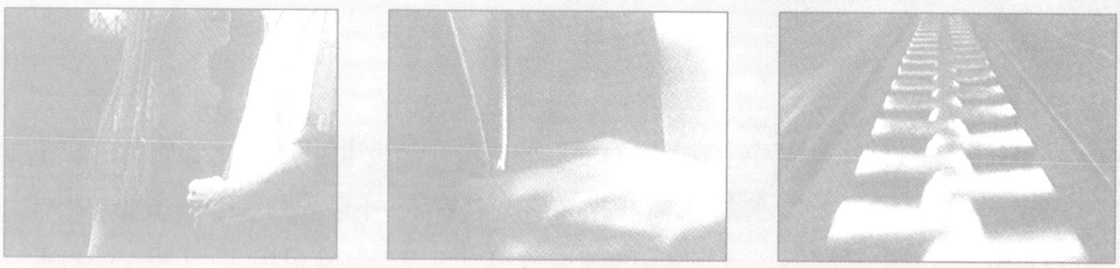

사진 9-9 렌페, 스페인

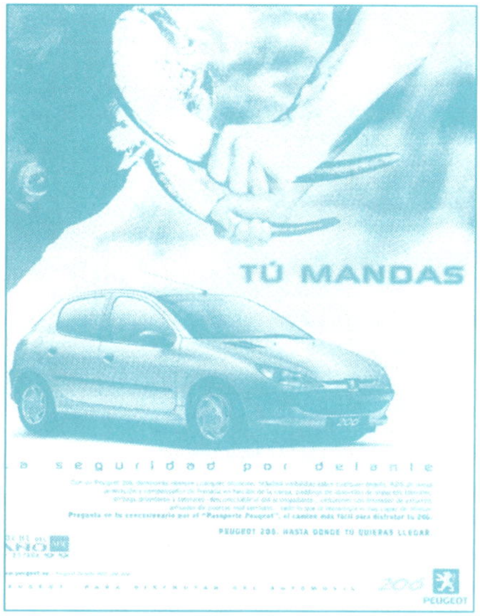

사진 9-8 푸조, 스페인

유명인을 통한 전이방식

이 방식은 유명인사의 단순출연광고나 유명인사가 실연, 추천 또는 증언 없이 다른 사람들과 연기를 하는 형식의 광고를 포함한다. 유명인사를 광고에 등장시키는 것은 소비자들로 하여금 유명인사와 브랜드를 연관시키기 위해서이다. 이러한 예로는 나이키나 게토레이 광고에 출연한 마이클 조던(Michael Jordan)이나 세련된 손목시계를 차고 행복한 모습으로 파티에 참석하는 우아한 여배우를 들 수 있다. 유명 운동선수의 이미지는 운동화나 스포츠음료, 여배우의 이미지 또는 우아함은 손목시계로 각각 전이된다. 여배우가 주부 역할로 출연해서 냉장고에 관해 설명한다면 이는 순수연상기법(*pure association*)이라기보다는 추천방식(*endorsement*)으로 보는 것이 좋을 것이다. 왜냐하면 여성의 우아함을 냉장고로 전이시킬 수는 없기 때문이다. 만약 이탈리아의 술 마티니 광고에 모델인 나오미 캠벨(Naomi Cambell)이 등장해 마지막에 단지 "마티니, 파티다"라고 말했다면 이는 유명인사에 의한 추천방식이라기보다는 유명인을 통한 전이기법이라고 말할 수 있다. 일본같이 집단주의적이고 남성적인 문화에서 특정한 집단이나 연령대에는 각각 고유한 스타가 있다. 광고에 등장한 유명인사는 브랜드

사진 9-10 노리트 (스페인)

사진 9-11 엡손 (일본)

와 자신을 소비자들이 연관 지을 수 있도록 하기 위해서 브랜드를 간접적으로 옹호한다. 이들은 "맛있습니다"와 같은 정도의 몇 마디밖에 하지 않는다. 탈렌토(*tarento*)라고 불리는 이들은 우선 광고에 나와서 유명해지고 이러한 광고를 통해서 얻은 유명세를 기반으로 자신만의 노래와 연기 경력을 시작하는 사람들이다.[13] 사실적 정보를 많이 요구하는 개인주의적 저상황적 문화에서는, 집단주의 문화에 어울리는 간접적인 방식의 연상전이기법보다는 추천방식이 적합할 것이다. 〈사진 9-10〉에는 스페인 배우 주디트 마스코(Judit Masco)가 나오는데, 둘째 아이를 임신한 그는 깨끗한 아기 옷을 보고 있다. 원래 첫째 아기에게 입혔던 이 옷은 노리트(Norit)로 세탁했기 때문에 여전히 매우 청결하다. 〈사진 9-11〉은 엡손 컬러프린터의 일본광고이다. 사무실 사람들은 컬러프린터의 필요성과 가격대에 대해서 논하고 있는데 이때 유명배우 타무라(Tamura)가 "엡손"이라고 말한다.

레슨기법

레슨기법은 사실적 정보의 제시나 논쟁을 통한 직접적인 전달방식으로, 수용자에게 무엇을 가르친다는 의미를 내포하고 있다. 여기에서 그들은 이야기하고 설명하고 보여주며 납득시키거나 설득하려 든다. 추천자나 해설자가 수용자에게 무언가를 설명하거나, 어떤 제품을 실연해 보이거나, 시각적 자료를 활용하여 직접 비교해 보이기도 한다. 수용자는 '우리방식'(*We-style*)이나 '당신방식'(*You-style*) 안에서 내용을 전달받게 되며 간혹 명령적인 어구가 사용되기도 한다. 미국에서의 예로 "신형 포드 150을 만나자", "니코트롤로 조종해 보자", "가장 좋은 주름이란 당신이 평생에 갖지 못할 바로 그 주름입니다"(Oil of Olay), "언제 어디서나 당신이 원한다면"(Wells Fargo), "만약 당신이 나이 50을 넘었고 위기감을 느낀다면"(Centrum Silver nutritional supplements) 등이 있다.

연기나 대화는 거의 이루어지지 않는다. 이 기법은 개인주의적인 저상황적 문화에 가장 적합하다. 특히 사실적 정보에 집착하는 미국의 문화에 잘 맞는다고 하겠다. 웰스, 버넷, 모라이어티(Wells, Burnett and Moriarity)는 레슨기법을 미국에서 지배적인 상업적 메시지 형식이라고 언급했다.[14] 레슨형식의 장점은 제작비용이 적고 메시지는 간결하고 효율적이라는 것이다. 강의는 여러 가지 판매 포인트를 제시할 수도 있다. 레슨기법에는 다음과 같은 다양한 방법이 있다.

추천인

추천인(*presenter*)이란 두드러진 위치에서 카메라를 향해 이야기하고 주요 메시지를 전달하는 사람을 뜻한다. 그들은 상품특성과 관련하여 실연을 해 보이거나 자신의 견해만 밝히기도 한다. 또는 인터뷰를 하거나 인터뷰에 응하기도 한다. 추천인의 역할이나 행동방식은 문화에 따라 달라진다. 권력거리가 큰 문화권에서는 추천인이 주로 나이 많거나 지위가 높은 사람으로 구성되는 것이 보통이다. 단 한 명의 추천인만 등장하는 경우는 흔히 개인주의 문화의 특징으로 볼 수 있다. 집단주의 문화에서는 보다 많은 추천인이 동시에 등장한다. 남성주의가 강한 문화에서는 추천인 자체가 하나의

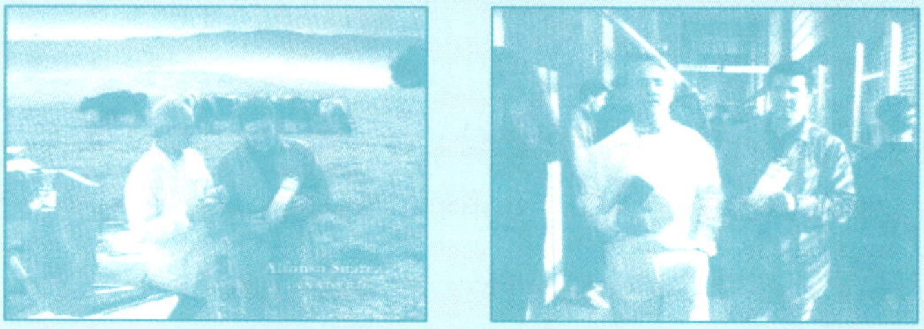

① 사진 9-12 아리엘, 우크라이나
② 사진 9-13 라체 오스튜리아나, 스페인
③ 사진 9-14 멜쿠니, 네덜란드

개성으로 표현된다. 남성주의-개인주의 문화에서 추천인은 여성주의 문화의 사람들에게는 '강요'(*push*)와 초조함으로 인식되기도 하는 설득적 스타일을 추구한다. 여성주의 문화는 지배적인 사람을 싫어하므로 추천인이나 접근방식에서 좀더 부드러운 음성을 사용한다. 불확실 회피성향이 강한 문화에서 추천인은 상품이나 서비스에 관련된 능력을 전달해야 한다. 낮은 불확실 회피성향의 문화에서는 사람들이 전문가를 그다지 좋아하지 않으므로 추천인의 전문성은 다소 절제되어 전달되곤 한다.

〈사진 9-12〉는 우크라이나에서 방영되는 아리엘(Ariel)이라는 상품의 텔레비전 광고의 장면이다. 당시에는 현대적인 세탁기나 세제에 익숙한 사람이 그다지 많지 않았다. 추천인은 상품을 제시하며 전통 비누와 비교를 한다. 신뢰도를 높이려는 의도로

실험실 장면이 추가되었다. 〈사진 9-13〉은 라체 오스튜리아나(Leche Asturiana) 우유의 스페인 광고이다. 두 명의 전문가들이(양봉가와 목장 주인) 나와 우유의 질에 대해서 논의하고 있다. 〈사진 9-14〉는 한 우유 브랜드의 네덜란드 텔레비전 광고인데, 추천인은 소를 개처럼 다룬다. 마지막 장면에서 소는 뼈를 땅 속에 묻으려 한다. 광고가 전하고자 하는 메시지는 우유가 뼈에 좋은 칼슘을 많이 함유하고 있다는 것이다.

추천과 증언

증언기법에서 추천인이나 대변인은 자신이 그 상품의 이용자라는 것을 암시한다. 추천기법에서는 등장인물이 상품에 대한 견해를 밝힘으로써 그 상품을 추천한다. 순수한 사용자 증언기법은 미국기업 등 저상황적 문화권에서 사용된다. P&G는 일회용품(기저귀, 위생휴지 등) 광고에 이 기법을 전세계적으로 적용하고 있다. 유니레버는 이런 형식을 통해 도브 라는 브랜드를 전세계에 성공적으로 알렸다. 몇몇 국가에서는 지역 소비자들이 광고를 통해 비누와 방취제의 효과에 대해서 직접 증언하였다. 〈사진 9-15〉는 그러한 증언의 예를 보여준다. 7일 동안 도브 제품을 사용한 뒤에 소비자들이 그 효과를 직접 증언하게 된다. 네덜란드의 린다 셀비스-비즐(Linda Schelvis-Bigil)과 이탈리아의 다리엘라 카무니티(Dariella Camuniti)도 증언에 참여했다. 도브의 방취제도 하나의 예가 된다. 폴란드의 쉴비아 브로다(Sylwia Broda)는 도브의 제품이 얼마나 효과가 좋은지 이야기해 주며 자신의 셔츠가 깨끗함을 보여주려고 팔을 올리기까지 한다. 스페인 바스크 지역의 이라체 마틴(Iratxe Martin)도 마찬가지다.

추천기법이 유명인사나 전문인들을 개입시키는 이유는 그들이 자신들의 의견을 피력하게 된다면 그들의 사회적 또는 전문분야에서의 지위로 인해 신뢰성과 설득력을 발휘하기 때문이다. 신뢰성은 진실을 추구하는 문화에서 매우 중요한 요소이다. 이 문화에서는 증언이 신뢰할 만해야 한다. 그리고 유명인사는 자신이 추천한 제품을 실제로 사용하고 있어야 한다. 예를 들면 축구화는 축구선수에 의해 추천되어야 한다. 모델은 자신이 추천한 샴푸를 사용해야 한다. 하지만 아시아 문화에서는 이러한 신뢰성이 상대적으로 덜 요구된다.

프랑스 기업인 로레알도 자신들의 샴푸와 피부관리 상품을 판매하기 위해서 유명

사진 9-15 도브 비누(네덜란드와 이탈리아), 도브 방취제(폴란드와 스페인)

인의 추천기법에 의존한다. 세계적인 영화와 텔레비전의 유명인사들이 다양한 샴푸 브랜드들을 추천한다. 세계적으로 공통적인 문구는 "전 소중하니까요"인데 이는 자막이나 녹음된 목소리로 전달된다. 〈사진 9-16〉은 미국, 독일, 네덜란드의 로레알 광고이다.

저상황적 문화에는 다른 효과적인 증언기법이 있는데 이는 P&G의 공동마케팅 커뮤니케이션(*comarketing communications*)에서 사용된 전문가 증언기법이다. 〈사진

사진 9-16 로레알 (미국, 독일, 네덜란드)

사진 9-17 독일 아리엘과 보쉬, 영국 아리엘과 퓨마

9-17〉에 두 가지 예가 제시되어 있다. 보쉬(세탁기)의 호스트 케트(Horst Kett)가 독일에서 아리엘 푸터(Ariel Futur)를 추천하고, 영국에서는 푸마의 스튜어트 노엘(Stewart Nowel)이 아리엘 푸터가 푸마의 운동복을 훼손하지 않는다고 증언하며 상품을 추천한다.

증언기법은 많은 문화권에서 사용되지만 추천기법과 증언기법에서 추천인의 역할에 차이가 있다. 남성주의 문화에서는 유명인사, 스타, 공인 등 발표자들을 높게 부각하는 경향이 있다. 만약 평범한 사람이 증언을 한다면 그들의 신분과 이름을 밝히고 때로는 서명도 곁들인다. 여성적인 문화에서는 신원미상의 사람들이 대부분을 차지한다. 일본 같은 고상황적 사회에서 상품은 간접적이고 때로는 암시적으로 제시된다. 예를 들어, 직접적으로 상품의 장점을 강조하는 미국광고와는 달리 ("그것은 당신에게 좋습니다"라고 말하는 대신) "사람들이 좋다고 말합니다"라는 방식을 택하는 것이다. 따라서 일본에서 접할 수 있는 전형적 증언기법은 유명 연예인에 의한 암시적 권유이다.

남성주의와 강한 불확실 회피성향이 결합된 서구문화에서도 신뢰성을 겸비한 고

〈그림 9-1〉 추천인의 역할

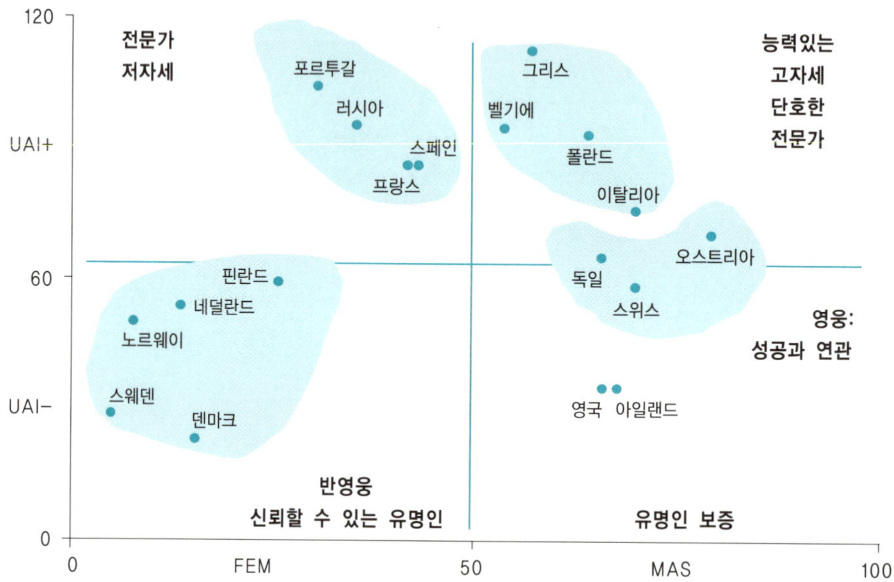

자세의 전문인들이 등장한다. 이것은 독일이나 이탈리아 같은 나라에서 찾아볼 수 있는 유형이다. 여성주의 문화에서는 영웅을 심각하게 생각하지 않으며, 그들의 중요성을 경시하기도 한다. 추천인은 무명인이며 사람이나 메시지는 크게 드러나지 않는다. 또한 지나친 자아는 거부된다. 그러므로 유명인사에 의한 증언기법은 여성적인 문화에는 부적합하다. 만약 유명인에 의한 증언기법이 사용되더라도 반드시 신뢰할 수 있는 사람이어야 한다. 예를 들면 네덜란드에서는 잘 알려진 인물이 등장할 수는 있지만 유명인을 부각시키지는 않으며, 풍자적인 증언 방식으로 끝나는 것이 보통이다. 추천인의 역할은 〈그림 9-1〉에서 제시된 대로 4개 문화권역에 따라 분류가 가능하다.

실 연(*demonstration*)

실연기법은 제품이 어떻게 얼마나 효과가 있는지를 보여준다. 상품의 특성, 장점, 사용 전후의 차이점들이 소개된다. 추천인은 제품의 효과를 실연해 보이기도 한다. 제

사진 9-18 리스테린, 스페인

품의 효과를 실연해 보이는 방식은 저상황적 문화에 특히 더 적합하고, 불확실 회피성향의 정도에 따라 제공하는 정보, 세부사항, 사용법의 양에 차이가 난다. 예를 들어 불확실 회피성향이 강한 문화에서는 그렇지 않은 문화에 비해 더 많은 양의 세부정보를 싣고 있다. 상품의 특색과 장점, 사용 전후의 차이점, 실험 등에 중점이 두어질 수도 있다. 예를 들어 스페인에서 방영된 리스테린(Listerine)의 광고를 보자. 추천인이 사람 치아의 위를 걸으며 상품의 효능이 실제로 어떻게 작용하는지를 보여주고 있다. 사진은 리스터린dl 어떻게 구강 내 박테리아들을 제거하는지를 보여준다. 이것은 저상황적 문화에 적합한 직접적 접근방법이지만, 고상황 문화에서 사용되었다(〈사진 9-18〉).

비 교

비교 형식의 광고는 다음 4가지로 분류된다

① 경쟁적 비교 : 다른 특정상표와 비교한다.
② '브랜드 X'(기존상품과의 비교를 위해 설정한 개념적 상표), '다른 브랜드 선도자', '재래식' 제품 등으로 불리는 이름을 밝히지 않은 불특정 제품과 비교한다. 두 가지를 놓고 비교하는 병렬(*side-by-side*) 비교방식도 사용된다.
③ 그 상표가 '같은 종류의 다른 제품'보다 더 좋다는 식으로 말한다.
④ '최고' 또는 '세상에서 최고' 같은 표현을 사용한다.

사진 9-19 엘렉트라솔, 미국

사진 9-20 핼리팩스, 영국

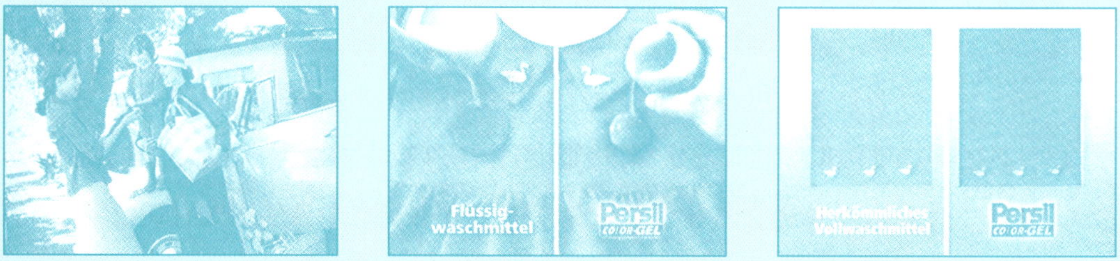

사진 9-21 퍼실, 독일

경쟁적 비교 광고는 미국의 엘렉트라솔(Electralsol)과 영국의 핼리팩스(Halifax)의 광고이다(〈사진 9-19, 9-20〉). 엘렉트라솔 파워볼(Powerball)의 텔레비전 광고는 제품의 작용방식을 보여주는 것으로 시작하고 나서 경쟁 브랜드인 캐스케이드(Cascade)가 등장한다. 하지만 이내 한 사람의 손이 등장하여 캐스케이드는 엘렉트라솔에 의해서 가려진다. 핼리팩스의 광고에는 은행직원이 등장하는데 그는 보드를 들고 핼리팩스와 경쟁 브랜드의 이율을 비교한다. 이름이 명시되지 않은 경쟁 브랜드와 자사 브랜드를 비교하는 예는 〈사진 9-21〉의 독일 세제 퍼실(Persil)의 광고이다. 이 광고에

〈그림 9-2〉 비교광고

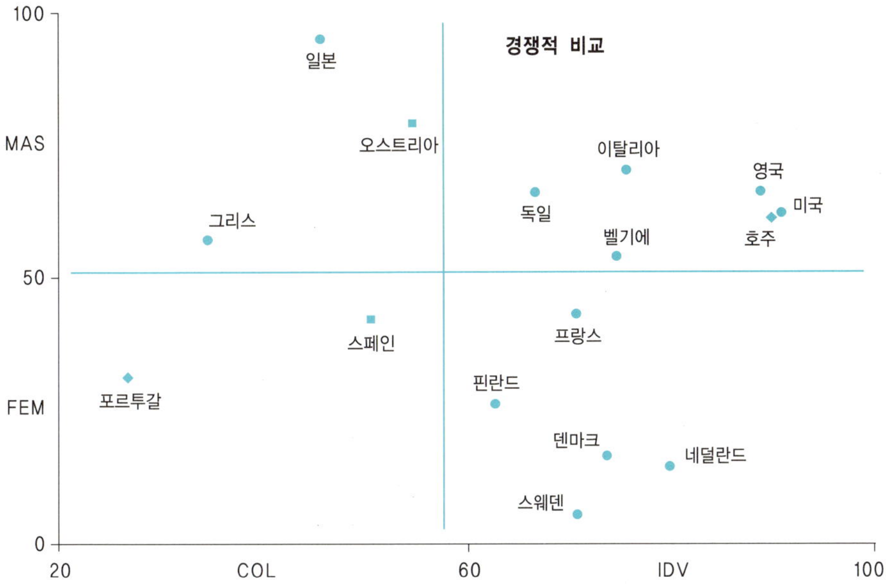

서는 두 자매가 만나고, 한 명이 조카의 옷을 퍼실로 세탁해 오는데 그 청결함이 다른 세제로 세탁한 옷과 비교된다. '최고'라는 표현의 예는 제 8장의 남성주의에서 다룬 바 있다.

비교광고의 수용여부는 문화에 따라 다르게 나타난다. 이 방식은 미국에서 대표적인 기법으로, 개인주의적이고 남성적이며 불확실 회피성향이 중하위 정도인 문화에서 가장 적합한 방법이다. 그 밖의 나라에서는 대개 회의적이다. 이 기법의 사용 여부는 개인주의와 집단주의, 남성적인 면과 여성적인 면의 배합조건에 따라 설명할 수 있다. 〈그림 9-2〉는 4가지 문화집단을 나타낸 것으로 그 중 3가지 집단은 비교방식을 받아들이지 않는 문화이다.

왼쪽 하단은 집단주의와 여성주의의 조합으로 주로 아시아와 라틴아메리카 지역의 나라들로 구성되어 있다. 집단주의에서는 다른 경쟁상품과의 비교가 상대의 체면을 깎아내리는 것이 되므로 용인되지 않는다. 비교광고의 사용은 상대의 체면을 깎아내리는 것을 의미하고 이는 결국 실패할 것이다. 즉, 비교로 인해 오히려 자신의 체면도

깎이는 역효과가 발생하는 것이다. 세계 인구의 3분의 2가 이 비교방식을 거부하는 집단주의적 문화권에서 살고 있다. 여성주의 문화에서도 비교방식은 너무 공격적으로 인식되기 때문에 사용되지 않는 편이다. 또한 자기가 제일이라는 식의 표현은 겸손하지 못한 느낌을 주므로 타당하다고 볼 수 없다.

왼쪽 상단은 집단주의와 남성주의 문화의 복합적 집단이다. 남성주의 문화에서는 그들이 가지고 있는 승리지향적이고 투쟁적인 성격을 바탕으로 경쟁적 비교광고를 선호한다. 비록 이 문화집단은 자신의 우월성을 표현하길 원하지만, 집단주의와의 결합이 상대를 깔아뭉개는 식의 체면손상 행위를 되도록 피하도록 한다. 설령 비교방식이 사용된다 해도 비교대상 상품은 같은 회사의 다른 제품으로 선정된다. 예를 들면 새로 개발한 신상품이 그 회사의 옛날 상품보다 좋다는 식이다. 이런 문화권의 대표적인 나라가 일본이다. 많은 라틴아메리카 문화들도 이 집단에 속한다.

우측 하단은 개인주의적이고 여성주의적인 문화이다. 여기에는 스칸디나비아-네덜란드 지역이 속해 있다. 여성주의 문화는 친화욕구가 강하기 때문에, 부드러운 방법이 선호된다. 그들은 직접적인 비교방식의 대결을 원치 않는다. 최고가 되는 것은 옳은 것이나 "아마도 세계 최고의 맥주"(칼스버그, 덴마크)처럼 단도직입적으로 최고라고 표현하는 것은 옳지 않다는 것이다.

오른쪽 상단은 남성주의적이고 개인주의적인 문화의 집단이다. 이 문화의 사람들은 그들의 권리를 찾는 데 중점을 둔다. 그 결과 앵글로색슨 문화, 특히 미국문화에서는 소비자들에게 선택의 권리를 부여하고자 정보적 차원에서 비교광고를 많이 사용한다. 앵글로색슨 문화만이 이른바 '콜라 전쟁'으로 대변되는 초강력 대결방식을 선호한다. 독일, 오스트리아, 스위스 등도 이 방식을 선호하지만, 주장의 정확성을 증명해야 하는 등 애매한 부분을 극복하기 힘들게 만드는 강한 불확실 회피성향 때문에 지양된다. 미국에서는 다양한 유형의 경쟁적 비교방식이 사용되고 있다. 예로서, 병렬 비교방식, 경쟁제품의 이름을 언급한 상태에서의 실연, 또는 경쟁사의 상표 꾸러미를 관통하는 십자가가 꽂힌 그림 등을 들 수 있다.

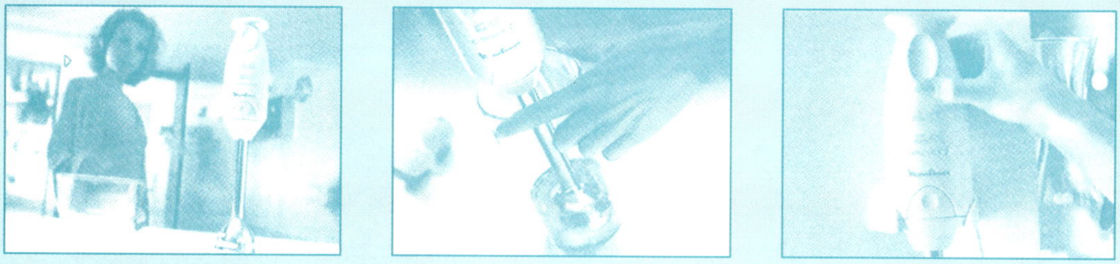

사진 9-22 몰리넥스, 스페인

방 법

방법은 상품의 사용법과 사용결과를 설명하거나 실연해 보인다. 모든 요리광고는 이 방식을 사용한다. 또 다른 예는 기계류의 사용법을 실연으로 보여주는 방식이다. 이 기법은 다양한 나라에서 사용될 수 있지만, 디자인에서의 차이점이 반드시 고려되어야 한다. 〈사진 9-22〉는 몰리넥스(Moulinex) 믹서기의 스페인 광고를 보여주는데 여기엔 제품 사용법을 예시하고 있다.

드라마기법

드라마는 둘 이상의 사람들 사이의 상호작용을 필요로 한다. 거기에는 행동의 연속성, 시작, 중간, 해피엔딩이 있다. 연기자들은 메시지를 전달한다. 비록 드라마기법이 상품의 메시지를 전달하려는 의도를 가지고 있지만 레슨기법보다는 간접적인 방식이다. 이 기법은 미국에서 생겨났고 연속극과 함께 세계로 퍼져나갔다. 짧은 이야기들과 구성들이 포함되어 있고, 그 속에서 사람들은 여러 가지를 경험하고, 상황에 반응하거나 상호작용하며, 상호관계를 유지한다. 레슨 방식과는 다르게 시청자들은 직접 교육대상이 아닌 단지 지켜보는 사람에 불과하다. 그들은 다른 사람들의 행동을 지켜본 후 그들 나름의 결론을 내린다. 하위기법으로는 생활의 단면 기법, 문제해결기법, 비네트(단편적 스케치) 등이 있다. 이 기법이 지니고 있는 간접성은 고상황적 문화에 적합하지만, 이 형식은 기본적으로 문제해결이나 해피엔딩 방식 등과 같은 미국적 성향에 그 기반을 두고 있음을 명심해야 한다.

생활의 단면 기법

생활의 단면이 이용된 광고에서는 드라마 방식의 대화법을 이용하여 일상생활과 삶을 다룬다. 제품에 대한 이야기가 주축을 이루며 거기에는 제품을 이용함으로써 얻게 되는 감성적 보상이 나타나 있다. 특정 문화의 생활단면은 각색을 거치지 않고서는 다른 문화에 적용될 수 없다. 각색의 범위는 등장인물의 생김새뿐만 아니라 사람들 사이의 관계까지도 포함한다. 예를 들어 이탈리아, 프랑스, 스페인에서는 나이든 사람들이 젊은 사람들에게 조언하지만 네덜란드, 독일, 영국, 스칸디나비아 지역에서는 그 반대이다. 이와 관련된 것이 사람을 묘사할 때 혼자인 것으로 하는가 아니면 집단에 속해 있는 것으로 하는가, 가족의 구성원을 부모와 자녀만으로 볼 것인가 아니면 할아버지까지로 확대시키는가, 좀더 젊은 사람을 보여줄 것인가 아니면 나이든 사람을 보여줄 것인가 등이다. 또 다른 중요 요인은 사람들을 집안에서 등장시키는가 아니면 집 밖에서 등장시키는가 하는 것이다. 북유럽에서 제품의 사회적 상황이 집안에서 일어나는 동안 남유럽에서는 많은 제품들의 사회적 상황이 집 밖에서 일어나고 있다.

제품이 소비자에게 어떻게 감성적 보상을 제공하느냐에도 차이점이 존재한다. 첫번째 차이점은 감성적 보상의 유형에 따른 차이인데, 즉 과업지향적 보상과 관계지향적 보상이 있다. 개인주의적 문화에서는 과업지향적이고 집단주의적 문화에서는 관계지향적이다. 둘째로 자아 욕구(*ego need*)와 친화 욕구(*affiliation need*) 간의 차이를 들 수 있다. 남성적 문화는 자아 욕구로 특징지을 수 있고, 여성적 문화는 친화 욕구로 특징지어진다. 이러한 특성들은 대체로 광고에서 인지될 수 있다. 독일광고에서 볼 수 있는 주부의 역할은 다분히 과업지향적이며 자아지향적이다. 더러운 옷더미를 보여준 뒤 깨끗하고 하얀 옷을 나중에 보여주는 식이다. 여성주의 문화에서 감성적 보상은 모자간의 관계로 나타난다.

생활의 단면 기법의 예는 일회용 타월 바운티(Bounty)의 독일광고이다. 무언가를 닦아야 하는 다양한 종류의 사람들이 바비큐 파티에 등장한다(〈사진 9-23〉).

사진 9-23 바운티, 독일

사진 9-24 클로락스, 미국

사진 9-25 데노락스, 폴란드

문제해결기법

이 기법은 서구사회에서 쉽게 볼 수 있는 광고방식이다. 이것은 인과적, 즉 원인과 결과적 사고와 관련이 있다. 더러운 것이 문제라면 해결책은 세탁비누에 있고, 비듬이 문제라면 답은 헤드 앤 숄더 샴푸라는 식이다. 모든 문제들이 이러한 관점에서 보이는 것은 아니다. 예를 들어 비듬은 다양한 나라에서 다양한 관점으로 보인다.

이 형식은 세제광고에서 자주 드러난다. 클로락스(Clorox)의 미국광고는 이러한 전형적인 예이다(〈사진 9-24〉). 개구리를 잡은 손을 셔츠에 닦아버리는 소년을 제시한 후, 다른 일반세제와 비교하면서 최고의 세제 브랜드는 클로락스라고 주장한다. 폴란드의 비듬 샴푸 데노락스(Denorax)도 또 다른 예로 들 수 있다(〈사진 9-25〉). 아빠의

사진 9-26 메르시, 독일

어깨에 있는 비듬을 가리키는 소년이 등장하고 한 과학자가 이어 나와 실험실에서 데노락스라는 샴푸의 효능을 보여준다. 광고는 더 이상 비듬 걱정이 없는 아버지의 어깨를 툭툭치는 소년의 모습을 보여주고 해피엔딩으로 마무리한다. 미국은 비교광고를, 폴란드는 과학적 접근방법을 택했다는 차이점에 주목해야 한다. 폴란드는 불확실 회피성향이 매우 높은 문화를 가지고 있다.

비네트

비네트는 행동의 연속성이 없는 각각의 독립적인 스케치나 시각적 상황을 일컫는다. 각각의 비네트 안에서 제품의 일면을 보여주게 된다. 비네트는 사람들 사이의 상호작용에 따라 특성화된다. 대화방식 대신 해설이나 노래를 이용해 제품과 시각적인 활동 사이의 관계를 암시하기도 한다. 메르시(Merci) 초콜릿의 독일 텔레비전 광고를 예로 보자. 어머니의 날 선물을 준비하는 소녀와 모든 종류의 행복한 사람들을 보여주는 비네트가 제시되고 있다(〈사진 9-26〉).

연극기법

이 기법은 실제 삶이 아닌 이야기를 연극처럼 연기하는 방식이다. 〈사진 9-27〉처럼 연기자들은 과장된 연기를 하기도 하며 상품에 얽힌 색다른 이야기도 곁들인다. 상품의 주된 내용을 묘사하는 상황, 기분, 순간들을 전달하는 연기는 쇼, 촌극, 연극 또는 그 밖의 다른 드라마 형태 안에서 이루어진다. 이 기법은 프랑스나 이탈리아에서 자주 찾아볼 수 있는 편이다.

오락기법

오락 기법의 특징은 간접적이라는 데 있다. 오락 기법은 뮤지컬, 쇼, 코미디, 활극, 공포물, 풍자극 등에서 찾아볼 수 있다. 제품판매보다는 수용자에게 즐거움을 선사하는 데 더 큰 의미를 둔다. 이 방식은 광고의 내용을 더욱 돋보이게 해준다. 순수오락은 설득적 전달방식에는 어울리지 않는다. 그러나 이는 일본을 비롯한 많은 집단주의 문화에서 대표적으로 이용되는 기법이다. 오락기법이 효과적인 이유는 소비자와 기업 간에 관계와 신뢰를 쌓는 역할을 하기 때문이다. 일본 광고대행사인 덴츠(Dentsu)에 의하면, "일본인들은 교육받기보다는 즐거워지길 바란다"는 것이다.

무엇이 광고를 오락적이게 만드는가는 그것을 오락이라고 여기는 문화권의 사람들에 의하여 결정된다. 오락기법 또한 상대적이다. 직접 소구를 주로 광고에 사용하는 나라에서는 직접 소구에서 조금만 벗어나도 그것을 오락적 요소로 간주한다. 대부분의 일본인은 일본광고들이 소비자들에게 메시지를 명확하게 전달하고 있다고 생각하지만, 서구사람들의 눈에는 단지 오락적으로만 비칠 뿐이다. 저상황적 문화에서는 고상황적 문화의 광고가 단지 오락적으로밖에 보이지 않지만 그 문화권의 사람들에게는 충분히 내용이 전달된다는 것이다. 보조기법으로는 유머와 제품 중심의 연기가 있는데 이 경우에는 드라마의 영화식 전개(*a theatrical form*)도 포함된다.

유 머

수용자를 웃게 만드는 것이면 무엇이든 유머에 해당한다. 유머에도 종류가 많다. 8장에서 "왜 유머는 전용되지 않는가"란 주제로 설명했듯이 유머는 문화를 반영하기 때문에 서로 다른 문화간에는 통하지 않을 수 있다. 사람들은 흔히 자신의 문화 가운데 가장 특징적인 면에 대해 웃음을 보인다. 따라서 어디든 통용될 수 있는 유형의 유머란 모순일 뿐이며, 설사 그런 유머가 있다 하더라도 그것은 단지 우연일 뿐이다. 유머

사진 9-27 라바짜, 이탈리아

사진 9-28 컵누들, 일본

광고는 불확실 회피성향이 약한 문화에서 많이 사용된다. 영국, 덴마크, 노르웨이, 네덜란드, 남아프리카공화국, 오스트레일리아 등지에서는 '유머러스한 텔레비전 광고상'도 제정되어 있다.

제품 중심의 연기

유머러스하지 않은 모든 오락적 광고들이 여기에 속한다. 라바짜(Lavazza) 커피의 이탈리아 텔레비전 광고를 예로 들어보자(〈사진 9-27〉). 비상하는 말인 페가수스가 구름 위를 날아다니는 초현실적인 세상에서 사람들이 커피를 마시며 페가수스와 부딪혀 사고를 낸 이야기를 나누고 있다. 광고의 마지막에 이들은 페가수스에게 사과를 한다. 일본에서 상을 받은 〈사진 9-28〉의 광고를 보자. 니신 컵누들(Nissin Cup Noodle)의 이 광고는 석기시대의 사람들이 공룡에게 돌을 던지는 장면을 보여준다. 하지만 이러한 장면은 상품과는 전혀 상관이 없는 것이다. 광고의 마지막에 다음의 문구가 나갈

뿐이다. "출출하세요? 컵 누들을 드세요."

상상기법

상상기법은 만화, 영화, 비디오 테크닉 등 비현실적 경험을 묘사하는, 즉 가상세계를 표현하는 방식이다. 이 기법은 주로 아동용품이나 위생용품과 같은 제품의 정보내용을 전달할 때, 너무 문자화된 설명을 피하기 위해 사용된다. 세계적으로 사용되는 것으로는 디즈니 영화에 등장하는 캐릭터의 판촉이 있다. 하위 기법으로는 만화, 캐릭터, 그 밖의 비현실적인 연기들이 있다. 캐릭터 사용의 예로는 프랑스의 OMO 합성세제 광고에서 사용한 원숭이, 가정용 세척용품인 CIF에서 사용한 난쟁이들이 있다. 국가마다 다른 브랜드 네임으로 광고하는 한 섬유유연제는 그 부드러움을 전달하기 위해서 공통적으로 테디 베어를 이용한다. 〈사진 9-29〉는 유럽 내 4개국에서 방영중에 있는 테디 베어가 등장하는 광고이다. 이 상품은 덴마크에서는 밤셀린(Bamseline), 이탈리아에선 코코리노(Coccolino), 그리스에선 카졸린느(Cajoline), 독일에선 쿠셀바이히(Kuschelweich)라는 이름으로 판매된다. 광고의 테디 베어는 국경을 넘나드는 요소다.

특수효과기법

특수효과기법에는 모든 예술적 요소, 만화영화, 만화, 카메라효과, 녹음과 비디오 테크닉, 음악, 노래 등이 포함된다. 현대 첨단기술은 특정 목표소비자를 자극할 수 있도록 창조적인 광고를 제작할 수 있는 새로운 영역의 예술적 자원을 제공했다. 이것은 MTV 등 젊은층을 위한 채널에서 인기있는 광고방식이다. 예술적 자극법은 어떤 문화에서는 다른 문화에 비해 더 많이 찾아볼 수 있다.

이에 대한 사례가 독일보다 예술지향적인 스페인에서 더 많이 나타난다. 어떠한 문화적 가치도 포함되지 않는다고 상정할 때, 애니메이션을 통해 제품의 연기를 보여주는 것은 국제적으로 사용가능한 시각적 효과이다. 〈사진 9-30〉은 제품의 연기를 보

사진 9-29 밤셀린(덴마크), 코코리노(이탈리아), 카졸린느(그리스), 쿠셀바이히(독일)

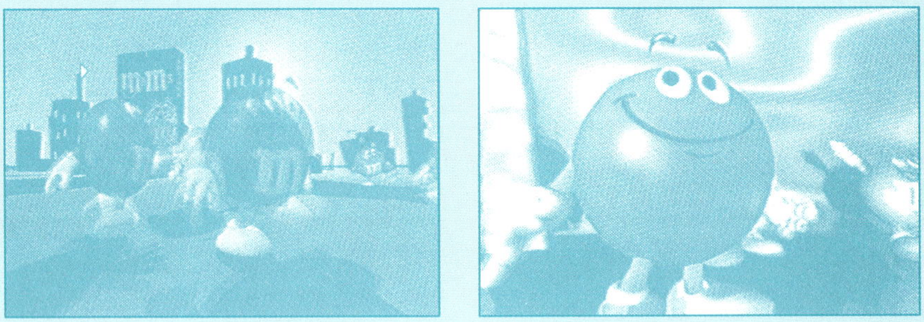

사진 9-30 M&Ms, 폴란드

여주는 M&Ms의 텔레비전 광고 사례이다. 최근에는 비디오 기술의 발전으로 인해 예술적 광고를 만들기가 훨씬 쉬워졌다.

기본형식, 문화, 제품종류 간의 관계

기본 광고형식과 제품군 그리고 문화의 관계와 관련하여 몇 가지 견해가 있을 수 있다. 기본형식의 적용이 특정 제품군과 연관되어 있다 할지라도 기본형식이 제품군보다는 시장을 이끌어가는 기업의 문화와 더 연관이 있다. 문제해결 형식은 많은 국가에서 세제광고에 적용되었다. 이는 아마도 세계적으로 유명한 선도기업인 P&G가 이러한 형식을 거의 반세기 동안 사용해왔기 때문일 것이다. 독일의 세탁비누 회사인 헨켈은 한 가지 콘셉트를 세탁비누와 섬유유연제 광고에 적용시켜 유럽 전역에 사용하고 있다. 세계적인 상표 니베아를 판매하는 회사인 바이어스도르프가 그렇듯이 네슬레도 그들만의 스타일을 가지고 있다. 프랑스 회사 로레알은 각국에서 영화배우의 유명세를 이용한다.

기본형식은 광고주의 문화나 기업의 국제적 발전단계에 의해 결정된다. 새로운 시장에 진입할 때는 보통 상품의 속성에 집중하는 전략을 택한다. 1996년 유럽시장에 진출한 많은 아시아 기업들은 단순한 공개기법 스타일을 이용하였다. 한국의 대우와 현대 같은 기업들을 예로 들 수 있다. 해외시장의 오랜 경험을 바탕으로 좀더 정교한 광고를 제작하기도 하지만 여전히 일부 아시아 기업의 광고에는 아시아적 가치가 반영된다. 기업의 국제광고 전략과 광고에 사용되는 기본 형식에 기업이 속한 국가의 문화적 배경이 반영되곤 한다. P&G는 향수와 화장품부터 세제 등 세정용품까지 다양한 제품군을 판매한다. P&G의 다양한 제품군에 적용되는 기본 광고형식은 광고청중의 문화나 제품군의 특징보다는 기업의 문화와 더 많은 공통점을 가지고 있다. 몇몇 제품군에서 P&G, 유니레버, 독일 헨켈 등과 같은 세계적 기업은 문제해결 형식, 증언, 비교 방식 등을 사용하고 있다. 주된 제품군은 위생용품(Always, Evex, Ausonia Seda, Carefree, Tampax), 화장품(Max Facter, Oil of Ulay/Olay/Olaz), 세제 및 기타 청결용품(Ariel, Dash, Vizir, Calgon, Dreft, Yes, Fairy, Fleuril, Sunil, Dove), 기저귀류(Pampers, Liberos, Dototis), 애완동물용 먹이(Whiskas, Pedigree, Pal), 그리고 헤드앤 숄더, 클리어라실 샴푸, 아메리칸 익스프레스 등이 있다. 국제기업이 표적 수용자의 문화에 적합한 광고스타일과 형식을 적용하는 것은 매우 느리게 진행되고 있다.

결 론

전세계에 걸쳐 사용되는 7가지 기본광고형식에 대해 살펴보았다. 그러나 그러한 기본형식의 분포에는 차이가 있으며, 이는 문화와 관련이 있는 것으로 보인다. 레슨 기법은 앵글로-독일 문화에서 독보적인 위치를 차지하며 같은 효과를 가질 것인지 의심되는 다른 문화권으로 퍼져나갔다. 비교광고는 오직 앵글로색슨 민족 같은 개인주의-남성주의-낮은 불확실 회피성향의 문화에만 적합하다. 순수한 오락기법은 개인주의 문화에서보다 집단주의 문화에서 비교적 더 효과가 있다. 기본형식은 제품군을 대표해왔다. 이는 자신만의 광고형식을 가지고 있는 특정 문화의 기업이 그 제품군을 지배했기 때문이다. P&G, 유니레버, 헨켈의 형식이 바로 그 예이다.

비록 P&G 같은 다국적 대기업들이 모든 문화에서 단일기법 사용을 성공적으로 이끌었고 문화적 차이에 따라 광고에 변화를 주었지만, 만약 소비자의 문화에 적합한 광고형식을 사용하였다면 더 큰 성공을 할 수 있었을 것이다.

주

1) Laskey, H. A., Fox, R. J., & Crask, M. R. (1994, November/December). "Investigating the impact of executional style on television commercial effectiveness." *Journal of Advertising Research*, pp.9~16.
2) Laskey, H. A. (1988). *Television commercial effectiveness as a function of main messages and commercial structure*. Unpublished doctoral dissertation, University of Georgia, Athens, GA, cited in Jyotika Ramaprasad & Kazumi Hasegawa. (January/ February 1992). "Creative strategies in American and Japanese TV commercials : A comparison." *Journal of Advertising Research*.
   이 형식은 Puto, C. P., & Wells, W. D. (1984). "Informational and transformational advertising : The differential effects of time." *Advances in Consumer Research*, 11, pp.638~643에서 이미 사용된 적이 있다.
3) Moriarty, S. E. (1991). *Creative advertising : Theory and practice* (2nd ed.). Englewood Cliffs, NJ : Prentice Hall, p.82.
4) Kroeber-Riel, W. (1990). *Strategie und Technik der Werbung : Verhaltens-wissenshäftliche Ansatze*. Kohlhammer, Edition Marketing, 2. Aflage. Stuttgart. Cited in U. Appelvaum & C. Halliburton (1993), "How to develop international advertising campaigns that work : The example of the European food and beverage sector." *International Journal of Advertising Research*, No.12, pp.223~241.
5) Mueller, B. (1992, January/February). "Standardization vs. specialization : An examination of Westernization in Japanese advertising." *Journal of Advertising Research*, pp.15~24.
6) Leiss, W., Kline, W., & Jhally, S. (1986). *Social communication in advertising*. London : Methuen.
7) Wells, W., Burnett, J., & Moriarty, S. (1992). *Advertising principles and practice*. Englewood Cliffs, NJ : Prentice Hall. pp.398~400.
8) Appelbaum, U., & Halliburton, C. (1993). "How to develop international advertising campaigns that work : The example of the European food and beverage sector." *International Journal of Advertising*, No.12, pp.223~241 ; Katz, H., & Lee, W.-N. (1992). "Oceans apart : An initial exploration of social communication differences in U.S. and U.K. prime-time television advertising." *International Journal of Advertising*, No.11, pp.69~82 ; Cutler, B.

D., & Javalgi, R. G. (1992, January/February). "A cross-cultural analysis of the visual components of print advertising : The United States and the European Community." *Journal of Advertising Research*, pp.71~80.

9) Taylor, R. E., & Hoy, M. G. (1995). "The presence of la séduction le spctacle, l'amour and l'humour in French commercials." In S. Madden (Ed.), *Proceedings of the 1995 Conference of the American Academy of Advertising*. USA (http://advertising.utexas.edu/AAA/AAA95.html).

10) Moriarty, 1991, pp.89~91.

11) Franzen, G. (1994). *Advertising effectiveness*. Henley-on-Thames, Oxfordshire, UK : NTC Business Publications.

12) 이 책의 초판에는 여덟 가지의 기본형식이 제시되었다. 그러나 현실적으로 공개기법의 순수제시 방식과 진열기법은 서로 중복된다. 따라서 2판에서는 진열기법을 공개기법에 포함시켜, 여덟 개의 기본형식을 일곱 개로 제시하였다.

13) Praet, C., Otaru University, Japan (personal communication, November 19, 2003).

14) Wells, Burnett, & Moriarty, 1992, p.398.

제 10 장

가치 패러독스에서 전략까지

마리케 드 무이와 안 마스(Marieke de Mooij and Arne Maas)

지금까지 문화가 소비자 행동, 브랜딩, 광고 등에 미치는 영향을 이해하는 방법에 대해 논의했다. 마케팅과 광고는 소비자들의 가치가 상품과 브랜드의 가치와 상응할 때에만 성공을 거둘 수 있다. 이는 특정 문화에서 성공한 전략은 오직 비슷한 가치를 가지고 있는 문화로만 확산될 수 있음을 의미한다. 다른 가치를 가진 시장에는 차별적 전략이 필요하다. 브랜드 가치는 마인드 셰어(*mindshare*), 즉 소비자의 마음에 자리한 브랜드의 위치를 의미한다. 세계적인 마인드 셰어를 얻기 위해서는 각기 다른 문화를 지닌 소비자의 정신과 일치해야 한다. 글로벌 브랜드 전략에 있어 중요한 결정은 글로벌함과 지역적인 것 사이에 이루어지는 것이 아니라 효과적이지 않은 지구적 표준화를 택할 것이냐 아니면 효과적인 문화적 차별화 전략을 고를 것이냐는 질문 사이에서 이루어진다. 유사한 문화권들은 상품과 연관된 가치, 욕구, 동기, 커뮤니케이션 스타일을 기준으로 구분함을 지적했다. 이러한 이론은 브랜드 전략에도 적용할 수 있다.

1 저자 주 : 안 마스 박사는 Ameuse의 회장이다. Ameuse는 컨설팅 조직으로서 현재는 임시로 경영전문회사로 활동중이며 전략적 컨설팅을 주업무로 하는 문화 커뮤니케이션 사(Cross Cultural Communication Company)와 함께 활동중이다. 안 마스 박사의 고객으로는 하이네켄, 로열 프라이슬랜드 푸드(Royal Friesland Food), KLM, 필립스 등이 있다. 국제적 경험이 많은 전문가이다.

광고의 전략은 글로벌해야 하며 제작은 지역의 특성을 반영한 것이어야 한다는 일반적인 믿음이 있지만 이것은 틀린 것이다. 문화가 전략의 핵심에 자리하고 있다. 미션 진술문(*mission statements*)과 브랜드 포지셔닝 진술문(*brand positioning statements*)에는 기업 경영진의 철학이 반영되기 때문에 이 둘은 문화적 영향을 받기 마련이다. 효과적인 글로벌 기업과 브랜드 전략에는 기업의 경영진의 가치가 아니라 기업과 브랜드의 이해당사자(*stakeholders*)들이 지닌 가치가 반영되어야 한다. 이해당사자는 경영진 외의 기업관계자는 물론 기업이 활약하는 해외국가들의 소비자들도 포함하는 개념이다. 전략계획의 최우선 단계라고 할 수 있는 기업의 목표와 비전 수립에서조차 문화는 영향력을 발휘한다. 이번 장에서는 기업의 목표와 비전 수립부터 커뮤니케이션 전략에 이르기까지 글로벌 전략의 다양한 모습들을 살펴보기로 한다.

기업 목표와 비전

미션 진술문(*mission statements*)이 기업의 전략수립에 있어서 핵심적인 요소라는 것은 세계적으로 합의된 사실이다. 미션 진술문은 기업이 추구하는 바가 무엇인지에 대한 명시적 표명이라고 할 수 있다. 그리고 비전(*vision*)이라 함은 미래에 자리잡고자 하는 위치를 말하는 것이다. 기업들은 비전에 전략적 의도를 담기도 한다. 비전과 목표는 직접적이든(사내 직원) 간접적이든(이해당사자) 기업과 관련된 모든 사람에게 초점을 맞추어야 한다.

북미의 학자 크리스토퍼 바트(Christopher Bart)가 제시한 정의에 미션 진술문의 개념에 대한 서구적 사고방식이 담겨 있다.[1)]

> 좋은 미션 진술문에는 기업이 존재하는 독특하고 지속적인 이유가 담겨져 있어야 하고, 이해관계자들로 하여금 공통의 목표를 성실히 추구할 수 있도록 고무해야 한다 … . 미션 진술은 기업으로 하여금 “우리의 비즈니스는 무엇인가? 우리가 존재하는 이유는? 우리가 달성하고자 하는 목표는 무엇인가?”라는 질문을 제기하게 한다.

독특함이라는 개인주의적 가치 외에도 미션 진술문은 개인주의적 문화권의 자기분석기법의 특징을 반영한다.

미션과 비전이라는 것이 서구적 개념이기는 하지만 이러한 마케팅 접근법은 다양한 글로벌 기업들에 의해 채택되었다. 기업의 전략적 의도, 경영철학, 가치와 윤리 그리고 업무효과를 담은 문구를 드러내는 것은 이제 글로벌 경영기법의 공식이 된 셈이다. 하지만 이것이 형식과 내용이 유사하다는 것을 의미하지는 않는다. 미국기업들의 목표 진술은 기업이 표방하는 정체성에 대한 추상화된 문구이다. 집단주의적이고 고상황을 특성으로 하는 문화에서 기업들은 가족과도 같은 기능을 하는데 기업이 표방하는 것이 반드시 명시적으로 만들어질 필요는 없고, 명시적으로 만들어지더라도 그것은 기업 경영 지도자들의 철학이나 비전의 표현이다. 형식에서나 내용에서나 기업의 비전과 미션은 경영의 세계관을 반영하기 마련이다. 따라서 이러한 과정에서 기업이 기반을 두는 문화의 가치를 반영하게 된다.

캐논(Canon)과 코마스(Komatsu)는 일본 기업의 가장 유명한 전략들을 추진했다. 이러한 전략적 의도는 캐논의 "제록스를 꺾자"(*Beat Xerox*)라든지 코마스의 "캐터필러를 포위하라"(*Encircle Caterpillar*)는 문구들로 표현되었다.[2] 일본은 남성적이며 따라서 상당히 경쟁적인 사회이다. 캐논과 코마스 모두 더 우위에 있는 경쟁기업들을 직접적으로 명시하며 공격하였다. 아시아 기업이 미션 진술문을 만들 때 형식과 내용을 조합하는 방식은 마치 "최고 경영진으로부터의 지시"를 따르는 과정을 닮았다. 토요타의 웹사이트에 나온 문구를 보자. "사람, 사회, 환경과의 조화."[3]

미션 진술문의 내용은 기업이 자리한 문화의 가치를 반영하는 경향이 있다. 미국기업의 목표 진술은 미국의 광고들처럼 과장을 포함하는 경향을 보인다. 자동차 회사 포드는 "우리는 소비자의 욕구를 예측하고 최고의 상품을 만듭니다"라는 주장을 담았다.[4] 미국 기업 DDI(Date Direction Inc.)의 목표 문구는 다음과 같다. "DDI는 최고의 데이터 관리 스태프들을 갖추고 있습니다. … 최고의 기준을 적용하며 … 최고의 디자인과 프로그래밍 기술을 사용합니다. … 최고의 전문가들을 갖추고 유지합니다."[5] 마이크로 소프트의 목표는 "세계적으로 분포된 다양한 사람들과 기업들로 하여금 그들의 잠재력을 깨닫게 하기"이다. 이것은 자아실현에 대한 앵글로색슨적 가치를 반영한 것이다. 캐논의 기업철학은 공생(共生), 즉 "인종, 종교, 문화의 차이를 넘어 모든 사람들이 조화 속에서 일하며 살아가는 미래"이다.6) 한국의 삼성의 경영철학은 "최고의 상품과 서비스를 제공하기 위해서 기업의 인재와 기술을 아끼지 않고, 그럼으로써 더 나은 지구촌을 만들기 … 세계 모든 이들의 공동 번영에 기여하기 위한 강한 결의 … 소비자와 함께 미래를 창조하기 위해 세계에 도전하는 … "이다.7) 토요타의 비전 2010은 두 가지 요소로 구성되어 있다. 우선 토요타의 팬을 크게 증대하는 것이고 나머지 하나는 세계 모든 사람들에게 믿음을 주고 진심으로 존경받는 기업이 되는 것이다.8)

보편적 진술을 넘어 문화적 가치 간에 균형을 이루는 글로벌 기업으로는 혼다가 있다. 다음의 문구를 보자.

> '우리 모두가 살고, 일하고, 즐거운 시간을 보내는 공동체와 소비자들의 삶을 향상시키는 것'이 혼다의 목표입니다. 우리는 지속적으로 세계 모든 소비자들의 가치를 창조하기 위해서 각국의 시장에 적합한 제품을 개발하고 판매할 것입니다. 우리의 21세기 지향점은 소비자들의 즐거움과 사회 · 환경에 대한 책임감을 조화시키는 것입니다. 이러한 목표는 첨단기술에 의해서 달성됩니다.9)

기업 아이덴티티

미션과 비전을 정립하는 과정에서 기업의 핵심적 가치가 정리되고 이를 통해서 기업 아이덴티티가 결정된다. 이 역시 서구 기업들의 관행이라고 할 수 있다. 이는 서구적의 정체성 개념을 기반으로 한 기업 정체성의 정의에 잘 나타나 있다. 영국의 커뮤니케이션 컨설턴트 니컬러스 인드(Nicholas Ind)는 기업 아이덴티티를 "개인의 자신을 인식하는 것처럼 조직이 자신을 인식하는 것으로, 기업 아이덴티티는 독특성을 지니고 있다"라고 정의하였다.10) 자아와 마찬가지로 개인주의 문화에서의 정체성은 독특하고 일관적이라고 예상할 수 있다. 반대로 집단주의 문화에서는 사회적 지위와 상황에 따라 가변적이다. 글로벌 기업이 자신의 정체성을 결정할 때, 그들의 사업을 할 지역의 문화적 특성을 고려할 수도 있다.

보통 기업 아이덴티티를 정립하는 과제는 적절한 기업명을 선정하는 것부터 시작한다. 기업 아이덴티티를 구성하는 다른 요소들은 기업의 로고와 마케팅 커뮤니케이션 등이다. 언어, 문자, 연상작용을 포함하는 제반요소들은 그 기업의 모국의 문화를 반영할 것이다. 특히 서구의 기업들은 이러한 모든 요소들이 전세계적으로 일관성을 갖기를 기대하지만 이는 기업 아이덴티티의 제반요소들이 다른 나라에서는 동등하게 효과적으로 작용하지 않을 것이라는 사실을 간과한 것이다.

일부 미국기업들은 중국에서 지역의 특성을 반영하는 방법을 배웠다. 예를 들어 코카콜라는 중국인들의 브랜드 명에 대한 태도를 구성하는 시각적 특성을 반영하여 그 이름을 변경하였다. 코카콜라는 중국에서 "코커우콜러"(ko-kou-ko-le)가 되었고 의미는 보다 나은 "입 안의 즐거움"이 되었다. 서구기업은 기본적으로 기업 아이덴티티가 일관성 있게 인식되어야 한다고 생각하지만 실제적으로 지역에 따라 그 해석은 다양해지기 마련이다. 기업 아이덴티티에 대한 인식은 기업명을 브랜드에 적용하는 것에 의해서도 좌우된다. 네덜란드의 유니레버와 미국의 P&G는 매우 거대한 기업이지만 일반인들에게는 잘 알려져 있지 않다. 그들이 기업 이름보다는 제조하는 상품의 이름이 보다 유명하기 때문이다. 반면에 스위스의 네슬레, 네덜란드의 하이네켄, 일본의 야쿠르트, 소니, 미쓰비시, 한국의 대우, 대만의 벤큐(BenQ) 같은 글로벌 기업은 그들의 모든 상품에 기업의 이름을 붙인다. 일부 서구 기업들은 하이네켄(암스텔, 타이거)과 네슬레[네스카페, 페리어(Perrier), 네스티, 킷캣]처럼 그들의 상품에 기업명을 붙이기도 하고 그들이 인수한 기업들의 고유한 브랜드를 사용하기도 한다. 동아시아 기업들은 자신의 기업 이름을 고수하려 한다.

최근까지 유니레버는 자시의 다양한 상품이나 브랜드에 유니레버라는 이름을 사용하지 않았다. 1980년에 그들의 일부 상품에 아질산염이 들어갔었던 사건이 발생한 이래 다른 상품에도 부정적 이미지가 전파될까 우려해서였다. 그러나 러시아, 일본, 중국 등의 집단주의적 문화의 특징들에 영향을 받아 유니레버는 그들의 모든 상품에 모기업의 명칭을 담기로 결정했다. 아시아에서 기업광고에는 기업의 이름이 등장하는 것은 기본이다. 중국의 P&G는 헤드 앤 숄더 광고에 P&G의 사인을 반드시 첨가한다. 일본의 닛폰레버(Nippon Lever)도 같은 전략을 취했고 쿠키를 판매하던 다농(Danone)도 이를 따랐다.[11]

브랜드 가치는 기업의 비전과 미션에 나타난 가치와 부합해야 한다. 브랜드 비전은 기업 비전과 맞아야 하며 이들은 서로를 향상시키는 방향으로 수립되어야 한다. 이러한 원칙은 개인주의나 집단주의나 마찬가지이다. 브랜드와 기업이 이러한 원칙을 준수하면 기업에 대한 신뢰는 브랜드로, 브랜드에 대한 신뢰는 기업으로 전달될 것이다. 이러한 전략적 원칙은 유니레버나 P&G처럼 많은 브랜드를 가진 기업들에게는 지키기 어려운 것이다. 예를 들어 유니레버의 2004년 목표는 "삶을 활력있게 하는 것. 우리는 영양 · 위생 · 개인용품 등에 대한 일상적인 욕구를 사람들을 기분 좋게, 보기 좋게, 삶으로부터 보다 많은 것을 얻을 수 있게 도와주는 브랜드로 충족시킵니다"였다.[12] 이러한 비전은 각각의 브랜드에 투영되어야 한다. 예를 들어 Comfort/Snuggle이라는 섬유유연제 브랜드에 대한 소비자 통찰(*Consumer Insight*)은 "당신의 또 다른 피부를 관리합니다"였는데 이는 기업의 목표에 부합하는 것이었다.

전세계적으로 소비자에게 관련성 있는 기업/브랜드 비전으로 발전시키기 위해서는 모든 시장에 있는 소비자들에게 귀를 기울여야 한다. 선도적 기업들은 일반적인 시장조사를 하는 대신 소비자 통찰에 기반을 두고 상품과 브랜드 개발에 힘쓴다. 소비자의 욕구가 상품개발과 그 방향을 결정해야 한다. 브랜드 포지셔닝에 관한 문구를 결정할 때 최우선적으로 알아야 할 것은 소비자의 필요와 욕구이다.

문화의 특성에 따른 상품과 시장개발

어떤 기업은 스스로를 브랜드 전략에 초점을 두는 순수한 마케팅 조직이라고 생각할 수 있지만, 글로벌 기업이 존재할 수 있는 기반은 제품과 서비스 그리고 제품 콘셉트를 각기 다른 시장에 적응시키거나 개발하는 능력이다. 기업에게 가장 중요한 결정은 시장의 특성에 따라서 어떤 상품을 개발하며 또한 어떤 변화를 추가할 것인가에 관한 것이다. 따라서 마케팅 전문가들은 연구와 개발에 관심을 가져야 한다.

한 상품이 잘 팔리는 지역은 따로 있다. 이러한 차이를 결정하는 것은 경제적 수준과 문화적 차이이다. 특정 상품이 특정 문화권에서 잘 팔리지 않는 원인이 문화적인 차이 때문이라면, 제품을 그 문화에 맞게 수정할 필요가 있다.

상품이 문화적으로 새로운 시장에 진입할 때 상품과 시장의 새로운 조합이 필요하다. 생명보험은 개인주의 문화에 알맞은 상품이다. 집단주의 문화를 공략하기 위해서는 다른 상품이 필요하다. 그 예로 집단주의와 유교적 가치가 강하게 작용하는 싱가포르의 여피(*yuppy*)족을 들 수 있는데, 그들이 새로운 유동적 생활방식으로 인해 부모를 모셔야 하는 의무를 다하기 어렵게 되자 새로운 부모관련 연금보험이 등장했다.

문화적 차이를 잘 규정하면 적절한 상품의 개발이나 다른 문화를 위한 제품 수정에도 도움이 될 수 있다. 고상황적 문화에는 음성통신이 적절할 것이고 문자를 좋아하는 저상황적 문화에는 전자우편이 더 적합할 것이다. 고상황적 문화의 소프트웨어는 저상황적 문화의 소프트웨어와는 다른 점이 있어야 한다. 어떤 DIY 제품(집수리나 페인트칠 등을 스스로 할 수 있도록 나온 제품)이 강한 불확실 회피성향 문화에서 약한 불확실 회피성향 문화에서만큼 잘 팔리지 않는다면, 능력에 대한 욕구를 자극하도록 제품을 변화시켜 보라. 지시문이나 훈련제공 등 소비자가 자신을 좀더 유능하게 느낄 수 있도록 도울 수 있는 것이면 무엇이든 추가하라. 이와 유사한 것으로 리모컨 같은 전자제품이 있는데 불확실 회피성향이 약한 문화에서는 리모컨 사용이 간단하도록 만들지만 과정을 통제하길 좋아하는 불확실 회피성향이 강한 문화에서는 복잡하고 자세하게 만든다.

문화의 특성에 따른 브랜드 포지셔닝

브랜드 포지션은 시장에서 하나의 브랜드가 자리잡은 위치라고 할 수 있다. 이 위치는 소비자의 머릿속에 형성된 연상을 포함하는 것이다. 브랜드 포지션은 브랜드의 모든 차원을 포함하고 있다. 제품속성, 혜택, 가치들이 그 예이다. 브랜드 전략을 수립하는 데 있어 기업들은 브랜드 포지셔닝 진술문(*brand positioning statement*)을 통해서 바라는 브랜드 포지션을 구조화하게 된다.

브랜드 포지셔닝 문구는 브랜드의 외적 측면과 내적 측면을 연결한다. 이 두 가지 요소를 정리하면 서구 브랜드 이론의 가장 핵심적 요소들을 섭렵하게 된다. 브랜드의 내적 측면은 기업이 브랜드에 투사하는 요소들이다. 이러한 요소에는 브랜드 아이덴티티와 가치가 포함되어 있다. 브랜드 아이덴티티는 기업이나 조직 등 메시지의 송신자가 그 브랜드를 통해서 전달하고자 하는 메시지를 담은 것이다. 브랜드의 아이덴티티에는 개성과 연관된 개념들과 유사한 브랜드의 특성이 포함된다.

브랜드의 외부적 요소는 소비자로부터의 반응에 관한 것이다. 브랜드의 이미지(소비자들이 어떻게 하나의 브랜드를 인식하는지)와 그 사용실태(브랜드가 실제로 일상생활에서 어떻게 사용되는지)를 포함하는 개념이다.

외부와 내부요소 간에 적절한 연결고리를 찾는다면 브랜드는 성공적으로 포지셔닝할 수 있다. 〈그림 10-1〉의 그림을 참고하라.

마케팅 믹스의 요소들이 아이덴티티를 이미지로 전환하는 데 중요한 역할을 한다. 상품 그 자체와 커뮤니케이션이 가장 가시적이고 문화적으로 민감한 요소이다. 또 다른 중요한 마케팅 요소인 가격과 유통은 문화적으로 중요한 요소로서 가격이 포지셔닝 전략의 일부일 때는 더욱 중요시된다. 가격대비 가치(*Value for money*)로 포지셔닝하는 것은 장기지향성 사회에서 매우 호소력있는 전략이다. 물론 가격과 유통도 브랜드와 기업의 아이덴티티 그리고 상품과 브랜드의 이미지의 중요성을 강조하지만, 이 책은 브랜드 전략에서 커뮤니케이션의 효과에 초점을 두고 있기 때문에, 브랜드 포지셔닝에 관한 논의에서 의도적으로 가격전략에 관한 이론은 배제하였다.

다문화적 브랜드 포지셔닝 진술문 작성에 대한 논의에 앞서 브랜드 자체에 대한 문화적 요소 일부를 정리하고자 한다.

〈그림 10-1〉 브랜드 포지셔닝 진술문의 요소들

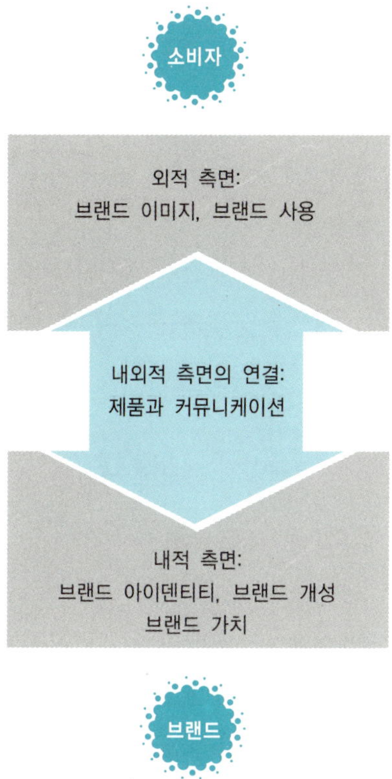

브랜드 콘셉트와 문화

브랜드란 일반적으로 개인의 속성을 설명하는 용어를 사용하여 추상적인 개념을 통해 독특한 개성을 지닌 존재로 위치지어지기 때문에 주로 서구적이고 개인주의적인 개념으로 이해된다. 개인주의 문화에서도 개성을 구성하는 속성들은 천차만별이므로 하나의 브랜드 개성이 모든 문화에서 같은 수준의 매력을 발휘하길 기대하는 것은 무리다. 제 5장에서 신뢰도(*trustworthiness*)는 불확실 회피성향이 높은 경우에 보다 선호되는 특징이며, 개인주의적이면서 남성적인 문화에서는 친근감을 표시하는 브랜드가 보다 사랑받는다. 집단주의 문화권에서 소비자들은 추상적인 개념보다는 구체적인 브랜드 특성을 선호하는 경향을 지닌다. 이들은 그들이 신뢰하는 기업의 제품을 선택한다. 따라서 아시아 사람들에겐 기업 브랜드가 보다 익숙한 반면 서구에서는 제품 브랜드가 보다 보편적이다(제 6장의 개성과 아이덴티티 부분을 참조하라). 제품브랜드는 경쟁에서 차별화하면서 동시에 자사의 브랜드 포트폴리오 내에 있는 다른 브랜드와 차별화된 포지셔닝을 하는 것을 목적으로 개발된다. 아시아와 같은 집단주의 문화에서 마케팅의 중요한 목적은 기업과 소비자 간에 관계와 신뢰를 구축하는 것이다. 이러한 이유 때문에 강력한 기업브랜드를 구축하는 것이 경쟁력 있는 제품브랜드 포트폴리오를 구축하는 것보다 더 나은 전략이다. 따라서 동아시아 기업 중에서 하나 이상의 브랜드를 운영하는 경우는 거의 없다.

아시아에서 브랜드가 기업의 성공적 이미지와 연결될 때 가장 긍정적 효과를 거둘 수 있으므로, 서구에서는 상상할 수 없는 여러 제품들이 하나의 기업브랜드로 통용되기도 한다. 서구 소비자는 일본 화장품 기업 시세이도에서 나온 기저귀를 평가할 때 먼저 화장품과 기저귀가 무슨 연관성이 있는가를 고려하지만, 아시아 시장에서는 시세이도의 좋은 이미지가 그 기업의 기저귀를 구매할 만한 충분한 이유가 된다.[13)]

집단주의 문화권에선 구체적인 상품 특징을 가장 선호한다. 야쿠르트를 그 예로 들 수 있다. 한 제품은 서부유럽에서 야쿠르트(혹은 야쿠르트 라이트)라는 이름으로 판매중이다. 이 제품은 특정 유산균(카세이 시로타, *casei shirota*)을 포함하며 이 유산균은 장 내 박테리아에게 좋은 작용을 한다. 야쿠르트는 이 외에도 야쿠르트 에이스 80이나 야쿠르트 반소레이차(Bansoreicha) 등을 일본시장에서 판매중이다. 이 제품들에도 마찬가지로 건강에 좋은 성분들이 함유되어 있다. 각각의 야쿠르트 제품은 특정한 성분을 담고 있으며 일본 소비자들은 이러한 차이점에 대해서 매우 잘 인지하고 있다. 게다가 일본 소비자들은 야쿠르트혼샤(Yakult Honsha Co., Ltd)라는 기업이 양질의 제품을 제공할 것이라는 믿음이 있다. 그들은 기업을 믿기에 그들의 제품을 소비한다.

또한 집단주의적 문화에서는 브랜드가 사람과 같은 개성을 가지고 있다고 생각하지 않는다. 집단주의 문화의 소비자들은 추상적 브랜드 네임에 의해서라기보다는 상품의 구체적 특징에 의해 구매를 결정한다. 〈사진 10-1〉은 스페인 바르셀로나의 소

사진 10-1 슈퍼 솔(the Super Sol), 스페인 바르셀로나

매 체인인 슈퍼 솔(the Super Sol)의 옥외광고이다. 대부분의 북유럽 소매점이 그러하듯이 이 광고에서는 인기 브랜드가 아니라 인기제품을 제공하고 있음을 언급한다.

이를 통해 알 수 있는 교훈은 글로벌한 시장을 노리는 기업은 브랜드 콘셉트에 내포되어 있는 문화적 측면을 고려해야 한다는 것이다. 브랜드 아이덴티티를 결정함에 있어 아시아 소비자들은 추상적인 브랜드나 개성에는 그다지 관심이 없다는 사실을 잊어서는 안 된다. 아시아의 소비자들은 기업들이 무엇을 상징하며 얼마나 믿을 만한지에 보다 관심을 둔다. 글로벌 기업은 브랜드와 기업 아이덴티티를 잘 배합하여 '브랜드 아이덴티티를 선호하는 북유럽/미국인들'은 물론 '기업 아이덴티티에 보다 잘 반응하는 아시아인들'의 관심을 동시에 끌 수 있어야 한다.

외적 측면 : 제품사용과 브랜드 이미지

브랜드 아이덴티티를 구성하려면 현재 브랜드 이미지에 대한 진단이 필요하고 소비자들이 브랜드와 상품을 어떻게 생각하는지를 파악해야 한다. 이것이 마케터에게 유용한 도구가 된다. 이미지란 소비자가 브랜드를 보는 관점이고 결과적으로 어떻게 브랜드의 모든 메시지를 해석하는지에 관한 것이다. 이미지는 소비자의 마음속에 있는 연상 네트워크의 결과라고 보면 된다. 이상적으로 이미지는 메시지 송신자들이 전달하고자 하는 정보라 할 수 있는 아이덴티티와 일치해야 한다.

제품사용 (*Product Usage*)

글로벌 브랜드가 어떻게 인식되는지 이해하기 위해서는 많은 국가에서 그 브랜드가 사용되는 모든 상황을 파악하는 심층적 소비자 조사가 이루어져야 한다. 이것은 단지 소비자들에게 브랜드에 대해서 어떻게 생각하는지 물어보는 것뿐만 아니라 실제로 소비자들의 생활 속으로 들어가서 조사해야 함을 의미한다. 즉 소비자들의 집으로 가서 그들이 무슨 일을 하는지 그리고 브랜드가 그들의 욕구와 어떻게 맞물리는지를 알아보는 등의 과정이 필요하다. 수년간 서구의 기업들은 한국, 일본의 소비자들에게 다리미를 판매했지만 최근에 와서야 그들이 앉은 채로 다리미질한다는 것을 알게 되었다. 이러한 사실은 차별적인 인체공학적 접근의 필요성을 강조하는 것이다. 인도네시아는 또 다른 예를 제시한다. 인도네시아 사람들은 테보톨(teh botol)을 매우 좋아하는데 그들에겐 최고의 갈증해소음료로 여겨진다. 인도네시아인들이 테보톨을 코카콜라보다 좋아하기는 하지만 코카콜라도 꾸준히 소비되고 있다. 그들이 코카콜라를 소비하는 이유는 신선함 때문이 아니라 어떤 지위를 상징하는 기호로 작용하기 때문이다.

P&G나 유니레버 같은 거대 글로벌 기업들은 소비자들의 가정에 직접 방문함으로써 소비자에 대한 통찰력을 얻으려한다. P&G는 소비자들의 욕실에서의 행동을 촬영한다. 유니레버는 나이지리아, 베트남, 파라과이, 뉴질랜드, 독일 등의 다양한 나라의 소비자들이 부엌에서 하는 행동들을 촬영하곤 했다. 이런 조사를 통해서 기업들은 소비자들이 어떻게 행동할 것이라는 가정하에 마케팅 의사결정을 내리는 것이야말로 기업이 저지를 수 있는 가장 큰 실수임을 깨달았다.

브랜드가 소비자에게 어떻게 인식되며, 브랜드가 어떻게 사용되는가를 파악하는 것은 브랜드 아이덴티티를 결정하는 데 필수적 사항이다. 브랜드와 상품의 인식과 사용행태에 대한 지식과 통찰력을 얻을 수 있는 다양한 소비자 조사기법들이 개발되어 있다.

새로운 것을 받아들이기를 좋아하는 마케팅과 광고 담당자들의 생각과는 달리 일반적으로 제품 사용행태는 쉽게 바뀌지 않는다. 이 책에서는 소비자 행동이 잘 변하지 않는다는 사실에 대한 몇 가지 예들을 제시하였다. 제 2장에서 언급한 대로 새로운 행위의 대부분은 기존 행태의 변형일 경우가 많다.

사람들의 행위는 안정적이므로 과거와 현재의 행위가 때때로 미래의 행위를 설명하기도 한다. 새로운 상품을 개발하고 마케팅 함에 있어서 미래를 예측하기 위해서 과거의 행위를 분석하는 것이 유용하다. 제 4장에서는 바나 카페에서의 오락에 익숙한 사람들은 사이버 카페에서도 인터넷을 사용한다는 것을 알 수 있었다. 다양한 문화권에서 최신형 디지털사진 프린터를 판매하고자 한다면 아날로그 필름을 사용하는 문화를 우선 분석해야 한다.

위의 주장이 신기술 제품에만 적용되는 것은 아니다. 예를 들어 21세기 초에 유니레버의 베르톨리(Bertolli) 올리브 오일을 성공적으로 판매했고 결과적으로 남부 유럽인들이 하듯 북부 유럽인들도 요리할 때 마가린 대신 올리브 오일을 쓰도록 만들었다. 요리습관에 생긴 이러한 변화는 북유럽인들의 건강에 대한 관심에 부합하는 것이지만 식습관에 근본적 변화를 불러일으키는 것은 아니었다. 사실, 이전에도 버터대신 마가린을 택한 것도 같은 이유에 의한 것이었다.

필립스와 커피회사 사라 리/도우 에그버츠(Sare Lee/Douwe Egberts)가 공동 개발한 센서(Senseo) 커피제조기의 도입과정은 기존의 소비행위를 강화하는 전략의 예를 보여준다. 센서는 에스프레소 커피제조기와 여과식의 혼합형이다. 이 기기는 에스프레소 기기와 마찬가지로 한 번에 한두 잔의 커피를 만들지만 가격은 더 저렴하고 여과식 제조기보다 사용하기도 간편하다. 커피를 담는 패드만 있으면 된다. 개인적으로 커피를 즐길 수 있게끔 하기에 개인주의적 문화에서도 어필할 수 있다. 커피가 따로 만들어지기 때문에 자신의 취향에 맞추어 커피를 만들 수 있다는 장점도 있다. 당신은 진한 커피를 좋아하는데 친구가 카페인 없는 커피를 먹고 싶다고 해도 문제가 없다. 이러한 기능은 가능한 빠른 시간 안에 자기 취향에 맞는 커피를 얻길 원하는 편리함과 개인주의의 유행에 부합하는 것이다. 이러한 유행은 개인주의적 가치를 강화한다. 소비자행위는 약간 변화했을지라도 커피를 마시는 행위는 그다지 변하지 않았는데 이는 가정에서의 커피는 전형적인 기기가 사용되기 때문이다. 커피가 비교적 자주 사적인 공간의 영역을 넘어서 소비되는 경우 커피 제조기는 그다지 유행하지 못한다. 스페인에서 스타벅스가 성공을 거둔 이유는 제공되는 커피의 다양성 때문이 아니라 여가를 즐기며 대화를 나누고자 하는 젊은이들이 지닌 기존의 기호에 부합하는 브랜드였기 때문이다.

개발도상국에서 상품의 사용량을 예측하기 위해서는 개발도상국의 소비자들이 선진국 소비자들의 행위(특히 미국의)를 따라할 것으로 가정해서는 안 된다. 그들의 사회적 지위를 나타내기 위해 선진국의 소비행태를 따라할 수는 있겠지만 사람들은 기존의 가치에 부합하는 행위로 금세 회귀하기 마련이다. 2차 대전 이후 일본에는 서양복식이 도입되었지만 21세기의 시작과 함께 일본 젊은이들은 전통 복식인 기모노에 대해서 관심을 갖기를 원하게 되었다.

근대화가 서구화와 동일한 것은 아니다. 헌팅턴(Huntington)[14]은 근대화를 서구화와 동일시하는 일반적인 가정을 비판하면서 "근대화는 어떤 유의미한 보편적 문명화를 생산하지도 못하고 비서구 사회의 서구화를 의미하지도 않는다", "서구의 소비행태와 대중문화의 확산이 보편적이고 일반적인 문명을 만들고 있는 것은 아니다"라고 주장하였다. 오히려 그 반대가 옳다는 것이다. 사람들은 글로벌한 사고를 가지려고 할지 모른다. 하지만 글로벌화의 영향으로 사람들은 자신의 문화가 지닌 특성을 보다 잘 인식하게 되었다.

사람들은 점점 더 자신의 지역공동체와 동일시하고 있다. "저는 유럽 출신입니다"라는 말을 들어 본 적이 없다. 사람들은 주로 자신의 국적을 말한다.

제 2장에서는 국가가 부유해질수록 소비와 소비자행동에 미치는 문화의 영향력이 커진다고 주장했었다. 부와 기술적인 발전이 '새로운 가치'를 창조하지는 못한다. 탈희소성의 사회에서는 전통 가치가 소비와 소비자행위에서 더 잘 드러난다. 자유재량소득(*discretionary income*)이 증가할수록 자신을 표현할 자유도 늘어나며 이러한 표현은 모국의 가치관에 기반을 두는 경우가 많다. 부가 선택을 자유롭게 한다. 부로 인해서 사람들은 여가시간을 즐길 자유를 갖거나 지위를 나타내는 상품을 구매할 수 있거나 자기개발을 위한 시간을 보낼 수 있는 자유를 얻게 된다.

돈이 많을수록 문화에 의해서 결정된 행위를 택하기가 쉬워진다. 소비자들의 문화적 행위에 부합하는 브랜드가 팔리기 마련이다. 이것은 브랜드 포지셔닝이 다면적이어야 함을 의미하는데 이는 브랜드가 베트남 남자보다 포르투갈 여성에게 뭔가 특별한 것을 의미하기 때문이다.

브랜드의 최우선적인 면모는 상품 그 자체이다. 따라서 상품과 시장을 적절히 조합하는 것은 브랜드 포지션을 정함에 있어서 핵심적인 것이다.

브랜드 이미지

브랜드 이미지는 소비자의 머릿속에 담긴 브랜드의 모습을 의미한다. 서구문화에서 브랜드 이미지란 개성을 지닌 인간 존재와도 같다. 집단주의 문화에서 브랜드 이미지는 기업의 신뢰와 품질을 상징하는 것이고 상품은 신뢰받는 가족의 구성원처럼 여겨진다.

마케팅 담당자가 브랜드에 부여한 가치라고 볼 수 있는 브랜드 아이덴티티는 이상적으로는 소비자가 지니게 되는 브랜드 이미지에 나타나야 한다. 문화권 내에서 아이덴티티와 이미지 간의 차이는 불가피하고 그 차이는 상이한 문화에서 더 커지기 마련이다. 많은 마케팅 조사기관들이 보편적이라고 여겨지는 개성 특질(*personality traits*)과 가치(*values*)의 관점에서 브랜드를 정의내릴 수 있도록 하는 포지셔닝 모형을 제시하고 있다. 그러나 이러한 포지셔닝에 관한 묘사에는 마케팅 조사기관의 문화적 특징이 반영되기 마련이다(제 5장 참고). 소비자들은 자신의 정신적 체계(*mental maps*)에 부합하는 브랜드 특징을 받아들여서 브랜드 이미지를 형성한다. 브랜드 이미지가 의도했던 브랜드 아이덴티티를 고스란히 반영하는 것은 아니다. 즉 소비자들이 생각하는 브랜드 이미지는 마케터가 브랜드 아이덴티티를 구성하기 위해서 사용하는 브랜드의 특징과 반드시 똑같은 것은 아니다. 많은 글로벌 브랜드들은 일관성 있는 브랜드 아이덴티티를 지향하고 안정적인 브랜드 이미지로 어필하길 원하지만 결국 문화가 다르면 차별적인 브랜드 이미지가 형성되기 마련이다. 5장에서 언급한 크로커스(Crocus)의 연구가 밝힌 바에 따르면 강력한 글로벌 브랜드는 각기 다른 시장에서 문화적으로 적합한 상이한 브랜드 특성을 가지고 있다. 코카콜라는 높은 불확실 회피문화에서는 신뢰를 받고, 높은 권력거리 문화에서는 명품처럼 대우받으며, 낮은 권력거리 문화에서는 친근한 브랜드로 여겨지고, 개인주의 문화에서는 개성있는 브랜드로 여겨진다. 로레알은 높은 불확실 회피문화에서는 신뢰받고, 낮은 권력거리에선 친근하게 다가오며, 집단주의 문화에서는 세계적인 명품으로 인식되고 있다. 기업들이 실제로 의도하지는 않았을지라도 문화권별로 상이하면서 특징적인 모습으로 표현되는 브랜드 이미지를 가지게 된다면 글로벌 브랜드는 성공할 수 있을 것이다.

심층적 시장조사와 문화분석은 브랜드 이미지와 제품사용을 다문화적인 브랜드 포지셔닝으로 변환시킬 수 있는 수단이다.

내적 측면 : 브랜드 아이덴티티와 브랜드 개성 그리고 브랜드 가치

내적 측면은 기업이 브랜드에 부여하는 브랜드의 특성이다. 서구의 글로벌 기업들은 간혹 표적집단에 따라 개성을 다양화하기는 하지만 표적집단에 상관없이 일관성을 띠는 개성과 가치들을 브랜드에 투사하려는 경향이 있다.

한 국가의 시장세분화 연구에서도 브랜드는 종종 상이한 집단에게 차별적 의미를 갖는 것으로 드러났다. 예를 들어 카멜(Camel)은 유럽 대부분 국가에서 판매되는 메이저 담배 브랜드인데 1990년대에 비행기 내에서 파티를 즐길 수 있는 "레이브 파티"(*rave party*)라는 서비스를 제공하기도 했다. 물론 일반 대중은 이러한 홍보전략에 대해서 인식하지 못하고 있었지만 카멜은 말보로와의 경쟁에서 밀리는 젊은 고객층을 확보하려고 시도했던 것이다. 이러한 전략은 카멜만의 전략은 아니다. 젊은이들을 겨냥한 트렌드 잡지들에서 주류 브랜드의 광고들은 일반적 포지션에선 거리가 있는 메시지를 전달하며 이를 통해서 유행을 선도자들에게 어필하려고 한다. 이러한 스타일의 광고가 시사하는 바는 브랜드는 하나 이상의 얼굴을 가질 수 있다는 것이다. 성인들에게 믿음을 주거나 도전적이면서도 유머러스한 브랜드로 여겨지는 카멜은 젊은이들에겐 시대를 풍미하는 최고의 브랜드로 생각될 수도 있는 것이다. 이러한 이중작전은 두 가지 전략이 상충되지 않는 한 제대로 작동할 것이라고 볼 수 있다.

이러한 차별적 전략은 다른 연령대만이 아니라 다른 국가들에 대한 마케팅에서도 적용이 가능하다. 상이한 문화는 차별적 브랜드 가치를 선호한다.

국제시장을 겨냥한 브랜드 가치와 특정국가에서 적용되는 브랜드 가치가 모순되지 않는 한 서로 양립할 수 있다. 또한 국제적 브랜드 아이덴티티를 개발하되 여기에 지역적 특성을 반영하여 문화적 동질성을 부여하는 것도 가능하다. 브랜드가 각 국가마다 서로 상이한 가치로 소구하고 있다는 것을 알 수 있는 소비자는 거의 없을 것이다.

브랜드 아이덴티티와 브랜드 개성

기업 아이덴티티에 대한 이 장의 내용은 브랜드 아이덴티티와도 관련된 내용이다. 일관성 있는 브랜드 아이덴티티를 개발하고자 하는 서구기업들은 브랜드 개성을 브랜드 콘셉트로 활용하고자 한다. 그러나 이러한 콘셉트는 다른 문화권에서는 서로 다른 의미로 해석될 수 있다. 이보다 좋은 방법은 다양한 문화권에서 해당 브랜드가 어떤 의미를 가지고 있으며 소비자의 생활 속에서 어떠한 역할을 하는지를 파악하고, 전세계적으로 동일한 상품일지라도 문화권마다 상이한 핵심가치를 부여하는 것이다. 글로벌 브랜드가 성공을 거두기 위해서는 소비자들로 하여금 자신들을 이해해주고, 그들의 욕구를 알고 있으며, 자신들처럼 말하고 느끼는 누군가와 커뮤니케이션하고 있는 것처럼 느끼게 해주어야 한다. 기업의 신뢰와 소비자와의 장기적 관계가 중요시되는 문화에서 기업브랜드에 집중하는 것이 상품브랜드를 만드는 것보다 더 효과적인 전략일 수 있다. 아시아 시장에서는 기업브랜드와 보증 전략이 강력한 브랜드 가치 포지셔닝을 통한 제품브랜드 전략보다 더 효과적일 것이다. 반대로 최근 많은 아시아 제품들이 서구시장으로 진입하고 있는데, 아시아 기업들은 차별화된 제품브랜드를 개발해야 서구시장에서 더 효과적일 수 있을 것이다.

개인적 특질은 문화에 따라 다양하기 때문에 문화별 브랜드 포지셔닝을 위한 개성표현이 모든 국가에서 성공적일 수는 없을 것이다. 첫째로 미국의 강인함(*ruggedness*)

이나 일본의 평화로움(*peacefulness*)처럼 문화 특수적인 브랜드 개성의 차원이 있다. 따라서 문화적 특성에 적합한 브랜드 개성은 다른 나라에서는 자국시장에서만큼 성공할 가능성이 적다. 크로커스(Crocus) 연구에서는 개인주의와 낮은 권력거리 문화에서 강한 브랜드들은 "친근감"(*friendly*) 같은 브랜드 개성을 가지고 있음을 발견할 수 있다(제 5장을 참조하라). 높은 불확실 회피문화에서 강한 브랜드에는 "믿을 수 있는"(*trustworthy*)과 같은 특성들이 가장 두드러진다. 둘째로 유사한 개성들도 상이한 연상작용을 일으킬 수 있기 때문에 외관상 비슷해 보이는 개성들도 그 의미에서는 차이를 보일 수도 있다. 이러한 현상은 브랜드의 개성이 글로벌 브랜드 포지셔닝에 적용되거나 마케팅 커뮤니케이션 콘셉트의 토대로 활용될 때 더욱 문제가 된다.

브랜드 가치

제 2장과 5장에서 설명한 바와 같이, 커뮤니케이션에는 속성, 혜택, 가치라는 3단계가 존재한다. 많은 글로벌 기업들은 제품의 속성이나 혜택을 제시하는 것을 넘어서 소비자의 마음속에 자리하기 위해서 상품에 가치를 부여하고자 한다. 특히 영미계 글로벌 기업들은 보편적이고 글로벌한 가치를 믿기 때문에 글로벌 광고 캠페인에 이러한 접근법을 강조하였다. 즉 행복이란 가치는 패스트푸드, 성공은 차나 손목시계, 인간 능력의 무한함("*just do it*")은 운동화, 자유라는 가치는 청바지에 적용되고 있다.

미국기업들의 글로벌 광고 캠페인은 미국의 가치를 반영한다. 예를 들어 리바이스는 글로벌 광고에서 자유(혹은 행동의 자유)를 주장하는데 이것은 〈사진 10-2〉의 스페인에서의 텔레비전 광고에서도 잘 드러난다. 광고 속의 두 사람은 경주를 하듯 빨리 달리는 두 사람을 보여준다. 이때 스페인 시청자들의 머릿속에 떠오르는 것은 자유가 아니라 경쟁이다. 유럽기업의 광고 중 대부분은 이러한 접근방식을 택하지 않는다.

글로벌 브랜드 전략에서 문화간 차이점을 무시하는 일관적 전략이 선호되는 이유 중의 하나는 통제에 대한 필요성 때문이다. 기업들은 그들의 브랜드 가치가 모든 국가에서 일관되고 유사하게 받아들여지기를 바랄 것이다. 하지만 많은 연구들에 따르면 기업들이 브랜드에 투영하는 요소들이 각기 다른 국가의 소비자들에게 상이한 이미

사진 10-2 리바이스, 스페인

지로 받아들여지고 있다. 소비자들이 이러한 글로벌 브랜드들이 기업이 의도한 것과는 다른 이미지로 수용되고 있다면 이러한 과정은 이미 통제를 벗어난 셈이다. 브랜드를 통제하기 위해서는, 기업이 진출해있는 각각의 문화에 적합한 구체적인 브랜드 특징(제품 특성, 브랜드 가치, 속성, 기업 가치 등)을 정의하는 것이 바람직하다.

브랜드 포지셔닝 매트릭스

브랜드 아이덴티티와 연관된 가치는 커뮤니케이션을 통해서 소비자에게 전달된다. 전달된 메시지는 소비자들의 마음속에 브랜드 이미지로 자리잡는다. 이를 통해서 소비자들은 광고에 등장한 상품을 구매할 것인가의 여부를 가늠하게 된다. 마케팅 담당자들은 내외적 모든 측면들을 아우르는 브랜드 구조를 구축하고 이를 소비자들에게 커뮤니케이션해야 한다.

브랜드와 연관된 가치와 혜택들은 소비자의 욕구와 동기에 부합해야 한다. 브랜드 컨설턴트이자 교수인 래리 퍼시(Larry Percy)는 브랜드 포지셔닝은 소비자가 느끼는 구체적 욕구와 소비자들이 그 브랜드와 연관시키는 혜택을 제공함에 있어 세심한 주의를 필요로 한다고 한다.[15] 이는 브랜드 포지션이 문화별로 상이한 소비자 욕구와 구매동기에 맞추어져야 함을 의미한다. 커뮤니케이션 스타일과 형식도 소비자의 문

〈그림 10-2〉 브랜드 포지셔닝 매트릭스

기본형식 \ 커뮤니케이션 수준	속성	혜택	가치	감성	사용
공개기법					
연상전이기법					
레슨기법					
드라마기법					
오락기법					
상상기법					
특수효과기법					

화에 친숙한 것이어야 함은 물론이다.

브랜드는 속성, 혜택, 가치뿐만 아니라 광고 스타일과 기본형식으로 이루어진 재현방법에 의해 경쟁 브랜드와 차별화된다. 〈그림 10-2〉의 브랜드 포지셔닝 매트릭스에는 브랜드 포지셔닝의 변수들이 제시되어 있다.

유럽 6개국(독일, 이탈리아, 네덜란드, 영국, 프랑스, 스페인)과 미국의 1, 290개 텔레비전 광고를 분석한 결과 광고의 기본형식과 커뮤니케이션의 수준이 문화별로 상이하게 나타났다.

기본적인 3개의 커뮤니케이션 수준 — 속성, 혜택, 가치 — 으로는 위에 제시된 7개 국가의 커뮤니케이션 전략을 효율적으로 분석할 수 없다. 일부 광고는 어느 수준에 속하는 것으로 구분할 수 없는 경우도 있다. 예를 들어 프랑스, 스페인, 이탈리아에서 광고는 (7장에서 언급한 대로) 속성, 혜택, 가치 수준에서 메시지를 전달하기보다는 단순히 감성적 요소를 통해서 표현한다. 이는 소비자와 브랜드 간에 강한 정서적 유대감을 형성하는 것을 목표로 한 것이다. 이러한 전략을 "유대형성"(*bonding*)이라고 부른다. 다른 광고들은 그저 제품이 사용되는 상황에 대해서 보여주고 있을 뿐이었다. 추상적으로 보면 이러한 전략도 제품의 속성과 혜택에 관한 것이라고 볼 수 있으리라 생각할지 모르지만 실제로는 그렇지 않다. 광고주들은 새로운 속성이나 속성과 관련된 혜택을 소개할 필요없이 자신의 상품을 소개하는 새로운 방식을 찾으려 하는 셈이다.

사진 10-3 폭스바겐, 독일

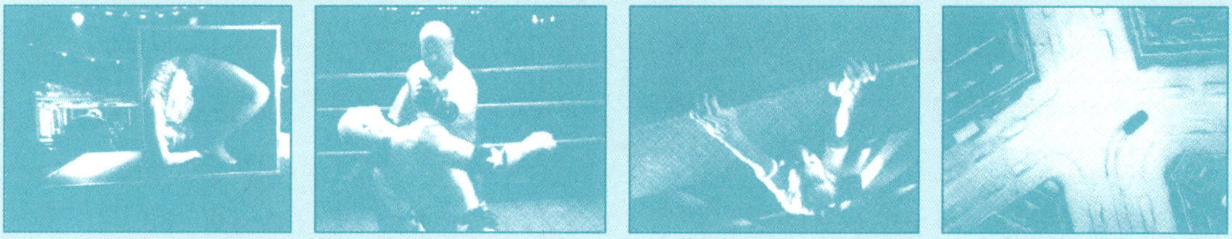

사진 10-4 폭스바겐, 프랑스

유럽의 글로벌 브랜드 광고에 대한 분석에 따르면 가치수준에서 커뮤니케이션하는 경우는 거의 없는 것으로 나타났다. 문화적으로 다양한 유럽에서 글로벌 기업들은 가치에 근거한 광고는 모든 곳에서 똑같이 효과적이지는 않다는 사실을 알게 되었다. 유럽의 성공적인 글로벌 브랜드들은 대부분 지속적으로 혁신적인 제품특성이나 혜택에 집중했고, 문화적으로 적합한 광고형식과 스타일을 채택했다. 그러한 예는 로레알, 니베아, 바운티 주방용품과 다농의 액티멜 그리고 폭스바겐을 들 수 있다. 〈사진 10-3〉과 〈사진 10-4〉는 프랑스와 독일에서 볼 수 있는 광고이다. 제시되는 제품속성은 사륜구동이다. 〈사진 10-3〉에서 볼 수 있듯이 독일광고는 테스트와 시연을 해보려는 전형적인 독일의 욕구를 반영한다. 한 운전자가 우연히 거친 길로 접어들었지만 그 산길을 따라 커피숍으로 내려가게 된다. 커피 한 잔을 주문하고 나서 지갑을 두고 온 것을 알고 온 그는 왔던 길을 거슬러 집으로 향하게 된다. 이것은 하나의 극단적인 테스트 상황을 제시하는 것으로 이해할 수 있다. 〈사진 10-4〉의 프랑스광고는 보다 은유적인 접근법을 택하는데 사륜구동기술을 몸을 구부리는 기술, 복싱 테크닉, 영화기법의 세련됨과 연관지으려 한다.

마케팅 초기에 문화라는 변수를 적용하여 브랜드 포지셔닝 진술을 결정하는 것이 강한 글로벌 브랜드 형성의 기초가 된다고 할 수 있다. 해외여행을 자주 하고 시장들에 대한 심층분석을 한 마케팅 담당자라면 해외시장들은 큰 차이점을 가지고 있음을 알 수 있다. 제한된 브랜드 가치와 혜택으로 글로벌 포지셔닝 진술을 성공적으로 제작하고 실행해 온 글로벌 기업들은 그다지 많지 않다. 쉘(Shell) 사가 행한 최근의 글로벌 캠페인이 하나의 예가 되겠다. 쉘은 그들의 브랜드 콘셉트를 바다로 설정하고 물고기들을 캐릭터로 삼았다. 자연은 모든 문화에서 (상이한 방식이겠지만) 중요하게 여겨지기 때문에 이러한 비유는 세계적으로 매우 강력하고 효과적인 전략인 것으로 밝혀졌다. 코카콜라도 하나의 예로써 이 브랜드는 모든 문화권에서 적용이 가능하도록 갈증해소음료라는 이미지로 어필하였다. 일부지역에서 코카콜라에 대한 소비자의 생각은 즐겁고 행복하다는 것이었고 다른 곳에서는 사회적 지위를 나타내기도 했다. 코카콜라와 쉘 사는 일관된 브랜드 아이덴티티를 추구했지만 소비자가 지닌 그들에 대한 이미지가 국가별로 차이가 날 수 있음을 인정하기도 했다. 이들은 꾸준히 소비자들이 자사 브랜드에 대해 지닌 이미지를 추적했기 때문에 브랜드 전략을 잘 통제할 수 있었다. 기업들이 문화에 따른 이미지 차이를 인식하고, 소비자들의 브랜드에 대한 이미지와 그들의 문화적 사고체계(*mental map*)가 잘 호응하는 이상 문화권별로 브랜드에 대한 상이한 이미지가 크게 문제될 것은 없다. 만약 이러한 조건이 아니라면 기업들은 브랜드가 각 문화권마다 적합하도록 노력해야 한다.

다른 문화권에서 차별적인 브랜드 포지셔닝 진술문이 개발되었다면, 이 포지셔닝은 모든 마케팅 믹스의 요소, 특히 마케팅 커뮤니케이션에 적용되어야 한다.

마케팅 커뮤니케이션 전략

제 2장에서 글로벌화하려는 기업들을 위한 6가지 전략을 제시하였다. 모든 전략에서 다문화적 브랜드 포지셔닝 진술문은 다양한 문화에서 비교우위를 점하게 하는 중요한 요소라고 볼 수 있다. 브랜드 전략에서 목표하는 브랜드 포지션을 전달하기 위해서

는 형식과 스타일의 조합이 결정되어야 한다. 제 9장에서 말한 바와 같이, 형식은 문화나 상품군의 특성과 관련이 있다. 시간이 흐르면, 기업은 하나의 형식을 고수할 것인지(P&G의 일부 브랜드에 대한 전략) 아니면 융통성을 가질 것인지(다양한 나라에서 완전히 다른 스타일을 택했던 폭스바겐처럼)를 스스로에게 물을 필요가 있다. 다양한 브랜드 커뮤니케이션의 조합이 가능하지만 이는 시장 성숙단계에 의해서도 좌우된다. 각 전략들은 각기 다른 기본형식과 제작전략을 사용한다. 글로벌 광고는 여섯 가지의 서로 다른 전략들로 요약될 수 있다.

완전표준화 : 단일 제품 혹은 브랜드, 진열

국경을 초월하여 판매되는 하나의 제품 또는 브랜드가 있다고 하자. 제품은 그 자체가 곧 메시지이다. 노래나 배경음악이 삽입되고 극히 적은 카피 또는 단순한 설명이나 서술이 등장하며 내용 또한 한 가지 언어로 구성된다. 이 전략은 우산식(*umbrella*) 캠페인에 이용되며 향수와 주류 등의 광고에 주로 사용된다. 바카르디와 마티니를 그 예로 들 수 있다. 이 전략은 기업광고에서도 나타난다. 어떠한 가치든 여기에 포함시켜서는 안 된다. 그렇지 않으면 문화적 문제점에 봉착하고 말 것이다. 신제품을 출시할 경우에는 제품속성에 초점을 둔 전략이 성공적일 수 있다. 그러나 동일상품과 상표가 판치는 요즘 이와 같은 전략이 장기적으로 효과를 보기는 힘들다.

준표준화 :
단일상표, 단일광고형태, 표준화된 집행 (보이스 오버와 립싱크)

혁신적인 상품속성과 혜택이 광고에서 핵심 메시지로 사용된다. 일부 국가에서는 원어(주로 영어)가 사용되며 해설이나 자막이 첨가된다. 모든 나라에서 립싱크가 사용되는 것은 아니지만, 사람이 말을 할 때 그의 입을 비추는 것은 광고가 수입되었다는 것을 극명하게 나타내기 때문에 그리 권장할 방법이 아니다. 이 방법은 어느 문화권에서나 소비자들을 거북하게 한다. 이와 같은 전략은 주로 질레트나 로레알 같은 전세계적 개인용품 브랜드에 사용된다. 사람들 사이의 실제 대화장면을 배제하고 단지 해설만을 이용한 광고는 다른 나라에서도 사용이 가능하다. 또한 이 전략은 뚜렷한 제품속성이나 혜택, 혹은 지속적 혁신에 매진하는 브랜드에도 적합한 전략이다.

단일 브랜드, 단일 형식, 표준화된 제작요소의 변화

패턴 표준화로도 불리는 이 전략은 각기 다른 형태로 사용될 수 있는 다양한 제작요소를 포함한 단일광고형식을 이용한다. 제작요소들은 서로 다른 가치(혜택)를 반영한다. 이 전략의 위험성은 하나의 광고에 상충되는 가치가 공존할 수도 있다는 것인데, 이는 광고에 사용되는 콘셉트가 기업의 모국의 가치를 반영하려는 성향을 보이며 광고를 제작함에 있어서 모순적 가치들이 동시에 투영될 수도 있기 때문이다. 예를 들어 네덜란드에서 '가격대비 가치'(*value for money*)에 초점을 맞추고 실험결과에 대한 자막을 삽입하는 것은 네덜란드의 문화적 특성에 맞지 않는다. 이 경우 여러 문화적 특성이 혼재되어 있다. 여러 소구방식의 조합은 각 국가에 적합한 개별적인 소구방식보다 효과적이지 않다. 소구방식의 조합은 유럽에서의 샴푸, 치약과 가정용품의 광고에서 찾아볼 수 있다.

단일 또는 다른 브랜드 네임, 단일광고형식, 차별적 제작

이것은 앵글로 계열의 다국적 기업인 P&G 같은 기업의 전략으로, 다른 브랜드 네임을 사용하고 있는 유사 제품군에 대해 비교기법, 증언기법, 드라마기법과 같은 한 가지의 일관된 기본 광고형식을 이용한 광고를 활용한다. 다만 사람, 언어, 문화에 맞게 일부분 수정이 이루어진다. 이것은 위생휴지와 세탁비누, 세제(Dreft, Fairy, Ace) 등에 사용되고 있다. P&G는 이 전략으로 큰 성공을 거두었다. 여기서는 한 가지 통일된 형식을 사용하면서, 각 국가별로 상이한 광고들이 제작되고, 문화적 가치에 부합하는 제작이 이루어진다. 그 예로 권위주의 성향이 강한 문화에서는 연장자가 젊은이들을 선도하고, 권위주의 성향이 약한 문화에서는 그 반대로 나타난다.

단일 또는 다른 상표명, 단일주제, 차별적 제작

하나의 요약된 주제(*platform*) 또는 아이디어는 각기 다른 지역화된 제작의 기초가 된다. 그 예로 다농의 액티멜, 유니레버의 남성용 체취제거제 액스(Axe)를 들 수 있다. 액티멜의 광고주제는 겨울이나 힘든 삶 속에서 지친 사람들에게 에너지를 충전시켜 준다는 것이고, 액스의 콘셉트는 이 상품을 통해서 여성들을 유혹할 수 있다는 것이다. 이러한 콘셉트를 표현하기 위해서 다양한 제작방법이 사용되었다. 여기에는 브랜드 네임, 포장, 광고문구, 음악, 상징과 같은 눈에 띄는 요소도 있을 것이다. 콘셉트에 기반한 차별적 제작은 각기 다른 문화 속에서 다양하게 개발될 수 있으며 비슷한 문화권의 다른 나라에도 적용될 수 있다. 이러한 전략의 장점은 지역적 가치와 핵심적인 아이디어를 결합할 수 있다는 것이다. 실제 광고는 문화적 적용의 필요에 따라 세계적으로, 지역적으로, 또는 지방에 따라 적용될 수 있다.

문화 세분화 전략 : 세계적으로 행동하고, 지역적으로 사고하라

이 전략은 '세계적으로 사고하고, 지역적으로 행동하라'와 배치되는 패러다임을 의미한다. 또 한편으로 이 전략은 생산, 재원, 유통, 마케팅의 세계화를 기할 수 있거나 생산과 조직에서 규모의 경제라는 혜택을 얻을 수 있음을 의미한다. 그러나 정신적 이미지는 표준화될 수 없다. 광고는 지역적 특성을 반영하지만 기업브랜드가 보증한다. 이것이 지역적 가치를 반영해야 함을 배운 글로벌 기업들의 전략이다. 이러한 기업들은 지역의 소비자들과 관계를 형성하려고 한다. 기업브랜드 네임이 보증을 위해 이용되는데, 이는 네슬레, 폭스바겐 및 많은 일본기업들에 의해 이용되는 전략이다. 전략의 초점은 상품의 속성에 맞춰져 있지만, 광고 스타일은 문화권별로 다양화된다(폭스바겐 사륜구동).

시장발전단계에 따른 커뮤니케이션의 수준

모든 종류의 내구재와 첨단제품은 물론 고급식품의 신상품을 위한 글로벌 마케팅에서, 소득은 세계시장 진입을 가늠하는 중요한 기준이 된다. 경제적으로 동질적인 시장에서 낮은 불확실 회피성향은 새로운 기술과 가공식품에서의 혁신을 이끈다. 상품 출시 이후, 시장진입의 확대는 각 문화권의 동기와 욕구에 의해서 규정된다. 이러한 차이를 잘 인식하면 선진국에서의 마케팅 커뮤니케이션 프로그램을 만드는 데 도움이 된다.

시장발전단계에 따라 제품개발 및 마케팅 커뮤니케이션 전략에 차이가 나기 마련이지만, 경제적 동질성의 증가는 이러한 차이에 영향을 주게 되었다. 신제품이 도입될 때는 일반적으로 광고는 상품의 특성에 초점을 맞추는 경향이 있고 제품과 광고는 모두 표준화되는 특징을 보인다. 경쟁이 심화되면서 상품의 차별화가 일어나고 광고는 혜택이나 가치를 강조하는 방향으로 차별화되어야 한다. 상품에 대한 소비자의 수요는 동질적으로 늘어나고, 동시에 이들의 욕구는 문화에 따라 다양하기 때문에, 커뮤니케이션에서 활용되는 혜택과 가치는 소비자의 다양한 욕구에 보다 잘 부합될 수 있다. 여기에서는 국제시장 발전의 3단계에 따른 국제 마케팅 커뮤니케이션을 제시하고자 한다.

1단계 : 글로벌 제품, 글로벌 마케팅 커뮤니케이션

일반적 제품의 시장진입은 경제적으로 이질적인 시장의 경우에는 국가의 부에, 경제적으로 동질적인 시장의 경우에는 문화적 변인의 영향을 받는다. 대표적 사례로는 TV가 처음 출시되었을 때의 시장진입을 들 수 있다. 보다 최근의 사례는 휴대전화이다. 1단계에서 마케팅 커뮤니케이션은 제품의 속성에 기반할 수 있고, 따라서 상대적으로 표준화 전략도 가능하다. 해외시장에서 코카콜라의 성공은 제품군 내에서의 경쟁이 없고, 글로벌 광고가 효과적인 1단계에서 이루어졌다. 노키아도 표준화된 국제

광고와 함께 휴대전화를 출시했다. 노키아는 모바일 커뮤니케이션의 기본적 속성을 강조하며 '사람들을 연결해주는'이라는 슬로건을 제시하였는데, 이는 인간 커뮤니케이션의 기본적 속성을 반영하는 것이기도 하다. 휴대전화 단말기 제조업체들은 전국적으로 중요한 통신기업이면서 지역적으로 적합한 서비스와 광고를 실시하면서 시장에 진입한 이동통신사업자에 편승하였다. 이 단계에서의 휴대전화 단말기 제조업체의 마케팅 메시지는 크기가 작다거나 디자인이 좋다는 등의 신제품 속성을 소개하는 일반적 수준에 머물렀다.

2단계 : 글로벌 제품, 현지화된 마케팅 커뮤니케이션

시장이 성숙의 단계로 진입하면 국내외시장에서 차별화가 발생한다. 시장의 차별화는 시장마다 상이한 양태로 나타난다. 같은 차별화된 제품이 모든 시장에서 판매되더라도, 어떤 문화에서는 다른 문화에서보다 더 많이 팔린다. 텔레비전을 예로 들면 제조사들마다 와이드 스크린 TV와 텔레텍스트(*teletext*) 수신기능 개발에 심혈을 기울였는데, 불확실 회피성향이 높은 문화권에서는 와이드 스크린 TV의 판매량이 더 많고 보다 개인주의적인 문화권에서는 텔레텍스트 TV의 인기가 더 높은 것으로 나타났다. 이 단계에 접어들면 휴대전화 서비스 공급자도 서비스의 차별화를 기한다. SMS 문자서비스는 개인주의적 문화권에서 먼저 도입되었다. 스페인과 같은 집단주의 문화권에서는 자녀들과의 소통을 원하는 어머니들에게 먼저 특별 서비스가 제공되기도 하였다. 높은 권력거리의 벨기에에서는 수업시간의 휴대전화 사용을 싫어하는 교사들과의 분쟁을 피하기 위하여 학생들이 방과후에 전화를 사용하면 특별히 할인해주는 서비스가 제공되기도 하였다. 여성주의적 문화권에서는 폰뱅킹 서비스가 도입되었다. 새로운 서비스는 기존의 습관과 기호를 따른다. 이 단계에서는 아직 시장이 포화되어 있지 않기 때문에, 제품은 표준화 단계에 머물러 있을 수 있지만 마케팅 커뮤니케이션은 문화의 특성에 따라 현지화되어야 한다. 휴대전화 생산자들은 단지 언어적 측면에서만 제품과 광고를 현지화했다. 광고가 노키아의 '당신이 정보를 통제합니다'와 같은 메시지처럼 혜택수준으로 변화했다. 코카콜라가 이 단계에 접어들었을 때,

이들은 여전히 1단계 전략을 고수했고, 따라서 광고가 효과적이지 못했다. 이로 인해 프랑스의 Mecca-Cola, 네덜란드 Raak, 영국 Virgin과 같은 지역브랜드가 자리잡을 수 있는 기회를 제공했다.

3단계 : 현지화된 제품, 현지화된 마케팅 커뮤니케이션

3단계에 이르면 제품의 시장이 포화상태에 이르고 치열한 경쟁이 이루어짐에 따라, 기업들은 제품과 마케팅 커뮤니케이션을 차별화하고자 한다. 시장에 따른 제품사용과 동기의 문화적 차이에 부합하는 제품적용 방식을 개발하는 것이 좋다. 텔레비전의 경우는 인터액티브 TV나 인터넷을 이용한 방송이 그러한 확장의 예가 될 것이다. 비디오 콤팩트디스크는 미국에서보다 아시아 국가들에서 더 신속하게 확산되었는데 이유는 가라오케에서 VCD가 사용되었기 때문이다. 2002년에 이미 휴대전화는 3단계에 들어섰지만 유럽의 휴대전화 제조기업의 제품과 광고는 아직 1단계 수준의 표준화 전략에 머무르고 있다. 노키아는 거대 신흥시장인 중국에서만 민간 기복신앙에 근거하는 연하장처럼 현지의 취향을 반영하는 휴대전화 마케팅 전략을 구사하였다.[16] 그러나 노키아는 개별시장에 적합한 휴대전화 디자인 개발에는 관심을 기울이진 않았다. 물론 노키아는 자회사를 통해서 부유층을 겨냥한 하위 브랜드인 베르투(Vertu)를 생산하기도 하고, 지멘스(Siemens)도 젤리브리(Xelibri)[17]라는 브랜드로 이른바 패션 액세서리 폰을 출시하기도 하였다. 중국에서는 모조 다이아몬드가 박힌 휴대전화가 시판되었는데 이는 서구인들이 저속하다고 여길 만한 것이다. 그러나 이 제품으로 인해 중국시장에서 TCL이나 닝보 버드(Ningbo Bird) 그리고 아모이소닉(Amoisonic) 같은 브랜드들이 시장점유율을 높이기 시작했고 노키아와 모토로라는 상대적으로 시장을 잃었다. 결국 뒤늦게 모토로라가 중국에서 모조 다이아몬드로 장식이 된 휴대폰을 출시하기에 이르렀다.[18] 이미 오래 전에 3단계에 진입한 코카콜라도 중국 콜라제품의 등장과 함께 최근 전략을 수정하기에 이르렀다.

3단계에서의 마케팅 커뮤니케이션은 문화적 특성이 반영된 보다 지역적이고 차별화된 것이어야 한다. 3단계에서는 노키아와 에릭슨 모두 "자유"를 가치로 사용하였다.

기본메시지는 "원하는 곳 어디서나 작동합니다"이다. 이는 기본적으로 노키아와 에릭슨의 생산지인 스칸디나비아의 개인주의적이고 낮은 남성주의 문화에 근거한 것이지 남유럽의 특성을 반영한 것은 아니다.

언급한 3단계 중 2단계가 글로벌 마케팅에서 가장 중요하다고 할 수 있는데, 2단계에서는 기업들이 1단계에서의 성공으로 인한 결실을 거두면서 동시에 차별화가 시작되는 단계이기 때문이다. 2단계에서 지역 소비자의 행동을 이해하고 투자를 한다면 3단계에서는 소기의 성과가 가시화될 것이다.

글로벌 통합 마케팅 커뮤니케이션 (Global Integrated Marketing Communications)

마케팅 커뮤니케이션의 요소들을 통합하려는 시도는 1990년대 미국에서 송신자 중심의 마케팅 접근방식에 대한 부정으로부터 시작되었다. 이러한 반동으로, 글로벌 IMC(통합 마케팅 커뮤니케이션)는 소비자와 이해당사자들을 우선시하기 시작했다. 그러나 구조적인 문제가 존재했다. IMC와 관련된 세 가지 학문분야인 광고, 홍보, 판촉 모두 자신만의 영역을 가지고 있었으며 이는 결과적으로 각기 다른 목표와 실행으로 드러나기 마련이었다. 또한 세 가지 분야간 이렇다 할 교차점도 찾을 수 없었다. 그러나 각 학문분야가 서로 경쟁하는 것보다는 통합된 접근법이 보다 효과적이다. 다른 나라에서는 미국만큼 이러한 문제가 두드러졌는데, 다른 나라에서는 미국만큼 마케팅 비용을 많이 투자하지도 않고 분야간 경쟁도 그다지 심하지 않기 때문이다.

미국에서는 IMC의 정의가 다소 느슨했기 때문에 과연 IMC라는 것이 새로운 패러다임이라고 할 수 있는지에 대한 의견이 분분했다. IMC는 크게 두 가지 요소로 구분할 수 있는데, 하나는 전통적 마케팅 방식과 유사한 것으로 "상품개발과 마케팅 전략수립에 앞서서 결정된 시장의 욕구와 필요를 파악하는 것"이고, 다른 하나는 조직적인 것으로 "모든 마케팅 커뮤니케이션과 판촉수단을 통합하고 조직의 메시지가 한 목소리를 내게끔 매체전략을 개발하는 것"이다. 다른 요소들로는 소비자 조사, 데이터베이스 구축, 소비자 접촉점 관리 등과 같은 것이 있다.[19]

이러한 두 가지 요소는 IMC가 글로벌 마케팅에 적용될 시에는 상충될 수 있다. 소비자와 이해당사자들을 기업의 욕구보다 우선시한다면 문화의 장벽을 넘어서려는 민감성이 필요하게 된다. 그러나 IMC는 동시에 문화적 민감성에 반대될 수 있는 성향도 보이는데 그것은 중심적 메시지를 전달할 때 일관성을 유지해야 한다는 것이다. 최고의 접근방식은 한 국가에서는 하나의 목소리로만 접근해야 하고 각국의 소비자에게 차별적 반응을 보여주는 것이다. 마케팅 커뮤니케이션을 통합하려 할수록 마케팅의 각 요소는 상이한 배경을 가진 소비자들의 문화적 차이에 따라 적절히 변용될 필요가 있다. 만약 전세계의 판촉활동과 국제광고가 통합된다면, 판촉과 광고 캠페인은 지역 적합성이 부족한 그저 그런 회색빛으로 전락하게 되고, 결국 많은 국가에서 실패할 것이다. 이번 장은 물론이고 이 책의 전반적인 내용을 통틀어서 언급된 원칙들은 모두 IMC에 적합하다.

결 론

글로벌 광고주는 지역과 글로벌 사이에서 선택을 해야 한다. 이 책은 그 둘 사이에서의 선택이 성공과 실패를 가늠한다고 말했다. 하나의 표준화된 전략은 규모의 경제를 통해서 비용을 경감하는 것이었다. 하지만 비용의 절감을 통해서 얻은 것은 효과적이지 못한 광고의 실행으로 인해 손실로 이어진다. 표준화를 위해서 광고를 일관성있게 제시해야 한다는 주장도 자주 반복된다. 이러한 주장은 역시 세계적으로는 공유되지 못하는 서구적 사고방식일 뿐이다. 지구촌 방방곡곡의 소비자들에게 다가서려면 그들이 이해하는 방식으로 이야기해야 할 것이다.

새로운 패러다임은 문화세분화 전략이다. 이 전략은 시장을 소비자들이 지닌 문화적 특성에 따라 구분하고 그 특성에 부합하는 전략을 개발하는 것이다. 강력한 기업 아이덴티티는 문화적 민감성과 공존할 수 있다. 브랜드는 일관성을 유지하기보다는 실용적인 접근방식으로서 소비자들의 문화적 인식의 틀에 따라 스스로를 변용할 필요가 있다. 이러한 접근방식이 글로벌 브랜드와 광고전략의 미래가 될 것이다.

주

1) Bart, C. (1998). "Mission matters." *CPA Journal 8*, p.56~57.
2) Murphy, J. J. (2004, August 8). The concepts of vision and mission revisited. Negotiation Academy. Retrieved November 21, 2004, from http://www.egotiationeurope.co.uk/articles/
3) Retrieved August 3, 2004, from www.toyota.co.jp/en/about_toyota/message/index. htm
4) Retrieved August 3, 2004, from www.ford.com
5) Retrieved August 3, 2004, from www.data-directions.com
6) Retrieved August 3, 2004, from www.canon.com
7) Retrieved August 3, 2004, from www.samsung.com
8) Retrieved August 3, 2004, from www.toyota.co.jp
9) Retrieved August 3, 2004, from www.hondacorporate.com
10) Ind, N. (1992). *The corporate image : Strategies for effective identity programmes*. London : Kogan Page, p.19.
11) A C Nielsen. (n.d.). *Global mega brand franchise : Extending brands within a global marketplace*. Retrieved June 25, 2004, from www.acnielsen.com/download/html/Global_Mega_Brand_Franchise.htm
12) Unilever mission as formulated on their Web site. Retrieved August 1, 2004, from www.unilever.com
13) Schmitt, B. H., & Pan, Y. (1994). "Managing corporate and brand identities in the Asia-Pacific region." *California Management Review*, 36, p.32~48.
14) Huntington, S. P. (1996). *The clash of civilizations and the remaking of world order*. New York : Simon & Schuster, pp.20, 58.
15) Percy, L. (n.d.). *Tools for building strong brands*. Retrieved December 2003

from http://www.larrypercy.com/tools.html

16) Cai, Y. (2001, Fall). "Design strategies for global product." *Design Management Journal*, pp.59~64.

17) "The origins of Vertu." (2003, February 22). *Economist*, pp.66~67.

18) "The local touch." (2003, March 8). *Economist*, p.62.

19) Swain, W. N. (2003). "An exploratory assessment of the IMC paradigm : Where are we, and where do we go from here?" *Integrated Marketing Communication Research Journal*, 9, pp.3~11 (see p.6).

2001년 국가별 1인당 GNP(US$) 및 홉스테드 국가별 지수(64개국)

국가명	축약명	GNP/cap	권력거리 (PDI)	개인주의 (IDV)	남성주의 (MAS)	불확실 회피성향 (UAI)	장기지향성 (LTO)
아르헨티나	ARG	6,960	49	46	56	86	
오스트레일리아	AUL	19,770	36	90	61	51	31
오스트리아	AUT	23,940	11	55	79	70	31
방글라데시	BAN	0,370	80	20	55	60	40
벨기에	BEL	23,340	65	75	54	94	38
브라질	BRA	3,060	69	38	49	76	65
불가리아	BUL	1,560	70	30	40	85	
캐나다	CAN	21,340	39	80	58	48	23
칠레	CHL	4,350	63	23	28	86	
중국	CHN	0,890	80	20	66	30	118
크로아티아	CRO	4,650	73	33	40	80	
체코	CZE	5,270	57	58	57	74	13
콜롬비아	COL	1,910	67	13	64	80	
코스타리카	COS	3,950	35	15	21	86	
덴마크	DEN	31,090	18	74	16	23	46
에콰도르	ECA	1,240	78	8	63	67	
에스토니아	EST	3,880	40	60	30	60	
핀란드	FIN	23,940	33	63	26	59	41
프랑스	FRA	22,690	68	71	43	86	39
독일	GER	23,700	35	67	66	65	31
영국	GBR	24,230	35	89	66	35	25
그리스	GRE	11,780	60	35	57	112	
과테말라	GUA	1,670	95	6	37	101	
홍콩	HOK	25,920	68	25	57	29	96
헝가리	HUN	4,800	46	80	88	82	50
인도	IND	0,460	77	48	56	40	61
인도네시아	IDO	0,680	78	14	46	48	
이란	IRA	1,750	58	41	43	59	
아일랜드	IRE	23,060	28	70	68	35	43

국가명	축약명	GNP/cap	PDI	IDV	MAS	UAI	LTO
이스라엘	ISR	16,710	13	54	47	81	
이탈리아	ITA	19,470	50	76	70	75	34
자메이카	JAM	2,720	45	39	68	13	
일본	JPN	35,990	54	46	95	92	80
한국	KOR	9,400	60	18	39	85	75
말레이시아	MAL	3,640	104	26	50	36	
몰타	MLT	9,120	56	59	47	96	
멕시코	MEX	5,540	81	30	69	82	
모로코	MOR	1,180	70	46	53	68	
네덜란드	NET	24,040	38	80	14	53	44
뉴질랜드	NZL	12,380	22	79	58	49	30
노르웨이	NOR	35,530	31	69	8	50	44
파키스탄	PAK	0,420	55	14	50	70	0
파나마	PAN	3,290	95	11	44	86	
페루	PER	2,000	64	16	42	87	
필리핀	PHI	1,050	94	32	64	44	19
포르투갈	POR	10,670	63	27	31	104	30
폴란드	POL	4,240	68	60	64	93	32
루마니아	ROM	1,710	90	30	42	90	
러시아	RUS	1,750	93	39	36	95	
살바도르	SAL	2,050	66	19	40	94	
싱가폴	SIN	24,740	74	20	48	8	48
슬로바키아	SLK	3,700	104	52	110	51	
슬로베니아	SLV	9,780	71	27	19	88	
남아공	SAF	2,900	49	65	63	49	
스페인	SPA	14,860	57	51	42	86	19
스웨덴	SWE	25,400	31	71	5	29	33
스위스	SWI	36,970	34	68	70	58	40
대만	TAI	n.a.	58	17	45	69	87
태국	THA	1,970	64	20	34	64	56
터키	TUR	2,540	66	37	45	85	
미국	USA	34,870	40	91	62	46	29
헝가리	URU	5,670	61	36	38	100	
베네수엘라	VEN	4,760	81	12	73	76	
베트남	VTN	0,410	70	20	40	30	80

출처 : Hofstede (2001).

부록 B
자료출처

많은 2차 자료들이 이 책의 문화분석을 위해 사용되었다. 자료의 데이터베이스는 다음과 같다.

1. 소비자 조사결과는 제품소비와 매체이용에 대해 조사를 진행하는 매체에 의해 제공받았다. 본 책에 활용된 설문조사는 Reader's Digest Surveys *A Survey of Europe Today 1970* 과 *Eurodata 1991* 그리고 1995, 1997, 1999년의 *European Media and Marketing Surveys* (EMS)이다.

2. 다양한 제품에 대한 1인당 판매량, 판매액 등에 관한 통계수치자료들은 유로 모니터(Euromonitor)와 같은 상업적 조사기관들의 자료를 인용했다.

3. 세계은행, UN, OECD, Eurostat 등 정부 혹은 비정부기관에서 발행된 경제수치들이 사용되었다.

4. 각 국가 시민들의 의견이나 습관에 관한 자료들은 정부기관에서 발행된 자료들을 이용하였다. 주요 보고서는 유럽위원회이사회(European Commission Directorate)에 의해 발간된 유럽조사(Eurobarometer surveys)이다.

5. 가치에 대한 학문적 연구자료도 활용되었다. 세계가치조사(*World Values Survey*)와 유럽인 가치연구(*European value study*)가 그 예이다.

6. 여행산업, 자동차 산업, 텔레커뮤니케이션 산업 등 산업기관에서 조사된 자료도 활용되었다. 특히 텔레커뮤니케이션과 관련하여 국제전기통신연합(International

Telecommunication Union, ITU)은 전화에 관한 자료를 제공하였다.

7. 시장조사기관이나 언론사 및 기업들에 의해 실시된 소비자행동의 특정 분야에 대한 조사자료도 활용되었는데, 로퍼 스타치(Roper Starch)나 TGI가 실시한 조사와 Reader's Digest의 "신뢰받는 브랜드 조사"가 그 예이다.

이 부록에서는 주요 연구들을 5가지로 그 유형을 분류하여 제시하고 있다. 또한 각 장에서 인용된 참고문헌들 역시 소개하고자 한다.

1. 매체가 제공한 소비자 조사자료

리더스다이제스트 (Reader's Digest)

1970년부터 1991년에 출판된 라이프스타일, 소비습관, 17개 유럽국가 국민들의 태도 등에 대한 Reader's Digest의 조사(Reader's Digest Association Limited, London)가 사용되었다. 1970년의 조사는 18세 이상의 전국적 모집단에 대한 확률 표본집단에 대해 이루어졌다. 1969년 초, 16개 유럽국가에서 대표 표본조사가 이루어졌다. 약 24, 000명을 대상으로 한 면접설문조사가 이루어졌다. Eurodata 1991은 1990년 여름에 실시된 표본 설문조사에 기반하고 있다. 약 22, 500명의 면접설문조사가 이루어졌다. 이 조사는 Reader's Digest Association, Inc.가 의뢰하여 이루어졌다. 스웨덴을 제외하고, 이 설문조사는 Gallup에 의해 실시되었다. 각 17개국에 대한 확률표집이 이루어졌으며, 자택에 거주하는 18세 이상 사람들의 모집단에 대한 대표성을 가지고 있었다.

조사대상 국가는 오스트리아, 벨기에, 덴마크, 핀란드, 프랑스, 독일, 그리스, 아일랜드, 이탈리아, 룩셈부르크, 네덜란드, 노르웨이, 포르투갈, 스페인, 스웨덴, 스위스, 영국이었다.

유럽 매체 및 마케팅 조사 (European Media and Marketing Survey, EMS)

European Media and Marketing Survey(EMS)는 네덜란드 암스테르담에 위치한 조사 컨설팅업체인 Inter/View-NSS에 의해 1995년, 1997년, 1999년에 실시되었다. 유럽 17개국의 산업 설문조사에서는 ① 기업 및 브랜드 관리에 대한 광고효과 자료, ② 매체 자료, ③ 응답자의 사업적 개인적 환경에 대한 분류자료 등 세 가지 유형에 대한 내용을 조사하였다. 무작위 전화번호 표집방법(*random digit dialing samples*)에 의해 자료가 수집되었다. 모집단은 각 16개국의 가구소득 상위 20%에 있는 주 소득자였다. EU(그리스 제외), 스위스, 노르웨이에 있는 모집단의 수는 약 4천만 명(18세 이상)에 달하는 것으로 추정되었다. EMS 1996에서는 16, 823명을 대상으로 면접설문조사를, 8, 221명을 대상으로는 자기기입식 설문조사가 이루어졌다. EMS 1997은 17, 844명을 대상으로 전화면접조사를, 7, 711명을 대상으로는 우편설문조사를 실시하였다. 1996년과 1997년의 통합 보고서(1997 보고서)에서는 34, 667명을 대상으로 전화면접, 15, 940을 대상으로 우편설문조사가 이루어졌다. 조사보고서는 구독자에게만 공개된다.

조사대상 국가는 오스트리아, 벨기에, 덴마크, 핀란드, 프랑스, 독일, 그리스, 아일랜드, 이탈리아, 룩셈부르크, 네덜란드, 노르웨이, 포르투갈, 스페인, 스웨덴, 스위스, 영국이었다. 1997년과 1999년 조사에서는 그리스가 제외되었다.

2. 산업 통계 데이터베이스

유로모니터 (Euromonitor)

Euromonitor가 출판한 범유럽시장 내의 다양한 제품에 대한 판매량에 대한 요약보고서인 *Consumer Europe 1997* 과 *Consumer International 1997* 을 활용하였다. Euromonitor는 전세계의 제품소비에 관한 자료(*Consumer World*)와 구체적 제품군에 관한 보고서를 출판하고 있다(www.euromonitor.com).

Consumer Europe 1997 에 포함된 국가는 오스트리아, 벨기에, 덴마크, 핀란드, 프랑스, 독일, 그리스, 아일랜드, 이탈리아, 룩셈부르크, 네덜란드, 노르웨이, 포르투갈, 스페인, 스위스, 영국이다.

3. 경제 통계

세계은행 (World Bank)

세계은행에서 발행하는 세계개발연차보고서(*Annual World Development Reports*)는 거의 모든 국가의 경제 및 경제기반시설에 관련된 자료 및 세계개발지수를 다루고 있다(http://econ.worldbank.org/wdr/).

국제연합 (United Nations)

UN 통계연감(*UN Statistical Yearbooks*)은 대부분의 국가에 대한 경제, 제품소비, 매체 등에 관한 정보를 다루고 있다(http://unstats.un.org/unsd/methods/inter-natlinks/refs3.htm).

유럽연합 통계청 (Eurostat)

연차보고서는 ① 유럽연합 회원국들의 인구통계 및 소비, ② 사회지수(*Social Indicators*) 보고서, ③ 가족예산 등에 관한 자료들을 다루고 있다. European Communities(http://eur-op.eu.int/general/en/index_en.htm)에 의해 출판되는 보고서 *Consumers in Europe : Facts and Figures* (2001)은 1996년부터 2000년까지의 자료를 다루고 있다.

유럽연합 회원국인 오스트리아, 벨기에, 덴마크, 핀란드, 프랑스, 독일, 그리스, 아일랜드, 이탈리아, 룩셈부르크, 네덜란드, 포르투갈, 스페인, 스웨덴, 영국 등에 대한 자료와 회원가입신청국인 불가리아, 키프로스, 체코, 에스토니아, 헝가리, 리투아니아, 라트비아, 몰타, 폴란드, 루마니아, 슬로베니아, 슬로바키아, 터키 등에 대한 자료가 활용되었다.

4. 정부 의견조사

유로바로미터 (Eurobarometer)

유로바로미터의 보고서는 유럽연합 회원국에 거주하는 15세 이상의 거주자 모집단에 대한 것이다. 모든 회원국에 적용된 기본 표집방법은 다단계, 무작위(확률) 표집이다. Report 53(2000년 10월)을 위해 실시한 면접설문조사는 총 16, 078명을 대상으로 이루어졌다. 유로바로미터의 조사결과는 표, 데이터 파일, 분석 등의 형태로 작성되며, 유럽연합 집행위원회 이사회(European Commission Directorate)에 의해 발표된다. 조사결과는 유럽연합 집행위원회의 인터넷 서버를 통해 발표된다(http://europa.eu.int/comm/dg10/epo). 몇몇 특별 보고서도 발표되고 있다. 예를 들면, 〈1997년과 2000년의 정보사회 조사〉, 〈1997년과 2000년의 유럽의 젊은이들〉, 〈1974년부터 1994년까지의 트렌드 변화〉(1994년 11월), 〈유럽인이 바라보는 유럽인〉(2000년 9월), 〈소비자 설문조사〉(2002년 1월), 〈Flash Eurobarometer 117〉 등이 있다.

5. 학계의 가치 연구

세계가치조사 (World Values Survey)

여론조사를 통한 가치연구는 1980년대 초반에 유럽인 가치조사로 시작되었다. 1990년에는 세계가치조사(World Values Survey, WVS)라는 이름으로 두 번째 가치조사가 시작되었다. 이 조사는 전세계 모집단의 70%를 대표하는 43개국 6만여 명을 대상으로 360개 이상의 양자택일 문항이 포함된 설문조사로 이루어졌다. 조사 주제는 생태, 경제, 교육, 감성, 가족, 건강, 행복, 종교, 여가, 친구 등이었다.

1990년 조사자료는 Inglehart, Ronald ; Basñez, Miguel ; and Moreno, Alejandro (1998)의 저서 *Human values and beliefs : A cross-cultural sourcebook*. Ann Arbor : University of Michigan Press로 출판되었다.

1999년과 2000년에 발표된 유럽 자료는 다음과 같다.

《유럽인 가치조사(European Values Study) : 제 3의 물결. Source Book of the 1999/2000 European Values Study Survey》. Loek Halman, Tilburg University, PO Box 90153, 5000 LE Tilburg, The Netherlands (evs@uvt.nl).

유럽인 가치조사의 조사대상 국가는 오스트리아, 벨로루시, 벨기에, 불가리아, 크로아티아, 체코, 덴마크, 에스토니아, 핀란드, 프랑스, 독일, 그리스, 헝가리, 아이슬란드, 아일랜드, 이탈리아, 라트비아, 리투아니아, 룩셈부르크, 몰타, 네덜란드, 북아일랜드, 폴란드, 포르투갈, 루마니아, 러시아, 슬로바키아, 슬로베니아, 스페인, 스웨덴, 우크라이나, 영국 등이다.

《유럽인 사회 조사(The European Social Survey) 2002/2003》(R. Jowell and the Central Co-ordinating Team, Centre for Comparative Social Surveys, City University, London)는 노르웨이, 네덜란드, 벨기에, 독일에 있는 대학들의 협력으로 이루어졌다. 이 조사는 23개 유럽국가(오스트리아, 벨기에, 체코, 덴마크, 핀란드, 프랑스, 독일, 그리스, 헝가리, 아일랜드, 이스라엘, 이탈리아, 룩셈부르크, 네덜란드, 노르웨이, 폴란드, 포르투갈, 슬로베니아, 스페인, 스웨덴, 스위스, 터키, 영국)를 대상으로 이루어졌다. 이 자료는 가치 문항에 대해 조사대상 국가의 개별 주(州) 단위로 분석할 수 있도록 구성되어 있다. SPSS 형태의 원조사자료는 http://ess.nsd.uib.no에서 다운받을 수 있다.

6. 산업 조직

국제전기통신연합(International Telecommunication Union, ITU)은 전화통신에 관련된 전세계 자료를 제공한다(www.itu.org).

뉴욕에 있는 음료마케팅업체(Beverage Marketing Corporation)는 청량음료에 관한 전세계 자료를 판매한다(www.beveragemarketing.com).

유럽 호텔 레스토랑 연합(Hotrec)은 유럽 관광업(호텔, 레스토랑, 카페)에 대한 자료를 발표하고 있다(www.hotrec.org).

용어

ㄱ

ㄴ · ㄷ

ㄹ · ㅁ

ㅂ

ㅅ

ㅇ

ㅈ

ㅌ · ㅍ

ㅎ · 기타

인 명

나남커뮤니케이션스 ④

주) 나남 나남의 책은 쉽게 팔리지 않고 오래 팔립니다 2007

771 중국 정치개혁과 전국인대
조영남(서울대) 저

773 회귀분석
김두섭(한양대)·강남준(서울대) 공저

774 언론과 명예훼손
차형근·조병래·최영훈 공편

775 이승만의 전시중립론
이승만 저/정인섭(서울대) 역

776 사회통제의 이론과 현실
심영희(한양대) 외

777 자유의 미학
서병훈(숭실대) 저

780 이질성의 포용
하버마스/황태연(동국대) 역

781 한국의 지방정치와 도시권력구조
박종민(고려대) 저

782 한국언론100대 특종
허용범(조선일보) 저

783 한국의 교육세력
정범모(前 한림대) 저

789 아동청소년복지론
표갑수(청주대) 저

790 학술논문작성법
W. 부스·G. 컬럼·J. 윌리엄스/
양기석(동아대) 역

791 PD수첩과 프로듀서 저널리즘
MBC PD수첩팀 편

794 광고 프리젠테이션
이견실(초당대) 저

796 디지털 제국주의
김승수(전북대) 저

799 예제로 이해하는 경제학
노정현(한양대) 편역

801 문화와 아비투스
홍성민(동아대) 저

802 디지털 위성방송과 영상소프트웨어
정용준(전북대) 저

803 비교사회학
김용학(연세대)·임현진(서울대) 공저

805 디지털미디어와 사회
김영석(연세대) 저

806 남과 북 그리고 세계
한승주(고려대) 저

807 세계화시대의 민주주의
임혁백(고려대) 저

808 사례중심 다변량분석법
최평길(연세대) 외

813 디지털제국의 흥망
김용근(산업자원부) 저

816 미디어윤리
김우룡(한국외대) 저

817 주역해의 Ⅰ, Ⅱ, Ⅲ
남동원 옹

822 포토저널리즘의 이해
박상수(한양대 강사) 저

823 현대광고론
오인환(연세대) 편

824 수화의 이해와 실제
이준우(나사렛대) 저

825 문제아의 가족치료
엘렌 F. 왁텔/이준우(나사렛대) 역

827 중국경제발전론
나카가네 카츠지/이일영(한신대)·
양문수(LG경제연구원) 공역

829 환경정책의 논리와 실제
김병완(광주대) 저

830 조선의용군의 독립운동
염인호(서울시립대) 저

833 가족학대 가족폭력
알란 켐프/이화여대사회사업연구회 역

837 커뮤니케이션 모델
맥퀘일·윈달/임상원·유종원 공역

838 사이버공간과 공동체
마크 스미스·피터 콜록/ 조동기(동국대) 역

841 사회복지 질적연구방법론
데보라 K. 패짓/유태균(숭실대) 역

842 한국정당정치의 이해
김용호(인하대) 저

843 현대사회복지 실천이론
말콤 페인/서진환(성공회대)·이선혜(중앙대)·
정수경(전주대) 공역

844 산업복지론
조흥식(서울대)·김진수(강남대)·
홍경준(성균관대) 공저

845 사회복지정책의 이해
김태성(서울대) 저

846 의료사회사업론
윤현숙(한림대)·김연옥(서울시립대)·
황숙연(서울대 강사) 공저

847 현대사회학이론
조나단 터너/정태환(고려대) 외 역

849 현대일본의 사회운동론
정진성(서울대) 저

851 지훈육필시집
조지훈 저

853 미군정기 신문의 사회사상
김민환(고려대) 저

854 포르노에도 텍스트가 있는가
윤혜준(한국외국어대) 저

856 세계화와 복지국가
송호근(서울대) 편

857 눈으로 보는 한국광고사
신인섭(한림대)·서범석(세명대) 공저

860 사회복지실천기술론
김혜란(서울대)·홍선미(한신대)·
공계순(호서대) 공저

861 사회복지실천기술연습
Barry Cournoyer/
김인숙(가톨릭대)· 김용석(가톨릭대) 공역

863 사회복지개론
김상균·최일섭·최성재·조흥식·김혜란
공저

864 고령화 사회의 도전
임춘식(한남대) 저

865 인터넷시대의 취재와 보도
남시욱(세종대) 저

867 인간·종교·국가
이문영(경기대) 저

868 옥외광고론
서범석(세명대) 저

869 공론장의 구조변동
위르겐 하버마스/한승완(국가안보정책
연구소) 역

871 불과 한국인의 삶
김형국(서울대) 편

872 주체·의미·문화
김덕영(한국디지털대) 저

873 장정5 - 다시 대륙으로
김준엽(前 고려대총장) 저

874 인터넷 저널리즘과 여론
강미은(숙명여대) 저

경기도 파주시 교하읍 출판도시 518-4 TEL : 031)955-4600 FAX : 031)955-4555 www.nanam.net

나남커뮤니케이션스 ⑤

주) 나남 　 나남의 책은 쉽게 팔리지 않고 오래 팔립니다 　 2007

875 중국 농민공과 국가 - 사회관계
이민자(서강대강사) 저

881 코드: 사이버공간의 법이론
로렌스 레식/김정오(연세대) 역

883 현대신문학
서정우(前 연세대) 편

884 사회복지 윤리와 철학
김상균(서울대)·오정수(충남대)·유채영(연세대) 공저

885 사회복지의 역사
감정기(경남대)·최원규(전북대)·진재문(경남대) 공저

887 매스커뮤니케이션 이론
데니스 맥퀘일/양승찬·강미은·도준호 공역

888 양방향 TV
김대호(인하대) 저

892 백범일지
김 구 저

894 수화의 이해와 실제 - 초급과정
이준우(나사렛대) 저

898 한국 지방자치와 민주주의
안청시(서울대) 외

899 예산론
윤성식(고려대) 저

900 광기의 역사
미셸 푸코/이규현 역

902 상상의 공동체
베네딕트 앤더슨/윤형숙(목포대) 역

903 한국언론과 명예훼손소송
이광범(판사) 외

906 가족과 레질리언스
프로마 월시/양옥경(이화여대) 외 역

910 함께 이루는 남녀평등
심영희(한양대) 외

917 이봉창 평전 - 항일투쟁의 불꽃
홍인근(前 동아일보) 저

918 사회복지개론
표갑수(청주대) 저

919 젠더연구
크리스티나 폰 브라운 외/탁선미 외 역

920 '탈주술화' 과정과 근대: 학문, 종교, 정치
막스 베버/전성우(한양대) 역

922 실전기자론
박진용(대구매일) 저

923 기사쓰기, 이렇게 공부하라
이재경(이화여대) 편

924 한국의 문화변동과 가치관
임희섭(고려대) 외

926 대통령과 권력
로버트 윌슨/허용범(조선일보) 역

930 수화의 이해와 실제 - 중급과정
이준우(나사렛대) 저

931 정치리더십과 한국 민주주의
정윤재(한국정신문화연구원) 저

932 대통령 비서실장론
함성득(고려대) 저

934 인간이라는 자연의 미래 : 자유주의 우생학 비판
위르겐 하버마스/장은주(영산대) 역

938 인간커뮤니케이션
홍기선(고려대) 저

939 한국1950: 전쟁과 평화
박명림(연세대) 저

940 혼돈과 질서의 만남
C. 라오/이재창(고려대)·송일성(성신여대) 역

941 의료개혁과 의료권력
조병희(서울대) 저

942 미국통상정책과 대응전략
오영호(산업자원부) 저

943 위대한 피아니스트
쇤베르크/윤미재(이화여대) 역

944 한국인 이해의 개념틀
조긍호(서강대) 저

946 민족과 국가
로버트 거/이신화(고려대) 역

954 일본 - 성장과 위기의 정치경제학
손 열(중앙대) 저

957 광고매체기획론
박현수(단국대) 저

958 정보체계론
권기헌(경희대) 저

959 미디어와 정보사회
오택섭(고려대)·강현두(前서울대)·최정호(울산대) 공저

963 영상콘텐츠산업론
공용배(단국대) 저

968 콘텍스트 브랜딩
아쿠츠 사토시·이시다 시게루/휘닉스 커뮤니케이션즈마케팅플래닝본부 역

970 사회과학데이터 분석법 I
최현철·오택섭(고려대) 공저

971 사회과학데이터 분석법 II
최현철·오택섭(고려대) 공저

972 노사관계와 국가경쟁력
이원덕(한국노동연구원) 외

973 기호학 마케팅 커뮤니케이션
장마리 플로슈/김성도(고려대) 역

975 경제사
김준호(대전대) 저

976 영상이미지의 구조
주창윤(서울여대) 저

978 언론과 명예훼손 소사전
이재진(한양대) 저

981 지역사회복지론
표갑수(청주대) 저

982 미디어 인터뷰
박성희(이화여대) 저

984 세계화와 문화
존 톰린슨/김승현(고려대)·정영희(고려대 강사) 공역

986 한국저널리즘 관행연구
이재경(이화여대) 저

987 정책평가기법 - 편익분석론
김홍배(한양대) 저

988 리영희: 살아있는 신화
김만수(대전대 강사) 저

989 방송·통신융합 이해
김국진(정보통신정책연구원) 저

990 장애인복지실천론
김미옥(이화여대) 저

995 카피라이팅론
김동규(동명정보대) 저

996 반민특위 연구
이강수(정부기록보존소) 저

997 저널리즘: 위기·변화·지속
이민웅(한양대) 저

999 광고 What & How
이화자(호남대) 저

1004 폭력과 싸우고 근본주의와도 싸우기
김진석(인하대) 저

1006 사회구조와 행위
김용학(연세대) 저

경기도 파주시 교하읍 출판도시 518-4 TEL : 031)955-4600 FAX : 031)955-4555 www.nanam.net

나남커뮤니케이션스 ⑦

주) 나남 　 나남의 책은 쉽게 팔리지 않고 오래 팔립니다 　 2007